줄리아 머신러닝, 딥러닝, 강화학습

빠르고 우아하게 데이터 분석부터 강화학습까지
인공지능 실무 스킬업

김태훈 지음

Julia for Machine Learning,
Deep Learning & Reinforcement Learning

Jpub
제이펍

줄리아 머신러닝, 딥러닝, 강화학습

줄리아 머신러닝, 딥러닝, 강화학습

1판 1쇄 발행 2023년 10월 6일

지은이 김태훈
펴낸이 장성두
펴낸곳 주식회사 제이펍

출판신고 2009년 11월 10일 제406-2009-000087호
주소 경기도 파주시 회동길 159 3층 / **전화** 070-8201-9010 / **팩스** 02-6280-0405
홈페이지 www.jpub.kr / **투고** submit@jpub.kr / **독자문의** help@jpub.kr / **교재문의** textbook@jpub.kr

소통기획부 김정준, 이상복, 김은미, 송영화, 권유라, 송찬수, 박재인, 배인혜, 나준섭
소통지원부 민지환, 이승환, 김정미, 서세원 / **디자인부** 이민숙, 최병찬

진행 및 교정 · 교열 이상복 / **내지편집** nu:n
용지 에스에이치페이퍼 / **인쇄** 한승문화사 / **제본** 일진제책사

ISBN 979-11-92987-40-8 (93000)
값 32,000원

제이펍은 여러분의 아이디어와 원고를 기다리고 있습니다. 책으로 펴내고자 하는 아이디어나 원고가 있는
분께서는 책의 간단한 개요와 차례, 구성과 지은이/옮긴이 약력 등을 메일(submit@jpub.kr)로 보내주세요.

차 례

PARTI 줄리아 언어

CHAPTER 1 기본 문법 3

CHAPTER 2 타입 시스템 23

베타리더 후기

 강찬석(LG전자)

이론적인 내용과 더불어 줄리아를 활용한 신경망 예시나 심층 강화학습 예시들이 잘 설명되어 있어, 시중에 나온 줄리아 관련 서적 중 가장 현실적으로 실무에 적용할 수 있는 책이라고 생각합니다. 현업에서 업무하는 개발자가 뭔가 새로운 언어를 배우고자 할 때에도 도움이 될 것 같습니다. 코드 설명과 이론적 배경도 잘 제시되어 있어 좋았습니다.

 공민서

줄리아라는 새로운 언어의 문법부터 머신러닝, 딥러닝, 강화학습 이론을 톺아보고 코드 구현까지 익힐 수 있는 책입니다. 현업 머신러닝 엔지니어들은 꼭 한 번 보셨으면 합니다. 줄리아는 아직 사용자들의 참여가 더 많이 필요하지만, 속도 부분에서 특히 강점이 있습니다. 현업 머신러닝 엔지니어라면 줄리아 언어 혹은 라이브러리 개발자들이 속도에 대한 고민을 어떻게 해결했는지 이 책에서 해법을 엿보고 자신의 역량을 향상시킬 단서도 찾을 수 있으리라 생각합니다.

 김태근(연세대학교 대학원 물리학과)

파이썬의 대안을 찾고 있는 인공지능 개발자를 정확히 겨냥한 책입니다. 줄리아의 최신 문법부터 자주 사용되는 라이브러리 및 기능에 대해서는 굉장히 자세하게 설명하고, 인공지능 기법들은 이론적인 설명보다는 줄리아 구현에 치중하여 빠르게 술술 읽힙니다. 중간중간 파이썬 라이브러리들과 비교도 해놓아서 기존 인공지능 개발자들이 더욱 쉽게 이해할 수 있도록 구성되어 있는 것은 덤입니다.

박조은(오늘코드)

줄리아 입문부터 고급 주제까지, 데이터 사이언스의 전반적인 영역을 체계적으로 다룹니다. 기본 문법에 대한 소개로 시작하여, 데이터의 전처리/시각화/분석, 머신러닝, 딥러닝, 그리고 강화학습까지 폭넓게 다룹니다. 파이썬이나 R의 특징과 비교하며 배울 수 있으며, 역서가 아닌 저서이므로 줄리아를 시작하려는 분들께 더 읽기 나은 가이드가 될 것입니다. 데이터 사이언스에 대한 이론적인 내용을 이해하는 독자를 대상으로 줄리아를 활용하는 내용으로 집필되었으므로, 기본적인 이해가 없다면 책을 읽는 데 어려움이 있을 수도 있겠습니다.

성민석(고려대학교)

줄리아 언어는 빠르고 효율적인 데이터 분석과 머신러닝/딥러닝의 가능성을 열어줍니다. 이 책은 AI는 익숙하지만 줄리아는 익숙하지 않은 입문자를 위해 기초부터 고급 기법까지 친절하게 가이드합니다. 예제 코드와 설명이 체계적으로 구성되어 있어, 줄리아를 쉽고 효과적으로 배울 수 있는 소중한 자료입니다. 타 언어들보다 더욱 효율적인 분석을 하고 싶다면 추천합니다.

양성모(현대오토에버)

이 책은 머신러닝, 딥러닝 실무에 줄리아 언어를 활용하는 방법을 소개합니다. 줄리아 언어의 기초를 다루거나 AI 관련 기술을 처음부터 배우는 책은 아니므로 읽기에 어려움이 있을 수 있지만, 예제가 다수 포함되어 있어 AI 실무에 줄리아를 도입하고자 하는 분들께 큰 도움이 될 것 같습니다. 문장은 대부분 매끄러웠지만, 줄리아 언어에 대한 기반 지식과 파이썬 딥러닝에 대한 학습이 어느 정도 되어 있어야 매끄럽게 읽을 수 있을 것 같습니다.

이석곤(아이알컴퍼니)

줄리아 언어의 독특함을 AI 분야에 효과적으로 적용하는 방법을 보여줍니다. 줄리아 구문, 타입 시스템, 메타프로그래밍으로 시작하며, 특히 플럭스를 이용한 딥러닝 섹션은 줄리아의 효율성을 인상적으로 보여줍니다. 이론보다 실용성을 중시하는 접근이 눈에 띄며, 줄리아 언어의 AI 개발 영향을 더욱 확실하게 보여줍니다. 생산성과 혁신적인 AI 실무에 관심이 있는 분들에게 추천합니다.

 **이태영**(신한은행)

줄리아는 C와 비슷한 성능을 제공하면서 동시에 동적 타입 추론과 다중 디스패치를 통해 유연한 프로그래밍을 가능하게 하지만, 현재 한국에서 사용하는 사람은 많지 않은 것이 현실입니다. 기존 언어의 편리함을 대체할 만한 괄목할 만한 사례가 공유되고 있지 않기 때문이 아닐까 싶습니다. 어쩌면 LLM의 출현이 줄리아의 사용을 가속화할 수 있는 부분이라고 생각합니다. 빠른 실행을 위해 벡터화를 한다는 부분이 매력적이기 때문입니다. 익숙해지는 데에 시간이 필요하겠지만, 따라 하기 쉽게 쓰인 이 책이 줄리아를 배울 좋은 기회가 될 것 같습니다.

이현수(글래스돔코리아)

협업 시 파이썬에 대한 불편함이 있던 중에 줄리아에 대한 관심이 생겼고, 이 책을 통해 처음으로 제대로 여러 가지 실습을 할 수 있었습니다. 책이 친절하게 잘 구성되어 막힘없이 실습을 해볼 수 있었고, 줄리아가 어떻게 돌아가는지 감을 잡을 수 있었습니다. 글의 맥락이 여러 단락과 장에 걸쳐 있는 부분이 있으므로, 책을 순서대로 읽지 않고 중간부터 보면 실습에 어려움이 있을 것입니다. 책의 다른 부분을 참조하는 부분을 그냥 넘어가지 말고, 깃허브 저장소에 있는 코드를 참조하며 실습하기를 권합니다.

정현준(AtlasLabs)

줄리아는 아직 인기가 많지는 않지만, 문법이 배우기 쉬운 편이면서도 프로그래밍 언어의 최근 발전 경향을 받아들여 여러 좋은 기능을 갖췄는데 성능까지 뛰어난 훌륭한 언어입니다. 대규모 실무에서 사용하기엔 부족한 측면도 있긴 하지만, 딥러닝을 배우고 익히는 데는 오히려 더 유리한 면이 있습니다. 특히 학계에 계신 분들에겐 이론을 테스트해보고 개선하는 데 좋은 도구가 될 것입니다. 아쉬운 점도 있었습니다. 줄리아 입문서로 읽기에는 조금 빈약하며, 줄리아가 파이썬 생태계를 따라잡는 건 현실적으로 불가능한 상황에서 파이썬 등 외부 라이브러리 활용법을 더 다뤘으면 더 좋았을 것 같습니다.

한상곤 (부산대학교 산업수학센터)

PL 콘퍼런스에 참여했을 때, 변수나 함수명에 그리스 문자를 활용하는 줄리아라는 언어를 접하게 되었습니다. 이 책은 줄리아를 활용해서 간단한 형태의 데이터 분석, 머신러닝 그리고 딥러닝을 실습할 수 있습니다. 파이썬을 공부하신다면 줄리아에도 도전해보세요. 비슷하지만 색다른 재미를 느낄 수 있을 겁니다. 다만 줄리아 언어 자체에 대한 설명은 아주 간단하게만 다루며, 딥러닝과 강화학습 이론에 대한 이해가 없으면 코드를 이해하기가 쉽지는 않을 겁니다.

이 책에 대하여 —————————————————————

딥러닝 분야에서는 파이썬 언어가 대세다. 텐서플로, 파이토치 등 딥러닝 라이브러리들을 이용하면 GPU를 이용해 모델 훈련 및 평가를 쉽고 빠르게 할 수 있다. 하지만 학습된 모델을 활용해 다음 단계를 시뮬레이션하거나, 강화학습처럼 환경과의 상호작용을 시뮬레이션해야 할 때 항상 파이썬의 느린 실행 속도가 문제가 된다. 복잡한 시뮬레이션은 벡터화가 어려워서 GPU를 백분 활용하기 어렵기 때문이다. CPU에서 돌리려고 해도, GIL로 인한 제약 때문에 멀티스레딩을 이용한 병렬 연산에 어려움이 있다.

느린 실행 속도를 개선하기 위해 넘바Numba 등 JIT를 활용하기도 하고, 멀티스레딩 대신 멀티프로세싱을 이용하기도 하지만, 각각의 솔루션이 서로 조화롭게 작동하지 않는 경우도 많다. 예를 들어 파이썬에서 멀티프로세싱을 하려면, 메모리상의 데이터를 피클링pickling(파이썬 pickle 모듈로 객체를 직렬화하는 과정)해서 프로세스 간 주고받아야 하는데, 넘바의 `jitclass`로 정의된 데이터는 피클링이 되지 않는다.[1]

줄리아는 파이썬과 같이 동적인 언어이면서 C와 같은 정적 언어에 가까운 실행 속도를 보여준다. 굳이 빠른 실행을 위해 벡터화[2]를 하거나, 병목 코드를 C와 같은 언어로 짜는 등의 수고를 덜 수 있다. 또한 멀티스레딩, 분산 컴퓨팅 등을 이용하여 병렬 연산을 쉽게 할 수 있다.

빠른 실행 속도 덕분에 대부분의 줄리아 라이브러리는 줄리아 코드로 작성되어 있다. 다음은 파

---

1 파이썬 3.10, 넘바 0.56 기준
2 이 책에서 말하는 벡터화는 반복문을 SIMD로 처리하는 컴파일러 최적화가 아니라, 반복문 대신 배열 연산을 사용하는 프로그래밍 스타일을 말한다.

이토치, 텐서플로, 그리고 이 책 4부에서 살펴볼 플럭스의 깃허브 저장소에 대해[3] cloc[4]을 이용하여 구한 프로그래밍 언어별 소스 코드 파일의 수와 라인 수(빈 줄 및 주석 제외)이다. 파이토치나 텐서플로의 경우, 소스 코드가 200만 줄이 넘고, 절반 이상이 C++로 작성되어 있다. 반면 플럭스는 100% 줄리아로 작성되어 있고 라인 수가 3만 줄도 되지 않는다.

파이토치			텐서플로			플럭스		
언어	파일 수	라인 수	언어	파일 수	라인 수	언어	파일 수	라인 수
C++	2,802	840,774	C++	7,802	189,0530	줄리아	232	24,295
파이썬	3,234	797,750	파이썬	2,961	692,816			
C++ 헤더	2,620	337,847	C++ 헤더	4,672	397,289			

패키지가 사용자 언어와 같은 언어로 작성되어 있다는 것은 사용자 측면에서 큰 이점이 있다. 플럭스로 이미지 인식 작업을 하는 중에 합성곱 레이어의 소스 코드를 확인하고 싶으면, VSCode에서 F12 키만 누르면 된다. 사용 중인 라이브러리의 코드를 수정하거나 디버깅하기가 매우 쉽다는 뜻이다. IDE의 단축키뿐만 아니라 @less 매크로 등으로 패키지의 소스 코드도 쉽게 확인할 수 있으며, 패키지 관리자(Pkg.jl)로 사용 중인 패키지의 깃 저장소를 복제해서 소스 코드를 수정하는 것도 간편하다.[5] 이는 사용자가 버그 리포팅이나 풀 리퀘스트로 해당 패키지에 기여하기도 더 쉽게 해준다. 반면 파이썬에서 파이토치의 F.conv2d 코드를 확인하기 위해서는 파이토치 깃허브에 가서 검색을 해야 하고, C++로 짜여져 있으므로 수정이나 디버깅이 매우 번거롭다.

이 책은 이러한 강력한 줄리아 언어와 생태계의 장점을 익혀 머신러닝, 딥러닝, 강화학습 등 AI 실무에 활용함으로써 생산성을 높이는 것을 목표로 한다. 필자 역시 파이썬으로 하던 강화학습 관련 업무를 줄리아로 바꾸었더니 개발 및 실행 속도가 굉장히 단축된 경험이 있다. 최첨단 모델이 필요한 경우 등 파이썬을 대체하기 어려운 상황이 아니라면 줄리아가 훌륭한 대안이 될 수 있다. 이 책은 AI 실무에 어느 정도 익숙하지만 줄리아가 생소한 독자를 대상으로 하므로, 머신러닝, 딥러닝, 강화학습의 이론적인 내용을 자세히 다루지는 않는다.

---

3 2023년 6월 기준 파이토치 2.0.1, 텐서플로 2.12.0, 플럭스 0.13.16 버전 기준이다. 플럭스의 경우, 주로 함께 사용하는 Flux.jl, Zygote.jl, NNlib.jl, Optimisers.jl 패키지들의 통계치를 합산한 값이다.

4 https://github.com/AlDanial/cloc

5 아예 @edit 매크로로 설치된 패키지의 소스 코드를 바로 수정할 수도 있다.

소스 코드 사용법

이 책은 줄리아 1.9를 기준으로 설명한다. 2023년 5월 기준 최신 패키지들을 사용했다.

3부(머신러닝), **4부**(딥러닝), **5부**(강화학습)의 소스 코드 및 예제 실행 결과는 주피터 노트북 파일로 다음 주소에서 다운로드할 수 있다.

- https://github.com/kth999/jdl

노트북 파일은 해당하는 파트 폴더에 장 또는 장/절 번호로 들어 있다. 예를 들어 12장에 해당하는 파일명은 '12장.ipynb'이고, 14.1절에 해당하는 파일명은 '14장1절.ipynb'이다. 단, 2부에 속하는 11장 노트북 파일은 3부 내용과 관련이 있기 때문에 3부 폴더 아래에 있다. 노트북 파일은 해당 장의 내용의 흐름에 맞게 순서대로 정리되어 있다.

각 폴더는 Project.toml 파일과 Manifest.toml 파일을 포함하고 있어, 프로젝트 환경을 재현할 수 있게 해놓았다. 프로젝트 환경 재현 방법은 이 책 **7.2절**에서 다룬다.

18.4절의 경우, 패키지 버전 문제로 트랜스포머 학습이 제대로 이루어지지 않을 수 있어, 별도 폴더로 Project.toml 파일과 Manifest.toml 파일을 준비했다.

각 노트북 파일의 예제 실행 결과는 최대한 책의 결과와 동일하게 나오도록 난수 시드 등을 관리했지만, GPU에서 실행되는 플럭스 드롭아웃층을 포함한 모델과 같이 난수 시드 관리가 어려운 경우는 동일한 결과가 나오지 않을 수 있다.

줄리아 언어

정적 타입 언어는 컴파일 시에 변수의 타입이 결정되는 반면, 동적 타입 언어는 실행 시에 그 변수에 할당된 값에 따라 변수의 타입이 결정된다.

파이썬, 매트랩, R 같은 동적 타입 언어는 타입 체크를 런타임 시까지 미루기 때문에, 타입을 미리 명시해줄 필요가 없어서 코드가 간결해진다. 간결한 만큼 코드 변경도 쉽기 때문에 다양한 시행착오가 중요한 데이터 분석 업무에서 많이 사용된다. 하지만 실행 시까지 변수의 타입을 알 수 없다는 점 때문에 효율적인 기계어 생성이 어려워, 대부분의 동적 타입 언어는 인터프리팅 방식으로 실행된다. 이는 정적 타입 언어에 비해 실행 성능을 떨어뜨린다. 정적 언어에서는 미리 발견 가능한 타입 오류를 프로그램 실행 시에야 발견하는 큰 불편함도 있다.

수학/과학 계산을 위해 태어난 줄리아는 동적 타입 언어이면서도 정적 타입 언어에 준하는 뛰어난 성능을 발휘한다. 동적 타입 언어의 생산성과 정적 타입 언어의 성능을 동시에 가질 수 있는 이유에 대해 줄리아 언어의 설계자들은 다음과 같이 언급했다.[1]

1. 표현력이 우수하며, 선택적으로 선언 가능한 타입 시스템

2. 인수 타입 조합별로 구현 방법을 선택할 수 있게 하는 다중 디스패치multiple dispatch

3. 코드 생성을 위한 메타프로그래밍

4. 표현식의 타입을 유추할 수 있는 데이터 흐름 기반 타입 추론

5. 런타임 타입에 대한 적극적인 코드 특화specialization

6. LLVM을 이용한 JIT 컴파일

7. 위 6가지 특징을 최대한 살려서 작성된 라이브러리

이번 1부에서는 위에서 언급된 요소들에 대해 살펴보고자 한다. 먼저 줄리아의 문법을 간단히 살펴본 후, 타입 시스템과 다중 디스패치, 메서드 특화, 메타프로그래밍 등에 대해 살펴볼 것이다. 수학/과학 계산에 중요한 다차원 배열 및 병렬 연산도 살펴볼 것이다.

---

1   Jeff Bezanson, Alan Edelman, Stefan Karpinski, Viral B. Shah. 2017. Julia: A Fresh Approach to Numerical Computing. *SIAM Review* 59, 1 (2017), 65-68.

1

기본 문법

줄리아의 기본 문법은 매트랩이나 파이썬의 문법과 비슷하다. 자세한 문법은 줄리아의 공식 문서[2]를 참고하고, 여기서는 간단한 예제들만 보이겠다. 책의 앞부분에서는 코드가 간단하므로 줄리아 REPL[3]에서 실습한다고 가정한다. 파이썬에 익숙한 독자들을 위해 파이썬과 비교되는 부분들은 따로 언급했다.

1.1 변수

변수variable는 값value을 담고 있는 이름이다. 값에는 타입이 있지만, 줄리아의 변수는 동적 타입이라 타입이 없기 때문에 동일한 변수에 다른 타입의 값들을 재할당할 수 있다.

```julia
julia> x = 1
1
julia> typeof(x)
Int64

julia> x = 1.0  # 새로운 타입의 값 할당
1.0
julia> typeof(x)
```

---

2   https://docs.julialang.org/en/v1/

3   REPL은 read-eval-print loop의 약자로, 사용자의 입력을 읽어서 평가하고 결과를 보여주는 상호작용(대화형) 환경을 말한다. 파일명 인수 없이 줄리아 실행 파일을 바로 실행하면 REPL이 시작된다.

```
Float64
```

줄리아에서는 변수 이름에 유니코드 문자를 사용할 수 있다. 파이썬3에서도 유니코드 일부를 변수명으로 사용할 수 있지만, 줄리아 커뮤니티에서는 좀 더 적극적으로 사용하는 편이다. 예를 들어 뒤에서 다루게 될 ADAM 옵티마이저 함수는 다음과 같은 유니코드 인수명을 사용한다.

```
ADAM(η::Real = 0.001, β::Tuple = (0.9, 0.999), ϵ::Real = EPS) = ...
```

다음의 파이토치 ADAM 생성자 인수명과 비교해보면 차이점을 잘 볼 수 있다.

```
torch.optim.Adam(params, lr=0.001, betas=(0.9, 0.999), eps=1e-08,
```

유니코드 변수명을 입력하려면, 줄리아 REPL이나 전용 에디터에서 \(역슬래시) 뒤에 유니코드명을 입력하고 탭Tab 키를 누르면 된다. 예를 들어 학습률learning rate 인수인 η(에타)를 입력하기 위해서는 \eta라고 치고 탭을 누르면 된다.

줄리아의 변수명 컨벤션은 다음과 같다.[4]

- 변수명은 소문자로 한다.
- 단어 구분은 _로 하지만, 꼭 필요한 경우에만 사용해야 한다.
- 타입명이나 모듈명은 대문자로 시작하고, 단어 구분은 대문자로 한다(UpperCamelCase).
- 함수명이나 매크로명은 _ 없이 소문자만 사용한다.
- 인수의 값을 수정하는 제자리in-place 함수는 함수명 끝에 !를 붙인다. 예를 들어 sort 함수는 정렬된 결과를 새롭게 리턴하는 반면, sort! 함수는 인수 자체를 정렬한다.

1.2 수치 타입

정수

줄리아에서는 Int32, Int64와 같이 비트수에 따른 최솟값 및 최댓값을 가지는 다양한 정수 타입

---

4 https://docs.julialang.org/en/v1/manual/variables/#Stylistic-Conventions

을 지원한다. 64비트 컴퓨터에서 정수 리터럴은 Int64이다.[5]

```
julia> typeof(1)
Int64

julia> typeof(Int32(1))
Int32

julia> typemin(Int64), typemax(Int64)  # 정수 타입별 최대 최소
(-9223372036854775808, 9223372036854775807)

julia> typemin(Int32), typemax(Int32)
(-2147483648, 2147483647)
```

파이썬의 정수 타입 int는 임의 정밀도 연산[6]이 가능하지만, 줄리아의 정수 타입은 타입에 따라서 정해진 범위를 벗어나면 오버플로가 발생할 수 있다. 이는 기본 타입이 하드웨어에서 빠르게 연산되도록 하기 위한 선택이고, 줄리아에서도 임의 정밀도 연산은 BigInt 타입을 통해서 가능하다.[7]

부동소수점 수

부동소수점 타입에는 Float16, Float32, Float64가 있다. 소수점 기본 리터럴이나 지수표기법을 쓰면 Float64이고, 소수점 뒤에 f를 붙이는 등으로 Float32를 쓸 수 있다. 딥러닝에서 많이 쓰이는 Float32 타입이 파이썬의 기본 타입에는 없지만 줄리아에는 기본 타입으로 지원된다.

```
julia> 1.0, typeof(1.0)
(1.0, Float64)

julia> 1.f0, typeof(1.f0)
(1.0f0, Float32)
```

지수표기법을 사용하는 경우, 1e2는 Float64 타입의 100.0이고, 1f2는 Float32 타입의 100.0f0 이 된다.

---

5   이 책에서는 실습 환경을 64비트 아키텍처로 가정해서 정수 리터럴 값을 Int64로 가정한다.
6   무한한 자릿수의 정수 연산이 가능하다. 오버플로는 없지만 느리다. https://en.wikipedia.org/wiki/Arbitrary-precision_arithmetic
7   https://docs.julialang.org/en/v1/manual/integers-and-floating-point-numbers/#Arbitrary-Precision-Arithmetic

1.3 자료구조

배열

배열array은 5장에서 더 자세히 다룰 예정이다. 여기에서는 인덱싱이 파이썬과 어떻게 다른지만 살펴보자.

```julia
julia> a=[1,2,3,4,5]; # 줄 끝에 세미콜론을 붙이면 결과를 출력하지 않는다.
julia> a[1]  # 1-based index
1

julia> a[1:3]  # 세 번째 원소 포함
3-element Vector{Int64}:
 1
 2
 3

julia> a[1:2:end]  # 시작:스텝:종료
3-element Vector{Int64}:
 1
 3
 5
```

인덱스는 1부터 시작하고, 슬라이스 시 마지막 인덱스 원소를 포함한다. 슬라이싱 스텝을 줄 때는 **시작:스텝:종료** 순서로 준다. 파이썬은 인덱스가 0부터 시작하고, 슬라이스 시 마지막 인덱스 원소를 포함하지 않으며, **시작:종료:스텝** 순이므로 차이가 있다.

또한 1:2:end와 같이, 배열 마지막까지 슬라이스하는 경우에는 end라는 키워드를 사용한다. 배열 마지막 원소나 끝에서 두 번째 원소에 접근할 때에도 a[end], a[end-1]과 같이 사용한다.

튜플

튜플tuple은 어떤 값이나 담을 수 있는 고정 길이의 변경 불가 컨테이너이다. 튜플의 타입에 대해서는 2.4절에서 다시 다룬다.

```julia
julia> a = ("A", 1)
("A", 1)

julia> a[1]
```

```
"A"
```

명명된 튜플

명명된 튜플named tuple은 튜플의 각 항목에 이름이 부여된 튜플이다. 이름은 심벌(Symbol) 타입이다. Symbol은 어떤 개체에 대한 식별자이고 콜론을 붙여서 사용한다. Symbol에 대해선 **4.1절**에서 다시 다룬다.

```
julia> x = (A = 1, B = "2")
(A = 1, B = "2")

julia> x[:B]
"2"
```

딕셔너리

Dict 타입은 키와 값으로 이루어진 **딕셔너리**dictionary 혹은 해시 테이블hash table이다. 딕셔너리는 (key, value)로 구성된 튜플의 리스트나, Pair 타입의 가변 인수로 생성할 수 있다. Pair 타입이란 (키, 값)과 같이 짝을 이루는 두 값을 나타내는 타입이다. 키 => 값 형식으로 => 연산자를 이용하여 생성한다.

```
julia> Dict([("A",1),("B",2)])
Dict{String, Int64} with 2 entries:
  "B" => 2
  "A" => 1

julia> Dict(:A=>1, :B=>2)
Dict{Symbol, Int64} with 2 entries:
  :A => 1
  :B => 2
```

1.4 문자열 타입

줄리아는 유니코드 문자열을 지원하고, 문자열 타입인 String과 문자 타입인 Char가 구분된다. String은 큰따옴표, Char는 작은따옴표로 나타낸다.

```
julia> typeof("abc")
String

julia> typeof('a')
Char

julia> "abc"[1]
'a': ASCII/Unicode U+0061 (category Ll: Letter, lowercase)

julia> "abc"[1:2]
"ab"
```

문자열 인덱싱은 문자 단위가 아니라 바이트 단위로 작동하기 때문에, 한글과 같은 멀티바이트 문자를 다룰 때는 조심해야 한다.

```
julia> "가나다"[1]
'가': Unicode U+AC00 (category Lo: Letter, other)

julia> "가나다"[2]
ERROR: StringIndexError: invalid index [2], valid nearby indices [1]=>'가', [4]=>'나'
Stacktrace:
 ...(생략)
```

위에서 보듯, 두 번째 문자를 [2]로 인덱싱하면 에러가 발생하며, 가까운 문자들의 인덱스가 1이나 4임을 알려준다. 이는 유니코드에서 가의 바이트 크기가 3이기 때문이다.

간단한 문자열을 문자 단위로 쉽게 인덱싱하는 방법은 collect 함수로 문자열을 문자의 배열로 만든 후에 인덱싱하는 것이다.

```
julia> a = collect("가나다")
3-element Vector{Char}:
 '가': Unicode U+AC00 (category Lo: Letter, other)
 '나': Unicode U+B098 (category Lo: Letter, other)
 '다': Unicode U+B2E4 (category Lo: Letter, other)

julia> a[2]
'나': Unicode U+B098 (category Lo: Letter, other)

julia> join(a[1:2])
"가나"
```

실행 성능을 위해서는 prevind, nextind 등의 함수들을 이용하여 원하는 문자 인덱스의 바이트 인덱스를 찾을 수 있다. 문자 단위로 인덱싱이 되는 파이썬보다는 좀 불편할 수 있다.

두 문자열을 연결하는 경우에는 * 연산자를 사용하고, n번 반복할 때는 ^ 연산자를 이용한다.

```julia
julia> "foo" * "bar"
"foobar"

julia> "foo" ^ 3
"foofoofoo"
```

파이썬을 포함한 많은 프로그래밍 언어들이 문자열 연결에 + 연산자를 사용하는 것을 생각하면 줄리아 방식이 생소할 수는 있지만, 문자열 연결은 교환법칙이 성립하지 않기 때문에 * 연산자로 연결한다고 공식 문서에서 밝힌 바 있다.[8]

문자열 내삽(보간)interpolation은 $를 이용한다.

```julia
julia> a = "foo";
julia> b = "bar";
julia> "$a and $b"
"foo and bar"
```

1.5 복합 타입

명명된 필드들로 구성된 사용자 정의custom 타입으로, 자세한 내용은 **2장**에서 살펴볼 것이다. 여기선 간단히 문법만 확인하자.

```julia
julia> struct Cat
           name::String
       end
```

---

8   https://docs.julialang.org/en/v1/manual/strings/#man-concatenation

1.6 기본 연산

산술 연산자, 논리 연산자, 비트 연산자, 비교 연산자 등은 다른 언어들과 크게 다르지 않다.

```
julia> 1 + 2  # binary plus
3

julia> !true  # negation
false

julia> true && false  # short-circuiting and
false

julia> 2 << 1  # shift left
4
```

줄리아에서는 수학식의 깔끔한 표현을 위해, 변수가 수치형 리터럴에 이어서 나오면 곱셈이라고 가정한다.

```
julia> x = 2;
julia> 3x
6
julia> 3.1x
6.2
```

파이썬 사용자가 유의해야 할 연산자들은 다음과 같다.

	줄리아	파이썬
정수 나눗셈 및 나머지	julia> -11 ÷ 5, -11 % 5 (-2, -1)	>>> -11 // 5, -11 % 5 (-3, 4)
제곱 vs xor	julia> 5 ^ 2 25	>>> 5 ^ 2 7

파이썬의 정수 나눗셈은 줄리아와 다르게 내림한 몫을 구한다. 그에 따라 % 연산의 결과가 줄리아는 절단 나눗셈의 나머지, 파이썬은 내림 나눗셈의 나머지가 된다.[9] 참고로, 줄리아의 정수 나눗셈 연산자 ÷는 /div + 탭으로 입력하면 된다.

^ 연산자는 줄리아에서는 제곱 연산자이지만, 파이썬에서는 xor 비트 연산자이다.

1.7 함수

함수 정의 및 호출

함수에서 return 키워드를 사용하면 함수가 즉시 반환되고, return 키워드를 사용하지 않으면 함수 본문의 마지막 표현식의 값이 반환된다.

```julia
julia> function half(x)
           x / 2
       end;

julia> half(10)
5.0
```

한 줄 함수 정의도 가능하다.

```julia
julia> quarter(x) = x / 4;

julia> quarter(10)
2.5
```

복수의 리턴값은 Tuple로 가능하다.

```julia
julia> f(x) = half(x), quarter(x);

julia> f(4)
(2.0, 1.0)
```

---

9 절단 나눗셈의 나머지는 '피제수 − 제수 × 절단(피제수 ÷ 제수)'로 계산되고, 내림 나눗셈의 나머지는 '피제수 − 제수 × 내림(피제수 ÷ 제수)'로 계산된다. 절단(truncation)과 내림(floor)은 양수에 대해선 동일하게 작동하지만, 음수의 경우 절단은 0의 방향으로 올려진다는 차이가 있다. https://en.wikipedia.org/wiki/Modulo_operation

인수 기본값

기본값default이 제공되는 인수는 생략할 수 있다.

```
julia> f(x, a, b = 0) = a * x + b;

julia> f(3, 2)  # b 생략
6

julia> f(3, 2, 1)  # b = 1
7
```

파이썬의 인수 기본값은 함수가 정의될 때 한 번만 평가되는 반면, 줄리아의 인수 기본값은 함수 호출 시마다 평가된다. 예를 들어 파이썬에서 인수 기본값으로 random 함수를 주면 함수 정의 시 난수가 한 번만 생성되어 고정되지만 줄리아에선 호출 시마다 새로운 난수가 생성된다.

```
>>> import random  # 파이썬 코드
>>> def rand_test(a = random.random()): return a
...
>>> rand_test()
0.6848144383935286
>>> rand_test()
0.6848144383935286
```

위의 파이썬 코드에서는 두 번의 rand_test() 결과가 동일하다.

```
julia> rand_test(a = rand()) = a;

julia> rand_test()
0.05655133958404912

julia> rand_test()
0.697338171859507
```

줄리아에서는 rand_test() 호출 시마다 인수 a의 기본값이 평가되어 다른 난수가 나온다.

가변 인수와 키워드 인수

가변 인수는 ...으로 정의하거나 넘길 수 있다. 파이썬 함수에서의 언패킹unpacking과 유사한 개념으로, 줄리아에서는 ...을 함수 정의 부분에 쓰는 것을 **슬러핑**slurping, 호출 시 쓰는 것을 **스플래팅** spllatting이라고 구분해서 부른다.[10] 또한 키워드 인수는 ; 뒤에 정의할 수 있다.

```julia
julia> f(a, x...; b = 3) = a * sum(x) + b;

julia> f(2, 1)  # a = 2; x = 1; b = 3
5

julia> f(2, 1, 2)  # a = 2 ; x = (1, 2); b = 3
9

julia> f(2, (1, 2)...)  # a = 2; x = (1, 2); b=3
9
```

키워드 인수를 넘길 때는 다음과 같이 세미콜론 뒤에서 인수명과 함께 값을 넘긴다.

```julia
julia> f(2, 1; b = 0)  # a = 2; x = 1; b = 0
2
```

익명 함수와 do 블록

익명 함수는 ->를 이용하여 만들 수 있다. 함수를 다른 함수에 인수로 넘길 때 유용하다.

```julia
julia> map((x, y) -> 2x + y, [1,2,3], [1,3,5])
3-element Vector{Int64}:
  3
  7
 11
```

함수에 함수를 인수로 넘길 때, 넘기려는 함수가 너무 길 경우엔 do 블록을 이용하여 호출되는 함수의 첫 번째 인수로 넘길 수도 있다. 위 익명 함수의 예시와 동일하지만 do 블록을 이용한 예시다.

```julia
julia> map([1,2,3], [1,3,5]) do x, y
           2x + y
       end
```

---

10 https://docs.julialang.org/en/v1/manual/faq/#What-does-the-...-operator-do?

함수 합성과 파이핑

$g(f(x))$는 $(g \circ f)(x)$ 또는 x |> f |> g로 나타낼 수 있다.[11] 전자는 **합성**composition, 후자는 **파이핑**piping 혹은 체이닝chaining이다. 앞에서 본 익명 함수 예시에서 익명 함수 결과에 sqrt를 적용하는 예시는 다음과 같다.

```
# 함수 합성
julia> map(sqrt ∘ (x, y) -> 2x + y, [1,2,3], [1,3,5])
3-element Vector{Float64}:
 1.7320508075688772
 2.6457513110645907
 3.3166247903554

# 파이핑
julia> map((x, y) -> 2x + y |> sqrt, [1,2,3], [1,3,5])
3-element Vector{Float64}:
 1.7320508075688772
 2.6457513110645907
 3.3166247903554
```

벡터화용 dot 연산자

배열 A에 대해 어떤 스칼라 함수 f이든 f.(A) 형식으로 .(점dot)을 붙여서 원소별 벡터화된 계산을 할 수 있다. 파이썬이나 매트랩은 벡터화가 성능상 이유로 필요하지만, 줄리아는 반복문도 충분히 빠르기 때문에, 벡터화가 코드를 더 명료하게 할 때만 사용하면 된다. 앞의 익명 함수에 .을 붙여 호출하면 다음과 같다.

```
julia> ((x, y) -> 2x + y).([1,2,3], [1,3,5])
3-element Vector{Int64}:
  3
  7
 11
```

인수 전달 방식

인수는 복사 없이 **공유로 전달**pass-by-sharing된다. 따라서 함수 내에서 수정 가능 객체를 수정하면

---

11 첫 번째 형식에서 ∘(서클)은 \circ + 탭으로 타이핑할 수 있다.

함수 밖에도 적용된다.[12]

```julia
julia> makezero!(x, i) = x[i] = 0;

julia> a = [1,2,3];

julia> makezero!(a,1); a
3-element Vector{Int64}:
 0
 2
 3
```

이는 파이썬과 같은 동작 방식이지만 매트랩과는 다르다. 매트랩은 인수를 복사하므로 함수 내 수정이 호출 측에서 보이지 않는다.

객체 호출 함수

임의의 객체를 호출 가능 객체로 만들어서 함수처럼 사용하려면 (::타입)(args...)와 같이 타입으로 구분되는 메서드를 정의하면 된다. 파이썬의 __call__ 함수와 같은 역할이다.

```julia
julia> struct AddSome
           toadd
       end

julia> (a::AddSome)(x) = x + a.toadd

julia> a = AddSome(3);
julia> a(2)
5
```

1.8 제어 흐름

복합식

begin 블록이나 (;)를 이용하여 여러 하위식subexpression으로 구성된 하나의 **복합식**compound

---

12   단, 호출된 함수 안에서 넘겨받은 인수에 새로운 값을 할당하는 경우에는 그 인수는 새로운 값을 가리키게 되고, 호출 측에서 인수로 넘긴 변수는 기존 값을 계속 가리킨다. https://en.wikipedia.org/wiki/Evaluation_strategy#Call_by_sharing

expression을 만들 수 있다.

```julia
julia> begin
           x = 2
           x^2 + x
       end
6

julia> z = (y = pi/2; sin(y) + cos(y))
1.0
```

조건식

```julia
julia> x = 3;
julia> if x < 0
           -1
       elseif x > 1
           1
       else
           0
       end
1

julia> x < 0 ? -1 : x > 1 ? 1 : 0
1
```

참고로, 파이썬이나 일부 다른 언어들은 조건식의 값이 불리언 타입이 아니더라도 오류가 없지만 줄리아에서는 반드시 Bool 타입이어야 한다.

반복문

```julia
julia> for i in [1,2,3]
           println(i)
       end
1
2
3

julia> i = 1;
julia> while i <= 3
           println(i)
```

```
        global i += 1
    end
1
2
3
```

예외 처리

```
julia> try
           sign("1")
       catch e
           println(e)
       finally
           println("finally")
       end
MethodError(sign, ("1",), 0x0000000000007ea8)
finally
```

1.9 모듈

네임스페이스를 구분하기 위해 모듈을 정의할 수 있다.

```
julia> module Animals
       export Cat
       struct Cat end
       struct Dog end
       end
Main.Animals
```

Animals라는 이름의 모듈 안에 Cat, Dog 타입을 정의했다. 모듈 안에 함수나 전역 변수도 정의 가능하다. 모듈을 파일에 정의했다면 다음과 같이 코드를 불러올 수 있다.

```
julia> include("animals.jl")
Main.Animals
```

파이썬은 모듈명과 모듈 파일명이 동일하지만, 줄리아는 모듈 코드와 파일이 무관하다. 파일명에 상관없이 한 파일에 여러 모듈이 정의될 수도 있고, 한 모듈이 여러 파일에서 정의될 수도 있다.

패키지에 정의된 모듈은 using 모듈명으로 로딩할 수 있고, 로컬에 정의되었거나 include 등으로 불러온 모듈은 모듈 이름 앞에 .을 붙인다.

```
julia> using .Animals
julia> Cat
Cat

julia> Dog
ERROR: UndefVarError: Dog not defined

julia> Animals.Dog
Main.Animals.Dog
```

using으로 모듈을 로딩할 경우, 해당 모듈에서 export한 내역들이 모두 네임스페이스로 들어온다. 앞의 Animals 모듈에서는 Cat만 export했으므로, 현재 네임스페이스에서 Cat은 정의되어 있지만 Dog는 정의되어 있지 않은 것을 볼 수 있다. Animals.Dog와 같이 모듈명을 함께 쓰면 Dog에 접근 가능하다.

네임스페이스 관리를 위해, 모듈명만 로딩하고 해당 모듈의 export 리스트는 로딩하지 않으려면, using 대신 import를 사용할 수 있다. 아니면 using 모듈명: xx 식으로 원하는 변수들만 지정해서 로딩하는 것도 가능하다.

현재 함수가 정의되어 있는 모듈의 이름을 알고 싶으면 @__MODULE__ 매크로를 호출하면 된다. 줄리아 시작 시의 최상위 모듈은 Main 모듈이고, 이는 다음과 같이 확인할 수 있다.

```
julia> @__MODULE__
Main
```

REPL에서 정의한 변수들은 Main 모듈에 속하게 되고, varinfo 함수를 이용하면 변수 리스트를 조회할 수 있다.

1.10 변수 영역

전역 변수

다음과 같이, 모듈 안에 정의된 변수는 전역 변수이다.

```julia
julia> module Animals
           struct Dog
               name::String
           end
           dog = Dog("멍멍이")
           bark() = println("$(dog.name) is barking")
       end

julia> Animals.bark()
멍멍이 is barking
```

모듈 Animals 안의 변수 dog는 전역으로 정의되었기 때문에, bark() 함수 안에서 접근할 수 있다. 하지만 전역의 범위가 정의된 모듈 내로 한정되기 때문에, 모듈 밖에서 dog 변수에 접근하려면 앞 절에서 언급한 대로 모듈명을 붙이거나 using 등을 이용해야 한다.

줄리아 REPL에서 정의된 변수는 Main 모듈에 정의된 전역 변수이다. 다음 예를 보면 전역 변수 x 를 함수 f 안에서 접근할 수 있다.

```julia
julia> x = "foo";
julia> f() = println(x);
julia> f()
foo
```

함수의 지역 변수

함수 안에서 정의된 변수는 함수 안에서만 접근할 수 있는 지역 변수이다. 동일한 이름의 전역 변수가 있더라도 함수 안의 지역 변수 할당은 전역 변수에 영향을 끼치지 않는다.

```julia
julia> x = "foo";
julia> function f()
           x = "bar"
       end;
```

```
julia> f();
julia> x
"foo"
```

함수 안에서 전역 변수에 값을 할당하려면 global 키워드를 사용해야 한다.

```
julia> x = "foo";
julia> function f()
           global x = "bar"
       end;
julia> f();
julia> x
"bar"
```

중첩 함수의 경우, 지역 변수 할당의 작동 방식이 파이썬과 달라서 유의해야 한다.

```
julia> function f()
           x = 0
           function g()
               x = 1
           end
           g()
           x
       end;
julia> f()
1
```

줄리아에서 변수 할당 시에는, 같은 이름의 지역 변수가 있으면, 그 지역 변수를 업데이트한다. 앞 예시에서는 안쪽 함수 g에서 x에 값을 할당할 때, 변수 x가 이미 함수 f의 지역 변수로 존재하기 때문에 함수 f의 x 값을 변경한다. 만약 함수 g 안에 새 영역scope의 변수 x를 정의하려면 local 키워드를 사용해야 한다.

파이썬의 경우는 안쪽 함수 g의 변수 x는 별도의 영역으로 취급되므로 바깥 함수 f의 지역 변수 x의 값을 바꾸지 않는다.

for, while, try 문의 지역 변수

for, while, try 문(이하 편의상 while 문으로 통칭) 안에서 정의된 변수도 해당 문 안에만 적용되는 지역 변수 영역을 가진다. 하지만 함수 안에서 정의된 지역 변수와는 작동 방식이 미묘하게 다르다. 줄리아에서는 함수의 지역 변수 영역을 하드 스코프hard scope라고 하고, while 문의 지역 변수 영역은 소프트 스코프soft scope라고 부른다.

먼저 while 문 밖에서 정의된 지역 함수에는 while 문 안에서 값을 할당할 수 있다.

```julia
julia> function f()
           x = "foo"
           while true
               x = "bar"
               break
           end
           x
       end;
julia> f()
"bar"
```

여기서 변수 x는 함수 f의 지역 변수이므로 while 문 안에서 x에 할당할 때 새로운 지역 변수가 정의되는 것이 아니라 기존 지역 변수에 값이 할당된다.

반면, 전역 변수에 값을 할당할 때는 코드가 파일에서 실행되는지 아니면 REPL에서 실행되는지에 따라 작동 방식이 다르다. 파일을 실행하는 경우부터 보자. @show 매크로는 표현식 및 결과를 프린트하는 간단한 디버그용 매크로이다.

```julia
# test.jl
x = "foo"
while true
    x = "bar"
    break
end
@show x
```

위의 코드를 파일에 저장해서 실행해보면 다음과 같은 결과가 나온다.

```
tyfun@tyfun1:~$ julia test.jl
┌ Warning: Assignment to `x` in soft scope is ambiguous because a global variable by the
same name exists: `x` will be treated as a new local. Disambiguate by using `local x` to
suppress this warning or `global x` to assign to the existing global variable.
└ @ ~test.jl:3
```

```
    x = "foo"
```

x 값이 while 안에서 할당된 "bar"가 아니라, 전역 변수 선언값 "foo"임을 확인할 수 있다. 함수 내 지역 변수의 경우처럼, while 문 안에서도 global 키워드 없이는 새로운 지역 변수가 생성된다. 함수의 경우와 다른 점은 줄리아가 변수 할당의 모호성에 대해 경고를 준다는 점이다.

반대로, REPL에서 앞의 코드를 실행하면 전역 변수에 재할당이 일어난다.

```
julia> x = "foo";
julia> while true
           x = "bar"
           break
       end
julia> x
"bar"
```

주피터 노트북에서도 REPL에서와 같이 명시적인 global 키워드 없이도 전역 변수에 재할당이 일어난다.

소프트 스코프가 실행 모드에 따라 작동 방식에 차이가 있는 이유는, 버그 가능성을 줄이면서 편의성도 유지하기 위해서이다. 파일 실행 모드는 스케일이 큰 애플리케이션임을 가정하므로 전역 변수 할당이 명시적으로 일어나게 한 것이고, REPL이나 주피터 노트북과 같은 상호작용 모드에서는 작은 스케일을 가정하기 때문에 코드 복사 등의 편의성을 높이기 위해 전역 변수 할당이 암시적으로 일어나게 한 것이다.

2

타입 시스템

많은 매트랩 사용자나 R 사용자가 해당 언어의 타입 시스템에 대해 신경 쓰지 않고 데이터 분석을 하듯이, 줄리아 사용자도 타입의 명시적인 사용 없이도 줄리아를 충분히 사용할 수 있다. 줄리아의 타입 추론 기능에 의해, 대부분의 경우 빠른 성능도 얻을 수 있다.

하지만 사용자 정의 타입을 포함한 다양한 타입의 데이터에 대해 줄리아가 최적의 코드를 생성하게 하려면 타입 시스템에 대해 파악하는 것이 좋다. 다른 동적 언어들에 비해 줄리아가 JIT 컴파일을 더 잘할 수 있는 이유는 실행 직전에 타입에 대한 풍부한 정보를 가질 수 있기 때문이고, 이는 표현력이 좋은 줄리아의 타입 시스템 덕분에 가능하다.

이번 장에서는 줄리아의 타입 특성과 타입들의 계층적 관계, 복합 타입, 매개변수 타입 등에 대해 살펴볼 것이다.

2.1 동적 타입

줄리아는 실행 시에 변수에 할당되는 값에 따라 타입이 바뀔 수 있는 **동적 타입**dynamically typed 언어이다. **정적 타입**statically typed 언어는 변수에 실제로 값이 할당되기 전인 컴파일 시에 변수나 표현식 결과, 함수 리턴값 등의 타입이 결정되어야 하므로, 다음과 같이 인수의 값에 따라 리턴 타입이 바뀌는 함수는 동적 타입 언어에서만 가능하다.

```
julia> f(x) = x > 0 ? 1 : "not positive";

julia> typeof(f(0))
String

julia> typeof(f(1))
Int64
```

인수에 따라 리턴 타입이 바뀌는 함수가 성능에는 좋지 않지만(이유는 뒤에서 살펴볼 것이다), 반복적으로 호출되지 않는 함수라면 경우에 따라 유용하게 사용할 수 있다. 예를 들어 딥러닝 모델을 실행하는 함수에서, 학습 모드인지 테스트 모드인지에 따라 다른 타입의 평가 데이터를 리턴하려면, 동적 타이핑이 유용하다.

수학/과학 계산 분야에서 동적 타입 언어가 유용한 또 다른 이유는, 함수의 인수 타입에 대한 고민 없이 로직을 먼저 작성할 수 있다는 것이다. 예를 들어 두 포인트 간 거리를 측정하는 함수를 다음과 같이 정의하면, 이 함수에 정수나 부동소수점, 배열, 사용자 정의 타입 등 어떤 타입의 인수도 넘길 수 있다(제네릭 함수). 물론 사용자 정의 타입의 경우엔 해당 로직 안에서 사용된 연산자들에 대한 정의를 해줘야 런타임 에러가 발생하지 않는다.

```
julia> dist(p, q) = sqrt(sum((p - q).^2))
dist (generic function with 1 method)

julia> dist(1, 2.1)  # 스칼라 인수
1.1

julia> dist([1,2], [3,4])  # 배열 인수
2.8284271247461903
```

정적 타입 언어에서는 함수 작성 시점에 함수가 받을 인수 타입이 정해져 있어야 한다. 타입 매개변수를 이용한 제네릭 프로그래밍generic programming을 하더라도, 타입 매개변수에 대한 제약 조건을 적절히 주어야만 컴파일 에러가 발생하지 않는다. 함수 로직의 변경으로 제약 조건이 바뀌면 기존 함수 호출부의 코드부터 수정해야 하는 경우도 많다.

타입 선언 없이 작성한 함수도 잘 작동하지만, 필요에 따라 타입 선언을 추가하면 다중 디스패치의 이점도 누릴 수 있고, 에러도 좀 더 쉽게 찾을 수 있다. 예를 들어 다음과 같이 인수 타입을 명시하면, 실수로 의도하지 않은 타입을 넘김으로써 발생하는 잘못된 결과를 미리 막을 수 있다.

```
julia> f2(x::Integer, y::Integer) = 2x + y
f2 (generic function with 1 method)

julia> f2('1','2')
ERROR: MethodError: no method matching f2(::Char, ::Char)
```

파이썬에서도 타입 힌트를 줄 수는 있지만, 타입을 강제하지는 않는다.[1] 다음 코드를 보면 알 수 있듯, 타입 힌트를 줘도 의도하지 않은 타입으로 호출하는 것을 막지는 못한다.

```
>>> def f(x:int, y:int): return 2 * x + y  # 파이썬 함수
...
>>> f('1', '2')
'112'
```

2.2 추상 타입과 구체 타입

줄리아에서 선언할 수 있는 타입은 실체적인 값을 가질 수 있는 **구체 타입**concrete type과, 구체 타입의 개념적인 체계를 나타내주는 **추상 타입**abstract type으로 구분된다. 추상 타입은 Any 타입을 최상위 타입으로 가진다. 구체 타입은 추상 타입의 하위 타입subtype이고, 다시 **원시 타입**primitive type과 **복합 타입**composite type으로 구분된다.

줄리아 수 체계

줄리아의 수 체계를 통해 추상 타입과 구체 타입에 대해 살펴보자.

다음 그림은 줄리아 수 체계 중 부동소수점 쪽만 그래프로 나타낸 것이다. Number 타입은 최상위 타입인 Any의 하위 타입이다. Number는 추상 타입이고, Real과 Complex 타입을 하위 타입으로 가진다.

---

1   https://peps.python.org/pep-0484/

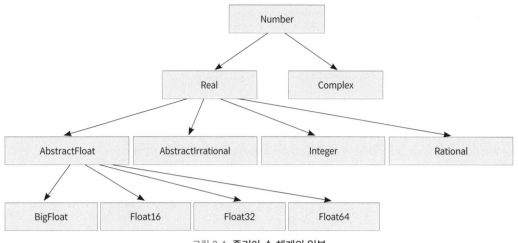

그림 2-1 줄리아 수 체계의 일부

코드로 다음과 같이 확인할 수 있다.

```
julia> supertype(Number)
Any

julia> subtypes(Number)  # 바로 아래 하위 타입
2-element Vector{Any}:
 Complex
 Real

julia> supertype(AbstractFloat)  # 바로 위 상위 타입
Real
```

Float32를 기준으로 상위 타입들의 계층을 알고 싶으면 다음과 같이 할 수 있다.

```
julia> Base.show_supertypes(Float32)
Float32 <: AbstractFloat <: Real <: Number <: Any
```

서브타입 오퍼레이터 <:의 의미는 좌항이 우항의 하위 타입임을 나타낸다. Float32, Float64 등은
실젯값을 가질 수 있는 구체 타입이고, 이 타입들의 상위 타입들은 모두 추상 타입들이다.

```
julia> isconcretetype(AbstractFloat), isconcretetype(Float32)
(false, true)
```

추상 타입

추상 타입은 실젯값으로 쓰일 수는 없지만, 개념적인 체계를 만들어서 특정 구체 타입에 의존하지 않고 최대한 일반적인 코드를 짤 수 있게 한다. Int32나 Int64 등 특정 구체 타입에 상관없이 일반적인 정수에 적용되는 함수를 짜고 싶은 경우, Integer나 Signed 등 해당 로직에 맞는 추상 타입을 함수 인수의 타입으로 선택하면 된다. 예를 들어 다음과 같이 재귀적인 피보나치 함수를 일반적인 정수 타입에 대해서만 정의하고 싶으면 다음과 같이 할 수 있다.

```julia
julia> fib(n::Integer) = n < 2 ? n : fib(n-1) + fib(n-2)
```

함수의 인수를 추상 타입으로 하더라도, 실행 시에는 함수가 호출될 때 넘겨받은 인수의 구체 타입에 따라 효율적인 코드가 생성되기 때문에, 성능상의 차이는 구체 타입으로 함수를 정의한 경우와 차이가 없다. 자세한 내용은 3장에서 살펴볼 것이다.

수 체계 중 일부 추상 타입 선언은 다음과 같다.

```julia
abstract type Number end
abstract type Real <: Number end
abstract type AbstractFloat <: Real end
abstract type Integer <: Real end
abstract type Signed <: Integer end
abstract type Unsigned <: Integer end
```

abstract type 키워드로 시작하며, 서브타입 오퍼레이터 <:를 이용하여 상위 타입을 명시할 수 있다. 상위 타입을 명시하지 않으면 Any 타입이 상위 타입이 된다.

원시 타입

구체 타입은 원시 타입과 복합 타입으로 나뉜다. 원시 타입은 불리언이나 정수, 부동소수점 등과 같은 기본적인 데이터 타입으로, 더 복잡한 타입을 구성하는 구성 요소가 된다. 수 체계 중 일부 원시 타입 선언은 다음과 같다. primitive type으로 시작해서 저장에 필요한 비트 수를 명시하는 방식으로 선언한다.

```julia
primitive type Float32 <: AbstractFloat 32 end
primitive type Float64 <: AbstractFloat 64 end
```

```
primitive type Int32 <: Signed 32 end
primitive type Int64 <: Signed 64 end
```

사용자가 새로운 원시 타입을 선언할 수도 있지만, 그렇게 쓰는 것보다는 복합 타입을 사용자 정의 타입으로 쓰는 것이 낫다

복합 타입

복합 타입은 명명된 필드들로 구성된 사용자 정의 타입이다. 줄리아의 복합 타입이 OOP 언어들의 클래스/객체와 다른 점은, 멤버 함수를 가질 수 없고 멤버 변수(필드)도 모두 public이라는 것이다. 이런 점에서 C 언어의 구조체와 닮은 면이 있다.

복합 타입 선언의 예로 극좌표[2]를 나타내는 타입을 만들어보자.

```
julia> struct Polar <: Number
           r::Float64
           θ::Float64
       end
```

복합 타입의 선언은 struct로 시작한다. r, θ는 필드 이름이고 :: 다음에 해당 필드의 타입을 선언할 수 있다. 타입을 선언하지 않은 필드는 Any 타입으로, 아무 값이나 할당될 수 있다. Polar 타입 자체는 Number의 하위 타입이 된다.

따로 생성자를 정의하지 않으면, 타입명에 필드값들을 함수 호출하듯 넘겨서 객체를 생성할 수 있다.

```
julia> p = Polar(1, pi)
Polar(1.0, 3.141592653589793)
```

생성자를 따로 정의하려면 다음과 같이 할 수 있다.

```
julia> struct Polar <: Number
           r::Float64
           θ::Float64
```

---

2   https://ko.wikipedia.org/wiki/극좌표계

```
                Polar(r, θ) = begin  # 내부 생성자
                    r >= 0 || throw(ArgumentError("negative r"))
                    new(r, θ)
                end
            end

julia> Polar(r) = Polar(r, 0)  # 외부 생성자

julia> Polar(-1, pi)
ERROR: ArgumentError: negative r
Stacktrace:  # 이하 생략

julia> Polar(1, pi)
Polar(1.0, 3.141592653589793)

julia> Polar(1)
Polar(1.0, 0.0)
```

복합 타입은 기본적으로 변경 불가능immutable하다(불변형).

```
julia> p.r = 2
ERROR: setfield!: immutable struct of type Polar cannot be changed
Stacktrace:
 [1] setproperty!(x::Polar, f::Symbol, v::Int64)
```

변경 가능한 타입을 만들려면 타입 선언 시 앞에 mutable을 붙여주면 된다.

```
julia> mutable struct MutablePolar <: Number
           r::Float64
           θ::Float64
       end
julia> mp = MutablePolar(1,pi);
julia> mp.r = 2
2
```

변경 불가능 타입이라 할지라도 배열과 같은 변경 가능한 타입의 필드를 가질 수 있다. 이 경우, 필드가 가리키는 값 자체는 내부적으로 변경될 수 있더라도, 필드가 다른 값을 가리키도록 변경될 수는 없다.

변경 불가능성

주어진 타입의 변경 가능 여부는 `ismutabletype` 함수를 통해서 알 수 있다.

```
julia> ismutabletype(Int64), ismutabletype(Float64)
(false, false)
```

Int64, Float64 등 원시 타입은 변경 불가능 타입이다. 어떤 정수가 할당된 변수에 다른 값을 다시 지정하는 경우, 그 변수가 가리키는 목적지가 변경되는 것이지, 원래 가리키던 정수 자체가 바뀌는 것은 아니다.

```
julia> ismutabletype(Array{Int64,1}), ismutabletype(Tuple{Int64,Int64})
(true, false)
```

배열은 변경 가능 타입이고 튜플은 변경 불가능 타입이다.

타입의 변경 가능 여부는 크게 두 가지 이유로 줄리아의 성능에 중요한 영향을 끼친다.

먼저, 변경 가능 타입의 객체는 메모리 할당을 힙heap 영역[3]에 해야 한다.[4] 변경 가능 객체는 메모리 주소로 식별해야 하기 때문에 힙 할당이 필요하다. 반면 변경 불가 객체는 필드들의 값이 같으면 같은 객체로 볼 수 있기 때문에, 함수에 인수로 넘길 때 복사가 가능해서 힙 할당을 피할 수 있다.

다음으로, isbits 객체는 배열 안에 값 자체가 저장될 수 있다.[5] isbits 타입이란 변경 불가이면서, 다른 값에 대한 참조를 가지고 있지 않고, 원시 타입이나 다른 isbits 타입만 가지고 있는 타입이다.[6] 이 타입의 객체들은 배열에 저장될 때, 배열이 할당된 메모리 안에 나란히 저장될 수 있다. 반면, isbits 타입이 아니면 배열에는 각 원소들에 대한 포인터가 저장되고, 원소들의 실젯값은 다른 곳에 산재하게 된다. 배열 안에 값들이 나란히 저장되어 있어야 빠르게 많은 원소를 읽을 수 있다.

---

3   스택 할당은 후입선출 자료구조에서 포인터 위치만 바꾸면 되지만, 힙 할당은 단편화된 힙 영역 안에서 빈 공간을 찾고 부족하면 시스템 콜로 OS에 힙 영역 확장을 요청해야 해서 스택 할당에 비해 느리다.
4   컴파일러 최적화를 통해서, 힙 할당이 필요하지 않는 경우엔 하지 않는다.
5   https://docs.julialang.org/en/v1/devdocs/isbitsunionarrays/
6   https://docs.julialang.org/en/v1/base/base/#Base.isbitstype

isbitstype 함수를 통해서, 타입의 isbits 여부를 확인할 수 있다.

```julia
julia> struct Foo; a::AbstractFloat; end
julia> struct Bar; a::Float32; end
julia> struct Baz; a::Array{Float32,1}; end

julia> isbitstype(Foo), isbitstype(Bar), isbitstype(Baz)
(false, true, false)
```

추상 타입 필드를 가진 Foo나 변경 가능 타입의 필드를 가진 Baz는 isbits가 아닌 것을 볼 수 있다. 배열에 담을 타입을 정의할 때는, isbits 여부를 체크해보는 것이 좋다.

행위의 상속

원시 타입과 복합 타입은 실제 객체를 만들 수 있는 구체 타입이다. 줄리아의 구체 타입은 더 이상 서브타이핑subtyping이 불가능한 최종final 타입이다.[7] 추상 타입은 필드를 가질 수 없고, 구체 타입은 최종 타입이라고 해도 다음과 같이 사용자 정의 타입에 대한 공통의 행위를 함수로 정의하는 데는 아무 문제가 없다.

```julia
julia> abstract type Pet end

julia> struct Dog <: Pet
           name::String
       end

julia> struct Cat <: Pet
           name::String
       end

julia> printname(x::Pet) = println(x.name);

julia> printname(Dog("멍멍이"))
멍멍이

julia> printname(Cat("야옹이"))
야옹이
```

---

7   이는 성능 최적화를 위한 디자인적 선택이며, 3.2절에서 다시 다룬다.

Pet은 추상 타입이라서 name 필드를 가질 수 없어도, 동적 타이핑에 의해 printname 함수에서 name 필드를 사용할 수 있다. 실행 시에 넘어오는 실제 타입은 Dog나 Cat 등의 name 필드를 가지고 있는 구체 타입이기 때문이다.

2.3 매개변수 타입

줄리아는 타입 매개변수를 통한 제네릭 프로그래밍이 가능하다. 추상 타입과 구체 타입 모두 타입 매개변수를 가질 수 있다. 타입 매개변수를 이용한 Polar 타입은 다음과 같이 정의할 수 있다.[8]

```julia
julia> struct Polar{T<:Real} <: Number
           r::T
           θ::T
       end
```

T가 타입 매개변수이다. T<:Real로 되어 있으니, 각 필드는 Real 타입의 하위 타입만 가질 수 있다.

```julia
julia> Polar(1, 3)
Polar{Int64}(1, 3)

julia> Polar(1.0, 3.14)
Polar{Float64}(1.0, 3.14)

julia> Polar(1.0, pi)
ERROR: MethodError: no method matching Polar(::Float64, ::Irrational{:π})
...

julia> Polar{Float64}(1.0, pi)
Polar{Float64}(1.0, 3.141592653589793)
```

타입을 명시하지 않으면 기본 생성자에 넘긴 인수의 타입에 따른 Polar 타입이 생성된다. 암시적인 생성이 실패할 때는, 타입 매개변수의 타입을 명시하면 된다.

줄리아에서 가장 많이 쓰이는 다차원 배열을 타입 시스템 관점에서 이해해보자.[9]

---

8 책 코드를 계속 이어서 실행하고 있다면 여기서 불변형인 Polar를 다시 선언하려고 할 때 상수를 재정의할 수 없다는 에러가 뜰 것이다. 이런 경우 REPL이나 커널을 다시 시작하고 실습을 계속하자.
9 배열의 사용법은 5장에서 다룬다.

다차원 배열 `Array{T, N}`은 두 타입 매개변수를 가진다. T는 원소의 타입이고, N은 차원의 수이다. 참고로, 줄리아에서는 차원의 수와 같이 값 자체도 타입 매개변수로 사용할 수 있다.

```julia
julia> Array{Float32, 1} == Array{Float32, 2}
false
```

1차원 `Float32` 배열은 2차원 `Float32` 배열과는 다른 타입임을 확인할 수 있다. 동적 디스패치 시, 인수의 값은 고려하지 않지만, 타입 매개변수의 값은 타입 정보를 나타내므로 고려 대상이 된다. 즉, 1차원 배열과 2차원 배열을 구분하여 디스패치가 된다.

아래는 `Float32` 타입의 원소를 가지는 2×3×2차원 배열을 만드는 생성자 호출이다.

```julia
julia> Array{Float32}(undef, 2, 3, 2)
2×3×2 Array{Float32, 3}:
[:, :, 1] =
 1.68f-43  4.0f-44  5.6561f-20
 0.0       0.0      4.5834f-41

[:, :, 2] =
 1.74f-43  4.2f-44  3.07471f-20
 0.0       0.0      4.5834f-41
```

먼저 첫 번째 인수인 `undef`는 초기화되지 않은 배열을 생성하라는 인수이다.[10] 두 번째부터는 배열의 차원을 나타내는 가변 인수들이다. 실제 생성된 타입은 `Array{Float32, 3}`인데, 생성자 호출시 사용된 타입은 `Array{Float32}`이다. `Array{Float32, 3}`와 `Array{Float32}`, `Array`의 관계는 다음과 같다.

```julia
julia> Array{Float32, 3} <: Array{Float32} <: Array
true
```

`Array{Float32, 3}`은 `Array{Float32}`에 속하고, `Array{Float32}`는 `Array`에 속한다. `Array{Float32}`는 `Array{T, N}`에서 원소 타입 T만 고정한 타입으로, `Float32`를 원소 타입으로 갖는 임의의 차원의 배열 타입들의 집합을 의미한다. 뒤에 위치한 N을 고정한 타입은 다음과 같이

---

10 싱글턴(singleton) 타입인 `UndefInitializer`의 생성자에 대한 별칭(alias)이다.

나타낼 수 있다.

```
julia> Array{T, 1} where T
Vector (alias for Array{T, 1} where T)

julia> Array{T, 2} where T
Matrix (alias for Array{T, 2} where T)
```

where T는 T가 타입 매개변수임을 명시한다.[11] 차원을 고정한 배열에 대해 1차원 배열은 Vector, 2차원 배열은 Matrix라는 별칭이 주어져 있는 것을 볼 수 있다.

UnionAll 타입

Array, Array{Float32}, Array{T, 1} where T 등 고정되지 않은 타입 매개변수로 나타낼 수 있는 모든 타입들의 집합을 UnionAll 타입이라고 한다. 예를 들어 Array{Float32}는 Array{Float32,1} ∪ Array{Float32,2} ∪ Array{Float32,3} ∪ …으로 볼 수 있다. 해당 타입 집합에 대한 공통의 행위를 정의해야 할 때 유용하게 사용할 수 있다. 아래는 배열의 차원을 돌려주는 size 함수의 실제 소스 코드이다.[12]

```
size(a::Array, d::Integer) = arraysize(a, convert(Int, d))
size(a::Vector) = (arraysize(a,1),)
size(a::Matrix) = (arraysize(a,1), arraysize(a,2))
size(a::Array{<:Any,N}) where {N} = (@inline; ntuple(M -> size(a, M), Val(N))::Dims)
```

함수 본문body에 대한 설명은 생략하지만, 각 함수가 인수로 UnionAll 타입을 받는 것을 볼 수 있다.

무공변성

Int64는 Real의 하위 타입이지만, Vector{Int64}는 Vector{Real}의 하위 타입이 아니다.

```
julia> Int64 <: Real
true
```

---

11 Array 타입도 매개변수를 명시하면 Array{T, N} where N where T로 나타낼 수 있다.
12 줄리아 REPL에서 @less size([1,2],1)를 실행해보면 소스 코드를 확인할 수 있다.

```
julia> Vector{Int64} <: Vector{Real}
false
```

타입 A, B에 대해 A <: B일 때, I<A> <: I<B>가 성립하면 I는 공변성이 있다covariant고 한다.[13] 줄리아의 매개변수 타입은 I<A>와 I<B> 사이에 아무 관계가 성립하지 않는 무공변성을 띤다 invariant. 개념적으로는 정수 Int64의 묶음이 실수 Real의 묶음의 하위 타입이 맞지만, 줄리아에서는 두 구체 타입 간에[14] 상하위 타입 관계가 성립하지 않으므로 무공변성이다.[15] Vector{Int64}, Vector{Int32}, Vector{Float32} 등 Real의 하위 타입을 원소로 가지는 모든 Vector를 대상으로 하는 함수나 복합 타입을 작성하려면, 매개변수 타입을 Vector{<:Real}로 하면 된다.

```
julia> Vector{Int64} <: Vector{<:Real}
true
```

Vector{<:Real}은 매개변수 타입으로 Real의 하위 타입값을 갖는 모든 타입의 집합을 나타내는 UnionAll 타입이다.[16]

참고로 Vector{<:Real}은 구체 타입이 아니라서 값 생성이 불가능하지만, Vector{Real}은 구체 타입이라 해당 타입의 값을 생성할 수 있다.

```
julia> a = Vector{Real}();
julia> push!(a,1);
julia> push!(a,1.0);
julia> a
2-element Vector{Real}:
 1
 1.0
```

Vector{Real}은 Real의 하위 타입인 다양한 타입의 값들을 가질 수 있어서, Vector{Real}의 배열 메모리에는 값이 아니라 원소들에 대한 포인터가 저장된다.

---

13 https://ko.wikipedia.org/wiki/공변성과_반공변성_(컴퓨터_과학)
14 Real은 추상 타입이지만 Vector{Real}은 구체 타입이다.
15 자바나 C# 등 다른 언어들에서도 쓰기 가능한 제네릭 리스트는 무공변성인 경우가 많다. 쓰기 가능한 리스트가 공변성이 있으면, Int64의 묶음을 Real의 묶음으로 업캐스팅 후 Float64를 추가할 수 있기 때문에 문제가 생긴다.
16 Vector{<:Real}은 Vector{Real} ∪ Vector{AbstractFloat} ∪ Vector{Float32} ∪ … ∪ Vector{Int64} …이다.

매개변수 추상 타입

추상 타입도 매개변수를 가질 수 있다. Vector{Int64}의 상위 타입들을 조회해보면 다음과 같다.

```
julia> Base.show_supertypes(Vector{Int64})
Vector{Int64} <: DenseVector{Int64} <: AbstractVector{Int64} <: Any
```

DenseVector{T}, AbstractVector{T} 모두 매개변수 추상 타입이다. AbstractVector의 하위 타입이면서, Real의 하위 타입을 원소 타입으로 가지는 다양한 자료구조들에 대해 공통으로 적용되는 타입은 UnionAll인 AbstractVector{<:Real}을 쓸 수 있다.

```
julia> Vector{Int64} <: AbstractVector{Real}  # invariant
false
julia> Vector{Int64} <: AbstractVector{<:Real}
true
julia> Vector{Float32} <: AbstractVector{<:Real}
true
julia> LinRange{Int64} <: AbstractVector{<:Real}
true
```

2.4 그 외 타입들

싱글턴 타입

필드가 없고 변경 불가능한 복합 타입은 **싱글턴**singleton[17] 타입이다. 생성자를 여러 번 호출해도, 객체는 한 번만 생성되고, 최초 생성된 객체가 리턴된다. Base.issingletontype 함수로 타입의 싱글턴 여부를 확인할 수 있다.

```
julia> Base.issingletontype(typeof(undef))
true
```

배열 생성자에서 첫 번째 인수로 넘겼던 undef의 타입이 싱글턴임을 확인할 수 있다.

---

17 https://ko.wikipedia.org/wiki/싱글턴_패턴

Nothing 타입

줄리아에서는 아무것도 없음을 나타내는 값으로 nothing을 사용한다. nothing은 Nothing 타입의
싱글턴 객체이다.

```
julia> nothing

julia> typeof(nothing)
Nothing
```

파이썬에서 None이 NoneType 클래스의 싱글턴 객체인 것과 비슷하다.

함수 타입

함수는 제각각 고유의 타입을 가지고, Function 타입을 상위 타입으로 가진다.

```
julia> typeof(f)
typeof(f) (singleton type of function f, subtype of Function)

julia> supertype(typeof(f))
Function
```

전역 변수 영역에 정의된 함수들은 싱글턴 타입이다. 익명 함수는 싱글턴이 아니다.

튜플 타입

튜플은 다양한 타입의 순서 있는 리스트이다.

```
julia> typeof((1, 1.0, "1"))
Tuple{Int64, Float64, String}
```

튜플은 변경 불가능한 타입이라 공변성을 가진다.[18]

```
julia> Tuple{Int64,Float32} <: Tuple{Int64,Real}
true
```

---

18   2.3절(각주 15)에서 변경 가능 리스트가 공변성을 가지면 문제가 생길 수 있음을 설명하였다.

함수 인수들도 튜플 타입으로 나타내지기 때문에, 공변성에 따른 튜플 타입 간의 상하위 관계는 함수 원형의 인수 타입들과 함수 호출 시 넘기는 인수 타입들의 관계에도 적용된다. 다음 장에서 다룰 다중 디스패치에서 다시 살펴볼 것이다.

유니언 타입

타입들의 합집합union을 나타낸다.

```
julia> Int64 <: Union{Real, AbstractString}
true
julia> String <: Union{Real, AbstractString}
true
```

C#의 Nullable과 같은 Null 허용 타입은 Union{T, Nothing}으로 비슷하게 만들 수 있다.

```
julia> f(a::Union{Real,Nothing}=nothing) = isnothing(a) ? 0 : a + 1;
julia> f(0)
1
julia> f()
0
julia> f(nothing)
0
```

2.5 타입 변환과 승격

C나 파이썬 등 많은 프로그래밍 언어들은 타입이 다른 두 수에 대해 사칙연산을 할 때 자동 타입 변환을 통해 타입을 일치시킨다. 예를 들어 정수와 부동소수점 수를 더할 때 정수를 부동소수점 타입으로 암시적 변환implicit conversion을 한다. 이때 피연산자들의 각 표현 가능한 범위를 포괄할 수 있는 특정 타입으로 바꾸는 것을 **승격**promotion이라고 한다. 타입 변환과 승격을 자동으로 하기 위해서는 해당 규칙이 언어 명세와 컴파일러/인터프리터 구현 시에 포함되어야 한다.[19]

줄리아는 타입 변환과 승격을 자동으로 하지 않고 convert와 promote 함수를 이용하여 처리한다. 타입이 다른 두 수를 더할 때, 피연산자의 타입 조합에 해당하는 덧셈 메서드가 정의되어 있

---

19 C 언어의 경우 관련 규칙은 다음과 같다. https://en.cppreference.com/w/c/language/conversion

지 않은 경우[20]의 대비책으로, 피연산자들을 승격하여 공통의 타입으로 만든 후 덧셈을 하는 폴백 fallback 메서드가 다음과 같이 정의되어 있다.[21]

```
+(x::Number, y::Number) = +(promote(x,y)...)
```

예를 들어 1 + 1.5의 경우, 1이 Float64로 승격된 후 다시 다음의 덧셈 메서드가 호출된다.

```
+(x::T, y::T) where {T<:IEEEFloat} = add_float(x, y)
```

여기서 IEEEFloat은 Union{Float16, Float32, Float64}로 정의된 상수이다. 이와 같은 과정을 통해 컴파일러 차원의 자동 승격 없이도 사용자 입장에서는 명시적인 타입 변환 없이 정수와 부동 소수점 간의 덧셈을 수행할 수 있다.

줄리아의 이러한 변환 및 승격 방식은 사용자 정의 타입이 쉽게 기존 타입들과 연산이 이루어질 수 있게 한다. Number의 하위 타입인 새로운 수 타입을 정의하는 경우, 새로운 타입의 수와 임의의 타입의 수 간의 덧셈에 대해 위의 폴백 메서드가 먼저 적용되기 때문이다. 새로운 타입에 대한 승격 규칙 및 타입 변환만 정의되어 있으면 승격 후의 연산이 문제없이 이루어진다.

이번 절에서는 줄리아의 타입 변환과 승격 방식을 알아보고, 연산이 가능한 새로운 수 타입을 추가하는 법도 살펴보자. 사용자 정의 수 타입은 15장에서 이원수dual number나 계산 그래프 구축을 위해서 사용된다.

타입 변환

convert 함수는 타입 T와 값 x를 인수로 받아서, x를 T 타입으로 변환한다.

```
julia> convert(Int64, 3.0)
3
```

위 convert 함수가 호출하는 메서드의 소스 코드는 다음과 같다.[22]

---

20 동일한 함수에 대해, 인수 타입에 따라 각기 다른 구현 메서드를 호출하는 것을 다중 디스패치라고 한다. 3.1절에서 자세히 다룬다.
21 REPL에서 @less 1 + 1.5를 실행하면 볼 수 있다.
22 REPL에서 @less convert(Int, 3.0)를 실행한다.

```
convert(::Type{T}, x::Number) where {T<:Number} = T(x)::T
```

줄리아 수 체계의 최상위 타입인 Number 타입에 대해 위와 같이 convert 함수가 정의되어 있으므로, 모든 수 타입 간의 변환은 타입 T의 생성자를 호출하는 것과 동일함을 알 수 있다. 다시 말해, 예제의 3.0을 Int64로 바꾸는 코드는 Int64(3.0)을 호출하는 것과 같다.

2.2절에서 정의했던 Polar 타입을 다시 가져와서, 정수를 Polar 타입으로 변환해보자.

```
julia> struct Polar <: Number
           r::Float64
           θ::Float64
       end

julia> convert(Polar, 1)
ERROR: MethodError: no method matching Polar(::Int64)
```

Polar 타입은 Number의 하위 타입이므로 convert 함수 호출 시 Polar 타입의 생성자에 1을 넘기려고 해봤지만, 이에 매칭되는 생성자가 없어서 에러가 발생했다. 다음과 같이 인수 하나를 받는 외부 생성자를 지정해주면 타입 변환이 가능해진다.

```
julia> Polar(r) = Polar(r, 0);

julia> convert(Polar, 1)
Polar(1.0, 0.0)
```

승격

promote 함수는 가변 인수를 받아서 각 인수를 공통의 타입으로 변환한다. (Int64, Float32, Float64) 타입의 인수에 대해 표현 범위가 가장 넓은 타입인 Float64로 승격하는 것을 볼 수 있다.[23]

```
julia> promote(1, Float32(2.5), 3.0)
(1.0, 2.5, 3.0)
```

---

23 정수를 부동소수점으로 승격하는 과정에서 발생할 수 있는 정확도의 손실은 감수해야 한다.

promote_type 함수를 사용하면 타입들의 승격 결과를 더 쉽게 확인할 수 있다. 임의 정밀도 정수 타입인 BigInt와 그렇지 않은 Float64 타입의 공통 타입은 임의 정밀도 부동소수점 타입인 BigFloat임을 볼 수 있다.

```
julia> promote_type(BigInt, Float64)
BigFloat
```

promote이나 promote_type 함수에서 사용되는 승격 규칙은 promote_rule 함수로 정의되어 있다. promote_rule 함수는 두 타입을 입력받아서 공통 타입을 반환한다. 예를 들어 Int16과 Int8 사이의 승격 규칙은 다음과 같다.[24]

```
promote_rule(::Type{Int16}, ::Union{Type{Int8}, Type{UInt8}}) = Int16
```

사용자 정의 타입에 대해 승격 규칙을 지정하려면 promote_rule 메서드를 정의해야 한다. 관련 예제를 바로 살펴보자.

사용자 정의 수 타입

15장의 자동 미분에서 사용하는 사용자 정의 수 타입 중 이원수를 미리 정의해보자. 이원수의 의미나 역할, 사칙 연산 규칙 등은 15장에서 살펴볼 것이고, 여기서는 타입 시스템 관점에서 사용자 정의 타입이 기존의 수 체계와 서로 연산이 가능하려면 어떻게 해야 하는지 알아보겠다.

먼저 Number의 하위 타입이면서 두 실수 필드를 가지는 Dual이라는 복합 타입을 이원수 타입으로 정의하고, 첫 번째 필드만 입력받는 외부 생성자도 추가한다.

```
julia> struct Dual{T<:Real} <: Number
           v::T # primal
           ε::T # derivative
       end
julia> Dual(v) = Dual(v, zero(v));
```

Dual(1, 0.1)과 같이 서로 타입이 다른 필드값을 입력받으면 필드 타입을 승격하는 생성자도 정

---

24 https://github.com/JuliaLang/julia/blob/v1.9.0/base/int.jl#L762

의한다.

```julia
julia> Dual(v::Real, ϵ::Real) = Dual(promote(v, ϵ)...);
```

다음과 같이 이원수 간의 덧셈 메서드도 정의한다. 덧셈 함수 +는 Base 모듈에 정의되어 있으므로 Base 모듈에서 +를 import한 후 메서드를 정의한다.

```julia
julia> import Base: +
julia> a::Dual + b::Dual = Dual(a.v + b.v, a.ϵ + b.ϵ);
```

이제 두 이원수 간에 다음과 같이 덧셈 연산이 가능하다.

```julia
julia> Dual(1, 1) + Dual(2, 0.5)
Dual{Float64}(3.0, 1.5)
```

하지만 이원수에 실수를 더하려 하면 여전히 다음과 같은 에러가 발생한다.

```julia
julia> Dual(1, 0.1) + 2
ERROR: promotion of types Dual{Float64} and Int64 failed to change any arguments
```

타입이 다른 두 수를 더할 때 적용되는 덧셈의 폴백 메서드에서, 이원수와 실수를 공통의 타입으로 승격하려는 과정에서 에러가 발생한 것이다. 두 타입 간의 승격 규칙을 추가하여 이를 해결할 수 있다.

이원수와 실수 간의 공통 타입은 표현 범위가 더 큰 이원수로 잡아야 할 것이다. 이때, 공통의 이원수 타입의 원소 타입은 인수로 받은 이원수의 원소 타입과 실수 타입 간의 공통 타입으로 준다.

```julia
julia> Base.promote_rule(::Type{Dual{T}}, ::Type{R}) where {T,R<:Real} =
           Dual{promote_type(T,R)}
```

promote_rule 지정 시, 두 타입 간의 순서에 무관하게 한 번만 공통의 타입을 지정하면 된다. 원하는 타입 승격 결과가 나오는지 다음과 같이 확인해보자.

```
julia> promote_type(Dual{Float64}, Int64)
Dual{Float64}

julia> promote_type(Float32, Dual{Int32})
Dual{Float32}
```

이제 이원수에 실수를 더해보면 승격 규칙에 따라 2를 Dual{Float64}로 타입 변환을 시도하는데, 이 과정에서 다음과 같은 에러가 다시 발생한다.

```
julia> Dual(1, 0.1) + 2
ERROR: MethodError: no method matching Dual{Float64}(::Int64)
```

이는 다음과 같이, 실수를 T를 원소 타입으로 하는 이원수로 변환해주는 메서드로 해결할 수 있다.

```
julia> Base.convert(::Type{Dual{T}}, v::Real) where T =
          Dual(convert(T, v), zero(T))
```

이제 이원수와 실수 간의 덧셈이 가능해졌다.

```
julia> Dual(1, 0.1) + 2
Dual{Float64}(3.0, 0.1)
```

이원수와 실수 간의 승격 규칙과 타입 변환 메서드를 정의했으므로, 이원수 간의 뺄셈, 곱셈, 나눗셈 등의 사칙연산 정의만 추가하면 이원수와 실수 간의 사칙연산도 가능해진다.

```
julia> import Base: -

julia> a::Dual - b::Dual = Dual(a.v - b.v, a.ϵ - b.ϵ);

julia> 2 - Dual(1, 0.1)
Dual{Float64}(1.0, -0.1)
```

함수와 메서드

개념적으로 같은 역할을 하는 함수들은 인수 타입에 따라서 구현 방식이 다르더라도 함수명을 동일하게 쓰는 경우가 일반적이다. 예를 들어 save라는 함수는 인수의 유형에 따라서 파일에 저장할 수도 있고, 데이터베이스에 저장할 수도 있다. 파일 포맷이나 데이터베이스 유형별로도 다양한 구현 방식이 있을 수 있다. 이처럼 하나의 함수명에 대한 각각의 구현 방식을 줄리아에서는 **메서드** method라고 한다.

이번 장에서는 줄리아 언어의 주요한 특징인 다중 디스패치와 메서드 특화에 대해 살펴볼 것이다.

줄리아는 다중 디스패치를 통해서, 함수 호출 시 어떤 메서드를 실행할지 결정한다. 이는 다형성 polymorphism을 통한 생산성 향상뿐 아니라, 인수 타입별 최적화된 코드 정의를 가능하게 한다.

실행할 메서드가 결정되고 나면, 줄리아는 인수들의 실제 타입별로 해당 메서드의 중간 표현 intermediate representation, IR 및 기계 코드를 생성하고, 이 과정에서 다양한 최적화가 일어난다. 이를 메서드 특화라고 한다.

다중 디스패치나 메서드 특화는 인수와 인수의 타입 정보를 바탕으로 작동하므로, 앞 장에서 다룬 타입 시스템과 매우 연관이 높다. 타입 안정성 등 최적화를 위한 코딩 가이드라인도 함께 살펴본다.

3.1 다중 디스패치

함수 호출 시 어떤 메서드를 실행할지 결정하는 과정을 **디스패치**dispatch라고 한다. **정적 디스패치** static dispatch는 컴파일 시점에, **동적 디스패치**dynamic dispatch는 실행 시점에 이를 결정한다. 동적 디스패치에서, 하나의 인수 타입만으로 메서드를 결정하는 것을 **단일 디스패치**single dispatch라고 하고, 복수의 인수 타입을 고려하는 것을 **다중 디스패치**multiple dispatch 혹은 **다중 메서드**multimethods라고 한다.

정적 디스패치의 예로는 정적 타입 언어에서 많이 쓰이는 오버로딩overloading을 들 수 있다. 오버로딩은 메서드 이름은 같지만 매개변수의 개수나 타입이 다른 메서드들로 구성된다. 디스패치는 함수 호출 시 넘기는 인수들의 선언된 타입에 맞게 컴파일 시점에 결정된다.

동적 디스패치에서 단일 디스패치의 예로는 객체 지향 언어들의 오버라이딩overriding을 들 수 있다. 오버라이딩은 부모 클래스로부터 상속받은 메서드를 자식 클래스가 재정의할 때 사용된다. 보통 `obj.f(a ,b, c...)` 문법을 통해 `obj`의 런타임 타입이 부모 클래스냐 혹은 어떤 자식 클래스냐에 따라 그에 맞는 메서드 `f`가 선택된다. 메서드가 속한 객체 `obj`의 타입을 제외한 나머지 매개변수(`a, b, c...`)들은 개수나 타입이 부모 클래스나 다른 자식 클래스의 그것들과 동일하다. 객체 `obj`도 메서드 `f`의 인수로 볼 수 있고, 오버라이딩 시 고려되는 대상은 `obj`만이기 때문에 오버라이딩의 디스패치는 단일 디스패치이다.

줄리아는 런타임 시점에 함수에 넘긴 모든 인수들의 실제 타입을 고려하는 다중 디스패치를 한다. 그렇기 때문에 함수는 특정 데이터 타입 하나에 속할 수 없이 독립적으로 존재해야 하며, 관련 메서드들은 데이터 타입 대신 함수 타입의 메서드 테이블에 저장된다. 객체 지향 언어와 다르게 줄리아의 복합 타입이 멤버 함수를 가지지 않는 이유도 함수가 한 개의 데이터 타입에 묶일 수 없기 때문이다.

이상 디스패치 방식을 표로 정리하면 다음과 같다.

	인수 타입 하나만 고려	복수의 인수 타입 고려
정적 디스패치 (컴파일 타임, 선언된 타입)	오버로딩	
동적 디스패치 (런타임, 실제 타입)	오버라이딩 (메서드가 속한 객체가 고려 대상 인수)	다중 디스패치

다중 디스패치 작동 방식

같은 이름으로 인수들의 수와 타입만 다르게 해서 함수를 계속 정의한다면, 첫 번째 정의 시에 함수 객체와 메서드 하나를 만들고, 두 번째 정의부터는 기존 함수 객체에 메서드를 추가하게 된다. 함수 호출 시에는 인수들의 타입과 가장 구체적으로 매칭되는 인수들 타입의 메서드가 선택된다. 다시 말하면, 인수들로 이루어진 튜플의 타입에 가장 가까운 상위 타입의 인수 튜플 타입을 가진 메서드가 선택된다.

간단한 가위바위보 로직을 통해, 다중 디스패치 작동 방식을 살펴보자.

```
julia> abstract type 가위바위보 end
julia> struct 가위 <: 가위바위보 end
julia> struct 바위 <: 가위바위보 end
julia> struct 보 <: 가위바위보 end
```

먼저 위와 같이 **가위바위보**를 상위 타입으로 하는 **가위**, **바위**, **보**를 싱글턴 타입으로 정의했다.

이제, 두 명이 가위바위보를 해서 비기면 0, 첫 번째 사람이 이기면 1, 두 번째 사람이 이기면 2를 리턴하는 함수를 만들어보자. 먼저, 두 번째 사람이 이기는 경우는 다음과 같이 정의할 수 있다.

```
julia> whowin(::가위, ::바위) = 2;   # 1번 메서드
julia> whowin(::바위, ::보 ) = 2;   # 2번 메서드
julia> whowin(::보,  ::가위) = 2;   # 3번 메서드
```

메서드 시그너처에서 **::가위**의 의미는 **가위** 타입의 인수를 받는 것을 의미한다. 메서드 본문에서 인수를 참조하지 않기 때문에 인수명은 생략할 수 있다. whowin 함수 호출 시, 인수의 타입이 (가위, 바위), (바위, 보), (보, 가위) 중 하나인 경우는, 이보다 더 구체적인 타입은 있을 수 없으므로, 앞의 1, 2, 3번 메서드 중 매칭되는 메서드가 바로 호출된다.

위의 세 메서드로 매칭되지 않은 케이스에 적용될 메서드로 다음의 두 메서드를 추가하자.

```
julia> whowin(::T, ::T) where {T<:가위바위보} = 0;   # 4번 메서드
julia> whowin(::T, ::V) where {T<:가위바위보, V<:가위바위보} = 1;   # 5번 메서드
```

2.3절에서 봤던 타입 매개변수를 메서드 정의 시에도 사용할 수 있다. 4번 메서드는 두 인수의 타

입이 같은 타입 매개변수로 선언되었으니, 두 인수의 타입이 같아야만 이 메서드에 매칭될 수 있다.[1] 5번 메서드는 두 인수의 타입이 같을 필요가 없다. 4번 메서드의 인수 타입이 아우를 수 있는 범위가 5번 메서드의 그것보다 더 좁기 때문에, 두 인수의 타입이 같은 경우에는 4번 메서드에 먼저 매칭이 된다.

즉, 두 번째 사람이 이기는 경우는 1, 2, 3번 메서드로 디스패치되고, 두 사람이 비기는 경우는 4번으로 디스패치된다. 나머지 경우, 즉 첫 번째 사람이 이기는 경우는 폴백 역할을 하는 5번 메서드로 디스패치된다.

이제 실제로 가위바위보를 해보자.

```julia
julia> function play(n)
           for _ in 1:n
               p1 = rand([가위(), 바위(), 보()])
               p2 = rand([가위(), 바위(), 보()])
               println("($p1, $p2) -> $(whowin(p1, p2))")
           end
       end;

julia> play(5)
(보(), 바위()) -> 1
(바위(), 보()) -> 2
(바위(), 가위()) -> 1
(바위(), 바위()) -> 0
(바위(), 보()) -> 2
```

플레이 결과가 맞게 나온 것을 확인할 수 있다.

whowin 함수에 등록된 메서드들을 확인하려면 methods 함수를 이용하면 된다.[2]

```julia
julia> methods(whowin)
# 5 methods for generic function "whowin":
[1] whowin(::가위, ::바위) in Main at REPL[18]:1
[2] whowin(::바위, ::보) in Main at REPL[19]:1
[3] whowin(::보, ::가위) in Main at REPL[20]:1
```

---

1 4번 메서드의 T가 추상 타입인 :가위바위보인 경우엔 (:가위, :바위)도 4번 메서드에 매칭되어야 한다. 따라서 두 타입이 같아야 한다는 제약 조건이 작동할 수 있도록 줄리아에서는 Tuple{T, T} where T의 경우, T가 구체 타입인 경우들만 아우르도록 제한을 준다. https://docs.julialang.org/en/v1/devdocs/types/#Diagonal-types

2 메서드들은 함수 타입별 메서드 테이블에 저장된다. whowin 함수의 메서드 테이블은 typeof(whowin).name.mt이다.

```
[4] whowin(::T, ::T) where T<:가위바위보 in Main at REPL[21]:1
[5] whowin(::T, ::V) where {T<:가위바위보, V<:가위바위보} in Main at REPL[22]:1
```

정적 타입 언어의 오버로딩과의 차이는 오버로딩은 play 함수에서 whowin에 인수 p1, p2를 넘길 때 p1, p2의 실제 타입을 넘길 수 없는 점이다. 오버로딩은 컴파일 시점에 디스패치가 결정되므로, 실행 시에 랜덤하게 결정된 (가위, 바위, 보) 중의 한 타입이 아니라, 컴파일 시의 선언 타입인 **가위바위보** 타입에 해당하는 메서드를 찾는다. 그 결과 whowin(::T,::T) where{T} 메서드로 정적으로 디스패치되어 항상 비기는 것으로 나올 것이다.

객체 지향 언어의 오버라이딩과 비교하면, 보통 p1.whowin(p2) 구조에서 p1의 런타임 타입에 맞게 play 함수의 whowin이 디스패치될 것이다. p2의 경우 **가위바위보** 인수 타입으로 받은 후, 해당 메서드 안에서 p2의 런타임 타입을 체크해서 분기문을 작성해야 했을 것이다.

다중 디스패치 내부 구현

줄리아 개발 문서를 보면, 다중 디스패치의 내부 구현 방식은 메서드 테이블의 메서드들을 구체적인 순서대로 정렬해놓은 후, 인수 튜플의 타입이 메서드 원형의 하위 타입이 되는 첫 메서드를 찾는다고 되어 있다.[3] 타입 간 구체성 비교는 상하위 관계뿐 아니라, UnionAll 타입이나 매개변수 타입의 제약 조건 등 다양한 경우를 고려한다. 각 경우에 대한 자세한 설명은 해당 개발 문서에 잘 나와 있다. 내부적으로 구현된 구체성 비교 함수를 직접 테스트해보기 위해, 다음과 같이 C 언어로 작성된 내부 함수를 ccall로 호출하는 방법을 이용해보자.

```
julia> morespecific(a, b) = ccall(:jl_type_morespecific, Cint, (Any,Any), a, b)
```

ccall의 첫 번째 인수는 호출하려는 C 함수명, 두 번째는 리턴 타입, 세 번째는 넘기는 인수 타입, 네 번째부터는 인수 값이다. 인수로 넘긴 a의 타입이 b의 타입보다 더 구체적이면 1을 리턴한다. 이렇게 가위바위보의 whowin 메서드들의 원형을 비교하면 다음과 같다.

```
julia> morespecific(Tuple{가위, 바위}, Tuple{T, T} where T)
1
```

---

3 https://docs.julialang.org/en/v1/devdocs/types/

```
julia> morespecific(Tuple{T, T} where {T<:가위바위보}, Tuple{T, V} where {T<:가위바위보, V<:
가위바위보})
1
```

두 번째 사람이 이기는 케이스인 1, 2, 3번 메서드 간에는 우선순위가 없으므로, 1, 2, 3번 메서드 후에 4번 메서드가 오고 그다음에 5번 메서드로 정렬될 것이다. (::바위, ::가위) 타입의 인수가 넘어왔을 때 이를 디스패치하기 위해선, 위 순서로 정렬된 메서드들을 순회하면서 (::바위, ::가위)의 상위 타입이 될 수 있는 메서드 원형을 찾을 것이고 그럼 마지막 메서드인 5번 메서드로 디스패치되어, 첫 번째 사람이 이기는 것으로 결과가 나올 것이다.

인수 타입별로 최적화된 메서드 정의

앞의 가위바위보 예제는 다중 디스패치를 이용한 다형성 구현의 예이다. 다형성은 코드를 간결하게 하고 생산성을 높여준다. 다중 디스패치는 생산성뿐 아니라, 성능 최적화에도 도움을 준다. 줄리아의 기본 라이브러리들은 저수준에서 고수준까지 다양한 레벨에서 다중 디스패치를 이용하여 인수 타입별로 최적화된 메서드들을 정의한다. 예를 들어 두 인수를 더하는 덧셈 연산자의 경우,[4] 인수 타입이 정수이냐 부동소수점이냐에 따라 구현 메서드도 다를 뿐 아니라, 행렬이 밀집행렬dense matrix이냐 희소행렬sparse matrix이냐 등에 따라서도 각각 최적화된 메서드로 디스패치된다.[5]

정수 간, 부동소수점 간, 정수와 부동소수점 간 덧셈 메서드들의 실제 소스 코드를 살펴보자. 먼저 REPL에서 @less 1 + 1을 실행하면 정수 덧셈의 코드를 확인할 수 있다. BitInteger는 Int8, Int16, …, Int128, UInt8, … 등의 구체 타입들에 대한 Union 타입이다

```
# @less 1 + 1
(+)(x::T, y::T) where {T<:BitInteger} = add_int(x, y)  # julia/base/int.jl
```

다음으로 부동소수점 1.0과 1.0의 덧셈 코드를 확인해보자. 여기서도 마찬가지로 IEEEFloat는 Union{Float16, Float32, Float64}이다.

```
# @less 1.0 + 1.0
+(x::T, y::T) where {T<:IEEEFloat} = add_float(x, y)  # julia/base/float.jl
```

---

4   줄리아에서는 &&, || 등의 단락 평가 연산자를 제외한 대부분의 연산자는 함수이다.
5   + 함수에 대해 methods(+)를 실행해보면 200개 넘는 메서드들이 나온다.

마지막으로 1과 1.0의 덧셈 코드는 다음과 같다.

```
# @less 1 + 1.0
+(x::Number, y::Number) = +(promote(x,y)...)  # julia/base/promotion.jl
```

정수의 덧셈과 부동소수점의 덧셈은 각각 내장intrinsic 함수[6]인 Base.add_int, Base.add_float를 호출한다. 따라서 컴파일러가 어셈블리 명령어로 바로 바꾸는 등의 최적화가 가능하다. 정수와 부동소수점의 덧셈은 수들의 덧셈에 대한 폴백 역할을 하는 +(x::Number, y::Number) 메서드로 디스패치된다. 이 경우 두 숫자 타입을 각 타입의 표현 가능한 범위를 포괄할 수 있는 특정 타입으로 승격한 후, 다시 + 함수로 넘겨준다.

```
julia> promote(1, 1.0)
(1.0, 1.0)
```

1과 1.0의 승격 결과는 둘 다 1.0이므로, 부동소수점 간 덧셈 메서드로 다시 디스패치된다. 다음 절에서 다룰 매크로인 @code_typed나 @code_llvm을 이용해서 확인해보면, 정수에서 부동소수점 수로의 승격 과정도 내장 함수인 Base.sitofp를 호출하여 LLVM 명령어인 sitofp가 생성됨을 확인할 수 있다.

소스 코드로 확인한 것처럼, 덧셈 연산자에 대해 인수 타입별 메서드들이 컴파일러가 최적화할 수 있게 작성되어 있고, 실제 덧셈 시에는 두 인수의 타입에 맞게 해당 메서드로 디스패치된다.

3.2 메서드 특화

앞 절에서는 인수들의 타입별로 메서드가 선택되는 과정을 살펴봤다. 이번 절에서는 선택된 메서드가 호출될 때 어떤 과정이 일어나는지 살펴보자. 새로운 조합(튜플)의 인수들 타입으로 메서드를 호출할 때마다 메서드는 해당 타입용으로 JIT just-in-time 컴파일되고[7] 그 결과는 캐시에 저장되어, 같은 인수들 타입으로 다시 호출될 때 재사용된다. 이를 **메서드 특화**method specialization라고 한다. 줄리아의 컴파일 단계를 통해서 메서드 특화 및 최적화에 대해 알아보자.

---

6 줄리아의 내장 함수 목록은 names(Core.Intrinsics)로 확인할 수 있다.
7 자바(HotSpot JVM)의 JIT은 가상 머신이 바이트 코드를 인터프리터로 실행하다가 병목 구간을 컴파일하는 데 비해, 줄리아는 해당 코드 실행 직전에 컴파일하기 때문에 just-ahead-of-time 방식이라고도 부른다.

컴파일 단계

다음은 줄리아 JIT 컴파일러가 메서드를 컴파일하는 단계를 나타낸 그림이다.[8]

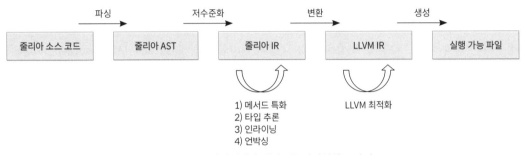

그림 3-1 **JIT 컴파일러가 메서드를 컴파일하는 과정**

다음과 같은 예제 메서드로 위 그림의 각 단계를 살펴보자.

```
julia> f(x, y) = 2x + y
f (generic function with 1 method)
```

먼저, 소스 코드를 파싱하여 줄리아의 추상 구문 트리abstract syntax tree, AST를 생성한다. AST는 코드가 작성된 방식 그대로 구조화한 것이다. `Meta.parse` 함수로 앞의 소스를 파싱한 결과는 다음과 같다.

```
julia> Meta.parse("f(x, y) = 2x + y")
:(f(x, y) = begin
          #= none:1 =#
          2x + y
      end)
```

파싱 결과 :( )으로 둘러싸인 Expr 객체가 생성되었다. Expr 객체는 **4장**에서 좀 더 자세히 살펴볼 것이다.

---

8   Jeff Bezanson, Jiahao Chen, Benjamin Chung, Stefan Karpinski, Viral B. Shah, Jan Vitek, Lionel Zoubritzky. 2018. Julia: Dynamism and Performance Reconciled by Design. *Proc. ACM Program. Lang.* 2, OOPSLA, Article 120 (November 2018), 23 pages. https://doi.org/10.1145/3276490

다음으로, AST를 컴파일러가 최적화하기 좋은 형태로[9] 저수준화한다. 앞에 나온 그림의 세 번째 상자인 줄리아의 중간 표현intermediate representation, IR이 이에 해당한다.[10] 이 IR를 이용하여 메서드 특화, 타입 추론 등 줄리아 고유의 최적화가 이루어진다.

아래는 @code_lowered 매크로에 의해 생성된 줄리아의 중간 표현이다.

```
julia> @code_lowered f(1,2)
CodeInfo(
1 ─ %1 = 2 * x
│   %2 = %1 + y
└──      return %2
)
```

아직 각 변수들에 대해 아무런 타입 정보가 없음을 볼 수 있다. 인수 타입별 특화가 일어나기 전 단계이기 때문에, @code_lowered f(1.0, 2.0)과 같이 다른 타입의 인수를 넘기는 코드에 대해서도 동일한 중간 표현 결과가 생성된다.

이 중간 표현이 인수 타입별 특화 및 타입 추론, 인라이닝inlining 등을 거치면 다음과 같이 타입 추론된 IR가 생성된다. @code_typed 매크로로 이를 확인할 수 있다.

```
julia> @code_typed f(1, 2)
CodeInfo(
1 ─ %1 = Base.mul_int(2, x)::Int64
│   %2 = Base.add_int(%1, y)::Int64
└──      return %2
) => Int64

julia> @code_typed f(1.0, 2.0)
CodeInfo(
1 ─ %1 = Base.mul_float(2.0, x)::Float64
│   %2 = Base.add_float(%1, y)::Float64
└──      return %2
) => Float64
```

---

9 구체적으로는 정적 단일 할당(static single assignment, SSA) 형태로 변환한다. 일반적으로 변수는 프로그램에서 여러 번 재정의 될 수 있지만 SSA에서는 변수는 오직 한 번만 정의될 수 있도록 강제한다. 주어진 프로그램을 SSA 형태로 변환을 하면 각종 최적 화 알고리즘을 작성하기가 수월해져서 현대 컴파일러에는 대부분 SSA 형태의 중간 표현을 사용한다.

10 중간 표현이란 컴파일러나 가상 머신이 소스 코드를 표현하기 위해 내부적으로 사용하는 자료구조나 코드로서, 추가적인 최적화나 변환을 위해 사용된다. https://ko.wikipedia.org/wiki/중간_표현

최적화 전 IR와는 다르게, 함수의 인수 타입별로 특화된 표현이 생성된 것을 볼 수 있다. 메서드 본문의 변수들과 함수 리턴값도 타입이 추론되었고, 곱셈 및 덧셈 함수도 인수 타입별로 내장 함수인 (Base.mul_int, Base.add_int)와 (Base.mul_float, Base.add_float)로 디스패치되었다. 한 번 타입 추론되고 디스패치된 결과는 최종 컴파일된 후 캐시cache에 저장되어 재사용되므로, 동일 인수 타입으로 이 메서드를 반복 호출 시, 곱셈과 덧셈 함수에 대한 디스패치 비용은 더 이상 발생하지 않는다. JIT 컴파일을 하지 않는 동적 타입 언어에 비해 실행 속도가 빠를 수 있는 이유이다. 만약 이 단계에서 타입 추론에 실패한다면, 함수 호출 시마다 넘어온 인수의 실제 타입에 맞는 곱셈과 덧셈 디스패치를 매번 시행해야 한다. 타입 추론 실패 케이스는 다음 절에서 복합 타입 인수 케이스로 살펴본다.

줄리아 단계의 최적화가 끝나면 LLVM[11] IR를 생성한다. LLVM IR에서 최적화된 기계어 코드를 생성하는 과정은 LLVM 컴파일러가 담당한다. LLVM IR 및 어셈블리 코드는 각각 @code_llvm과 @code_native(CPU 등 실행 환경에 따라 결과가 아래와 다를 수 있다)로 조회할 수 있다.

```
julia> @code_llvm debuginfo=:none dump_module=false f(1, 2)
define i64 @julia_f_717(i64 signext %0, i64 signext %1) #0 {
top:
  %2 = shl i64 %0, 1
  %3 = add i64 %2, %1
  ret i64 %3
}

julia> @code_native debuginfo=:none dump_module=false f(1, 2)
        .text
        pushq   %rbp
        movq    %rsp, %rbp
        leaq    (%rdx,%rcx,2), %rax
        popq    %rbp
        retq
        nopw    (%rax,%rax)
```

LLVM IR의 메서드 원형을 보면, 인수 타입이 언박싱unboxing[12]된 i64인 것을 볼 수 있다. 언박싱된

---

11 LLVM은 다양한 아키텍처(CPU 명령어 집합)에 중립적인 LLVM IR를 만드는 것을 목표로 시작한 프로젝트이다. 현재는 기계어 코드로 바꿔주는 백엔드와 프로그램 코드를 LLVM IR로 바꿔주는 프런트엔드(clang)를 모두 포함하는 거대한 컴파일러 프로젝트로 발전하였다. 줄리아 같은 프로그래밍 언어들은 LLVM IR만 생성하면 LLVM을 이용하여 아키텍처별로 최적화된 기계어 코드를 생성할 수 있다.

12 객체로 쌓인 원시 타입의 값을 꺼내는 행위

값에 대한 직접적인 조작은 빠른 연산을 가능하게 한다. 지면 관계상 부동소수점형 인수에 대한
LLVM IR 및 어셈블리 코드는 생략했지만, 각각 인수 타입에 맞는 코드들이 생성된다.

복합 타입 인수 메서드의 특화

복합 타입의 경우, 필드 타입이 추상 타입이면 메서드 특화가 일어나지 못하므로 실행 성능에 악
영향을 끼친다. 다음의 예를 통해 이를 확인해보자.

```julia
julia> struct PointFloat64
           x::Float64
           y::Float64
       end

julia> struct PointReal
           x::Real
           y::Real
       end

julia> struct PointGeneric{T}
           x::T
           y::T
       end
```

구체 타입 필드, 추상 타입 필드, 제네릭 필드를 각각 가진 세 가지 좌표 타입들을 정의했다. 기존
함수 f에 좌표 타입용 메서드도 다음과 같이 추가했다.

```julia
julia> f(p) = 2 * p.x + p.y
f (generic function with 2 methods)
```

위 메서드에 대해, 각 타입별로 타입 추론된 중간 표현은 다음과 같다.

```julia
julia> @code_typed f(PointFloat64(1.0, 2.0))
CodeInfo(
1 ─ %1 = Base.getfield(p, :x)::Float64
│   %2 = Base.mul_float(2.0, %1)::Float64
│   %3 = Base.getfield(p, :y)::Float64
│   %4 = Base.add_float(%2, %3)::Float64
└──      return %4
) => Float64
```

```
julia> @code_typed f(PointReal(1.0, 2.0))
CodeInfo(
1 ─ %1 = Base.getfield(p, :x)::Real
│   %2 = (2 * %1)::Any
│   %3 = Base.getfield(p, :y)::Real
│   %4 = (%2 + %3)::Any
└──      return %4
) => Any

julia> @code_typed f(PointGeneric(1.0, 2.0))
CodeInfo(
1 ─ %1 = Base.getfield(p, :x)::Float64
│   %2 = Base.mul_float(2.0, %1)::Float64
│   %3 = Base.getfield(p, :y)::Float64
│   %4 = Base.add_float(%2, %3)::Float64
└──      return %4
) => Float64
```

PointReal 타입의 경우, JIT 컴파일 시에 필드 x와 y의 타입이 확정적이지 않아서 곱셈 및 덧셈 함수가 디스패치되지 못했다. 필드 x와 y의 타입이 확정적이지 못한 이유는 필드의 타입이 추상 타입인 Real이기 때문에 실제값의 타입은 Int64나 Float64 등 어떤 Real의 하위 타입도 가능하기 때문이다. 이 경우 결국 런타임 시에 실제 필드값의 타입에 따라서 매번 디스패치를 해야 하므로 실행 성능이 떨어진다.[13] PointFloat64와 PointGeneric 인수 타입에 대해서는 타입 추론 및 디스패치가 잘 이루어진 것을 볼 수 있다.

PointReal 타입과 PointGeneric 타입 인수에 대한 메서드 f의 실행 성능을 비교해보면 다음과 같다.

```
julia> pointsReal = [PointReal(rand(), rand()) for _=1:1000000];
julia> pointsGeneric = [PointGeneric(rand(), rand()) for _=1:1000000];

julia> @time map(f, pointsReal);
  0.049823 seconds (2.00 M allocations: 38.147 MiB, 55.21% gc time)
julia> @time map(f, pointsGeneric);
  0.001193 seconds (3 allocations: 7.629 MiB)
```

@time 매크로는 코드의 실행 시간 및 힙 할당된 메모리양을 보여준다. 메서드 특화가 잘 일어난

---

13 매번 메서드 테이블에서 실제 타입에 맞는 메서드를 찾아야 한다.

경우가 그렇지 않은 경우보다 40배 이상 빠른 것을 볼 수 있다. PointReal 타입 인수의 경우, 동적인 덧셈과 곱셈 연산을 위해 메서드 호출 시마다 두 번의 메모리 할당도 일어났고 가비지 컬렉션도 작동했다.

타입 시스템과 메서드 특화

줄리아의 구체 타입은 서브타이핑될 수 없는 최종 타입이고 줄리아에는 null 값이 없기 때문에, Int64 등 isbits 타입들은 힙 할당 없이 언박싱된 상태로 사용될 수 있다. 앞의 컴파일 단계에서 살펴본 f(x, y) = 2x + y의 함수에서도 (Int64, Int64) 인수 타입에 대해 인수를 언박싱된 상태로 받아서 곱셈, 덧셈을 인라이닝하는 최적화된 메서드 코드가 생성되었다. 반대로 파이썬의 경우엔, int 클래스를 상속한 클래스를 만들어서 __add__() 등을 오버라이딩할 수도 있으므로 타입 정보 유지를 위해 박싱된 상태로 디스패치를 해야 한다.[14]

3.3 성능 좋은 코드를 작성하는 법

줄리아에서 성능 좋은 코드를 작성하는 핵심은 JIT 컴파일러에 최대한 구체적인 타입 정보를 알려주는 것이다.

스크립트 대신 함수 작성

줄리아의 JIT 컴파일은 메서드 단위로 일어나기 때문에, 실행 성능이 중요한 코드는 함수 안에 작성해야 한다. 모듈 최상단에 작성된 코드는 실행 속도가 느리다. 또한 전역 변수는 언제 타입이 바뀔지 알 수 없기 때문에, 전역 변수에 직접 접근하는 함수는 타입 추론을 통한 최적화가 어렵다. 전역 변수는 함수의 인수로 넘겨야 한다.

```
julia> x = rand(1000000);
julia> sumx() = (s=0.0; for v in x; s+=v; end; s);
julia> sumx(x) = (s=0.0; for v in x; s+=v; end; s);

julia> @time sumx();
  0.117810 seconds (4.00 M allocations: 76.286 MiB, 60.34% gc time)

julia> @time sumx(x);
```

---

14 언박싱하면 타입 정보가 없어지고 값만 남기 때문에 오버라이딩을 할 수 없다.

```
   0.000614 seconds (1 allocation: 16 bytes)
```

전역 변수를 인수로 받는 sumx(x) 메서드가 전역 변수를 직접 읽는 sumx() 메서드보다 훨씬 빠르고 힙 할당도 일어나지 않았음을 볼 수 있다.[15]

타입 명시된 전역 변수 활용

함수 내에서 전역 변수를 직접 읽어야 하되 전역 변수의 타입이 바뀌어야 할 일이 없다면, 전역 변수의 타입을 명시하면 메서드 특화가 가능하다. 타입 명시된 전역 변수에는 해당 타입으로 변환[16]될 수 없는 타입의 값은 할당하지 못한다.

```
Julia> y::Vector{Float64} = rand(1000000);
julia> sumy() = (s=0.0; for v in y; s+=v; end; s);
julia> @time sumy();
   0.001426 seconds
```

타입이 바뀔 가능성이 없기 때문에 메서드 특화가 가능하여 빠른 실행 속도가 나왔다.

배열의 원소 타입은 구체 타입으로

2장에서 언급했듯이, 추상 타입의 매개변수를 가지는 배열은 다양한 타입의 값들을 담기 위해서 원소들에 대한 포인터를 저장한다. 실젯값들은 다른 메모리 공간에 산재해 있어서, 한 번에 연속된 범위를 읽을 때 직접 값을 담고 있는 배열보다 많이 느리다.

```
julia> real_a::Vector{Real} = rand(1000000);
julia> float64_a = rand(1000000);  # Vector{Float64}

julia> @time sum(real_a);
  0.011952 seconds (1000.00 k allocations: 15.259 MiB)

julia> @time sum(float64_a);
  0.000346 seconds (1 allocation: 16 bytes)
```

---

15 처음 호출되는 메서드는 컴파일 시간이 @time에 포함되지만, 여기에서는 예시를 위해 컴파일 시간은 빼고 재호출 시의 결과를 적었다. 이후 실행 시간을 측정하는 예제에서도 이 점은 동일하다.
16 타입 변환은 convert 함수로 자동으로 일어난다.

추상 원소 타입의 배열이 구체 원소 타입의 배열보다 30배 이상 느린 것을 볼 수 있다.

복합 타입의 필드 타입은 구체 타입으로

메서드 특화에서 살펴봤듯이 추상 타입의 필드를 가진 복합 타입은 JIT 컴파일 시 필드의 타입이 확정적이지 않아 효율적인 코드가 생성되지 않는다. 필드 타입은 구체 타입으로 하거나 매개변수화해야 한다. 예제 코드는 메서드 특화에서 다뤘으므로 생략한다.

타입 안정성 지키기

성능이 중요한 함수는 하나의 타입의 값을 리턴해야 한다. 함수가 리턴할 수 있는 타입이 확정적이지 않다면, 그 함수의 리턴값을 이용하는 코드들은 더 이상 타입 추론이 불가능하게 되어 최적화가 이루어질 수 없다. 리턴 타입이 확정적이지 않은 것을 **타입 안정성**type safety이 없다고 한다.

```julia
julia> pos_unstable(x) = x < 0 ? 0 : x;

julia> pos_stable(x) = x < 0 ? zero(x) : x;

julia> a = rand(1000000) * 2 .- 1;  # -1 ~ 1 범위

julia> @time sum(map(pos_unstable, a));
  0.026947 seconds (1.50 M allocations: 38.139 MiB)

julia> @time sum(map(pos_stable, a));
  0.002118 seconds (4 allocations: 7.629 MiB)
```

위의 예제에서, `pos_unstable` 함수는 x가 음수인 경우에는 정수 타입의 0을 리턴하지만, 0이나 양수인 경우에는 인수를 그대로 리턴한다. 인수의 타입이 `Float64`라면, 인수에 따라서 `Int64`나 `Float64`를 리턴하게 되는 것이다. 인수 타입에 따른 함수 리턴 타입을 돌려주는 `Base.return_types` 함수로 확인해보면 다음과 같다.

```julia
julia> Base.return_types(pos_unstable, (Float64,))
1-element Vector{Any}:
 Union{Float64, Int64}

julia> Base.return_types(pos_stable, (Float64,))
1-element Vector{Any}:
 Float64
```

타입 안정성을 지키려면 pos_stable 함수처럼 0 대신 zero함수를 이용하여, 인수의 실제 타입과 동일한 타입의 0 값을 리턴해야 한다.[17] 앞 예를 보면 타입 안정적인 함수가 실행 속도가 10배 이상 빠르게 나왔다.

타입 안정적이지 않더라도, 이 예제와 같이 리턴 타입이 두세 가지 정도로 한정되어 있는 경우에는 해당 함수가 리턴할 수 있는 타입의 집합을 추론하여, 그 리턴값을 사용하는 이후의 코드들에 대해 추론된 타입 집합의 타입별 분기문으로 타입 추론 및 최적화를 계속한다. 이를 **집합 나누기** union-splitting라고 하며, 줄리아 1.0 버전부터 적용된 최적화 기법이다.[18] 다음 함수와 같이 리턴 타입이 네 가지인 pos_unstable_extreme이라는 함수를 만들고 pos_unstable과 비교해보자.

```julia
julia> pos_unstable_extreme(x) = begin
           x < -0.7 ? Int16(0) :
           x < -0.3 ? Int32(0) :
           x < 0 ? 0 :  # Int64 on 64 bit
           x
       end
julia> Base.return_types(pos_unstable_extreme, (Float64,))
1-element Vector{Any}:
 Any
```

pos_unstable 함수는 Float64 타입 인수에 대해 Union{Float64, Int64}를 리턴하는 반면, pos_unstable_extreme는 Any 타입을 리턴한다. 논리적으로는 Union{Float64, Int16, Int32, Int64}를 리턴해야 할 것 같지만, 가능한 리턴 타입의 수가 너무 커지면 Any를 리턴한다. 줄리아 공식 문서에 따르면 최대 4개까지의 타입에 대해 집합 나누기 최적화가 적용될 수 있으나,[19] 위 함수의 경우에는 네 개 타입에 대해서도 해당 최적화가 적용되지 않았다.

pos_unstable 함수의 결과에 대해 집합 나누기 최적화가 일어나는 예를 보자.

```julia
julia> function test_union_split(x)
           @noinline pos = pos_unstable(x)
           return pos * 2
       end;
```

---

[17] X 타입의 y 값은 oftype(x, y) 함수를 이용하면 된다. oftype(x, y) == convert(typeof(x), y)이다.

[18] https://julialang.org/blog/2018/08/union-splitting/

[19] https://docs.julialang.org/en/v1/manual/types/#footnote-1

```
julia> @code_typed test_union_split(1.0)
CodeInfo(
1 ─ %1  = invoke Main.pos_unstable(x::Float64)::Union{Float64, Int64}
│    %2  = (isa)(%1, Float64)::Bool
└──       goto #3 if not %2
2 ─ %4  = π (%1, Float64)
│    %5  = Base.mul_float(%4, 2.0)::Float64
└──       goto #6
3 ─ %7  = (isa)(%1, Int64)::Bool
└──       goto #5 if not %7
4 ─ %9  = π (%1, Int64)
│   %10  = Base.mul_int(%9, 2)::Int64
└──       goto #6
5 ─       Core.throw(ErrorException("fatal error in type inference (type bound)"))::Union{}
└──       unreachable
6 ┄ %14  = φ (#2 => %5, #4 => %10)::Union{Float64, Int64}
└──       return %14
) => Union{Float64, Int64}
```

pos_unstable 함수의 결과에 곱셈을 취하는 test_union_split 함수의 줄리아 중간 표현을 살펴보면,[20] pos_unstable 함수의 결과의 타입이 Float64이면 Base.mul_float를 호출하고 Int64이면 Base.mul_int를 호출하는 코드가 생성되었다. 리턴 타입 집합을 쪼개서 타입별 추론 및 최적화를 한 것이다. 비록 함수 호출 시마다 분기 비용이 들긴 하지만, 곱셈 메서드에 대한 디스패치는 JIT 컴파일 시에 한 번만 일어난다.

```
julia> function test_union_split_extreme(x)
           @noinline pos = pos_unstable_extreme(x)
           return pos * 2
       end;

julia> @code_typed test_union_split_extreme(1.0)
CodeInfo(
1 ─ %1 = invoke Main.pos_unstable_extreme(x::Float64)::Any
│    %2 = (%1 * 2)::Any
└──       return %2
) => Any
```

반면 test_union_split_extreme은 pos_unstable_extreme의 리턴 타입이 Any이기 때문에 그 결

---

20 간단한 중간 표현 결과를 위해 test_union_split 함수 안에서 pos_unstable은 인라인이 되지 않도록 @noinline을 사용하였다.

과에 곱셈을 취하는 데에 타입 추론이 불가하여 JIT 컴파일 시 디스패치가 되지 못하고 실행 시에 매번 디스패치 되어야 한다.

요약하자면 타입 안정성은 성능에 중요한 영향을 미치므로 함수의 리턴 타입은 하나로 확정되는 게 중요하다. 하지만 두세 개 정도의 리턴 타입 집합에 대해서는 집합 나누기에 의한 최적화가 어느 정도 이루어진다.

## CHAPTER 4

메타프로그래밍

메타프로그래밍metaprogramming의 정의는 다음과 같다.[1]

> 자기 자신 혹은 다른 컴퓨터 프로그램을 데이터로 취급하며 프로그램을 작성·수정하는 것을 말한다. 넓은 의미에서, 런타임에 수행해야 할 작업의 일부를 컴파일 타임 동안 수행하는 프로그램을 말하기도 한다.

줄리아는 자기 자신의 코드를 Expr 타입의 데이터로 취급하여 자신의 코드를 변환하고 생성할 수 있다. 이번 장에서는 코드를 데이터로 나타내는 방식 및 이를 이용한 코드 생성과 매크로에 대해 살펴보겠다.

4.1 코드의 데이터 표현

표현식

a = 1이라는 할당문에 대해서, 이를 실행하는 것이 아니라 코드 자체를 변수에 저장하려면 다음과 같이 할 수 있다.

```julia
julia> ex = :(a = 1)
```

---

1   https://ko.wikipedia.org/wiki/메타프로그래밍

```
:(a = 1)

julia> a
ERROR: UndefVarError: a not defined

julia> typeof(ex)
Expr
```

할당문이 실행된 것이 아니기 때문에 a라는 변수는 선언되지 않았다. 콜론과 괄호를 이용하면, 괄호 사이의 식 혹은 구문에 대한 Expr 객체를 생성한다. 이를 인용quoting이라고 한다. Expr 객체는 AST에서의 표현식을 나타낸다. Expr 객체는 head라는 Symbol 타입의 필드와 args라는 Vector{Any} 타입의 필드로 구성되어 있다.

```
julia> ex.head, ex.args
(:(=), Any[:a, 1])
```

head 필드는 해당 표현식의 종류를 나타낸다. 다음과 같이 덧셈 표현식의 head는 + 함수를 호출하는 :call이고, 삼항 조건 연산은 :if, while 문은 :while인 것을 볼 수 있다.

```
julia> (:(a+b)).head, (:(a ? b : c)).head, (:(while x;a+=1;end)).head
(:call, :if, :while)
```

args 필드는 하위 표현식을 담는 필드로서, Symbol 객체나 다른 Expr 객체, 리터럴 등을 담고 있다.

심벌

Symbol 타입을 좀 더 살펴보자. 줄리아에서 **심벌**symbol은 식별자 역할을 하며, 표현식의 평가 시 해당 식별자가 가리키는 값으로 바뀐다. Symbol 객체는 콜론을 붙여서 만들 수 있다.

```
julia> :name, typeof(:name)
(:name, Symbol)

julia> eval(:name)
ERROR: UndefVarError: name not defined
```

실제로 name이라는 변수를 선언하기 전까지는 eval 함수를 이용하여 표현식 평가 시, 해당 변수가 없다고 에러가 뜬다.

```
julia> name = "야옹이";
julia> eval(:name)
"야옹이"
```

현재 모듈의 변수 영역에 해당 변수가 있으면, 코드 평가 시 해당 변수의 값으로 대체된다.

평가(실행)

eval 함수는 주어진 표현식을 전역 변수 영역에서 평가 혹은 실행한다. 앞의 할당문 예제를 실행하면 실제로 변수가 할당된다.

```
julia> ex = :(a = 1);
julia> a
ERROR: UndefVarError: a not defined
julia> eval(ex);
julia> a
1
```

내삽

문자열 내삽처럼 인용된 표현식에도 $를 이용하여 내삽을 할 수 있다.

```
julia> b = 2;
julia> :(a = $b)
:(a = 2)
```

표현식 생성 시 $가 붙은 b에 대해서는 :b의 평가 결과가 내삽되었다.

4.2 코드 생성

표현식과 eval 함수를 이용하여 반복되는 코드를 자동으로 생성할 수 있다. 3.1절에서 다뤘던 가위바위보 예제를 코드 생성으로 구현해보자.

```
abstract type 가위바위보 end
struct 가위 <: 가위바위보 end
struct 바위 <: 가위바위보 end
struct 보 <: 가위바위보 end

whowin(::가위, ::바위) = 2;
whowin(::바위, ::보 ) = 2;
whowin(::보,   ::가위) = 2;
whowin(::T, ::T) where {T<:가위바위보} = 0;
whowin(::T, ::V) where {T<:가위바위보, V<:가위바위보} = 1;
```

원래 위와 같이 작성했던 코드를, 가위, 바위, 보의 타입 생성부터 자동으로 바꿔보자.

```
julia> abstract type 가위바위보 end

julia> for t = (:가위, :바위, :보)
           eval(:(struct $t <: 가위바위보 end))
       end

julia> 가위(), 바위(), 보()
(가위(), 바위(), 보())

julia> 가위 <: 가위바위보
true
```

:가위, :바위, :보 세 심벌을 변수 t로 받아서 :(struct $t <: 가위바위보 end) 표현식에 내삽 후 eval 함수로 실행했다. 그 결과 가위, 바위, 보 타입이 잘 생성되어서, 각 타입의 객체까지 생성 가능함을 확인할 수 있다.

다음으로는 (가위, 바위), (바위, 보), (보, 가위) 타입의 인수에 대한 whowin 메서드들을 자동으로 생성해보자.

```
julia> types = (:가위, :바위, :보, :가위);

julia> for i = 1:3
           eval(:(whowin(::$(types[i]), ::$(types[i+1])) = 2))
       end

julia> methods(whowin)
# 3 methods for generic function "whowin":
[1] whowin(::가위, ::바위) in Main at REPL[19]:2
```

```
[2] whowin(::바위, ::보) in Main at REPL[19]:2
[3] whowin(::보, ::가위) in Main at REPL[19]:2

julia> whowin(가위(), 바위())
2
```

:(whowin(::$(types[i]), ::$(types[i+1])) = 2) 표현식에 각 타입에 대한 심벌을 내삽하여
실행했고, whowin 함수에 대한 세 메서드가 잘 생성된 것을 확인할 수 있다.

반복할 케이스가 가위, 바위, 보 세 가지라서 굳이 코드 생성을 할 필요는 없지만, 예제 차원에서
시도해봤다.

다음은 줄리아 공식 문서에 나오는 코드 생성 예제이다.

```
struct MyNumber
    x::Float64
end

for op = (:sin, :cos, :tan, :log, :exp)
    eval(quote
        Base.$op(a::MyNumber) = MyNumber($op(a.x))
    end)
end
```

이 예제에 나오는 quote … end 블록은 :(…)와 같이 표현식을 인용하는 문법인데, 복수의 표현
식을 인용할 수 있다는 차이가 있다. 이 예제에서는 MyNumber 타입에 대한 다양한 연산자들을
MyNumber의 필드 x에 대한 대한 연산자로 포워딩하는 코드를 생성했다. 이처럼 합성composition 패
턴에서 포워딩 메서드를 구현할 때 유용하게 쓸 수 있다.

파이썬의 eval 함수는 문자열을 인수로 받아서 평가하므로 사용자 입력 등 임의의 문자열을 eval
함수에 넘기면 굉장히 위험할 수 있다. 반면 줄리아의 eval 함수는 표현식을 평가하는 함수이고,
문자열을 평가하기 위해선 Meta.parse 함수를 이용하여 문자열을 표현식으로 먼저 파싱해야 한
다. 이렇게 파싱 단계와 평가 단계가 구분되기 때문에, 파싱 결과를 eval 함수에 넘기기 전에 미리
검증할 수 있다.

예를 들어 앞에서 본 :가위, :바위, :보 대신 사용자 입력으로 타입명을 받아서 해당 명의 타입을
생성한다고 할 때, 입력받은 문자열을 파싱한 결과가 심벌 타입인지를 다음과 같이 검증할 수 있다.

```
julia> Meta.parse("가위") isa Symbol
true
```

임의의 함수를 호출하는 등의 악의적인 문자열은 평가 전에 거를 수 있다.

```
julia> Meta.parse("""rm("/")""") isa Symbol
false
```

4.3 매크로

매크로macro는 표현식을 입력받아서 수정된 표현식을 리턴한다. 함수와 다른 점은, 함수는 런타임 시에 실행되지만, 매크로는 그 이전인 소스 코드가 파싱되는 시점에서 실행된다는 것이다. 소스 파싱으로 생성된 AST의 일부분을 매크로가 받아서 변경하고, 변경된 결과는 기존 부분을 대체한다. 이를 매크로 확장macro expansion이라고 한다. AST의 매크로 확장 후, 앞에서 다뤘던 저수준화와 최적화 등의 컴파일 단계가 진행된다.

바로 앞에서 다룬 eval 함수를 이용한 코드 생성은 eval 함수가 호출되는 시점, 즉 런타임에 실행되지만, 매크로는 JIT 컴파일 타임에 실행되어 매크로 확장 결과가 바로 컴파일된다는 차이가 있다. 따라서 매크로는 실행 시의 성능 저하가 거의 없이 코드를 조작할 수 있다는 장점이 있다.

매크로 예제

내장된 매크로를 통해 매크로 사용법을 알아보고, 해당 매크로들의 간단한 버전을 직접 만들어보자.

@show 매크로는 입력받은 표현식들에 대해, 표현식 자체와 그 결과를 프린트하고, 마지막 결과를 리턴한다. 간단한 디버깅에 유용하게 쓰이는 매크로이다.

```
julia> a = 1;
julia> b = 2;
julia> @show a a + b;
a = 1
a + b = 3
```

이 예제는 심벌 a와 표현식 a + b를 입력받아서, 각 식과 그 결과를 프린트한다. 매크로에 인수들을 넘길 때는 괄호와 쉼표 없이 공백으로 표현식을 구분하여 넘길 수 있다.[2]

매크로에 넘기는 인수는 변수가 가리키는 값이나 표현식의 결과가 아니라, 변수의 심벌이나 표현식 자체가 넘어간다. 그렇기 때문에 @show 매크로가 변수명이나 표현식 자체를 프린트할 수 있는 것이다. 함수로는 이를 구현할 수 없는데, 함수에 인수를 넘길 때는 변수의 값이나 표현식의 평가 결과가 넘어가므로 변수명이나 표현식을 함수가 알 수 없기 때문이다.

@show와 유사하지만 인수를 하나만 받을 수 있는[3] 간단한 매크로를 직접 작성해보자.

```julia
julia> macro test_show(ex)
           return :(println($(string(ex)), " = ", $(esc(ex))))
       end
@test_show (macro with 1 method)
```

test_show라는 이름의 매크로를 정의했다. 매크로 정의는 macro라는 예약어로 시작되는 것 말고는 함수 정의와 유사하다. 인수로 받은 표현식 ex에 대해, ex의 문자열 표현과 esc(ex)를 내삽한 결과를 프린트하는 표현식을 리턴한다. esc 함수는 곧이어 설명한다.

이스케이핑

esc 함수는 표현식 ex를 @test_show 매크로를 호출한 호출부의 변수 영역에서 해석resolution되도록 한다. 줄리아에서는 이를 **이스케이핑**escaping이라고 한다. 이스케이핑되지 않은 표현식은 평가 시 식 안의 변수들을 매크로가 정의된 곳의 변수 영역에서 찾게 된다. 이스케이핑을 쓰지 않는 @test_show_no_esc 매크로를 만들어서 이를 비교해보자.

```julia
julia> macro test_show_no_esc(ex)
           return :(println($(string(ex)), " = ", $(ex)))
       end;

julia> function test_no_esc()
           a = 2
           b = 3
           @test_show_no_esc a + b
```

---

2   괄호와 쉼표를 이용하여 넘길 수도 있다.

3   @show의 마지막 결과 리턴 부분도 생략하였다.

```
        end;

julia> test_no_esc()
ERROR: UndefVarError: a not defined
```

REPL의 전역 변수 영역에 변수 a, b가 정의되어 있지 않은 상태에서 앞의 코드를 실행하면 변수 a를 찾을 수 없다고 에러가 뜬다. 이는 표현식 ex가 평가될 때 변수 a와 b를 매크로가 호출된 test_no_esc 함수의 변수 영역이 아니라, 매크로가 정의된 Main 모듈의 변수 영역에서 찾기 때문이다.

```
julia> function test_esc()
           a = 2
           b = 3
           @test_show a + b
       end;

julia> test_esc()
a + b = 5
```

표현식 ex을 이스케이핑한 @test_show는 호출부의 변수 영역에서 변수 a, b를 찾는 것을 볼 수 있다.

다시 가위바위보

가위바위보 예제를 굳이 매크로로 생성할 필요는 없겠지만, 좀 더 일반화하여 상위 추상 타입과 복수의 하위 구체 타입들을 생성하는 매크로를 작성해보자.

```
julia> macro gensupersubs(super, subs...)
           quote
               abstract type $super end
               $((:(struct $sub <: $super end) for sub in subs)...)
           end
       end
```

복수의 표현식을 인용할 수 있는 quote … end 블록 안에서, 상위 타입을 먼저 정의한 후 하위 타입들을 한 번에 정의했다. 하위 타입을 정의하는 표현식들을 내삽할 때는 $(exs...) 형식을 썼는데, 이는 리스트 exs의 원소를 각각 내삽한다는 뜻이다(스플래팅).

이제 매크로를 실행해보자. 그다음 현재 모듈의 전역 변수들을 보여주는 varinfo() 함수의 실행 결과를 보면 **가위바위보** 관련 타입들이 잘 생성되어 있음을 확인할 수 있다.

```
julia> @gensupersubs 가위바위보 가위 바위 보

julia> varinfo()
  name                       size summary
  --------------- ----------- ----------------------------------
  @gensupersubs         0 bytes @gensupersubs (macro with 1 method)
  Base                        Module
  Core                        Module
  InteractiveUtils 313.488 KiB Module
  Main                        Module
  ans                   0 bytes Nothing
  가위               124 bytes DataType
  가위바위보          124 bytes DataType
  바위               124 bytes DataType
  보                 124 bytes DataType
```

작성한 매크로가 어떻게 작동할 것인지를 알고 싶으면 @macroexpand라는 매크로를 이용하면 된다. 이 매크로는 이름 그대로, 인수로 받은 매크로를 확장한 결과를 보여주기 때문에 매크로 디버깅 시에 유용하다.

```
julia> @macroexpand @gensupersubs 가위바위보 가위 바위 보
quote
    #= REPL[1]:3 =#
    abstract type 가위바위보 end
    #= REPL[1]:4 =#
    struct 가위 <: Main.가위바위보
        #= REPL[1]:4 =#
    end
    struct 바위 <: Main.가위바위보
        #= REPL[1]:4 =#
    end
    struct 보 <: Main.가위바위보
        #= REPL[1]:4 =#
    end
end
```

앞에서 작성한 @gensupersubs 매크로를 인수와 함께 확장한 결과는 위와 같다. 의도했던 대로 매크로가 작동하는 것을 확인할 수 있다.

유용한 매크로

@less, @edit
@less는 함수의 소스 코드를 보여주고(3.1절에서 이미 사용한 바 있다), @edit은 수정까지 할 수 있게 한다. REPL이나 주피터 노트북 등 상호작용 환경에서만 쓸 수 있는 매크로이다.

@which
주어진 함수와 인수에 대해, 어떤 메서드로 디스패치될지 보여준다. 상호작용 환경에서만 가능하다.

```
julia> @which 1+2
+(x::T, y::T) where T<:Union{Int128, Int16, Int32, Int64, Int8, UInt128, UInt16, UInt32,
UInt64, UInt8} in Base at int.jl:87

julia> @which [1,2]+[2,3]
+(A::Array, Bs::Array...) in Base at arraymath.jl:12
```

@time
3.2절에서 이미 사용한 @time 매크로는 인수 표현식을 실행하면서, 걸린 시간과 힙 할당 횟수, 할당 바이트 수를 알려주고, 코드 컴파일이나 가비지 컬렉션이 있었으면 그 시간들도 총 걸린 시간에 대한 백분율로 알려준다.

@elapsed
@time 매크로는 표현식을 실행하는 데 걸린 시간을 출력만 할 뿐, 실제 반환값은 표현식의 평갓값인 반면, @elapsed 매크로는 표현식의 평갓값 대신 실행에 걸린 시간을 반환한다. 걸린 시간을 변수에 담고 싶을 때 유용하다. 표현식의 결과 및 실행이 걸린 시간을 함께 얻고 싶으면 다음과 같이 사용할 수 있다.

```
julia> took = @elapsed sum_res = sum((rand() for _=1:1000000));

julia> took, sum_res
(0.047660131, 500390.25649384694)
```

@showprogress

ProgressMeter.jl라는 패키지를 설치하면 사용할 수 있다.[4] for 문에 대해 진행 상태를 막대그래프 형태로 보여준다.

---

4 패키지 설치는 7장에서 다룬다.

CHAPTER

5

다차원 배열

앞에서 타입 시스템을 설명하면서, 배열의 타입 체계에 대해서 살펴봤었다. 이번 장에서는 배열, 특히 **다차원 배열**multi-dimensional array의 사용법을 알아볼 것이다.

본 내용에 들어가기 전에, 파이썬의 배열과 간단히 비교를 해보자. 파이썬의 리스트list는 임의의 타입들에 대한 포인터를 담으므로 줄리아의 `Vector{Any}`와 비슷하다고 할 수 있다. 반면, 동일한 타입의 값을 배열에 직접 저장하는 넘파이NumPy 배열은, 1차원 `dtype=np.float64`인 경우 줄리아의 `Vector{Float64}`와 유사하다.

다차원 배열의 경우, 넘파이는 디폴트 설정으로 **행 우선**row-major 방식으로 배열을 저장하는 반면, 줄리아는 **열 우선**column-major 방식으로 배열을 저장한다. 먼저 이런 줄리아 배열의 특징들부터 살펴본 후, 자세한 사용법을 익혀보자.

5.1 다차원 배열의 특징

열 우선

줄리아에서 배열을 다룰 때에는, 인덱스가 1부터 시작하는 점과 다차원 배열이 메모리에 저장될 때는 열 우선이라는 점을 유의해야 한다. 인기 있는 몇몇 언어의 인덱스 시작점(0 또는 1)과 행 우선/열 우선 여부는 다음과 같다.

	행 우선	배열의 배열	열 우선
0 기반 인덱스	C, C++, C#, 파이썬 넘파이 기본 설정	자바, 자바스크립트	
1 기반 인덱스			포트란, 매트랩, R, 줄리아

대부분의 범용 프로그래밍 언어들은 0 기반 인덱스에 행 우선이지만, 수학/계산과학 쪽 프로그래밍 언어들은 1 기반 인덱스에 열 우선인 것을 볼 수 있다. 행 우선은 C 언어 방식이므로 C order 방식이라고 부르기도 하고, 열 우선은 포트란 방식이라 F order라고 부르기도 한다.

0 기반 인덱스는 첫 번째 원소로부터의 거리offset 개념이고, 1 기반 인덱스는 첫 번째, 두 번째 등 자연스러운 카운팅 개념이다. 어느 개념이 더 맞느냐는 논란의 여지가 있지만, 어떤 기준이든 익숙해지면 큰 문제는 되지 않는다!

반면, 행 우선이냐 열 우선이냐는 1차원 벡터를 행벡터로 보느냐 열벡터로 보느냐의 차이가 있기 때문에, 배열 조작이나 연산 시 항상 신경 써야 한다. 우선 행 우선 배열과 열 우선 배열을 도식화해보면 다음과 같다.

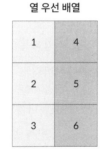

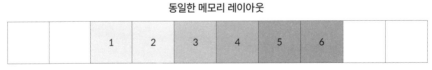

그림 5-1 **행 우선 배열과 열 우선 배열**

파이썬 넘파이와 줄리아로 1차원 배열을 (3 × 2) 행렬로 만들어보면 그림과 같이 각각 행 우선 배열과 열 우선 배열의 결과가 나온다.

| 파이썬 | ```python
>>> np.arange(1,7).reshape(3,2)
array([[1, 2],
       [3, 4],
       [5, 6]])
``` |
| 줄리아 | ```julia
julia> reshape(1:6, 3, 2)
3×2 reshape(::UnitRange{Int64}, 3, 2) with eltype Int64:
 1  4
 2  5
 3  6
``` |

길이 n의 1차원 배열 m개를 연결해서 2차원 배열을 만들 때도, 넘파이에서는 행벡터를 수직으로 쌓아서 $(m \times n)$ 행렬을 만들지만, 줄리아에서는 열벡터를 수평으로 연결해서 $(n \times m)$ 행렬을 만든다.

| 파이썬 | ```python
>>> np.vstack([[i, i] for i in range(1,4)])
array([[1, 1],
       [2, 2],
       [3, 3]])
``` |
| 줄리아 | ```julia
julia> hcat([[i,i] for i in 1:3]...)
2×3 Matrix{Int64}:
 1  2  3
 1  2  3
``` |

넘파이의 (4, 3, 2)차원 배열은 길이 2의 행벡터 세 개로 구성된 3×2 행렬이 4개가 있는 개념이고, 이에 반해 줄리아의 (4, 3, 2)차원 배열은 길이 4의 열벡터 세 개로 구성된 4×3 행렬이 2개 있는 개념이다.

파이썬	줄리아

``
>>> np.zeros((4,3,2))
array([[[0., 0.],
        [0., 0.],
        [0., 0.]],
 	
       [[0., 0.],
        [0., 0.],
        [0., 0.]],
 	
       [[0., 0.],
        [0., 0.],
        [0., 0.]],
 	
       [[0., 0.],
        [0., 0.],
        [0., 0.]]])
``
	``
	julia> zeros(4,3,2)
	4×3×2 Array{Float64, 3}:
	[:, :, 1] =
	 0.0 0.0 0.0
	 0.0 0.0 0.0
	 0.0 0.0 0.0
	 0.0 0.0 0.0
	
	[:, :, 2] =
	 0.0 0.0 0.0
	 0.0 0.0 0.0
	 0.0 0.0 0.0
	 0.0 0.0 0.0
	``

실행 성능을 위해서도 열 우선인지, 행 우선인지를 고려해야 한다. 다차원 배열에 대해 중첩 반복문을 도는 경우, 줄리아같이 열 우선인 경우에는 첫 번째 차원(제일 왼쪽 차원)의 인덱스를 제일 안쪽 반복문에서 돌려야 한다. 첫 번째 차원이 메모리 공간상에 인접해 있기 때문이다. 반대로 행 우선 배열은 마지막 차원(제일 오른쪽 차원) 인덱스를 제일 안쪽 반복문에서 돌려야 한다. 또한, 열 우선 배열은 열별 연산이 빠르고 행 우선 배열은 행별 연산이 빠르다.

열 우선과 행 우선의 차이는 딥러닝 모델에 들어가는 입력 데이터의 형상에도 차이를 가져온다. 파이토치 등은 보통 배치 차원을 첫 번째 차원으로 하지만, 줄리아의 플럭스는 배치 차원을 마지막 차원으로 잡는다. 2차원 합성곱 모델의 경우, 파이토치는 입력 형상이 (N, C, H, W)이지만, 줄리아 플럭스에선 (W, H, C, N)이다. 자세한 내용은 **4부**에서 다시 다룬다.

벡터화 불필요

파이썬, 매트랩, R 등에서 배열에 대한 연산 시, 반복문을 이용한 원소별 연산은 너무 느리기 때문에 성능을 위해선 연산을 벡터화해야 한다. 동적 타입 언어에서 반복문이 느린 이유는 매 반복 시마다 배열 원소의 타입을 확인하고, 그에 맞는 연산자 메서드로 디스패치해야 하기 때문이다. 벡터화된 연산은 모든 원소의 타입이 동일하다는 조건을 바탕으로 한 번의 타입 체크와 디스패치가 모든 원소의 연산에 적용되기 때문에 정적 언어의 반복문에 가까운 성능을 가질 수 있다.

줄리아는 앞에서 살펴본 타입 추론 및 인라이닝 등의 메서드 최적화 덕분에 굳이 성능을 위해 벡터화된 코드를 짤 필요는 없다. 오히려 벡터화한 코드는 임시 배열 생성을 해야 할 수도 있어서 반복문이 더 빠른 경우도 많다. 다음은 파이썬과 줄리아에서 벡터 내적 연산을 반복문과 벡터화 연산으로 각각 구한 구현해서 성능을 비교한 결과다. 먼저 파이썬 코드다.

```
>>> import numpy as np
>>> a, b = np.random.rand(1000000), np.random.rand(1000000)
>>> def no_vec(a, b):
...     sum = 0.0
...     for i in range(1000000):
...         sum += a[i] * b[i]
...     return sum
...
>>> import timeit;
>>> timeit.timeit(lambda:no_vec(a, b), number=1);   # 반복문
0.12104790499142837
>>> timeit.timeit(lambda:(a * b).sum(), number=1);   # 벡터화
0.004586649010889232
```

다음은 줄리아 코드다.

```
julia> a, b = rand(1000000), rand(1000000);
julia> function no_vec(a, b)
           sum = 0.0
           for i=1:1000000
               sum += a[i] * b[i]
           end
           sum
       end;

julia> @time no_vec(a,b);   # 반복문
  0.000805 seconds (1 allocation: 16 bytes)

julia> @time sum(a.*b);     # 벡터화
  0.002369 seconds (5 allocations: 7.630 MiB)
```

벡터화 연산 속도는 줄리아가 두 배 가까이 빠르게 나왔지만 비슷하다고도 볼 수 있다. 파이썬의 경우 반복문 연산이 벡터화 연산보다 30배 가까이 느린 반면, 줄리아의 경우는 반복문이 오히려 벡터화 연산보다 3배 가까이 더 빠르게 나왔다. 벡터화 연산의 경우, 힙 할당 크기를 보면 임시 배열이 생성되었음을 추측할 수 있다.

줄리아는 벡터화가 불필요한 덕분에 LSTM 등 순환 신경망의 경우, 시간축을 위한 추가 차원을 도입할 필요 없이 반복문을 통해 학습이 가능하다. 뒤에서 다시 다룰 예정이다.

5.2 다차원 배열의 사용법

배열 리터럴 및 생성

1차원 배열은 대괄호와 쉼표로 만들 수 있다.

```
julia> [1, 2, 3]
3-element Vector{Int64}:
 1
 2
 3
julia> [1, 2.0, Float32(3)]  # Float64로 승격 가능
3-element Vector{Float64}:
 1.0
 2.0
 3.0
julia> [1, "2" ,3]  # 승격 불가
3-element Vector{Any}:
 1
  "2"
 3
```

원소들의 타입이 다른 경우, 각 타입의 표현 가능한 범위를 포괄할 수 있는 특정 타입으로 승격이 가능하면 승격한 타입의 배열이 생성되고, 그렇지 않으면 Any 타입의 배열이 생성된다.

줄리아의 1차원 배열은 열벡터로 볼 수 있다. 쉼표 대신 공백을 이용하면 인수들을 수평(2차원) 방향으로 연결하고, 세미콜론 하나를 이용하면 인수들을 수직(1차원) 방향으로 연결한다.

```
julia> [1 2 3]
1×3 Matrix{Int64}:
 1  2  3

julia> [1 2 3; 4 5 6]
2×3 Matrix{Int64}:
 1  2  3
 4  5  6
```

여기 두 번째 예에서는 공백 구분이 세미콜론보다 우선하기 때문에 행벡터 두 개가 각각 생성된 후 수직으로 연결되어 (2 × 3) 행렬이 생성되었다. 공백 대신 세미콜론 두 개를 이용해도 2차원 방향으로 연결이 가능한데, 이 경우엔 1차원 방향 연결이 우선한다.

3차원, 4차원 등 n차원으로의 연결은 n개의 세미콜론으로 가능하고, 이때 낮은 차원의 연결이 우선한다.

```julia
julia> [1;2;;3;4;;;;5;6;;7;8]
2×2×1×2 Array{Int64, 4}:
[:, :, 1, 1] =
 1  3
 2  4
[:, :, 1, 2] =
 5  7
 6  8
```

2.3절에서 다뤘던 `Array{T}(undef, dims...)` 생성자를 이용한 초기화 없는 배열 생성뿐 아니라, `zeros`, `ones`, `fill` 등의 함수로 초기화된 배열도 생성할 수 있다.

```julia
julia> fill(2.0, (2,3))
2×3 Matrix{Float64}:
 2.0  2.0  2.0
 2.0  2.0  2.0
```

배열 리터럴 앞이나 생성 함수의 첫 번째 인수로 타입을 지정할 수 있다.

```julia
julia> Float32[1 2;3 4]
2×2 Matrix{Float32}:
 1.0  2.0
 3.0  4.0

julia> ones(Float32, 2, 2)
2×2 Matrix{Float32}:
 1.0  1.0
 1.0  1.0
```

컴프리헨션comprehension으로도 생성할 수 있다.

```
julia> [x+y for x=-1:1, y=2:2:8]
3×4 Matrix{Int64}:
 1  3  5  7
 2  4  6  8
 3  5  7  9
```

인덱싱 및 할당

collect 함수는 반복 가능한iterable 객체의 원소들을 모아서 배열로 만든다. 인덱싱 시 콜론(:)은
해당 차원 전체를 선택하고 end는 마지막 원소를 의미한다. 특정 차원을 스칼라값으로 인덱싱하면
해당 차원은 사라지고, 벡터로 인덱싱하면 차원이 유지된다.

```
julia> A = reshape(collect(1:16),(2,4,2))
2×4×2 Array{Int64, 3}:
[:, :, 1] =
 1  3  5  7
 2  4  6  8

[:, :, 2] =
  9  11  13  15
 10  12  14  16

julia> A[:, [1,end], 1]
2×2 Matrix{Int64}:
 1  7
 2  8
```

논리 인덱싱도 가능하다.

```
julia> A[1, [false,true,false,true], :]
2×2 Matrix{Int64}:
 3  11
 7  15

julia> mask = map((v -> iseven(v) && v > 10) , A);
julia> A[mask]
3-element Vector{Int64}:
 12
 14
 16
```

CartesianIndex 객체를 이용한 좌표식 접근도 가능하고, 정수 하나만 넘겨서 열 우선 방식의 선형 인덱싱도 가능하다.

```
julia> A[[CartesianIndex(2,1,2), CartesianIndex(2,2,2)]]
2-element Vector{Int64}:
 10
 12

julia> A[10]  # linear indexing
10
```

선택 영역과 동일한 차원의 값을 할당할 때는 =을 사용하면 되고, 스칼라값을 선택 영역에 브로드캐스팅하여 할당할 때는 .=을 사용하면 된다.

```
julia> A[1, 1:2, 1] = [0, -1];

julia> A[:, 1:2:end, 2] .= -2;

julia> A
2×4×2 Array{Int64, 3}:
[:, :, 1] =
 0  -1  5  7
 2   4  6  8

[:, :, 2] =
 -2  11  -2  15
 -2  12  -2  16
```

브로드캐스팅

함수 벡터화(.)를 이용하여 차원이 일치하지 않는 배열 간에 혹은 배열과 스칼라 간에 원소별 연산을 할 수 있다. 이를 **브로드캐스팅**broadcasting이라고 한다.[1]

```
julia> A = rand(1000,1000);
julia> b = rand(1000);
julia> Y = zeros(1000,1000);
```

---

1   https://docs.julialang.org/en/v1/manual/arrays/#Broadcasting

```
julia> @time Y .= A .* b .* 2 .+ 1;
  0.000751 seconds (6 allocations: 224 bytes)
```

위와 같이 결괏값 Y를 미리 할당해놓은 경우, 브로드캐스팅 연산은 임시 배열 생성 없이 한 번의
반복문으로 빠르게 연산된다.

뷰

배열의 인덱싱 결과는 새로운 배열이나 스칼라로 복사되기 때문에, 배열의 인덱싱 결과를 수정해
도 원 배열의 원소는 변하지 않는다. 다음 예제에서 이를 확인할 수 있다.

```
julia> A = [1 2; 3 4];
julia> a1 = A[:, 1]; # 첫 열 복사
julia> a1[1] = 2;      # 복사된 첫 열의 첫 원소 수정
julia> A[1,1]          # 원 배열의 첫 열 첫 원소는 변함 없음
1
```

반면 view 함수를 이용하면, 인덱싱 시에 복사 대신 해당 영역을 지연 참조하는 뷰를 생성한다. 뷰
는 인덱싱 요청을 받으면 자신이 참조하는 원본 배열의 해당 위치의 값을 리턴한다. 인덱싱 시 복
사가 일어나지 않으므로 일반적으로 좀 더 빠르다. 뷰의 원소를 수정하면 원본 배열의 원소도 수
정이 일어난다. view 함수보다는 @view 매크로가 사용이 더 간편하므로 @view 매크로 예시를 살
펴보자.

```
julia> A = [1 2; 3 4];
julia> va1 = @view A[:,1] # 첫 열의 view
2-element view(::Matrix{Int64}, :, 1) with eltype Int64:
 1
 3
julia> va1[1] = 2;         # 첫 열 view의 첫 원소 수정
julia> A[1,1]              # 원 배열의 첫 열 첫 원소도 수정됨
2
```

5.3 사용자 정의 배열 타입

AbstractArray{T, N}의 하위 타입을 만들고 필요한 몇몇 메서드를 구현하면 사용자 정의 배열
타입을 쉽게 만들 수 있다. 여러 가지 이유로 사용자 정의 배열 타입을 만들 수 있겠지만, 한 예로

메모리에 올리기 어려운 큰 배열 데이터에 대해 각 원소에 대한 요청이 있을 시마다 파일이나 데이터베이스 등에서 읽는 배열 타입을 생각할 수 있다. 이러한 배열은 딥러닝에서 커스텀 데이터셋 custom dataset을 만들 때 사용할 수 있다.

다음은 배열의 각 원소를 HDF5 파일에 저장하고 불러오는 1차원 배열 타입이다. 성능이나 편의성을 위해 개선할 점이 많이 있겠지만, 사용자 정의 배열 타입을 만드는 원리만 간단히 살펴보자.[2]

```julia
julia> using HDF5

julia> mutable struct HDF5Vector{T} <: AbstractArray{T, 1}
           fnm::String
           n::Int64
           HDF5Vector{T}(fnm::String) where {T} = new(fnm, 0)
       end

julia> Base.size(ds::HDF5Vector) = (ds.n,)

julia> function Base.getindex(ds::HDF5Vector{T}, i::Int64)::T where {T}
           h5open(ds.fnm, "r") do hdf
               return read(hdf["/$i"])
           end
       end

julia> function Base.setindex!(ds::HDF5Vector{T}, v::T, i::Int64) where {T}
           h5open(ds.fnm, "cw") do hdf
               haskey(hdf, "/$i") && delete_object(hdf, "/$i")
               hdf["/$i"] = v
               i > ds.n && (ds.n = i)
           end
       end
```

위의 코드를 보면, 먼저 `AbstractArray{T, N}`의 하위 타입 `HDF5Vector`를 만든 후, 해당 타입에 대한 size, getindex, setindex 메서드를 정의해주었다. `HDF5Vector`는 사이즈 조정이 가능하게 변경 가능 복합 타입으로 선언했다. `getindex` 메서드는 HDF 파일에서 인덱스에 해당하는 부분을 읽어서 리턴하고, `setindex` 메서드는 HDF 파일의 인덱스 위치에 데이터를 저장해준다. 데이터 저장 시에 벡터의 크기 정보도 업데이트해준다. 이렇게만 해주면 해당 타입은 배열처럼 작동한다. `Matrix{Float32}` 타입의 데이터를 담을 수 있는 `HDF5Vector`를 만들고 값을 할당해보자.

2　패키지 설치는 7장에서 다룬다.

```
julia> ds = HDF5Vector{Matrix{Float32}}("tmp.hdf5");

julia> for i in 1:4
           ds[i] = fill(Float32(i), 2, i)
       end

julia> ds
4-element HDF5Vector{Matrix{Float32}}:
 [1.0; 1.0;;]
 [2.0 2.0; 2.0 2.0]
 [3.0 3.0 3.0; 3.0 3.0 3.0]
 [4.0 4.0 4.0 4.0; 4.0 4.0 4.0 4.0]
```

값 할당 및 조회가 문제없이 작동한다. 인덱싱이나 브로드캐스팅, 배열 조작 함수 등도 잘 작동함을 볼 수 있다.

```
julia> ds[2:end]
3-element Vector{Matrix{Float32}}:
 [2.0 2.0; 2.0 2.0]
 [3.0 3.0 3.0; 3.0 3.0 3.0]
 [4.0 4.0 4.0 4.0; 4.0 4.0 4.0 4.0]

julia> ds .* 2
4-element Vector{Matrix{Float32}}:
 [2.0; 2.0;;]
 [4.0 4.0; 4.0 4.0]
 [6.0 6.0 6.0; 6.0 6.0 6.0]
 [8.0 8.0 8.0 8.0; 8.0 8.0 8.0 8.0]

julia> reshape(ds,2,2)
2×2 reshape(::HDF5Vector{Matrix{Float32}}, 2, 2) with eltype Matrix{Float32}:
 [1.0; 1.0;;]        [3.0 3.0 3.0; 3.0 3.0 3.0]
 [2.0 2.0; 2.0 2.0]  [4.0 4.0 4.0 4.0; 4.0 4.0 4.0 4.0]
```

6

병렬 연산

하이퍼파라미터(초매개변수)htperparameter 튜닝 작업이나 강화학습 시의 훈련 데이터 생성 같은 작업은 시간이 오래 걸리지만, 쉽게 병렬화할 수 있는 경우가 많다. **병렬 연산**parallel computing을 위해 한 컴퓨터 안에서 멀티 코어나 멀티 CPU를 활용할 수도 있고, 복수의 컴퓨터를 이용할 수도 있다. 이번 장에서는 멀티스레딩, 멀티프로세싱, 분산 컴퓨팅을 이용한 병렬 연산 방법을 알아보고, 줄리아 코드상에서 GPU를 활용하는 방법도 살펴볼 것이다.

6.1 멀티스레딩

멀티스레딩multithreading은 하나의 프로세스에서 여러 스레드가 자원을 공유하며 작업들을 동시에 진행하는 방식이다. 파이썬은 GILglobal interpreter lock로 인해 멀티스레딩 시 다수의 코어를 충분히 활용하는 이점을 누리지 못하여 멀티프로세싱multi-processing을 해야 하지만,[1] 줄리아는 그런 제약이 없어 멀티스레딩만으로 쉽게 멀티코어를 활용한 병렬 연산이 가능하다.

멀티스레딩을 사용하려면, 먼저 줄리아에서 사용할 스레드의 개수를 명시해야 한다. 다음과 같이 줄리아 시작 시 `-t` 옵션으로 스레드 수를 명시하거나 `JULIA_NUM_THREADS`라는 환경변수 값으로 스레드 수를 지정할 수 있다.

---

1   파이썬의 구현체 중의 하나인 CPython에 해당하는 이야기이다.

```
tyfun@tyfun1:~$ julia -t 4
```

사용 가능한 스레드 수는 다음과 같이 확인할 수 있다.

```
julia> Threads.nthreads()
4
```

멀티스레딩으로 가장 쉽게 병렬 연산을 하는 방법은 for 문 앞에 Threads.@threads 매크로를 붙이는 것이다. @threads를 붙이면 for 문 안의 작업은 임의의 순서로 여러 스레드에서 실행된다.

```
julia> Threads.@threads for i=1:10
           println("i = $i,  thread id = $(Threads.threadid())")
       end
i = 9,   thread id = 4
i = 7,   thread id = 2
i = 4,   thread id = 3
i = 1,   thread id = 1
i = 8,   thread id = 2
i = 5,   thread id = 3
i = 2,   thread id = 1
i = 6,   thread id = 3
i = 10,  thread id = 4
i = 3,   thread id = 1
```

Threads.threadid()는 해당 코드를 실행하는 스레드의 id를 돌려준다. 메인 스레드의 id는 1이다. 위 코드를 보면 1부터 10까지 인쇄되는 순서도 제각각이고, 각 작업이 할당된 네 개 스레드의 순서도 제각각인 것을 볼 수 있다.

멀티스레딩을 이용한 병렬 연산의 성능을 확인해보자.

```
julia> test_base(A) = vec(mapreduce(sin∘cos, +, A; dims=1))

julia> function test_mt(A)  # test of multi-threading
           m = size(A, 2)
           res = zeros(m)
           Threads.@threads for j=1:m
               res[j] = mapreduce(v -> sin(cos(v)), +, @view A[:, j])
           end
           res
       end;
```

```
julia> A = rand(1000000,100);

julia> @time test_base(A);
  0.806069 seconds (3 allocation: 976 bytes)

julia> @time test_mt(A);
  0.208718 seconds (26 allocations: 3.016 KiB)
```

행렬의 각 열에 대해 원소별로 sin∘cos을 적용 후 합산하는 연산에 대해, 단일스레딩으로 구현한 test_base 함수와 멀티스레딩으로 구현한 test_mt 함수를 작성했다. test_mt 함수에서는 메모리 할당을 줄이기 위해서 행렬의 열을 인덱싱할 때 @view 매크로를 사용했다(컴파일 시간은 제외했다). 결과를 보면 멀티스레딩을 이용한 함수가 그렇지 않은 함수보다 거의 네 배가 빠른 것을 볼 수 있다. 스레드 수를 네 개로 지정했으므로, 거의 스레드 수만큼 병렬 연산의 효과가 발휘되었다. 물론 CPU 코어의 개수[2]가 지정한 스레드 개수 이상이어야 가능한 이야기다.

대부분의 작업에서, 코어의 개수 안에서 스레드의 개수를 올리더라도 스레드 수에 비례해서 병렬 효과가 나오는 경우는 흔치 않다. 주어진 작업에 제일 적합한 스레드 수를 먼저 테스트로 확인한 후 작업을 진행하는 것이 좋다.

데이터 레이스

데이터 레이스(경쟁 상태)data race란 두 개 이상의 스레드가 같은 데이터에 접근할 때, 그중 최소 하나가 쓰기 작업을 하게 되는 경우를 가리킨다. 앞의 멀티스레드 예제에서, 원소별 계산 결과를 저장할 때, 결과 배열의 지정된 인덱스에 저장하지 않고 push!를 통해 배열 끝에 추가한다고 생각해보자.

```
julia> function test_mt_no_lock(A)
          m = size(A, 2)
          res = Float64[]
          Threads.@threads for j=1:m
              r = mapreduce(v -> sin(cos(v)), +, @view A[:, j])
              push!(res, r)  # ⇒ 바뀐 부분
          end
          res
       end;
```

위 함수는 test_mt 함수와 거의 동일하나, 배열 res를 크기 m으로 미리 할당하지 않고, 반복문 안에서 push!로

---

2   length(Sys.cpu_info())로 코어(논리 코어)의 개수를 확인할 수 있다.

추가하도록 했다. 이 경우 실행 결과 나온 배열의 길이는 다음과 같다.

```
julia> length(test_mt_no_lock(A))
99
```

배열 A의 열 길이가 100인 데 비해 결과의 개수는 하나가 부족하다.[3] 복수의 스레드가 공유된 배열 res에 원소를 동시에 추가하려다가, 하나가 추가되지 못한 것이다. 이러한 데이터 레이스를 막으려면 다음과 같이 배열 res에 원소를 추가하는 코드에 복수의 스레드가 동시에 접근하지 못하게 락$_{lock}$을 걸어야 한다.

```
julia> function test_mt_lock(A)
           m = size(A, 2)
           res = Float64[]
           l = ReentrantLock()
           Threads.@threads for j=1:m
               r = mapreduce(v -> sin(cos(v)), +, @view A[:, j])
               lock(l) do  # ⇒ 락을 추가
                   push!(res, r)
               end
           end
           res
       end;
```

이렇게 하면 100개 열에 대한 결과를 모두 저장할 수 있다. 단, 저장 순서는 저장 위치를 지정했던 test_mt 함수와는 다르게 뒤섞이게 된다.

6.2 멀티프로세싱

멀티프로세싱(다중처리)multiprocessing의 의미는 문맥에 따라 다양할 수 있지만, 이 책에서는 한 컴퓨터 안에서 부모 프로세스가 자식 프로세스(이하 작업 프로세스)들을 이용하여 작업을 동시에 진행하는 방식이라고 정의하겠다. 파이썬의 `multiprocessing` 모듈이 하는 역할이라고 생각하면 된다.

줄리아를 시작할 때 스레드 수를 -t 옵션으로 지정했던 것처럼, 작업 프로세스들의 개수는 -p 옵션으로 지정할 수 있다.

```
tyfun@tyfun1:~$ julia -p 4
```

---

3 매 실행 시마다 결과의 개수는 다를 수 있다. 100인 경우도 나올 수 있고, 더 적게 나올 수도 있다.

사용 가능한 작업 프로세스들의 id는 다음과 같이 확인할 수 있다.

```
julia> workers()
4-element Vector{Int64}:
 2
 3
 4
 5
```

메인 프로세스의 id는 1이고, 네 개의 작업 프로세스들에 id가 위와 같이 부여되어 있다.

6.1절에서 만들었던 `test_mt` 함수를 멀티스레딩 대신 멀티프로세싱을 이용한 `test_mp` 함수로 바꿔보자.

```
julia> using SharedArrays
julia> using Distributed

julia> function test_mp(A)
           m = size(A, 2)
           res = SharedArray{Float64}(m)
           @sync @distributed for j=1:m
               res[j] = mapreduce(v -> sin(cos(v)), +, @view A[:, j])
           end
           res
       end;

julia> A = rand(1000000,100);

julia> SA = convert(SharedArray, A);

julia> @time test_mp(SA);
  0.237582 seconds (1.05 k allocations: 46.664 KiB)
```

기존의 `test_mt` 함수와 바뀐 점은 두 가지이다. 하나는 `for` 문 앞의 `Threads.@threads`가 `@sync @distributed`로 바뀐 것이고, 다른 하나는 함수에 인수로 넘어가던 배열 `A`와 함수 내에서 결과를 저장하던 배열 `res`가 둘 다 `SharedArray`로 바뀐 것이다.

`for` 문 앞에 `Distributed` 모듈의 `@distributed` 매크로를 붙이면 `for` 문 안의 작업은 작업 프로세스들에 나뉘어 실행된다. 결과를 합쳐주는 리듀스reduce 함수를 지정해주지 않으면 비동기적으로 실행되기 때문에 `@sync` 매크로를 이용하여 작업이 완료될 때까지(동기적) 기다리도록 했다.

스레드와는 달리, 프로세스들 간에는 메모리를 공유하지 않기 때문에, 프로세스 간에 공유할 수 있는 SharedArray를 이용하여 반복문 내 작업 결과를 저장했다.[4] 작업 대상인 배열 A의 경우에는 읽기 작업만 하므로 SharedArray로의 전환 없이 그대로 test_mp 함수에 넘겨도 된다. 하지만 이 경우에는 함수 호출마다 각 작업 프로세스에 배열 A의 데이터를 복사하는 과정을 거치게 되므로 실행 시간과 메모리 사용량이 늘어난다.

배열 A를 프로세스 간 공유 없이 복사해서 사용해야 한다면, test_mp 함수에 인수로 넘기는 대신 전역 변수로 만드는 방법도 있다. 이렇게 하면 첫 번째 함수 호출 시에만 복사가 일어나고, 다음 호출 시에는 복사가 발생하지 않는다.

6.3 분산 컴퓨팅

분산 컴퓨팅distributed computing은 원격 호스트의 프로세스들을 가지고 작업을 진행하는 것이다. 줄리아 시작 시 -p 옵션으로 로컬 작업 프로세스의 개수를 지정한 것처럼 -machine-file 옵션으로 원격 호스트에서 작동할 프로세스들을 지정할 수 있다. addprocs 함수를 이용하면 줄리아 실행 도중에도 작업 프로세스를 추가할 수 있다. 여기서는 addprocs 함수를 이용해보자.

```
julia> using Distributed
julia> addprocs(2)
2-element Vector{Int64}:
 2
 3
```

addprocs 함수에 정수 인수를 넘기면 해당 개수만큼 로컬 작업 프로세스를 생성한다. 위에서는 id 가 각각 2, 3인 로컬 프로세스들이 생성되었다. 다음은 원격 프로세스를 추가하는 자세한 방법이다.

```
julia> addprocs([("usr@host",2)], dir=..., exename=..., env=...)
2-element Vector{Int64}:
 4
 5
```

---

4   SharedArray는 공유 메모리(shared memory)를 이용한다.

첫 번째 인수는 machine_spec이라고 하는 [user@]host[:port] 형태의 문자열 혹은 (machine_spec, 프로세스 개수) 튜플의 벡터이다. 이 예에서는 특정 호스트 하나에 프로세스 두 개를 지정했다. 키워드 옵션들인 dir, exename, env는 각각 작업 디렉터리, 줄리아 실행 파일 주소, 환경변수를 설정하는 옵션들이다. 메인 호스트의 현재 사용자명과 원격 호스트에 접속하는 유저명이 다를 경우, 보통 줄리아 설치 위치나 작업 디렉터리 위치도 다른 경우가 많아 자주 쓰는 옵션이다. 환경변수 옵션은 원격 프로세스들을 멀티스레딩으로 돌리고 싶을 때 유용하다.

SSH 키 등으로 패스워드 없이 접속 가능한 원격 호스트에만 원격 프로세스를 추가할 수 있다.

이번에는 6.1절에서 작성했던 test_mt 함수를 n번 반복 실행하는 작업을 분산 컴퓨팅으로 처리하는 코드를 작성해보자.

먼저 작업 프로세스들에서도 test_mt 함수가 정의되어야 하므로 @everywhere 매크로를 함수 정의 앞에 붙인다.

```julia
julia> @everywhere function test_mt(A)
           m = size(A, 2)
           res = zeros(m)
           Threads.@threads for j=1:m
               res[j] = mapreduce(v -> sin(cos(v)), +, @view A[:, j])
           end
           res
       end;
```

@everywhere 매크로가 붙은 표현식은 모든 프로세스에서 실행된다.

그다음, 작업 프로세스들을 이용하여 test_mt를 n번 실행하고, 그 결과를 모으는 함수를 작성한다.

```julia
julia> function test_cluster(n)
           results = RemoteChannel(()->Channel{Tuple}(32));
           run_workers(results, n)
           collect_results(results, n)
       end;

julia> @everywhere function compute(jobs, results)
           while true
               job_id = take!(jobs)
```

```
                took = @elapsed r = test_mt(rand(1000000, 100))
                put!(results, (job_id, r, took, myid()))
            end
        end

julia> function run_workers(results, n)
           jobs = RemoteChannel(()->Channel{Int64}(32));
           make_jobs() = begin
               for i in 1:n
                   put!(jobs, i)
               end
           end;
           errormonitor(@async make_jobs());
           for p in workers()
               remote_do(compute, p, jobs, results)
           end
       end;

julia> function collect_results(results, n)
           collected = []
           for _ = 1:n
               job_id, r, took, worker_id = take!(results)
               msg0 = "$job_id done in $(round(took; digits=4)) s"
               msg1 = " on worker $worker_id with first value $(r[1])"
               println(msg0, msg1)
               push!(collected, (job_id, r))
           end
           sort(collected, by=r->r[1])
       end;
```

test_cluster 함수는 run_workers 함수를 이용하여 n번의 작업을 시작하고, collect_results 함수를 이용하여 각 작업의 결과를 취합한다. 이 과정에서 두 번의 생산자/소비자 패턴producer-consumer pattern이 사용되었다. 하나는 run_workers 함수 안에서 jobs 채널에 작업을 만들어서 넣는 make_jobs() 생산자와 이 작업을 꺼내서 처리하는 compute() 소비자이다. 다른 하나는 results 채널에 작업 처리 결과를 생산해서 넣는 compute() 생산자와, 작업 처리 결과를 꺼내서 출력하고 취합하는 collect_results() 소비자이다.

results와 jobs는 RemoteChannel 타입으로, 이를 통해 작업 프로세스에서 메인 프로세스에 생성되어 있는 Channel 객체를 참조할 수 있다. Channel은 복수의 작업자들이 읽기/쓰기를 할 수 있는 선입선출 자료구조이다.[5] put! 함수를 이용하여 Channel에 값을 넣을 수 있고, take!를 이용하여 값을 뺄 수 있다. 버퍼가 다 차면 put! 함수는 대기를 하게 되고, 반대로 버퍼가 비어 있으면 take! 함수가 대기를 하게 된다.

run_workers 함수 안의 @async make_jobs()나 remote_do 함수는 비동기적으로 실행되기 때문에, 작업들이 전부 완료된 후 collect_results가 호출되는 것이 아니라 작업 할당 직후 바로 collect_results가 호출된다. 따라서 작업이 하나씩 완료될 때마다 진행 과정이 출력되고 결과가 취합된다. test_mt 함수처럼 compute 함수도 작업 프로세스들에서 실행되어야 하므로 함수 선언 앞에 @everywhere 매크로를 붙인다.

run_workers에서 n번의 작업을 작업 프로세스들에게 할당할 때, 생산자/소비자 패턴 대신 6.2절에서 사용했던 @distributed 매크로와 for 문을 이용하면 분산 컴퓨팅을 더 간단히 구현할 수 있다. 하지만 @distributed 매크로는 주어진 작업들을 개수대로 작업자들에게 균등하게 배분하므로, 특정 작업 프로세스가 할당된 작업들을 먼저 끝내면 그 프로세스는 전체 작업이 완료될 때까지 쉬게 된다는 단점이 있다. 각기 성능이 다른 노드들로 구성된 클러스터에서 분산 작업을 하거나 각 작업들의 계산량이 제각각인 경우엔 생산자/소비자 패턴이 전체 자원을 더 효율적으로 사용할 수 있다.

test_cluster의 실행 결과는 다음과 같다.

```
julia> @time test_cluster(100)
2 done in 0.4133 s on worker 3 with first value 738570.561763406
1 done in 0.4135 s on worker 2 with first value 738586.7123389891
5 done in 0.5518 s on worker 4 with first value 738454.387006462
6 done in 0.5944 s on worker 5 with first value 738667.8049993117
3 done in 0.5982 s on worker 6 with first value 738574.6362197418
...
94 done in 0.5805 s on worker 7 with first value 738583.0661086149
99 done in 0.411 s on worker 3 with first value 738548.0726703505
100 done in 0.4081 s on worker 2 with first value 738814.9652893014
97 done in 0.6693 s on worker 5 with first value 738572.3812391843
98 done in 0.6164 s on worker 4 with first value 738810.0158586744

  8.994338 seconds (20.08 k allocations: 1023.156 KiB)
```

---

5   복수의 생산자가 생산한 결과를 저장하고, 복수의 소비자가 생산 결과를 찾아 쓸 수 있는 저장소이다.

```
100-element Vector{Any}:
 (1, [738586.7123389891, 738650.094381626, 738656.3972036156, 738637.7868422924,
738684.1776506358, 738761.5866182703, 738608.0675191612, 738682.8159771552,
738744.9476038921, 738552.6245601787 ... 738675.2940018715, 738620.1746249116,
738632.0399244984, 738618.5197388111, 738685.0836884088,
738714.8436974474, 738466.067909219, 738693.1459375044, 738661.8230531628,
738674.4255053867])
 ...
```

위 작업은 총 세 대의 호스트에서 각 2개씩 6개의 작업 프로세스를 이용했고, 각 프로세스당 네 개의 멀티스레드가 적용되었다. 한 작업당 0.4 ~ 0.6초 가량의 시간이 소요되었고, 100개의 작업 을 6개의 프로세스가 완료하는 데 9초 정도 걸렸다.

6.4 CUDA GPU 활용

CUDA.jl 패키지를 이용하면 줄리아에서 **CUDA** 프로그래밍을 쉽게 할 수 있다. CUDA.jl은 CuArray 타입을 이용한 배열 연산 및 CUDA 커널[6] 작성, CUDA API 등을 지원한다. 여기에서는 제일 간단 한 CuArray을 이용한 병렬 연산에 대해 알아보자.[7]

먼저 CUDA.jl 설치 후[8] CUDA를 지원하는 GPU가 있는지 확인해보자.

```
julia> using CUDA
julia> has_cuda_gpu()
true

julia> devices()
CUDA.DeviceIterator() for 1 devices:
0. NVIDIA GeForce RTX 3080 Ti
```

has_cuda_gpu()는 로컬 시스템에 CUDA 드라이버 및 툴킷이 설치되어 있고, CUDA를 지원하는 GPU도 있으면 true를 돌려준다. devices()로 사용 가능한 GPU들을 조회할 수 있다.

CuArray로 Array 생성자와 동일한 방식으로 생성자를 호출할 수 있다.

---

6 GPU에서 병렬로 실행되는 함수
7 CUDA 커널 작성이나 API 사용법은 https://cuda.juliagpu.org/ 공식 문서를 참조하면 된다.
8 패키지 설치는 7장에서 다룬다.

```
julia> CuArray{Float32}(undef, 2, 3)
2×3 CuArray{Float32, 2, CUDA.Mem.DeviceBuffer}:
 3.69182f5  3.6928f5   3.6924f5
 3.69344f5  3.69375f5  3.69284f5
```

초기화되지 않은 배열이기 때문에 원소들에 임의의 데이터가 들어 있다. 다음과 같이 초기화된 배열 혹은 CPU 메모리상의 배열로부터 만들 수도 있다.

```
julia> CUDA.zeros(2,3)
2×3 CuArray{Float32, 2, CUDA.Mem.DeviceBuffer}:
 0.0  0.0  0.0
 0.0  0.0  0.0

julia> CuArray([1 2 3;4 5 6])
2×3 CuArray{Int64, 2, CUDA.Mem.DeviceBuffer}:
 1  2  3
 4  5  6
```

CUDA.zeros 함수는 기본 원소 타입이 Float32라는 점을 알아두자. Base.zeros 함수의 기본 원소 타입이 Float64인 것과는 차이가 있다.

```
julia> a = CUDA.rand(2,3)
2×3 CuArray{Float32, 2, CUDA.Mem.DeviceBuffer}:
 0.140878  0.239962  0.326524
 0.983503  0.543218  0.598388

julia> b = Array(a)
2×3 Matrix{Float32}:
 0.140878  0.239962  0.326524
 0.983503  0.543218  0.598388
```

위와 같이 GPU 메모리상에 생성된 CuArray를 CPU 메모리상으로 가져오려면 Array 생성자에 넘기면 된다.

```
julia> supertypes(CuArray)
(CuArray, GPUArraysCore.AbstractGPUArray, DenseArray, AbstractArray, Any)
```

CuArray는 AbstractArray의 하위 타입이기 때문에 일반적으로 배열에 적용되는 함수들을 CuArray에도 사용할 수 있다.

```julia
julia> a = reshape(CuArray(1:6),2,3)
2×3 CuArray{Int64, 2, CUDA.Mem.DeviceBuffer}:
 1  3  5
 2  4  6

julia> a .* 2
2×3 CuArray{Int64, 2, CUDA.Mem.DeviceBuffer}:
 2  6  10
 4  8  12

julia> accumulate(+, a; dims=1)
2×3 CuArray{Int64, 2, CUDA.Mem.DeviceBuffer}:
 1  3   5
 3  7  11
```

단, 범위$_{range}$ 인덱싱이나 배열 인덱싱 등은 가능하지만, 스칼라 인덱싱은 REPL 환경에서는 경고가 발생하고 파일 실행 모드에서는 에러가 발생한다.

```julia
julia> a[:,1]
2-element CuArray{Int64, 1, CUDA.Mem.DeviceBuffer}:
 1
 2

julia> a[[1],[1,3]]
1×2 CuArray{Int64, 2, CUDA.Mem.DeviceBuffer}:
 1  5

julia> a[1,2]
┌ Warning: Performing scalar indexing on task Task (runnable) @0x00007f0508740010.
│ Invocation of getindex resulted in scalar indexing of a GPU array.
│ This is typically caused by calling an iterating implementation of a method.
│ Such implementations *do not* execute on the GPU, but very slowly on the CPU,
│ and therefore are only permitted from the REPL for prototyping purposes.
│ If you did intend to index this array, annotate the caller with @allowscalar.
└ @ GPUArraysCore ~/.julia/packages/GPUArraysCore/1ojQM/src/GPUArraysCore.jl:90
3
```

위 경고 메시지처럼, 스칼라 인덱싱의 결과는 CPU로 전송되고, 결과에 대한 연산도 CPU에서 일어난다. 스칼라 인덱싱은 보통 반복문 안에서 사용되고, GPU, CPU 간 반복된 데이터 전송은 성능에 악영향을 미치므로 기본적으로 허용되지 않는다. 단 REPL이나 주피터 노트북 등 상호작용 환경에서는 데이터 검증 편의를 위해 경고와 함께 허용된다.

이제 GPU를 이용하여 **6.1절**에서 비교 기준으로 작성했던 단일 스레드용 함수 `test_base`를 실행해보자. `test_base` 함수의 정의는 다음과 같았다.

```julia
julia> test_base(A) = vec(mapreduce(sin∘cos, +, A; dims=1))
```

`mapreduce`가 CuArray에 대해서도 잘 정의되어 있기 때문에, 위 함수를 수정 없이 사용할 수 있다.

```julia
julia> CA = CUDA.rand(1000000,100);

julia> CUDA.@time test_base(CA);
  0.001931 seconds (136 CPU allocations: 7.219 KiB) (2 GPU allocations: 1.172 KiB, 0.55%
memmgmt time)
```

실행 결과를 보면, 앞에서 살펴봤던 멀티스레딩이나 멀티프로세싱을 이용한 경우보다 실행 속도가 훨씬 빠른 것을 볼 수 있다. 배열의 원소별 연산은 병렬화가 매우 잘 되는 작업이기 때문이다.

실행 시간 측정 시, 기존의 `Base.@time` 대신 `CUDA.@time`을 사용했다. GPU에서의 코드 실행은 비동기적이기 때문에, 모든 GPU 연산이 끝나는 시간까지 정확히 측정하려면 `CUDA.@time` 매크로를 이용해야 한다. **4.3절**에서 배운 `@macroexpand` 매크로를 이용하여 `CUDA.@time`을 확장해보면, `CUDA.synchronize()` 함수를 이용하여 비동기 연산이 완료될 때까지 기다린 후 시간 측정을 하는 것을 볼 수 있다.

PART

II

데이터 분석 도구

지금까지 줄리아 언어의 문법과 특징에 대해 살펴봤다. 본격적인 머신러닝에 들어가기 앞서, 이번 챕터에서는 데이터 분석에 필요한 환경 설정 및 기본적인 분석 도구들의 사용법을 익혀보자.

재현 가능한 프로젝트 설정 및 주피터 등 상호작용 방식의 분석 환경을 알아보고, 데이터 처리 도구와 시각화 방법을 다룰 것이다. 여기에서 다루는 내용은 각 항목별로 파이썬에도 유사한 도구들이 있다. 재현 가능 환경으로는 파이썬의 venv가 있고, 주피터 노트북은 원래 IPython에서 시작한 도구이다. 데이터 처리 시 주로 사용되는 데이터프레임은 파이썬의 팬더스와 비슷하고, 시각화 도구들도 동일한 백엔드가 줄리아와 파이썬에서 사용되기도 한다. 필요한 경우 파이썬 도구들과 비교 분석도 할 것이다.

7

재현 가능 환경

데이터 분석 결과를 다른 연구자가 재현할 수 없다면 결과에 대한 신뢰를 얻기 어렵다. 줄리아에 선 패키지 관리자를 이용하여 프로젝트별로 독자적인 환경을 구축할 수 있고, 해당 프로젝트 파일 들만 있으면 다른 연구자들도 쉽게 동일한 환경을 재현할 수 있다.

7.1 패키지 관리자

패키지는 모듈, 테스트, 문서 등으로 이루어진 단위로서, 줄리아의 기능을 확장시켜준다. 줄리아의 기본 패키지 저장소에[1] 등록되어 있는 패키지들은 패키지 관리자인 **Pkg**(**Pkg.jl**)를 통해 쉽게 설치 및 관리가 가능하다. 줄리아 REPL에서] 키를 입력하면 패키지 관리자 모드인 Pkg REPL로 들어 간다.[2]

```
(@v1.9) pkg>
```

5.3절에서 사용자 정의 배열 구현 시 사용했던 HDF5.jl 패키지를 설치해보자.

```
(@v1.9) pkg> add HDF5
```

---

1 https://github.com/JuliaRegistries/General
2 8.3절에서 다루겠지만 `import Pkg; pkg.add("패키지명")` 식으로 직접 Pkg 패키지의 함수를 사용할 수도 있다.

```
  Resolving package versions...
  Installed HDF5 ─ v0.16.14
   Updating `~/.julia/environments/v1.9/Project.toml`
 [f67ccb44] + HDF5 v0.16.14
   Updating `~/.julia/environments/v1.9/Manifest.toml`
...
```

설치 과정 로그에서 [f67ccb44]는 HDF5 패키지의 UUID 처음 8자리 값이며, 패키지 버전은 0.16.14임을 확인할 수 있다. 패키지 설치 정보는 로그상의 주소에 있는 **Project.toml** 파일과 **Manifest.toml** 파일에 기록된다. Project.toml 파일은 프로젝트 정보를 담고 있는 파일이고 Manifest.toml 파일은 현재 환경의 패키지들에 대한 자세한 정보를 담고 있다.

add 명령어로 패키지를 설치하고, up 명령어로 업그레이드하며, rm 명령어로 제거한다. 만약 패키지가 업데이트되는 것을 막으려면 pin 명령어로 버전을 고정할 수 있고, 고정된 버전의 패키지는 free 명령어로 다시 업데이트 가능하도록 바꿀 수 있다.

```
(@v1.9) pkg> pin HDF5
   Resolving package versions...
   Updating `~/.julia/environments/v1.9/Project.toml`
 [f67ccb44] ~ HDF5 v0.16.14 ⇒ v0.16.14 ⚲
   Updating `~/.julia/environments/v1.9/Manifest.toml`
 [f67ccb44] ~ HDF5 v0.16.14 ⇒ v0.16.14 ⚲

(@v1.9) pkg> free HDF5
   Updating `~/.julia/environments/v1.9/Project.toml`
 [f67ccb44] ~ HDF5 v0.16.14 ⚲ ⇒ v0.16.14
   Updating `~/.julia/environments/v1.9/Manifest.toml`
 [f67ccb44] ~ HDF5 v0.16.14 ⚲ ⇒ v0.16.14
```

로그에서 패키지 버전 뒤에 ⚲가 붙은 경우는 버전이 고정되었다는 의미이다.

패키지를 직접 수정해서 사용하고 싶은 경우엔 dev 명령어로 해당 패키지의 깃 저장소를 복제_{clone}해서 받을 수 있다.

```
(@v1.9) pkg> dev HDF5
    Cloning git-repo `https://github.com/JuliaIO/HDF5.jl.git`
   Resolving package versions...
   Updating `~/.julia/environments/v1.9/Project.toml`
 [f67ccb44] ~ HDF5 v0.16.14 ⇒ v0.16.15 `~/.julia/dev/HDF5`
```

```
  Updating `~/.julia/environments/v1.9/Manifest.toml`
[f67ccb44] ~ HDF5 v0.16.14 ⇒ v0.16.115`~/.julia/dev/HDF5`
  Building HDF5 → `~/.julia/dev/HDF5/deps/build.log`
```

로그를 보면 ~/.julia/dev/HDF5 위치에 복제되었음이 나온다. Manifest.toml 파일을 열어보면 HDF5.jl 패키지의 복제 위치가 path에 잡혀 있다.

```
[[deps.HDF5]]
deps = ["Compat", "HDF5_jll", "Libdl", "Mmap", "Random", "Requires"]
path = "/home/tyfun/.julia/dev/HDF5"
uuid = "f67ccb44-e63f-5c2f-98bd-6dc0ccc4ba2f"
version = "0.16.15"
```

직접 수정한 패키지에서 원래 등록된 패키지로 돌아가려면 free 명령어를 사용하면 된다.

```
(@v1.9) pkg> free HDF5
   Resolving package versions...
    Updating `~/.julia/environments/v1.9/Project.toml`
  [f67ccb44] ~ HDF5 v0.16.15 `~/.julia/dev/HDF5` ⇒ v0.16.14
    Updating `~/.julia/environments/v1.9/Manifest.toml`
  [f67ccb44] ~ HDF5 v0.16.15 `~/.julia/dev/HDF5` ⇒ v0.16.14
```

로그를 보면 패키지 연결이 ~/.julia/dev/HDF5에서 공식 등록 버전으로 바뀌었음을 알 수 있다. Manifest.toml 파일을 확인해보면, 로컬 디렉터리(path)가 사라지고 git 해시로 연결이 바뀌었음을 확인할 수 있다.

```
[[deps.HDF5]]
deps = ["Compat", "HDF5_jll", "Libdl", "Mmap", "Random", "Requires", "UUIDs"]
git-tree-sha1 = "3dab31542b3da9f25a6a1d11159d4af8fdce7d67"
uuid = "f67ccb44-e63f-5c2f-98bd-6dc0ccc4ba2f"
version = "0.16.14"
```

현재 깔려 있는 패키지들을 확인하고 싶으면 st나 status 명령어로 확인할 수 있다.

```
(@v1.9) pkg> st
Status `~/.julia/environments/v1.9/Project.toml`
  [052768ef] CUDA v4.2.0
  [587475ba] Flux v0.13.16
```

```
[f67ccb44] HDF5 v0.16.14
[add582a8] MLJ v0.19.1
[438e738f] PyCall v1.95.1
```

Ctrl+C나 백스페이스를 통해서 패키지 관리자 모드에서 빠져나올 수 있다.

```
(@v1.9) pkg> ^C

julia>
```

7.2 프로젝트 환경 관리

데이터 분석 작업을 하다 보면, 특정 버전의 줄리아를 사용해야 하거나, 어떤 패키지는 이전 버전을 사용해야 하는 경우 등이 있을 수 있다. 프로젝트별로 격리된 환경을 만들수 있어야 프로젝트 간 충돌을 피할 수 있고, 다른 연구자가 재현할 수 있는 환경 정보를 제공할 수 있다. 파이썬에서 가상 환경[3]을 사용하는 이유도 이 때문이다. 줄리아에서는 패키지 관리자를 통하여 쉽게 프로젝트별 환경을 관리할 수 있다.

줄리아 1.9를 사용하는 경우, 기본 프로젝트 디렉터리의 위치는 ~/.julia/environments/v1.9이다. 이는 앞에서 예시로 HDF5.jl 패키지를 설치할 때 업데이트되었던 Project.toml 파일과 Manifest.toml 파일이 위치하는 곳이다. 새로운 프로젝트를 시작하기 위해서는 프로젝트를 시작할 디렉터리 위치에서 패키지 관리자를 실행하여 activate .을 실행하면 된다.[4] 예시로 ~/Projects/jml 디렉터리에 프로젝트를 만들어보자.

```
julia> mkpath("Projects/jml")
"Projects/jml"

julia> cd("Projects/jml")

julia> pwd()
"/home/tyfun/Projects/jml"

(@v1.9) pkg> activate .
```

---

3   https://docs.python.org/3/tutorial/venv.html
4   인수를 지정하지 않고 activate만 실행하면 기본 프로젝트 환경으로 돌아올 수 있다.

```
    Activating new project at `~/Projects/jml`

(jml) pkg>
```

패키지 관리자에서 현재 디렉터리(.)를 활성화하자_{activate} 패키지 관리자 프롬프트 앞부분이 프로젝트 디렉터리명으로 바뀌었다. 이 프로젝트에서는 HDF5 패키지를 최신 버전 대신 특정 버전을 사용해야 한다고 해보자. 다음과 같이 패키지명 뒤에 @을 붙이고 버전을 지정하여 특정 버전을 설치할 수 있다.

```
(jml) pkg> add HDF5@0.16.10
    Resolving package versions...
      Installed HDF5 — v0.16.10
    Updating `~/Projects/jml/Project.toml`
^ [f67ccb44] + HDF5 v0.16.10
    Updating `~/Projects/jml/Manifest.toml`
...
```

패키지가 설치되면 프로젝트 디렉터리에 Project.toml 파일과 Manifest.toml 파일이 생성된다. 새 Project.toml 파일에는 다음과 같이 프로젝트의 디펜던시_{dependency} 섹션만 생성되어 있다. 추가적으로 프로젝트 이름이나 UUID 필드 등을 추가할 수도 있다.

```
[deps]
HDF5 = "f67ccb44-e63f-5c2f-98bd-6dc0ccc4ba2f"
```

Manifest.toml 파일에는 프로젝트의 직간접적인 모든 의존 관계가 기록되어 있다.

```
# This file is machine-generated - editing it directly is not advised

julia_version = "1.9.0"
manifest_format = "2.0"
project_hash = "441ce5673294795b2311ef0d574564a3f3e7c070"

[[deps.ArgTools]]
uuid = "0dad84c5-d112-42e6-8d28-ef12dabb789f"
version = "1.1.1"

[[deps.Artifacts]]
uuid = "56f22d72-fd6d-98f1-02f0-08ddc0907c33"
...
```

7.3 환경 재현

Project.toml 파일과 Manifest.toml 파일만 있으면, 동일한 환경을 다시 재현할 수 있다. 앞에서 생성된 두 파일을 다른 호스트의 새로운 프로젝트 디렉터리로 복사한 후, 패키지 관리자에서 instantiate 명령어를 실행하면 해당 환경을 재현할 수 있다. 다음은 앞에서 만든 두 파일을 /dev/jml_new 디렉터리로 복사한 후 재현하는 예시다.

```
(@v1.9) pkg> activate .
  Activating new project at `~/dev/jml_new`

(jml_new) pkg> instantiate
 Installed OpenSSL_jll — v1.1.20+0
   Installed Compat ——————— v4.6.1
   Installed Preferences — v1.4.0
   Installed HDF5 ——————————— v0.16.10
  Downloaded artifact: OpenSSL
    Building HDF5 → `~/.julia/scratchspaces/44cfe95a-1eb2-52ea-b672-e2afdf69b78f/9ffc57b9bb6
43bf3fce34f3daf9ff506ed2d8b7a/build.log`
...
```

HDF5.jl이 최신 버전 대신 0.16.10으로 설치됨을 볼 수 있다.

이 책 **3부**부터는 실습 시 다양한 패키지를 사용한다. 패키지들의 버전이 올라가면서 책에 실린 코드가 실행되지 않을 수 있으므로 실습 시 책 깃허브에서 제공하는 Project.toml, Manifest.toml 파일을 이용하길 권장한다.

도커를 이용한 환경

참고로 환경 재현이 잘 되는지 테스트하고 싶지만 새로운 호스트 환경을 구하기 어려우면, 로컬 호스트에서 도커Docker를 이용할 수도 있다.

```
tyfun@tyfun1:~$ sudo docker run -it julia
```

도커로 띄운 줄리아 컨테이너에 docker cp 명령어로 Project.toml, Manifest.toml 파일을 복사하면 환경 재현을 테스트할 수 있다.

끝으로 파이썬 가상 환경과의 차이도 살펴보자. 파이썬은 가상 환경 디렉터리에 파이썬 실행 파일과 site-packages, pip 등을 모두 카피해놓고, 해당 디렉터리 주소를 PATH 환경변수 리스트 앞쪽에

추가하는 방식이다. 즉 가상 환경 개수만큼 파이썬과 패키지들이 중복 존재하게 된다. 반면 줄리아는 가상 환경별로 Project.toml 과 Manifest.toml 이렇게 두 개의 파일만 있으면 된다. 실제 패키지들은 특정 저장소_{depot} 디렉터리 아래에 패키지 버전별로 중복 없이 관리된다. 이 저장소의 위치는 줄리아 REPL에서 `DEPOT_PATH`라는 전역 변수 값으로 확인할 수 있고, `JULIA_DEPOT_PATH` 환경변수 설정으로 위치를 변경할 수도 있다.[5]

```
julia> DEPOT_PATH
3-element Vector{String}:
 "/home/tyfun/.julia"
 "/home/tyfun/Downloads/julia-1.9.0/local/share/julia"
 "/home/tyfun/Downloads/julia-1.9.0/share/julia"
```

`JULIA_DEPOT_PATH` 환경변수를 (재)설정 후에 줄리아를 다시 시작하면 변경된 `DEPOT_PATH`를 확인할 수 있다.

```
tyfun@tyfun1:~$ mkdir julia_tmp_depot
tyfun@tyfun1:~$ export JULIA_DEPOT_PATH="~/julia_tmp_depot:$JULIA_DEPOT_PATH"

julia> DEPOT_PATH
4-element Vector{String}:
 "/home/tyfun/julia_tmp_depot"
 "/home/tyfun/.julia"
 "/home/tyfun/Downloads/julia-1.9.0/local/share/julia"
 "/home/tyfun/Downloads/julia-1.9.0/share/julia"
```

---

5   https://docs.julialang.org/en/v1/manual/environment-variables/#JULIA_DEPOT_PATH

상호작용 환경

줄리아의 REPL도 굉장히 편리한 상호작용 환경이지만, 시각화 등을 위해선 주피터 노트북 같은 전용 분석 환경이 좀 더 유용하다. 이번 장에서는 파이썬에서 많이 사용하는 주피터 노트북을 줄리아에서도 사용하는 방법을 알아보고, 주피터 노트북과 비슷하지만 재현성이 더 좋은 플루토 노트북에 대해서도 알아보자.

본 장은 주피터 노트북 환경이 익숙한 사용자를 위한 내용이다. **3부** 이후로 다룰 머신러닝 등의 코드 역시 대부분은 REPL 환경에서의 실습을 염두에 두고 작성했다(단, 길이가 긴 코드는 지면에 프롬프트를 생략하기도 했다).

8.1 IJulia.jl

파이썬에서 많이 사용하는 **주피터 노트북**Jupyter Notebook을 줄리아에서도 사용할 수 있다.[1] 패키지 관리자에서 **IJulia.jl** 패키지를 먼저 설치한다.

```
(@v1.9) pkg> add IJulia
   Resolving package versions...
   Updating `~/Projects/jml/Project.toml`
 [7073ff75] + IJulia v1.24.0
```

---

1   Jupyter 프로젝트의 이름 자체가 Julia, Python, R를 의미한다. https://github.com/jupyter/design/wiki/Jupyter-Logo

```
    Updating `~/Projects/jml/Manifest.toml`
  [8f4d0f93] + Conda v1.8.0
...
```

컴퓨터에 이미 주피터가 설치되어 있다면 IJulia.jl 패키지 설치 후 터미널에서 주피터 노트북을 실행해보자.

```
tyfun@tyfunl:~$ jupyter notebook
[I 09:39:46.388 NotebookApp] Serving notebooks from local directory: /home/tyfun
[I 09:39:46.388 NotebookApp] Jupyter Notebook 6.4.12 is running at:
[I 09:39:46.388 NotebookApp] http://localhost:8892/
```

다음과 같이 줄리아 커널이 추가된 것을 확인할 수 있다.

주피터가 미리 설치되어 있지 않다면, 줄리아에서 줄리아 전용 주피터 노트북을 설치하고 실행할 수 있다.

```
julia> using IJulia

julia> notebook()
install Jupyter via Conda, y/n? [y]: y
[ Info: Downloading miniconda installer ...
[ Info: Installing miniconda ...
PREFIX=/root/.julia/conda/3
...
```

줄리아 REPL에서 notebook()을 실행 시 설치된 주피터가 없다면 위와 같이 주피터를 먼저 설치한 후 노트북을 띄워준다.

줄리아 커널로 신규 노트북을 생성하여 줄리아가 잘 작동하는지 확인해보자.

```
In [11]: using LinearAlgebra
         M = [1 2;0 1]

Out[11]: 2×2 Matrix{Int64}:
          1  2
          0  1

In [12]: det(M)

Out[12]: 1.0
```

8.2 Pluto.jl

플루토(Pluto.jl)는 줄리아로 작성된 줄리아 전용 노트북이다. 외관은 주피터 노트북과 유사하지만, 작동 방식에는 큰 차이점이 있다. 주피터와 달리, 플루토는 변수의 값이 바뀔 때 그 변수를 참조하는 모든 셀이 자동으로 업데이트된다. 즉 주피터 노트북은 셀들의 실행 순서에 따라 다른 결과가 나올 수 있지만, 플루토 노트북은 자동 업데이트로 인해 실행 순서와 무관하게 같은 결과가 나온다. 두 방식 중 어떤 방식이 더 편한지는 사용자마다 다를 수 있지만, 재현성은 플루토 노트북이 더 낫다고 할 수 있다.

플루토를 실행해보자.[2]

```
julia> using Pluto

julia> Pluto.run()
[ Info: Loading...
┌ Info:
└ Opening http://localhost:1235/?secret=xxxxxxx in your default browser... ~ have fun!
```

주피터 노트북과 마찬가지로 웹 브라우저를 이용하여 플루토 노트북을 사용할 수 있다.

---

2   여기부터 패키지 설치 과정은 생략한다.

```
Pluto.jl

                                          /home/tyfun/jml/notebook.jl

   · using LinearAlgebra ✓

 M = 2×2 Matrix{Int64}:
      1  2
      0  1
   · M = [1 2;0 1]

 1.0
   · det(M)
```

예제에서 볼 수 있듯 두 번째 셀의 행렬 M을 수정하면 세 번째 셀의 행렬식 값까지 자동으로 바뀐다.

주피터 노트북 파일은 JSON 형식의 주피터 노트북 포맷으로 저장되는 반면, 플루토 노트북 파일은 줄리아 파일로 저장된다.

8.3 구글 코랩

구글 **코랩**(콜랩)Colab은 클라우드 기반의 주피터 노트북 호스팅 서비스로, 현재 공식적으로는 파이썬 언어만 지원하고 있다.[3] 코랩에서 줄리아를 이용하기 위해선 약간 번거롭지만 다음과 같은 과정을 거쳐야 한다.

1. 먼저 코랩에서 새로운 노트북을 생성한 후, [File] → [Download] 메뉴를 이용하여 로컬 컴퓨터로 ipynb 파일을 다운로드한다.

2. 다운로드한 파일을 텍스트 에디터로 열어서 kernelspec 및 language_info의 파이썬 관련 항목을 다음과 같이 줄리아로 변경하고 파일명을 julia_template.ipynb로 저장한다.

```
"kernelspec": {
  "name": "julia-1.9",
  "display_name": "Julia 1.9"
},
```

---

3 비공식적으로 R도 지원한다. 코랩 노트북 셀에서 `!jupyter-kernelspec list` 명령어를 실행하면 커널 목록에 `python3`와 함께 `ir`도 있음을 확인할 수 있다. 다음 주소를 사용하면 R을 지원하는 노트북을 생성할 수 있다. https://colab.research.google.com/notebook#create=true&language=r

```
    "language_info": {
      "name": "julia"
    }
}
```

3. 다시 코랩의 [File] → [Upload Notebook] 메뉴를 이용하여 수정한 파일을 업로드한다.

4. 해당 노트북 파일을 열어서 첫 번째 코드 셀에서 줄리아 및 줄리아 커널을 설치하는 셀 명령어를 실행한다. 이 명령어는 줄리아 실행 파일을 다운로드해서 /usr/local 아래에 압축을 풀고, 8.1절에서 다룬 IJulia 패키지와 주피터 커널을 설치한다. 설치 과정은 30초가량 소요된다.

```
%%shell
if [ -z `which julia` ]; then
  URL="https://julialang-s3.julialang.org/bin/linux/x64/1.9"
  URL="$URL/julia-1.9.0-linux-x86_64.tar.gz"
  wget -q $URL -O /tmp/julia.tar.gz
  tar zxf /tmp/julia.tar.gz -C /usr/local --strip-components 1
  rm /tmp/julia.tar.gz
  julia -e 'using Pkg; Pkg.add("IJulia");' &> /dev/null
  julia -e 'using IJulia; IJulia.installkernel("julia")'
  echo 'Done'
fi
```

5. 여기까지 완료 후 F5 등으로 페이지를 다시 로딩하면 줄리아 커널이 정상적으로 작동하게 된다. 줄리아 작동 여부는 다음과 같이 코드 셀에서 임의의 줄리아 코드를 실행해서 파악할 수 있다.

6. 주피터 노트북에서는 **7.1절**에서 다룬 패키지 관리자 모드를 사용하기 불편하므로,[4] Pkg.jl 패키지의 함수를 직접 호출하는 방식으로 원하는 패키지를 설치할 수 있다.

```
[ ] import Pkg; Pkg.add("HDF5", io=devnull)
    Pkg.status("HDF5")

    Status `~/.julia/environments/v1.9/Project.toml`
      [f67ccb44] HDF5 v0.16.14
```

1 ~ 4번 단계를 한 번만 시행하여 코랩용 줄리아 노트북 템플릿 파일을 만들어놓고, 이후에는 이 파일을 계속 복사하여 사용하는 게 편리할 것이다.[5] 단, 4번 단계의 줄리아 및 IJulia 설치 과정은 현재 런타임에 설치하는 것이므로, 런타임을 삭제하고 새로 시작하는 경우에는 4번의 셀 명령어를 다시 실행해야 한다.

이 책에서는 Plots.jl(10장)을 이용해 시각화를 하는데, 집필 시점에서 코랩 GPU 환경에서는 Plots.jl 이 설치 불가능하므로 유의하기 바란다.

8.4 비주얼 스튜디오 코드

줄리아는 비주얼 스튜디오 코드(이하 VS Code)에서 공식적으로 지원된다.[6] 많은 파이썬 사용자에게 VS Code는 익숙할 것으로 생각되어 자세한 설명은 생략한다. VS Code에서 줄리아 플러그인을 설치하면 상호작용 방식의 데이터 분석뿐 아니라 디버깅, 프로젝트 관리 등 애플리케이션 개발도 쉽게 할 수 있다.

---

4 빈 코드 셀 맨 앞에]를 입력하고 그 뒤에 명령을 입력하면 패키지 관리자 모드에서처럼 명령을 실행할 수 있지만, 셀 하나에 명령하나만 입력할 수 있다.

5 이 책에서 설명하는 과정을 건너뛰고, 기존 사용자들이 만들어놓은 코랩용 줄리아 노트북 템플릿 파일들을 이용할 수도 있다. 대표적으로 다음과 같은 템플릿이 있다. https://colab.research.google.com/github/ageron/julia_notebooks/blob/master/Julia_Colab_Notebook_Template.ipynb

6 https://code.visualstudio.com/docs/languages/julia

데이터 처리 도구

딥러닝은 이미지, 텍스트, 음성 등 **비정형 데이터**unstructured data를 많이 다루지만, 전통적인 머신러 닝이나 통계 분석은 **정형 데이터**structured data를 많이 다룬다. 특히 표 형태의tabular 정형 데이터는 CSV나 스프레드시트, 관계형 데이터베이스 등 다양한 형태로 자주 접할 수 있다. 이번 장에서는 표 형태의 정형 데이터를 다루는 도구들에 대해 살펴보자.

9.1 Tables.jl

줄리아에서 표 형태의 데이터를 다루는 패키지들은 굉장히 많다. CSV.jl, XLSX.jl 등 파일 IO 관련 패키지, SQLite.jl, MySQL.jl, LibPQ.jl 같은 관계형 DB 패키지, DataFrames.jl, TypedTables.jl 같은 데이터 조작 패키지, MLJ.jl 같은 머신러닝 패키지, 그리고 통계 분석이나 시각화 관련 다양한 패키 지도 표 형태의 데이터를 다룬다. 이런 다양한 패키지가 각각의 타입에 대한 종속성 없이 서로 원 활하게 작동하도록 해주는 게 **Tables.jl**이다. Tables.jl은 테이블 데이터를 행으로 접근하는 패턴과 열로 접근하는 패턴을 각각 `Tables.rows` 함수와 `Tables.columns` 함수의 인터페이스로 정의해놓 았다. 위에서 언급한 다양한 패키지들은 Tables.jl 인터페이스를 구현하거나 소비하는 방식으로 표 형태 데이터에 대한 일반화된 코드를 작성할 수 있게 되었다.

Tables.jl 활용의 예를 들어보자. SQLite.jl에서 인수로 받은 데이터를 테이블로 저장하려고 할 때, 저장하려는 데이터가 `DataFrame` 타입인지, `CSV.File` 타입인지 등에 상관없이 해당 인수에 대해

Tables.rows 함수만 호출하여 데이터를 추출하고 저장할 수 있다. **3부**에서 다룰 MLJ.jl 머신러닝 패키지도 Tables.jl 인터페이스를 구현한 데이터 타입 위에서 작동한다.

Tables.jl은 2018년에 여러 데이터 관련 패키지 작성자 간의 협업으로 탄생했고, 현재 100개가 넘는 패키지가 해당 인터페이스를 구현하고 있다.[1] 패키지 개발자가 아닌 일반 사용자가 Tables.jl 인터페이스를 직접 사용할 일은 없겠지만, 데이터 분석 시 사용하는 많은 패키지가 해당 인터페이스를 구현하거나 활용하고 있으므로 일관된 방식으로 데이터 분석 작업을 할 수 있다.

9.2 DataFrames.jl

데이터프레임(DataFrames.jl)은 표 형태의 데이터를 분석하는 도구로서, 줄리아 데이터 분석 생태계에서 핵심적인 역할을 한다. 이 책에서도 **3부** 이후부터 데이터프레임을 반복적으로 사용한다.

앞에서 본 Tables.jl이 일반적인 표 형태 데이터에 대한 인터페이스라면, 데이터프레임은 그 인터페이스를 인메모리 및 열 기반 특성으로 구현한 하나의 구현체라고 할 수 있다. MLJ.jl의 머신러닝 모델과 같이 Tables.jl 인터페이스를 구현한 데이터 소스 위에서 작동하는 모델이나 함수를 다룰 때, 원 데이터 소스가 Tables.jl을 이미 구현했더라도 다시 데이터프레임으로 변경하여 사용하는 경우가 많다. 데이터프레임 자체가 분석에 많은 편의를 제공하기 때문이다.

데이터프레임은 각각이 열에 해당하는 벡터들로 구성되어 있다. 줄리아의 행렬도 열 우선이라 열벡터들로 이루어져 있다고 볼 수 있으나, 행렬과 다르게 데이터프레임의 열벡터들은 제각기 다른 타입을 가질 수 있고 이름도 부여된다. 데이터프레임은 각 열을 추상 벡터 타입으로 관리한다.

데이터프레임 생성

데이터프레임은 키워드 인수 또는 Pair 타입의 가변 인수로 열벡터의 이름과 데이터를 넘겨서 생성할 수 있다.

```julia
julia> DataFrame(A=["A","B","C"], B=1:3)  # 키워드 인수
3×2 DataFrame
 Row │ A       B
     │ String  Int64
```

---

1   https://github.com/JuliaData/Tables.jl/blob/main/INTEGRATIONS.md

```
     1 │ A               1
     2 │ B               2
     3 │ C               3

julia> DataFrame(:A=>["A","B","C"], :B=>1:3)  # Pair 타입 가변 인수
3×2 DataFrame
 Row │ A       B
     │ String  Int64
─────┼───────────────
   1 │ A           1
   2 │ B           2
   3 │ C           3
```

이 외에도 Tables.jl 인터페이스를 구현한 데이터나 딕셔너리, 행렬, 벡터의 벡터 등 다양한 형태의 소스에서 데이터프레임을 생성할 수 있다. 다양한 예제는 공식 문서에서 확인 가능하다.[2]

고전적인 데이터셋인 **붓꽃 데이터셋**Iris dataset을 사용하겠다. 인터넷에서 CSV 파일로 받아서 데이터 프레임으로 변환해보자.

```
julia> using Downloads, CSV, DataFrames
julia> url = "https://datahub.io/machine-learning/iris/r/iris.csv";
julia> iris = CSV.read(Downloads.download(url), DataFrame);
julia> rename!(iris, [:sl, :sw, :pl, :pw, :cls]);
julia> iris
150×5 DataFrame
 Row │ sl       sw       pl       pw       cls
     │ Float64  Float64  Float64  Float64  String15
─────┼──────────────────────────────────────────────────
   1 │     5.1      3.5      1.4      0.2  Iris-setosa
   2 │     4.9      3.0      1.4      0.2  Iris-setosa
   3 │     4.7      3.2      1.3      0.2  Iris-setosa
 ...
```

CSV.read 함수는 두 번째 인수로 Tables.jl용 **싱크**sink를 받을 수 있고,[3] 여기에선 DataFrame 생성자를 받아서 바로 데이터프레임을 생성했다. 붓꽃 데이터셋의 각 열의 원래 이름은 (sepallength, sepalwidth, petallength, petalwidth, class)이지만, 화면 출력을 용이하게 하기 위해서 이

---

2   https://dataframes.juliadata.org/stable/lib/types/#DataFrames.DataFrame
3   싱크란 데이터플로에서 목적지를 의미한다. CSV.read 함수는 싱크 함수를 sink 인수로 받아서 Tables.CopiedColumns(CSV.File(source; kwargs...)) |> sink로 결과를 반환하여 불필요한 복사 단계를 막아준다.

름을 짧게 변경했다. 이들 각 열은 순서대로 (꽃받침 길이, 꽃받침 너비, 꽃잎 길이, 꽃잎 너비, 꽃의 종류)를 나타낸다. 꽃받침의 길이, 너비 및 꽃잎의 길이, 너비는 모두 `Float64` 타입이다. 꽃의 종류는 `String15` 타입인데, 이는 `CSV.read` 함수가 문자열로 된 열을 읽을 때 적용하는 기본 타입인 `InlineString` 타입 중 바이트 길이가 15인 타입이다.[4]

인덱싱

데이터프레임의 인덱싱은 행렬 인덱싱과 크게 다르지 않지만, 열 방향 인덱싱 시에는 열 이름으로도 인덱싱할 수 있다.

```
julia> iris[1,1]
5.1

julia> iris[2,2:4]
DataFrameRow
 Row │ sw       pl       pw
     │ Float64  Float64  Float64
─────┼───────────────────────────
   2 │     3.0      1.4      0.2

julia> iris[1:3, [:pl, :pw]]
3×2 DataFrame
 Row │ pl       pw
     │ Float64  Float64
─────┼──────────────────
   1 │     1.4      0.2
   2 │     1.4      0.2
   3 │     1.3      0.2
```

열 이름을 이용한 인덱싱 시엔 앞의 예처럼 심벌 식별자를 이용할 수도 있고, `pl`과 같이 문자열을 이용할 수도 있다. 특정 열 전체를 가져올 때는 `iris.pl`과 같이 열 이름을 데이터프레임의 필드처럼 사용해서 가져올 수도 있고, 인덱싱을 이용할 수도 있다.

```
julia> iris.pl == iris[:, :pl] == iris[!, :pl]
true
```

---

4 InlineStrings.jl 패키지에서 제공하는 고정된 바이트 길이의 타입들로 `String1`, `String3`, `String7`, `String15`, …, `String255` 등이 있다. 이 타입들은 `isbits` 타입이기 때문에 배열 안에 값 자체가 나란히 저장될 수 있다. 줄리아의 기본 문자열 타입인 `String`은 `isbits` 타입이 아니기 때문에 배열 안에 직접 저장될 수 없다.

앞의 세 가지 열 선택 방식에서, 중간의 콜론을 이용한 인덱싱 방식은 열을 복사해서 돌려주는 반면, 나머지 두 방식은 데이터프레임을 구성하는 해당 열 벡터를 그대로 돌려준다.

배열 인덱싱 시 복사 대신 @view 매크로로 뷰를 생성했던 것처럼 데이터프레임에서도 @view 매크로로 복사를 피할 수 있다. 원솟값 변경 등 데이터 수정도 2차원 배열 사용법과 대동소이하므로 자세한 예제는 생략한다.

Not, Between, All, Cols 등을 이용하여 더 다양한 방식으로 열을 선택할 수 있다. Not(열 이름)은 해당 열만 제외한 나머지 열들을 모두 선택하는 것이고 Between은 두 열 사이를, All은 전체 열을 선택한다. Cols는 다음과 같이 열 이름이 주어진 조건에 맞는 열만 선택한다.

```
julia> iris[1:3, Cols(x -> endswith(x, "w"))]
3×2 DataFrame
 Row │ sw       pw
     │ Float64  Float64
─────┼──────────────────
   1 │     3.5      0.2
   2 │     3.0      0.2
   3 │     3.2      0.2
```

행을 선택할 때에도 subset 함수를 이용하여 주어진 조건을 만족하는 행들을 선택할 수 있다.

```
julia> subset(iris, [:sl, :sw] => (l, w) -> l ./ w .> 2)
79×5 DataFrame
 Row │ sl       sw       pl       pw       cls
     │ Float64  Float64  Float64  Float64  String15
─────┼─────────────────────────────────────────────────────
   1 │     7.0      3.2      4.7      1.4  Iris-versicolor
   2 │     6.9      3.1      4.9      1.5  Iris-versicolor
   3 │     5.5      2.3      4.0      1.3  Iris-versicolor
  ...
```

꽃받침의 너비 대비 길이의 비가 2보다 큰 행들만 추출했다. subset 함수에 두 번째 인수로 넘긴 필터 조건은 다음과 같이 열 이름의 벡터와 익명 함수로 짝지어진 Pair 타입이다.

```
julia> typeof([:sl, :sw] => (l, w) -> l ./ w .> 2)
Pair{Vector{Symbol}, var"#11#12"}
```

익명 함수는 선택된 두 개의 열을 각각 l, w라는 매개변수로 받아서 비율을 계산하고 있다. 조건은 각 열의 원소별로 계산되는 것이 아니라 전체 열에 대해 한 번에 계산되기 때문에, 배열의 원소별 연산이 가능하게 dot 연산자를 이용했다.

subset 함수에는 필터 조건을 가변 인수로 여러 개 넘길 수 있고, 그 경우 각 조건들을 모두 만족하는 행들만 선택된다.

열 선택 및 변환

select 함수를 이용하여 열을 선택하고, 기존 열을 변환한 새로운 열을 생성할 수 있다. 꽃 종류별로 꽃받침의 너비 대비 길이를 나타내는 sr라는 열을 가진 데이터프레임을 만들어보자.

```
julia> select(iris, :cls, [:sl, :sw] => ((l, w) -> l ./ w) => :sr)
150×2 DataFrame
 Row │ cls          sr
     │ String15     Float64
─────┼──────────────────────
   1 │ Iris-setosa  1.45714
   2 │ Iris-setosa  1.63333
   3 │ Iris-setosa  1.46875
  ...
```

select 함수의 두 번째 인수부터는 가변 인수로, 인수가 열 이름이나 위치 같은 열 선택 기준값이면 해당 열을 선택하고, (기존열 => 함수)나 (기존열 => 함수 => 새로운열) 형태의 Pair 타입이면 해당 함수로 기존 열을 변환한 새로운 열을 생성한다. 두 번째 인수인 :cls는 cls 열을 선택했고, 세 번째 인수는 sr 열을 생성했다. 세 번째 인수의 타입은 다음과 같다.

```
julia> typeof([:sl, :sw] => ((l, w) -> l ./ w) => :sr)
Pair{Vector{Symbol}, Pair{var"#31#32", Symbol}}
```

Pair 타입을 만드는 => 연산자는 우측 결합 연산자이기 때문에 (기존열 => 함수 => 새로운열)은 곧 (기존열 => (함수 => 새로운열))과 같고, 따라서 그 타입도 위와 같이 우측 결합되었다. 중간의 익명 함수는 선택된 기존 열들을 인수로 받아서 새로운 열을 계산한다. 익명 함수 연산자인 ->의 우측 부분은 어떤 표현식도 올 수 있기 때문에 익명 함수에 괄호를 씌워야 한다. 괄호를

씌우지 않으면 Pair{Float64, Symbol} 타입을 리턴하는 익명 함수가 된다.[5]

기존 열 선택 부분에 AsTable을 적용하면 우측의 익명 함수에서 열의 이름을 그대로 사용할 수 있다. 그리고 익명 함수에 ByRow를 씌우면 열 전체에 대한 연산이 아니라 행별 연산이 된다. 다음은 AsTable과 ByRow를 적용하고, 계산 결과를 새로운 두 열로 받는 예제이다.

```
julia> select(iris, AsTable(1:4) => ByRow(r -> (r.sl / r.sw, r.pl / r.pw)) => [:sr, :pr])
150×2 DataFrame
 Row │ sr       pr
     │ Float64  Float64
─────┼──────────────────
   1 │ 1.45714  7.0
   2 │ 1.63333  7.0
   3 │ 1.46875  6.5
 ...
```

transform 함수는 select 함수와 사용법이 동일하나 기존의 열을 모두 유지한다는 차이가 있다.

```
julia> transform(iris, :cls, [:sl, :sw] => ((l, w) -> l ./ w) => :sr)
150×6 DataFrame
 Row │ sl       sw       pl       pw       cls          sr
     │ Float64  Float64  Float64  Float64  String15     Float64
─────┼──────────────────────────────────────────────────────────
   1 │     5.1      3.5      1.4      0.2  Iris-setosa  1.45714
   2 │     4.9      3.0      1.4      0.2  Iris-setosa  1.63333
   3 │     4.7      3.2      1.3      0.2  Iris-setosa  1.46875
 ...
```

분할, 적용, 결합

데이터를 그룹으로 분할하여 어떤 연산을 한 후 결과를 합치는 과정은 데이터 분석에서 자주 있는 패턴이다. groupby 함수로 분할하고, combine 함수로 그룹별 연산 및 결합을 할 수 있다.

```
julia> grouped = groupby(iris, :cls)
GroupedDataFrame with 3 groups based on key: cls
First Group (50 rows): cls = "Iris-setosa"
 Row │ sl       sw       pl       pw       cls
     │ Float64  Float64  Float64  Float64  String15
```

---

5   Base.return_types((l, w) -> l ./ w => :sr, (Float64,Float64))로 확인해볼 수 있다.

```
   |
 1 |    5.1     3.5     1.4     0.2  Iris-setosa
 2 |    4.9     3.0     1.4     0.2  Iris-setosa
...
```

groupby 함수를 이용하여 꽃 종류별 그룹을 만들었다. 이를 이용하여 그룹별 건수와 각 수치 열들의 그룹 내 평균을 구해보자.

```
julia> using Statistics
julia> combine(grouped, nrow, Not(:cls) => ((r...) -> [mean.(r)]) => AsTable)
3×6 DataFrame
 Row │ cls             nrow   x1       x2       x3       x4
     │ String15        Int64  Float64  Float64  Float64  Float64
─────┼──────────────────────────────────────────────────────────
   1 │ Iris-setosa        50    5.006    3.418    1.464    0.244
   2 │ Iris-versicolor    50    5.936    2.77     4.26     1.326
   3 │ Iris-virginica     50    6.588    2.974    5.552    2.026
```

combine 함수도 select 함수처럼 두 번째 인수부터는 가변 인수이고 동일한 방식으로 작동한다. 위에서는 두 번째 인수로 그룹별 행의 개수를 돌려주는 편의 함수인 nrow를 사용했고, 세 번째 인수는 cls 열을 제외한 모든 열에 대해 Statistics 모듈의 mean 함수를 각각 적용했다. 세 번째 인수는 **기존열 => 함수 => 새로운열** 형태의 Pair 타입인데, **새로운열** 부분에 구체적인 열 이름 대신 AsTable을 지정하여 이름이 열별로 자동으로 할당되도록 했다. 꽃 종류별 평균 결과를 보면, 꽃잎의 길이와 너비가 꽃 종류별로 차이가 많이 나는 것을 알 수 있다. 해당 변수의 그룹 내 분산도 확인해봐야 더 정확한 결론을 내릴 수 있지만, 꽃 종류를 구분할 수 있는 변수일 것으로 어림짐작할 수 있다.

데이터프레임에는 지금까지 살펴본 기능들뿐 아니라 정렬이나 테이블 간 조인join, 결측 데이터 처리 등 다양한 기능이 있다. 데이터프레임 패키지의 공식 문서에 사용법이 친절하게 설명되어 있다.[6]

팬더스와의 비교

팬더스pandas 데이터프레임과의 큰 차이점 중 하나는, 팬더스 데이터프레임은 행 이름(인덱스)을 지정할 수 있지만 줄리아에는 행 이름 개념이 없다는 점이다. 열 이름 또한, 정수 등으로도 설정이 가

---

6 https://dataframes.juliadata.org/stable/

능한 팬더스와는 다르게 줄리아에서는 문자열이나 심벌만 열 이름이 될 수 있다. 이 덕분에 줄리아 데이터프레임은 [] 연산자만으로 2차원 행렬과 거의 동일한 방식으로 인덱싱이 가능하다. 반면팬더스는 인덱싱 조건이 이름 기반인지 위치 기반인지 구분을 해야 하기 때문에 [] 연산자, loc[], iloc[]로 인덱싱 방법을 구분해놓았고, 각 사용법도 미묘한 차이가 있어 익숙하지 않으면 헷갈릴수 있다.

팬더스의 행 이름 기반 행 선택 방식을 줄리아에서 사용하려면, 행 이름 자체를 하나의 열로 포함해서 다음과 같이 할 수 있다.

```
julia> df = DataFrame(id=['a','b','c'], x=1:3);
julia> df[df.id.=='b',:]
1×2 DataFrame
 Row │ id    x
     │ Char  Int64
─────┼─────────────
   1 │ b         2
```

팬더스의 행 이름은 인덱스 역할도 하기 때문에, 유니크하거나 정렬된 행 이름에 대해서는 이름 기반 조회의 복잡도가 구현에 따라 $O(N)$이 아니라 $O(1)$이나 $O(\log N)$이 나온다.[7] 줄리아에서도 행 이름 기반 인덱스가 필요하면 행 이름을 키로 하여 groupby를 하면 된다. groupby 함수가 리턴하는 GroupedDataFrame 타입은 groupby 키값에 대해 $O(1)$로 조회가 가능하다.[8]

```
julia> gdf = groupby(df, :id);
julia> gdf[('b',)]
1×2 SubDataFrame
 Row │ id    x
     │ Char  Int64
─────┼─────────────
   1 │ b         2
```

참고로, 기본 설정인 행 우선으로 생성된 넘파이 배열로 팬더스 데이터프레임을 생성하면 시리즈 (열)별 계산이 효율적이지 못한 경우가 많다. 다음의 예제는 행 우선으로 생성한 배열 data로 만든 데이터프레임 df와 열 우선으로 생성한 배열 data2로 만든 데이터프레임 df2의 특정 열의 평균을

---

7 https://pandas.pydata.org/docs/development/internals.html
8 첫 조회 요청 시 **키값** => **위치**의 딕셔너리를 지연 생성한다.

계산하는 데 걸리는 시간을 측정한 것이다.

```
>>> data = np.random.rand(1000000,5)
>>> df = pd.DataFrame(data, columns=['x1','x2','x3','x4','x5'])
>>> timeit.timeit(lambda: df['x1'].mean(), number=1)
0.004940559000715439
>>> data2 = np.asfortranarray(data)
>>> df2 = pd.DataFrame(data2, columns=['x1','x2','x3','x4','x5'])
>>> timeit.timeit(lambda: df2['x1'].mean(), number=1)
0.0014069340004425612
```

df['x1']은 메모리 공간상에서 연속하지 않은 반면[9] df2['x1']은 연속하기 때문에 df2['x1']의 평균 계산 속도가 세 배 이상 빠르게 나왔다. 반면 줄리아는 배열이 열 우선이기 때문에, 배열에서 복사 없이 데이터프레임을 생성해도 열별로 효율적인 계산이 일어난다.

```
julia> data = rand(1000000,5);
julia> df = DataFrame(data,:auto,copycols=false);
julia> @time mean(df.x1);
  0.000395 seconds (1 allocation: 16 bytes)
```

단순화한 사례이므로 팬더스의 성능과 비교하기엔 성급하지만, 열 평균 계산에서 줄리아의 데이터프레임이 팬더스의 열 우선 배열 데이터프레임 이상으로 빠른 성능을 보였다.

9.3 Query.jl

Query.jl은 기본 배열뿐 아니라 DataFrames.jl, CSV.jl, SQLite.jl 등의 다양한 데이터 소스에 작동하는 쿼리 패키지이다. C#의 LINQ[10]와 매우 유사하고, 실제로 패키지 문서에도 LINQ 사양을 구현했다고 써 있다.[11] 이 책 후반부에서도 데이터프레임만큼 자주는 아니지만 Query.jl 패키지를 종종 사용한다.

LINQ 스타일의 쿼리는 @from <변수명> in <데이터 소스> begin … end 형식을 가진다. begin

---

9   df['x1'].values.strides 값을 보면 (40,)임을 확인할 수 있다. 행별로 np.float64 값이 5개씩 있으니 다음 원소까지의 가려면 40바이트를 움직여야 한다는 의미이다. 반면 df2['x1'].values.strides는 (8,)로, 다음 원소가 바로 옆에 인접해 있다.

10 https://learn.microsoft.com/en-us/dotnet/csharp/programming-guide/concepts/linq/

11 http://www.queryverse.org/Query.jl/stable/

… end 사이의 쿼리문에서는 @where, @select, @group, @orderby, @join 등 SQL과 비슷한 이름의 매크로 함수들을 사용할 수 있다. 앞에서 다뤘던 붓꽃 데이터로 만든 예제를 살펴보자.

```julia
julia> using Query
julia> @from r in iris begin
           @where r.sl / r.sw > 2
           @select ( r.cls, r.sl, r.sw, sr = r.sl / r.sw )
           @collect DataFrame
       end
79×4 DataFrame
 Row │ cls              sl       sw       sr
     │ String15         Float64  Float64  Float64
─────┼──────────────────────────────────────────────
   1 │ Iris-versicolor      7.0      3.2  2.1875
   2 │ Iris-versicolor      6.9      3.1  2.22581
   3 │ Iris-versicolor      5.5      2.3  2.3913
 ...
```

데이터프레임의 subset 함수와 select 함수로 구현했던 꽃받침의 너비 대비 길이 조건별 조회를 Query.jl의 @where과 @select 매크로로 구현했다. @select 매크로로는 명명된 튜플을 리턴하고, 이를 @collect 매크로에서 취합하여 DataFrame으로 변경했다. 분할, 적용, 결합도 다음과 같이 @group과 @select로 구현할 수 있다.

```julia
julia> @from r in iris begin
           @group r by r.cls into g
           @select { cls = key(g), nrow = length(g), sl = mean(g.sl) }
           @collect DataFrame
       end
3×3 DataFrame
 Row │ cls              nrow   sl
     │ String15         Int64  Float64
─────┼───────────────────────────────────
   1 │ Iris-setosa         50  5.006
   2 │ Iris-versicolor     50  5.936
   3 │ Iris-virginica      50  6.588
```

데이터가 반복 가능한 타입이기만 하면 쿼리를 적용할 수 있다. 2차원 배열을 행으로 반복하면서 조건에 맞는 행의 일부 열을 뽑고자 하면 다음과 같이 할 수 있다.

```julia
julia> data = rand(Float32,100,5);
```

```
julia> @from r in eachrow(data) begin
           @where r[1] > 0.95
           @select r[1:3]
           @collect
       end
4-element Vector{Vector{Float32}}:
 [0.99514914, 0.1697095, 0.99752355]
 [0.95613843, 0.7340539, 0.43527955]
 [0.96461517, 0.92321855, 0.18479723]
 [0.99471754, 0.570893, 0.31363803]
```

@collect 다음에 싱크를 지정하지 않으면 조회 데이터는 벡터로 취합되고, @select에서 리턴하는
값이 벡터의 원소가 된다.

10

시각화 도구

데이터의 시각화를 통해 데이터에 내재된 패턴이나 추세, 이상치outlier 등을 좀 더 쉽게 찾을 수 있다. 이번 장에서는 줄리아의 다양한 시각화 도구를 살펴보자.

10.1 Plots.jl

Plots.jl은 GR, PyPlot, PlotlyJS 등 다양한 플롯 라이브러리에 대한 인터페이스를 제공하는 패키지이다. 실제 플로팅을 담당하는 GR과 같은 라이브러리들을 백엔드backend라고 한다. Plots.jl을 이용하면 큰 코드의 변경 없이 백엔드만 바꾸는 방식으로 다양한 상황에 맞는 시각화가 가능하다. Plots.jl 패키지는 이 책에서도 **3부**부터 시각화를 위해 기본으로 사용하는 패키지이다.

기본 사용법

Plots.jl의 사용법을 간단히 알아보자.[1] REPL에서 다음과 같이 **plot** 함수를 입력하고 엔터를 치면 새로운 차트 창이 나타난다. 주피터 노트북에서 실행하는 경우에는 노트북 안에 인라인으로 그려진다.

```
julia> using Plots
```

---

[1] 실습 중 Plots.jl 최초 설치 시 "x dependencies precompiled but different versions are currently loaded. Restart julia to access the new versions" 같은 에러 메시지가 뜬다면, 에러 메시지 내용대로 줄리아를 재시작하면 된다.

```
julia> x, y = 1:10, rand(10, 2);
julia> plot(x, y, label = ["line 1" "line 2"], lw = 2)
```

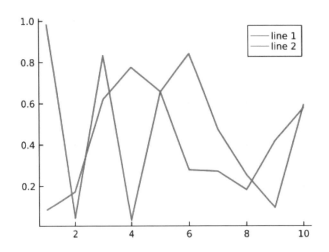

plot 함수의 인수의 규칙은 크게 두 가지이다.

- **데이터는 가변 인수, 속성은 키워드 인수** : 앞 예제에서 데이터 x, y는 가변 인수로 넘겼고, label 속성은 키워드 인수로 넘겼다. plot(y)처럼 데이터 인수가 하나이면 인수는 y축 값이 되고, x 축은 1부터 자동 생성된다. 데이터 인수가 두 개면 plot(x, y), 세 개면 plot(x, y, z)로 3차 원으로 그려진다. lw 키워드명은 linewidth 속성에 대한 별칭이다.

- **데이터나 속성을 행렬로 넘길 때, 행렬의 열은 차트의 데이터 계열** : 앞 예제에서 y 값은 (10 × 2)의 행렬로 넘겼다. 이 경우, 각 열이 데이터 계열이 되기 때문에 각 길이가 10인 두 계열이 생성되 었다. 계열의 레이블 역시 label 속성값을 (1 × 2) 행렬로 넘겨서 각 계열의 레이블로 할당되게 했다.

현재 작업 작업 중인 차트를 수정하려면 plot! 함수를 이용하면 된다. 다음과 같이 새로운 계열을 추가할 수도 있고, 키워드 인수로 제목 등 속성을 지정할 수도 있다. 계열의 유형은 plot / plot! 함수의 seriestype 인수로 지정할 수 있지만, scatter / scatter!, histogram / histogram! 등과 같은 단축 함수명을 이용할 수도 있다.

```
julia> z = rand(10, 1);
julia> plot!(z, seriestype = :scatter)
julia> plot!(title = "plot test")
```

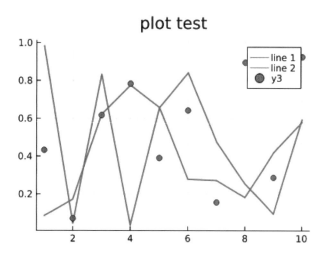

Plots.CurrentPlot이라는 전역 변수가 현재 작업 중인 Plot 객체를 가리키고 있기 때문에 plot! 함수에서 수정하려는 차트를 명시하지 않아도 된다(수정 대상을 명시하려면 plot 함수가 리턴하는 Plot 객체를 plot! 함수의 첫 번째 인수로 넘기면 된다).

각 데이터 계열을 별개의 하위 차트로 그리고 싶으면 layout 속성을 지정하면 된다. 여러 Plot 객체로 구성된 새로운 Plot을 만들 때도 layout 속성을 이용할 수 있다. 아래는 계열별 차트 및 중첩된 Plot 예제이다.

```
julia> plot(plot(y,layout=(1,2)),scatter(y),layout=(2,1))
```

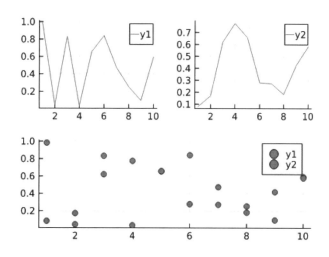

차트를 파일로 저장하려면 다음과 같이 **savefig** 함수로 할 수 있다.

```
julia> savefig("plottest.png")
```

파일명의 확장자에 맞는 포맷으로 현재 작업 디렉터리에 파일이 저장된다. png나 svg, pdf 포맷뿐 아니라 백엔드에 따라서 html, ps, txt 등 다양한 포맷이 지원된다.

백엔드 변경

백엔드를 따로 지정하지 않으면 기본 백엔드는 **GR**[2]이다. GR은 빠르고 다양한 타입의 플로팅을 지원하는 반면, 정적이고 상호작용 인터페이스가 없다. 반면 **Plotly** 백엔드는 차트의 각 계열을 선택하거나 영역 확대, 마우스 커서 위치의 데이터 레이블 표시 등 다양한 상호작용 기능이 있다.

백엔드를 바꾸려면 해당 백엔드 함수를 호출하고 **plot** 함수를 다시 호출하면 된다. 다음과 같이 우측 상단에 상호작용 인터페이스가 생기고 마우스로 컨트롤할 수 있다.

```
julia> using PlotlyJS
julia> plotlyjs();
julia> plot(x, y, lw = 2)
```

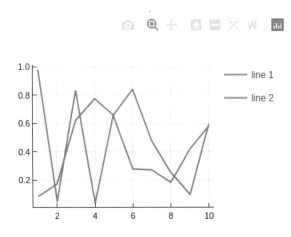

Plotly의 단점은 데이터를 JSON으로 만들어서 plotly.js로 그리다 보니 차트 데이터가 크면 속도

---

2   https://gr-framework.org/

가 느려질 수 있다는 점이다. REPL 환경에서 빠르고 간단하게 차트를 그려보고 싶으면 **Unicode Plots.jl**이 좋은 옵션이다.

```julia
julia> using UnicodePlots
julia> unicodeplots();
julia> plot(x, y, lw = 2)
```

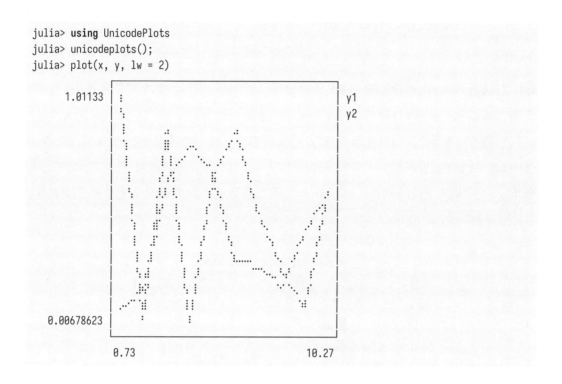

디폴트 백엔드인 GR로 돌아가려면 gr()을 호출하면 된다.

StatsPlots.jl

StatsPlots.jl은 Plots.jl을 관리하는 JuliaPlots 그룹에서 관리하는 패키지로 다양한 통계 관련 패키지에 대한 플로팅을 지원한다. 또한 **9장**에서 다뤘던 CSV.jl, DataFrames.jl, Query.jl 등의 타입에 대한 플로팅도 지원한다. StatsPlot.jl은 Plots.jl 패키지를 다시 export하므로 using StatsPlots만 하면 using Plots를 하지 않아도 plot 함수나 gr 함수와 같은 Plots.jl 패키지의 함수들을 그대로 사용할 수 있다. 즉, 기능이 강화된 Plots.jl의 대체품drop-in replacement인 셈이다. 이번에도 앞에서 다뤘던 붓꽃 데이터프레임을 이용하여 StatsPlot.jl을 실습해보자.

```julia
julia> using StatsPlots
julia> @df iris scatter(
           :sl,
           :sw,
```

```
        group = :cls,
        title = "iris sepal length and width",
        xlabel = "Length",
        ylabel = "Width",
        m = ([:circle :diamond :star5], 7, 0.5)
    )
```

@df 매크로는 데이터프레임의 열 이름으로 해당 열 데이터를 넘길 수 있게 해준다. group 속성으로 꽃 종류별 계열을 생성하게 하고 제목과 축 레이블을 지정했다. 마지막 키워드 인수인 m은 마커marker의 별칭이다. 튜플로 마커의 크기, 모양, 색깔, 투명도 등에 대해 속성을 한 번에 넘기면, 각 튜플 원소의 타입이나 범위에 맞는 마커 속성에 해당 원소의 값을 할당해준다. 이를 Plots.jl에선 마법의magic 인수라고 한다. 위에서는 (계열별 모양, 크기, 투명도) 타입의 튜플로 인수를 넘겼다. 실행 결과는 다음과 같다.

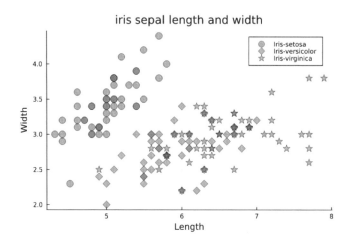

책에서 모두 다루지는 못하지만, 다양한 플로팅 옵션과 차트 종류, 애니메이션 만들기, 사용자 정의 시각화 만들기 등이 Plots.jl의 공식 문서에 잘 나오니 확인하기 바란다.[3]

10.2 Makie.jl

이 책에서는 Plots.jl 패키지를 주로 사용하지만, **Makie.jl**도 일반적으로 많이 사용되는 시각화 패키지이므로 간단히 살펴본다. Makie.jl도 백엔드에 따라 Cairo 기반의 CairoMakie.jl, OpenGL 기

---

3 https://docs.juliaplots.org/stable/

반의 GLMakie.jl, WebGL 기반의 WGLMakie.jl 등이 있다. 이 책에서는 **CairoMakie.jl**을 이용하여 Makie 사용법을 간단히 살펴보겠다. 참고로 REPL에서는 CairoMakie.jl의 플로팅 결과를 바로 볼 수 없기 때문에 결과를 파일로 저장하거나, 주피터 노트북 등을 사용하여야 한다.

플로팅의 기본 구조는 캔버스 역할을 하는 Figure 객체가 좌표축을 나타내는 Axis 객체를 가지고 Axis 객체는 Lines나 Scatter 같은 플롯 객체를 가진다. lines나 scatter와 같은 플로팅 함수들은 신규 Figure 객체 생성인지, 신규 축이나 플롯 객체 생성인지 등에 따라 반환 타입이 다르다. 다음과 같이 새로운 플로팅을 할 때는 Figure, Axis, 플롯 타입의 객체를 모두 리턴한다.[4]

```
julia> using CairoMakie
julia> x, y = 1:10, rand(10);
julia> fig, axis, line = lines(x, y);
julia> typeof(fig), typeof(axis), typeof(line)
(Figure, Axis, Lines{Tuple{Vector{Point{2, Float32}}}})
```

차트 결과는 Figure 객체 f를 파일로 저장하여 확인할 수 있다.

```
julia> save("makie_test.png", fig, resolution = (400, 300))
```

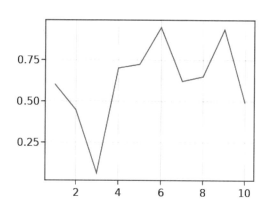

신규 플로팅 함수 호출 시, figure 키워드나 axis 키워드로 fig 객체와 axis 객체용 속성을 지정할 수 있다. Figure 타입의 resolution 속성과 Axis 타입의 title 속성, 그리고 Lines 타입의 linewidth 속성을 한 번에 지정해보자. 필드가 하나인 명명된 튜플을 생성할 때의 변수 할당과

---

4 정확히는 Figure, Axis, Lines 타입의 묶음인 FigureAxisPlot 타입을 리턴하고, 이 리턴값을 세 변수로 해체해서 받은 것이다.

구분하기 위해 속성 지정 시 (; 이름 = 값) 형태를 사용했다.

```
julia> fig, axis, line = lines(x, y;
            figure = (; resolution = (400, 300)),
            axis = (; title = "line chart"),
            linewidth = 3)
```

lines!와 같이 기존 축에 플롯 객체만 추가하는 함수를 사용하면 신규로 생성된 해당 플롯 객체만 리턴한다.

```
julia> z = rand(10);
julia> line2 = lines!(axis, x, z; linewidth = 3)
Lines{Tuple{Vector{Point{2, Float32}}}}
```

lines! 함수는 첫 번째 인수로 플로팅할 대상 축인 axis를 받아서 해당 축에 새로운 계열을 추가한다. 지금까지의 결과는 다음과 같다.

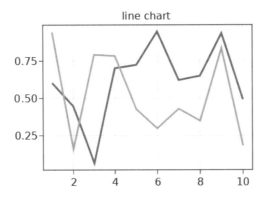

기존 Figure 객체에 새로운 축을 추가하려면 플로팅 함수의 첫 번째 인수로 축을 추가할 레이아웃 위치를 Figure 객체[행좌표, 열좌표]로 지정하여 넘길 수 있다. 신규 축에 대한 속성도 axis 키워드로 지정할 수 있다.

```
julia> axis2, scat1 = scatter(fig[1,2], x, y;
            axis = (; title = "scatter chart"))
```

기존 Figure 객체에 신규 축이 추가되었기 때문에, 함수 반환 값은 신규 축 객체와 신규 플롯 객체이다. 신규 축에 다시 z 계열을 산포도로 추가해보자.

```julia
julia> scat2 = scatter!(axis2, x, z; label = "scatter2")
```

최종 결과물은 다음과 같다.

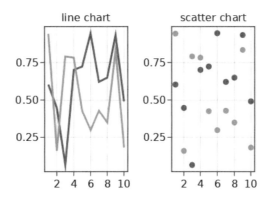

지금까지 Makie.jl의 사용법을 굉장히 간단히 살펴봤다. 다양한 옵션이나 구체적인 사용법은 해당 패키지의 공식 문서에 잘 설명되어 있다.[5]

---

5 https://docs.makie.org/stable/

11

데이터 처리 실습

이번 장에서는 데이터프레임과 시각화 도구들로 **3부**에서 머신러닝에 사용할 데이터셋을 준비하는 과정을 실습해보자. 대상 데이터셋은 미국 아이오와 주의 에임스Ames 시의 집값 데이터(이하 **에임스 집값 데이터셋**Ames Housing dataset)이다. 이 데이터셋은 82개의 변수를 가진, 총 2,930건의 관측치로 이루어져 있다. 데이터의 스펙은 다음 주소에서 확인할 수 있다.

```
http://jse.amstat.org/v19n3/decock/DataDocumentation.txt
```

문서를 보면, 각 변수가 연속형인지 범주형인지, 범주형인 경우 전체 범주 리스트 및 범주에 순서가 있는지 없는지 등의 정보가 자세히 나온다. 데이터 파일은 다양한 곳에서 다운로드할 수 있지만, 이 책에서는 다음의 캐글Kaggle 주소에서 다운로드한 데이터를 사용하겠다.

```
https://www.kaggle.com/datasets/prevek18/ames-housing-dataset
```

이 주소에서 AmesHousing.csv 파일을 다운로드한 후 다음의 단계를 진행해나가자. 여기서 준비한 데이터셋을 **13장**에서도 다시 사용할 것이다.

11.1 변수명 정정

다운로드한 파일을 다음과 같이 데이터프레임으로 로딩하자.[1]

```julia
julia> using CSV, DataFrames
julia> ames = CSV.read("/home/tyfun/Downloads/AmesHousing.csv", DataFrame)
2930×82 DataFrame
  Row │ Order  PID        MS SubClass  MS Zoning  ⋯
      │ Int64  Int64      Int64        String7    ⋯
──────┼─────────────────────────────────────────────
    1 │     1  526301100           20  RL         ⋯
    2 │     2  526350040           20  RH         ⋯
  ...
```

총 2,930행 82열의 데이터프레임이 생성되었다. 이대로는 열의 이름이 줄리아의 변수명 규칙에 맞지 않아 심벌 리터럴을 바로 사용하지 못하기 때문에 불편할 수 있다. CSV.read 명령어에서 키워드 인수로 normalizenames=true를 넘기면 자동으로 변수명을 변경해주지만, 실습 차원에서 직접 변수명을 원하는 방식으로 바꿔보자.

변수명 규칙에 맞지 않는 열 이름 리스트는 다음과 같이 구할 수 있다.

```julia
julia> filter(x -> !Base.isidentifier(x), names(ames))
69-element Vector{String}:
 "MS SubClass"
 "MS Zoning"
 ...
 "Year Remod/Add"
 ...
 "1st Flr SF"
 "2nd Flr SF"
 ...
```

변수명 규칙에 맞지 않는 경우는 대부분 열 이름에 공백이 들어가는 케이스이다. 슬래시(/)가 포함된 케이스나, 숫자로 시작하는 케이스도 변수명 기준에 맞지 않는다. replace 함수와 rename! 함수를 이용하여 일괄로 이름을 바꿔보자.

---

1 윈도우의 경우는 경로를 "C:/Users/tyfun/Downloads/AmesHousing.csv" 또는 "C:\\Users\\tyfun\\Downloads\\AmesHousing.csv" 식으로 지정해야 할 것이다.

```
julia> ren(x) = replace(x, " " => "", "/" => "", r"^\d" => s"x\g<0>");

julia> rename!(ames, names(ames) .|> ren);

julia> filter(x -> !Base.isidentifier(x), names(ames))
String[]
```

ren 함수에서 사용된 replace 함수는 공백이나 슬래시는 빈 문자열로 바꾸고, 숫자로 시작하는 패턴은 그 앞에 x를 붙여준다. 숫자로 시작하는 패턴은 정규표현식regular expression을 사용했다. 줄리아에서 r"..."은 정규표현식 리터럴을 의미한다. ^\d에서 ^은 문자열의 처음을 나타내고, \d은 숫자 캐릭터를 나타낸다. 대체되는 문자열인 s"x\g<0>"에서 s"..."는 정규표현식으로 대체되는 문자열을 나타내는 리터럴이고, \g<0>은 정규표현식 ^\d로 캡처된 숫자를 의미한다. 즉 x\g<0>은 숫자로 시작하는 패턴에 대해 앞에 x를 붙여준다. 다음과 같은 식으로 간단히 정규표현식을 테스트해볼 수 있다.

```
julia> replace("12a", r"^\d" => s"x\g<0>")
"x12a"

julia> replace("a", r"^\d" => s"x\g<0>")
"a"
```

11.2 결측치 채우기

describe 함수를 이용하면 데이터프레임의 열별 평균이나 최솟값, 최댓값, 결측치 개수, 원소 타입 등을 확인할 수 있다.

```
julia> select(sort(describe(ames), :nmissing, rev=true),
            [:variable, :nmissing, :min, :median, :max])
82×5 DataFrame
 Row │ variable      nmissing  min     median    max
     │ Symbol        Int64     Any     Union…    Any
─────┼──────────────────────────────────────────────────
   1 │ LotFrontage        490  21      68.0      313
   2 │ GarageYrBlt        159  1895    1979.0    2207
   3 │ MasVnrType          23  BrkCmn            Stone
   4 │ MasVnrArea          23  0       0.0       1600
   5 │ BsmtExposure         4  Av                No
```

```
 6 │ BsmtFinType2        2   ALQ              Unf
 7 │ BsmtFullBath        2   0        0.0     3
 8 │ BsmtHalfBath        2   0        0.0     2
 9 │ GarageFinish        2   Fin              Unf
10 │ BsmtQual            1   Ex               TA
11 │ BsmtCond            1   Ex               TA
12 │ BsmtFinType1        1   ALQ              Unf
13 │ BsmtFinSF1          1   0        370.0   5644
14 │ BsmtFinSF2          1   0        0.0     1526
15 │ BsmtUnfSF           1   0        466.0   2336
16 │ TotalBsmtSF         1   0        990.0   6110
17 │ Electrical          1   FuseA            SBrkr
18 │ GarageCars          1   0        2.0     5
19 │ GarageArea          1   0        480.0   1488
20 │ GarageQual          1   Ex               TA
21 │ GarageCond          1   Ex               TA
22 │ Order               0   1        1465.5  2930
 ...
```

82개 변수 중 21개 변수에 결측치가 있고, 그중 상위 2개 변수에 결측치가 많이 있다. LotFrontage
의 경우 결측치가 꽤 있으므로, 단순히 해당 열의 평균으로 결측치를 채우기보다는 상관성이 높
은 다른 변수를 찾아보겠다. 데이터 스펙을 보면 LotFrontage는 주택으로 연결된 길의 길이이고
LotArea는 택지의 넓이이다. 택지의 넓이의 제곱근이 길의 길이와 상관이 높을 것임을 추측해볼
수 있다. dropmissing 함수를 이용하여 결측치가 있는 관측치를 제외한 후, 두 변수 간의 상관계
수correlation coefficient를 구해보자.

```julia
julia> tmpdf = dropmissing(select(ames, [:LotFrontage, :LotArea]));
julia> using Statistics
julia> cor(sqrt.(tmpdf.LotArea), tmpdf.LotFrontage)
0.6491711344239964
```

LotFrontage와 LotArea의 제곱근과의 상관계수가 0.65로 꽤 높은 편임을 확인할 수 있다. 두 변
수 간의 산포도도 다음과 같이 구해보자.

```julia
julia> using Plots
julia> scatter(sqrt.(tmpdf.LotArea), tmpdf.LotFrontage, label="frontage/area")
```

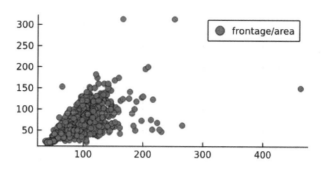

굳이 회귀분석까지 하지 않아도, y절편이 0에서 크게 벗어나지는 않을 것으로 판단되므로, LotFrontage의 LotArea 제곱근에 대한 평균 비율로 결측치들을 채우겠다.

```julia
julia> lotRto = mean(tmpdf.LotFrontage ./ sqrt.(tmpdf.LotArea))
0.7208577025656663

julia> lotFrontage = select(ames, [:LotFrontage, :LotArea] =>
    ByRow((x1,x2) -> ismissing(x1) ? Int64(round(sqrt(x2)*lotRto)) : x1));

julia> ames[!,:LotFrontage] = lotFrontage[:,1];
```

LotFrontage에 이어 두 번째로 결측치가 많은 GarageYrBlt를 살펴보자. 데이터 스펙을 보면 GarageYrBlt는 차고를 만든 연도를 의미한다. GarageYrBlt 열이 결측인 경우는 거의 대부분이 GarageType이 NA인 경우들이고 이는 다음과 같이 확인할 수 있다.

```julia
julia> missed = ames[ismissing.(ames.GarageYrBlt), :];
julia> combine(groupby(missed, :GarageType), nrow)
2×2 DataFrame
 Row │ GarageType  nrow
     │ String7     Int64
─────┼───────────────────
   1 │ Detchd         2
   2 │ NA           157
```

데이터 스펙에 따르면 GarageType이 NA인 경우는 차고가 없는 경우를 의미하기 때문에, 차고가 없는 경우의 GarageYrBlt 값은 0이나 평균, 최빈값 등보다는 최솟값이 가장 합당해 보인다. 가장 오래된 차고 설립 연도가 1895년인데, 결측치를 0으로 넣으면 너무 이상치$_{outlier}$가 될 수도 있다.

```
julia> gyb_min = filter(ismissing |> !, ames.GarageYrBlt) |> minimum
1895
julia> ames[!,:GarageYrBlt] = coalesce.(ames.GarageYrBlt, gyb_min);
```

그리고 앞에서 열별 결측치 개수를 확인하기 위해 이용했던 describe(ames) 함수 결과에서,
GarageYrBlt의 최댓값이 2207인 것을 볼 수 있다. 차고 설립 연도가 2207년인 것은 명백한 오류
이다. 데이터 스펙에 따르면 이 데이터셋은 2006년에서 2010년 사이의 판매 데이터이기 때문에
오류인 관측치를 2010년으로 수정한다.

```
julia> ames[ames.GarageYrBlt .== 2207, :GarageYrBlt] .= 2010;
```

세 번째로 결측치가 많은 MasVnrType과 MasVnrArea는 데이터 스펙을 보면 석조 베니어 타입
및 넓이를 뜻하므로 없는 경우 None과 0을 입력하면 된다.

```
julia> ames.MasVnrType .= coalesce.(ames.MasVnrType, "None");
julia> ames.MasVnrArea .= coalesce.(ames.MasVnrArea, 0);
```

결측치가 있는 나머지 열들은 결측치 개수가 1 ~ 2개로 적기 때문에, 문자열 변수는 "NA", 수치 변
수는 0을 할당한다. 먼저 데이터프레임에서 특정 타입의 열들의 이름을 돌려주는 함수를 하나 만
든다.

```
julia> function cols_oftype(df, T)
           map(p -> p.first,
               filter(p -> eltype(p.second) <: Union{Missing, T},
                   collect(pairs(eachcol(df)))))
       end;
```

그다음, 문자열 타입의 열들과 수치 타입의 열들에 대해 결측치 채우기를 일괄 적용한다.

```
julia> str_fields = cols_oftype(ames, AbstractString);
julia> str_cols = Cols(c -> Symbol(c) in str_fields);
julia> ames[!, str_cols] = coalesce.(ames[!, str_cols], "NA");

julia> num_fields = cols_oftype(ames, Number);
julia> num_cols = Cols(c -> Symbol(c) in num_fields);
julia> ames[!, num_cols] = coalesce.(ames[!, num_cols], 0);
```

이로써 결측치 채우기는 완료되었고, 다음과 같이 결측치가 모두 채워졌음을 확인할 수 있다.

```
julia> df = describe(ames);
julia> df[df.nmissing .> 0, :]
0×7 DataFrame
```

11.3 분포 변환

주가나 주택 가격 등 가격 데이터는 보통 로그노멀_{log-normal}[2]에 가까운 분포를 보인다. 에임스 집값 데이터셋의 종속변수인 SalePrice(집값)의 분포를 히스토그램으로 확인해보자.

```
julia> histogram(ames.SalePrice, label="SalePrice")
```

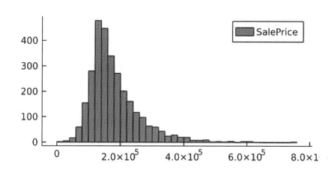

확실히 오른쪽으로 긴 꼬리를 가진 양의 왜도_{skewness}를 가지는 분포를 보인다. 원 데이터와 로그를 취한 데이터의 정규분포 여부를 StatsPlots.jl 패키지의 **qqnorm** 함수로 확인해보자.

```
julia> using StatsPlots
julia> p1 = qqnorm(ames.SalePrice, title="raw", ticks=[0, 1e5, 3*1e5, 5*1e5]);
julia> p2 = qqnorm(log.(ames.SalePrice), title="log");
julia> plot(p1, p2, layout=(1,2))
```

---

2   로그를 취했을 때 정규분포를 따르는 확률변수의 분포

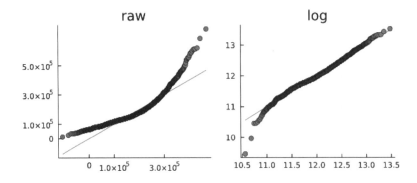

좌측의 원 데이터보다 로그를 취한 우측의 데이터가 훨씬 더 정규분포에 가까운 것을 확인할 수 있다.

SalePrice 변수뿐 아니라 모든 변수에 대해 왜도를 구해보고 로그 변환이 필요할지 알아보자.

```julia
julia> using StatsBase: skewness
julia> function cols_skew(df, fields)
           skews = [fld => (
               skew = round(skewness(df[!,fld]),digits=2),
               zero_rto = round(sum(df[!,fld] .== 0) / nrow(df), digits=2),
               max = maximum(df[!,fld])
           ) for fld in fields]
           sort(skews, by = v -> v.second.skew, rev = true)
       end
```

위 함수는 데이터프레임의 각열의 왜도, 값이 0인 비율, 최댓값을 돌려준다.

```julia
julia> cols_skew(ames, num_fields)
39-element Vector{...}:
       :MiscVal => (skew = 21.99, zero_rto = 0.96, max = 17000)
      :PoolArea => (skew = 16.93, zero_rto = 1.0, max = 800)
       :LotArea => (skew = 12.81, zero_rto = 0.0, max = 215245)
  :LowQualFinSF => (skew = 12.11, zero_rto = 0.99, max = 1064)
    :x3SsnPorch => (skew = 11.4, zero_rto = 0.99, max = 508)
   :KitchenAbvGr => (skew = 4.31, zero_rto = 0.0, max = 3)
     :BsmtFinSF2 => (skew = 4.14, zero_rto = 0.88, max = 1526)
 :EnclosedPorch => (skew = 4.01, zero_rto = 0.84, max = 1012)
    :ScreenPorch => (skew = 3.96, zero_rto = 0.91, max = 576)
   :BsmtHalfBath => (skew = 3.94, zero_rto = 0.94, max = 2)
     :MasVnrArea => (skew = 2.62, zero_rto = 0.6, max = 1600)
    :OpenPorchSF => (skew = 2.53, zero_rto = 0.44, max = 742)
```

```
   :LotFrontage => (skew = 1.93, zero_rto = 0.0, max = 313)
    :WoodDeckSF => (skew = 1.84, zero_rto = 0.52, max = 1424)
     :SalePrice => (skew = 1.74, zero_rto = 0.0, max = 755000)
     :x1stFlrSF => (skew = 1.47, zero_rto = 0.0, max = 5095)
    :BsmtFinSF1 => (skew = 1.42, zero_rto = 0.32, max = 5644)
    :MSSubClass => (skew = 1.36, zero_rto = 0.0, max = 190)
     :GrLivArea => (skew = 1.27, zero_rto = 0.0, max = 5642)
   :TotalBsmtSF => (skew = 1.15, zero_rto = 0.03, max = 6110)
     :BsmtUnfSF => (skew = 0.92, zero_rto = 0.08, max = 2336)
     :x2ndFlrSF => (skew = 0.87, zero_rto = 0.57, max = 2065)
   :TotRmsAbvGrd => (skew = 0.75, zero_rto = 0.0, max = 15)
    :Fireplaces => (skew = 0.74, zero_rto = 0.49, max = 4)
      :HalfBath => (skew = 0.7, zero_rto = 0.63, max = 2)
  :BsmtFullBath => (skew = 0.62, zero_rto = 0.58, max = 3)
   :OverallCond => (skew = 0.57, zero_rto = 0.0, max = 9)
  :BedroomAbvGr => (skew = 0.31, zero_rto = 0.0, max = 8)
    :GarageArea => (skew = 0.24, zero_rto = 0.05, max = 1488)
   :OverallQual => (skew = 0.19, zero_rto = 0.0, max = 10)
```

왜도가 매우 큰 MiscVal이나 PoolArea 열의 경우 값이 0인 경우가 대부분이다. MiscVal은 헛간, 두 번째 차고, 테니스 코트 등과 같은 예외적인 공간의 넓이를 나타내는 값이라서 대부분 0이고, PoolArea도 수영장이 없는 경우가 대부분이라 0이 많고 왜도도 높다.

방이나 화장실, 부엌의 개수 등과 같은 이산형 변수들은 제외하기 위해, `max` 값이 10 이상이면서 왜도가 0.8 이상인 변수들에 대해서는 일괄적으로 로그 변환을 취하겠다. 단 SalePrice 변수는 3부의 종속변수 변환 파이프라인 구축 등의 실습을 위해서 로그 변환을 하지 않고 원 데이터 그대로 남겨두겠다.

```
julia> skewed_flds = [p.first for p in cols_skew(ames, num_fields)
    if p.second.skew > 0.8 && p.second.max > 10 && p.first != :SalePrice];
julia> ames[!, skewed_flds] = log1p.(ames[!, skewed_flds]);
```

변수의 값이 0인 경우가 많으므로 log 대신 $\log(1+x)$를 의미하는 `log1p`를 일괄 적용했다.[3]

최종적으로 종속변수인 SalePrice와 상관관계가 높은 독립변수들은 다음과 같이 확인할 수 있다.

```
julia> function cols_corr(df, fields, tgt)
```

---

[3] https://en.wikipedia.org/wiki/Natural_logarithm#lnp1

```
        corrs = [fld => cor(df[!,fld], log.(df[!,tgt]))
                for fld in fields if fld != tgt]
          sort(corrs, by = v -> v.second, rev = true)
     end;
julia> gr(size=(400,300))
julia> corrs = cols_corr(ames, num_fields, :SalePrice)[1:20];
julia> xlabels = corrs .|> first .|> string;
julia> bar(corrs .|> last, label="corr", xrotation=90)
julia> xticks!(1:20 .-0.5, xlabels)
```

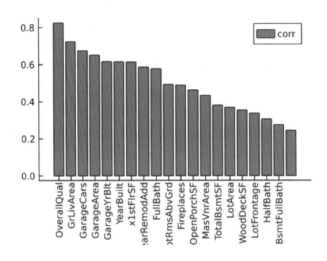

자재나 마감의 전반적인 등급을 나타내는 OverallQual과 거실 면적을 나타내는 GrLivArea, 차고
의 자동차 수용 대수인 GarageCars 등의 순으로 집값과의 상관관계가 높은 것으로 나타났다.

지금까지 전처리한 최종 데이터프레임을 CSV 파일로 저장하여 이후 **3부**에서도 사용할 수 있게
하자.

```
julia> CSV.write("AmesHousing_clean.csv", ames)
```

PART

III

MLJ를 이용한 머신러닝

이번 부에서는 줄리아의 대표적인 머신러닝 패키지인 **MLJ.jl**(이하 **MLJ**)을 이용한 머신러닝에 대해 알아보겠다. MLJ는 다양한 머신러닝 모델에 대한 공통의 인터페이스를 제공하고 모델 선택과 튜닝, 평가, 합성 등의 기능을 제공한다. 파이썬으로 치면 대표적인 머신러닝 패키지인 사이킷런scikit-learn의 역할과 비슷하다고 할 수 있다. 역할뿐 아니라 사용 방식도 사이킷런과 유사한 점이 많다. fit, predict, transform 메서드로 명료하고 일관된 API를 제공하는 사이킷런의 방식을 MLJ도 따르기 때문이다.

반면 중요한 차이점도 있다. 사이킷런에서는 모델의 하이퍼파라미터와 학습 대상 파라미터가 한 Estimator 객체 안에 함께 있지만, MLJ에서는 하이퍼파라미터는 Model 객체에, 학습 대상 파라미터는 Machine 객체에 저장된다. 하이퍼파라미터와 학습 대상 파라미터의 분리를 통해 모델들을 유연하게 합성할 수 있어 다양한 시나리오의 학습 네트워크를 만들 수 있다.

또한 줄리아 타입 시스템의 풍부한 표현력 덕분에 MLJ에서는 주어진 데이터가 분류 문제인지 회귀 문제인지, 범주 간에 순서가 있는지 없는지 등을 구분할 수 있고, 이 문제 유형에 적합한 모델들을 모델 리스트에서 검색할 수 있다. 범주형 변수의 타입은 전체 가능한 범주들도 표현할 수 있어서, 학습 데이터에 빠진 범주가 평가 데이터에 나타나는 경우의 문제도 피할 수 있다.

먼저 MLJ를 이용한 전처리-학습-평가-튜닝의 머신러닝 워크플로를 살펴본 후, 다양한 시나리오의 모델 합성에 대해서 알아볼 것이다. 그리고 비정형 데이터인 이미지와 텍스트를 이용한 예제도 다루어볼 것이다. 책 서두에서 밝혔듯이, 머신러닝 모델들에 대한 이론은 따로 설명하지 않는다.

워크플로

머신러닝 업무의 일반적인 워크플로workflow는 다음과 같다.

데이터 준비 ⇒ 모델 준비 ⇒ 학습/예측/평가/튜닝 ⇒ 모델 배포 ⇒ 예측 및 모니터링

이번 장에서는 MLJ를 이용한 데이터 준비부터 모델 준비, 그리고 학습/예측/평가/튜닝 단계를 살펴보겠다. 모델 배포부터는 이 책의 범위를 벗어나므로 다루지 않는다. 단, 파이썬의 경우와는 다르게, 줄리아는 정적 언어에 준하는 성능을 보이고 다양한 수준의 병렬 연산이 가능하기 때문에 개발된 모델을 큰 변환 없이 배포할 수 있는 경우가 많다. 웹 API로 서비스를 한다면 HTTP.jl이나 풀스택 웹 프레임워크인 Genie.jl을 이용할 수 있다. PackageCompiler.jl을 이용하여 실행 파일을 만들 수도 있고, 줄리아를 C/C++ 등의 프로젝트에 임베딩할 수도 있다.[1]

이번에도 붓꽃 데이터를 이용하여 꽃의 종류를 분류하는 문제의 워크플로를 단계별로 진행해보자. 실습에 사용한 패키지 버전은 책 깃허브에서 제공하는 Project.toml, Manifest.toml 파일을 참고한다.

---

[1] https://docs.julialang.org/en/v1/manual/embedding/

12.1 데이터 준비

붓꽃 데이터의 경우, MLJ에서 `load_iris()` 함수로 데이터 타입이 전처리된 데이터셋을 바로 받을 수 있지만, 여기서는 학습을 위해 직접 CSV 파일을 받아서 데이터 타입 변경부터 시작해보자. 9.2 절에서 이미 했던 작업이다.

```julia
julia> using Downloads, CSV, DataFrames
julia> url = "https://datahub.io/machine-learning/iris/r/iris.csv";
julia> iris = CSV.read(Downloads.download(url), DataFrame)
150×5 DataFrame
 Row │ sepallength  sepalwidth  petallength  petalwidth  class
     │ Float64      Float64     Float64      Float64     String15
─────┼───────────────────────────────────────────────────────────
   1 │         5.1         3.5          1.4         0.2  Iris-setosa
   2 │         4.9         3.0          1.4         0.2  Iris-setosa
...
```

MLJ 패키지를 로딩하고 schema 함수로 데이터 스키마를 확인해보자.

```julia
julia> using MLJ
julia> schema(iris)
```

names	scitypes	types
sepallength	Continuous	Float64
sepalwidth	Continuous	Float64
petallength	Continuous	Float64
petalwidth	Continuous	Float64
class	Textual	String15

데이터 스키마의 세 번째 열인 types 열은 줄리아 객체의 기계적 표현을 나타내는 일반적인 데이터 타입인 반면, 두 번째 열인 scitypes 열은 해당 변수가 모델에서 어떻게 해석되어야 하는지를 나타내는 **과학적 타입**scientific type이다.[2]

---

2   과학적 타입들은 ScientificTypes.jl 패키지에 속해 있지만, MLJ에서 다시 export하기 때문에 MLJ 모듈만 불러와도 사용할 수 있다.

과학적 타입

다음은 과학적 타입 체계에서 자주 쓰는 타입의 일부이다. 유한한 수를 나타내는 타입에는 순서가 없는 Multiclass와 순서가 있는 OrderedFactor가 있고, 무한한 수를 나타내는 타입에는 연속하는 Continuous와 이산적인 Count 타입이 있다.

```
Finite{N}
├─ Multiclass{N}
└─ OrderedFactor{N}

Infinite
├─ Continuous
└─ Count
```

기본적으로 줄리아의 Integer 타입은 과학적 타입이 Count 타입이고 AbstractFloat 타입은 Continuous 타입이다.[3] scitype 함수로 과학적 타입을 확인할 수 있다.

```
julia> scitype(1), scitype(1.0)
(Count, Continuous)
```

과학적 타입을 사용하는 이유는, 기계적 표현을 나타내는 기존 데이터 타입은 모델에서 해당 데이터가 어떻게 해석되어야 하는지에 관한 충분한 정보를 줄 수 없기 때문이다. 예를 들어 Float32와 Float64의 경우 서로 기계적 표현은 다르지만, 모델에서는 둘 다 연속형 변수로 해석할 수 있다. 반면, 같은 Int64 타입이더라도 경우에 따라 '자동차의 개수'와 같이 셀 수 있는 수로 다루거나 평점이 '좋음/보통/나쁨'과 같은 순서가 있는 범주, 혹은 '붓꽃의 종류'와 같이 순서 없는 범주로 다루기도 해야 한다. 분석 목적에 맞게 데이터셋의 과학적 타입을 지정해주면, 그 자체로도 연구자의 의도를 명시해주는 효과가 있고, 모델 검색의 편이나 잘못된 모델의 적용을 막아주는 효과도 있다.

위의 iris 스키마에서, 설명변수들은 모두 과학적 타입이 Continuous 타입으로 적절하게 인식되어 있지만, 종속변수인 class 열은 Textual 타입인 것을 볼 수 있다. 분류 모델을 적용하기 위해서는 종속변수가 Finite 타입이어야 하고, 꽃의 종류에는 순서가 없으므로 Finite 타입 중에서도 Multiclass 타입이 적절하다. coerce 함수를 이용하여 타입을 바꿀 수 있다.

---

3   과학적 타입의 전체 체계 및 줄리아의 디폴트 데이터 타입과의 매칭은 해당 패키지의 개발 문서에서 확인할 수 있다. https://juliaai. github.io/ScientificTypes.jl/dev/

```
julia> iris.class = coerce(iris.class, Multiclass);
julia> schema(iris)
```

names	scitypes	types
sepallength	Continuous	Float64
sepalwidth	Continuous	Float64
petallength	Continuous	Float64
petalwidth	Continuous	Float64
class	Multiclass{3}	CategoricalValue{String15, UInt32}

class 열의 과학적 타입이 클래스가 3개인 Multiclass{3} 타입으로 바뀌었다. 데이터 타입은
CategoricalValue{String15, UInt32}으로 바뀌었는데, 이는 **CategoricalArrays.jl** 패키지에서
제공하는 CategoricalArray 타입의 원소 타입이다.

CategoricalArray

CategoricalArray는 범주형 데이터를 효율적으로 저장하고 편리하게 사용할 수 있게 해주는 배열 구조이다.
같은 범줏값을 수준level이라고 하고, 범주형 데이터의 모든 수준을 풀pool로 관리한다. 새로운 수준의 원소가
추가되거나 수준 풀이 다른 배열과 결합될 때는 풀을 확장하고, 원소 삭제나 배열 분할 시에는 풀을 유지한다.
특정 수준값의 원소가 더 이상 존재하지 않더라도 사용자가 풀을 조정하지 않는 이상 해당 수준값은 풀 안에 유
지된다. 다음의 예제를 보자.

```
julia> using CategoricalArrays
julia> x = CategoricalArray(["강아지", "고양이", "거북이", "고양이"])
4-element CategoricalArray{String,1,UInt32}:
 "강아지"
 "고양이"
 "거북이"
 "고양이"

julia> levels(x)
3-element Vector{String}:
 "강아지"
 "거북이"
 "고양이"

julia> x_split = x[1:2]
2-element CategoricalArray{String,1,UInt32}:
 "강아지"
 "고양이"
```

```
julia> levels(x_split)
3-element Vector{String}:
 "강아지"
 "거북이"
 "고양이"
```

levels 함수는 CategoricalArray의 수준 풀을 돌려준다. 분할된 x_split의 경우, 원소는 강아지와 고양이밖에 없지만 수준 풀에는 거북이가 남아 있음을 볼 수 있다. 이는 전체 데이터를 학습과 테스트 데이터로 나누어서 진행 시, 학습 데이터에는 없던 범줏값이 평가 데이터에 나타나서 발생하는 문제를 피할 수 있게 한다.[4]

데이터셋 분할

class 열의 타입 변환이 끝났으니, 데이터셋을 학습셋과 테스트셋으로 나누어보자.

```
julia> iris_train, iris_test = partition(iris, 0.7, rng=0);
```

partition 함수의 두 번째 인수는 파티션을 나눌 비율을 지정하고, 키워드 인수 rng는 난수의 시드$_{seed}$를 받는다. shuffle = true를 넘기거나 난수 시드를 지정하면 행들을 임의로 섞은 후 파티션이 일어난다.

다음으로, 각 데이터셋에서 독립변수 X와 종속변수 y을 분리하자.

```
julia> y_train, X_train = unpack(iris_train, ==(:class));
julia> y_test, X_test = unpack(iris_test, ==(:class));
```

unpack 함수의 두 번째 인수는 열 이름 선택 함수로서, unpack 함수는 선택된 열과 그 외의 열들을 튜플로 리턴한다.[5] 이 두 번째 인수는 Base.Fix2 타입을 가지는 **부분 적용 함수**$_{partially-applied}$ $_{function}$[6]이다. 표현식 ==(:class)가 문법적으로 이상해 보일 수 있지만 인수 하나를 가지는 함수 ==에 :class를 인수로 넘기는 것으로 이해하면 된다. 실제로 @less ==(1)을 실행해보면, ==(x) = Fix2(==, x)로 정의되어 있음을 확인할 수 있다.

---

4   사이킷런에서는 OrdinalEncoder나 OneHotEncoder의 handle_unknown 인수로 처리해야 하는 케이스다.
5   특정 함수나 타입에 대한 도움말은 REPL에서 ?를 입력해서 help?> 모드에 들어간 후 도움말을 볼 이름을 입력하면 된다.
6   https://en.wikipedia.org/wiki/Partial_application

```
julia> ==(:class)
(::Base.Fix2{typeof(==), Symbol}) (generic function with 1 method)
```

부분 적용 함수는 함수가 받는 인수들 중에서 일부 인수를 고정한 함수로, 호출 시에는 고정되지 않은 나머지 인수들의 값만 받아서 원래 함수의 결과를 리턴한다. Base.Fix2 타입은 두 인수를 받는 함수의 두 번째 인수를 고정한 부분 적용 함수 타입으로, 이 경우엔 동등equality 연산자의 두 번째 인수인 우측 항을 고정한 것이다. 위 함수는 익명 함수로 표현하면 x -> x == :class와 같은 역할을 한다.

unpack의 결과는 다음과 같다.

```
julia> y_train[1:3]
3-element CategoricalArrays.CategoricalArray{String15,1,UInt32}:
 "Iris-virginica"
 "Iris-virginica"
 "Iris-versicolor"

julia> X_train[1:3,:]
3×4 DataFrame
 Row │ sepallength  sepalwidth  petallength  petalwidth
     │ Float64      Float64     Float64      Float64
─────┼───────────────────────────────────────────────────
   1 │        6.9         3.2          5.7         2.3
   2 │        5.8         2.7          5.1         1.9
   3 │        6.6         2.9          4.6         1.3
```

전처리

일반적으로 머신러닝 프로세스에서는 모델 적용 전에 다양한 **전처리**preprocessing를 거친다. 흔한 전처리로는 인코딩, 스케일링, 빈값 채우기, 차원 축소, 특성 추출 등이 있다.

많은 경우 전처리도 데이터에서 학습된 내용을 바탕으로 이루어진다. 즉 전처리 모델의 학습에 테스트 데이터가 이용되면 예측 모델의 성과가 실제보다 더 좋게 나오는 오류가 생기므로, 전처리 모델은 예측 모델과 파이프라인pipeline을 만들어서 묶음으로 사용되게 하는 것이 좋다. 전처리는 13장에서 다시 살펴보겠다.

12.2 모델 준비

MLJ의 모델은 하이퍼파라미터들을 담고 있는 변경 가능 복합 타입이다. 모델은 직접 작성할 수도 있고 기작성된 모델들 중에서 적합한 모델을 가져올 수도 있다. 또한 여러 모델을 합성해서 사용할 수도 있다. 모델 개발자가 아니면 모델을 직접 작성하는 경우는 드물 것이므로, 해당 내용은 MLJ 문서[7] 등을 참고하면 된다.

모델 합성은 **13장**에서 다룰 예정이니, 여기선 기존에 작성된 모델들 중 주어진 태스크에 맞는 모델을 검색하고 로딩하는 방법을 알아보자.

모델 검색

MLJ에는 머신러닝 모델들을 패키지 로딩 없이도 검색할 수 있는 모델 등록소registry가 있다. `models` 함수를 이용하여 현재 등록된 모델들의 정보를 조회해볼 수 있다.

```
julia> models()
208-element Vector{NamedTuple{(:name, :package_name, :is_supervised, :abstract_type,
:deep_properties, :docstring, :fit_data_scitype, :human_name, :hyperparameter_ranges,
:hyperparameter_types, :hyperparameters, :implemented_methods, :inverse_transform_scitype,
:is_pure_julia, :is_wrapper, :iteration_parameter, :load_path, :package_license, :package_
url, :package_uuid, :predict_scitype, :prediction_type, :reporting_operations, :reports_
feature_importances, :supports_class_weights, :supports_online, :supports_training_losses,
:supports_weights, :transform_scitype, :input_scitype, :target_scitype, :output_scitype)}}:
 (name = ABODDetector, package_name = OutlierDetectionNeighbors, ... )
 (name = ABODDetector, package_name = OutlierDetectionPython, ... )
 ...
```

`models()` 함수 리턴값을 보면 벡터의 길이가 208이다. 현재(집필 시점에) 208개의 모델이 등록되어 있다는 뜻이다. 모델 정보는 명명된 튜플로서, 모델 이름, 패키지 이름, 지도학습 여부 등과 입력 및 타깃 데이터의 과학적 타입도 포함하고 있다. `models` 함수에 문자열이나 정규표현식을 인수로 넘기면 등록된 모델들의 `docstring` 필드를 검색해서 매칭하는 모델들을 돌려준다.

```
julia> models("tree")
28-element Vector{NamedTuple{(:name,
 ...
```

---

7   https://alan-turing-institute.github.io/MLJ.jl/dev/adding_models_for_general_use/

```
 (name = DecisionTreeClassifier, package_name = DecisionTree, ... )
 ...
 (name = DecisionTreeRegressor, package_name = DecisionTree, ... )
 ...
```

models 함수에 모델 인수를 받아서 불리언값을 리턴하는 함수를 넘기면, 해당 조건에 맞는 모델들을 돌려준다. matching 함수를 이용하면 특정 데이터의 과학적 타입에 맞는 모델들을 검색할 수 있다.[8]

```
julia> models(matching(X_train, y_train))
51-element Vector{NamedTuple{(:name,
 ...
 (name = AdaBoostClassifier, package_name = ScikitLearn, ... )
 (name = AdaBoostStumpClassifier, package_name = DecisionTree, ... )
 (name = BaggingClassifier, package_name = ScikitLearn, ... )
 ...
 (name = SVMNuClassifier, package_name = ScikitLearn, ... )
 (name = SubspaceLDA, package_name = MultivariateStats, ... )
 (name = XGBoostClassifier, package_name = XGBoost, ... )
```

집필 시점에서는 붓꽃 데이터셋의 타입에 맞는 모델이 51개가 검색된 것을 볼 수 있다. 비지도학습 모델을 검색하려면 matching(X, y) 대신 matching(X)를 넘기면 된다.

검색된 모델들 중에서 DecisionTree.jl 패키지의 DecisionTreeClassifier 모델을 좀 더 살펴보자. 특정 모델의 정보는 info 함수를 이용하여 가져올 수 있다. DecisionTreeClassifier 모델의 입력과 타깃의 과학적 타입은 다음과 같다.

```
julia> dtc_info = info("DecisionTreeClassifier", pkg="DecisionTree")
julia> dtc_info.input_scitype
Table{<:Union{AbstractVector{<:Continuous}, AbstractVector{<:Count}, AbstractVector{<:Ordere
dFactor}}}
julia> dtc_info.target_scitype
AbstractVector{<:Finite} (alias for AbstractArray{<:Finite, 1})
```

입력으로 받을 수 있는의 타입은 Countinuous, Count, OrderedFactor 타입이고 타깃으로 가능한 타입은 Finite 타입, 즉 OrderedFactor나 Multiclass 타입이다. 붓꽃 데이터셋의 독립변수는

---

8 matching(X, y)는 모델 인수를 받아서 X, y 타입에 맞는지 체크하는 호출 가능 객체(callable object)를 리턴한다.

Continuous이고 종속변수는 Multiclass 타입이므로 위 모델을 적용할 수 있다.

모델 코드 로딩

DecisionTreeClassifier를 사용하기로 했다면, @load 매크로를 이용하여 해당 모델의 코드를 로딩할 수 있다. 최초 실행 시에는 해당 모델에 대한 인터페이스 패키지가 설치되어 있지 않을 테니 다음과 같은 에러가 발생한다.

```
julia> Tree = @load DecisionTreeClassifier pkg=DecisionTree
[ Info: For silent loading, specify `verbosity=0`.
import MLJDecisionTreeInterfaceERROR: ArgumentError: Package MLJDecisionTreeInterface not
found in current path.
- Run `import Pkg; Pkg.add("MLJDecisionTreeInterface")` to install the
MLJDecisionTreeInterface package.
...
```

메시지에서 설치하라고 하는 패키지인 MLJDecisionTreeInterface를 설치하고(import Pkg; Pkg.
add("MLJDecisionTreeInterface")), 다시 @load 매크로를 실행하면 된다.

```
julia> Tree = @load DecisionTreeClassifier pkg=DecisionTree
[ Info: For silent loading, specify `verbosity=0`.
import MLJDecisionTreeInterface ✓
MLJDecisionTreeInterface.DecisionTreeClassifier

julia> tree = Tree(rng=0)
DecisionTreeClassifier(
  max_depth = -1,
  min_samples_leaf = 1,
  min_samples_split = 2,
  min_purity_increase = 0.0,
  n_subfeatures = 0,
  post_prune = false,
  merge_purity_threshold = 1.0,
  display_depth = 5,
  feature_importance = :impurity,
  rng = 0)
```

변수 Tree는 DecisionTreeClassifier 타입 자체를 나타내고 이 Tree의 생성자를 호출하여 모델 객체를 생성할 수 있다. ?를 이용한 도움말help 모드나 @doc 매크로를 이용하면 해당 모델의 하이퍼파라미터나 사용법 등에 대한 도움말을 확인할 수 있다.

```
julia> @doc Tree
  DecisionTreeClassifier

  A model type for constructing a CART decision tree classifier, based on DecisionTree.jl
(https://github.com/bensadeghi/DecisionTree.jl), and implementing the MLJ model interface.
  ...
```

설명을 보면 이 모델은 CART 알고리즘을 구현한 것을 확인할 수 있다. 모델 코드 로딩 전에 해당 도움말을 미리 확인하고 싶다면 MLJ에서 제공하는 doc 함수를 이용하면 된다.

```
julia> doc("DecisionTreeClassifier", pkg="DecisionTree")
```

MLJ의 모델은 하이퍼파라미터들을 담고 있고, 디폴트값들이 할당되어 있다. 생성자에서 키워드 인수로 하이퍼파라미터를 지정할 수도 있고, 변경 가능 타입이므로 생성 후에 직접 변경할 수도 있다.

```
julia> tree.max_depth = 2;
```

모델 타입 체계

MLJ 모델의 타입 체계는 다음과 같다.[9]

```
Model
├ Supervised
│   ├ Probabilistic
│   │   └ JointProbabilistic
│   ├ Deterministic
│   └ Interval
├ Unsupervised
│   └ Static
└ Annotator
      └ ...
```

위 타입 체계에서 자주 쓰이는 모델들에는 지도학습 모델인 Supervised 타입과 비지도학습 모델인 Unsupervised 타입이 있고, Supervised 타입에는 확률적 예측 모델인 Probabilistic 타입과

---

9 MLJModelInterface.jl 패키지에 정의되어 있다. https://github.com/JuliaAI/MLJModelInterface.jl/blob/dev/src/MLJModelInterface.jl

결정론적 예측 모델인 Deterministic 타입이 있다. Probabilistic 타입의 모델은 예측 시 포인트 값(점 예측치point prediction) 대신 확률분포를 돌려준다(다음 절에서 다시 살펴본다). DecisionTreeClassifier인 Tree 모델의 상위 타입은 다음과 같다.

```
julia> supertypes(Tree)
(MLJDecisionTreeInterface.DecisionTreeClassifier, Probabilistic, Supervised,
MLJModelInterface.Model, MLJModelInterface.MLJType, Any)
```

Tree 모델은 지도학습 모델이고 Probabilistic 타입인 것을 확인할 수 있다. is_supervised(tree) 함수나 prediction_type(tree) 함수로도 확인할 수 있다.

12.3 학습, 예측, 평가

모델 객체는 하이퍼파라미터만 가지고 있고, 학습 대상 파라미터는 **머신**(Machine) 타입의 객체에서 관리하기 때문에, 학습 및 예측을 하려면 machine 함수를 이용하여 머신 객체를 생성해야 한다. Machine 타입은 모델과 데이터, 학습 대상 파라미터, 학습 리포트 등의 필드를 가진 변경 가능 복합 타입이다.[10] 앞에서 준비한 데이터와 모델로 머신 객체를 만들자.

```
julia> mach = machine(tree, X_train, y_train)
untrained Machine; caches model-specific representations of data
  model: DecisionTreeClassifier(max_depth = 2, …)
  args:
    1: Source @717 ⏎ Table{AbstractVector{Continuous}}
    2: Source @559 ⏎ AbstractVector{Multiclass{3}}
```

위 머신 객체의 model 필드는 max_depth를 2로 설정한 의사결정나무 객체이고, args 필드는 데이터 소스 튜플로서, 연속형 타입의 설명변수와 범주형 레이블을 담고 있다.

학습

학습은 fit! 함수를 이용한다.

---

10 학습은 모델 객체가 아니라 머신 객체가 담당하므로, '머신러닝'의 '머신'이라고 생각하면 된다.

```
julia> fit!(mach);
[ Info: Training machine(DecisionTreeClassifier(max_depth = 2, …), …).
```

학습된 파라미터는 머신 객체의 `fitresult` 필드에 저장되고, 그 외 학습 정보들은 사전 타입인 `report` 필드의 `:fit` 키값으로 저장된다. 해당 학습 정보의 `print_tree` 호출 가능 객체 필드를 호출하여 학습된 의사결정나무를 확인할 수 있다.

```
julia> mach.report[:fit].print_tree()
Feature 4 < 0.7 ?
├─ 1 : 30/30
└─ Feature 3 < 4.75 ?
    ├─ 2 : 29/30
    └─ 3 : 42/45
```

위의 의사결정나무를 해석하려면, 먼저 각 레이블의 인코딩값 및 특성feature 인덱스를 확인해야 한다.

```
julia> fitted = fitted_params(mach);
julia> fitted.encoding
Dict{UInt32, CategoricalArrays.CategoricalValue{String15, UInt32}} with 3 entries:
  0x00000002 => String15("Iris-versicolor")
  0x00000003 => String15("Iris-virginica")
  0x00000001 => String15("Iris-setosa")

julia> fitted.features
4-element Vector{Symbol}:
 :sepallength
 :sepalwidth
 :petallength
 :petalwidth
```

`fitted_params` 함수는 머신의 `fitresult` 필드에 저장된 학습 결과를 명명된 튜플로 리턴하는 함수이다. `encoding` 필드를 보면 setosa는 1, versicolor는 2, virginica는 3으로 인코딩되어 있다. `features`는 꽃받침 길이와 너비, 꽃잎 길이, 너비 순서이다. 이를 바탕으로 앞의 `print_tree` 결과를 해석하면, 첫 번째 분할은 Feature 4, 즉 꽃잎 너비가 0.7보다 작으면 범주 1, 즉 setosa라는 의미이고, 30개 샘플 중 30개 모두 setoa이다. 두 번째 분할은 꽃잎 너비가 0.7보다 큰 샘플 중 꽃잎 길이가 4.75보다 작으면 versicolor이고 크면 virginica로 분류했다. virginica 노드의 경우, 45개 중 42개를 맞게 분류했는데, 이를 **9.3절**에서 다룬 Query.jl을 이용해서 간단히 확인해보자.

```
julia> using Query
julia> @from r in iris_train begin
           @where r.petalwidth >= 0.7 && r.petallength >= 4.75
           @group r by r.class into g
           @select { class = key(g), nrow = length(g) }
           @collect DataFrame
       end
2×2 DataFrame
 Row │ class           nrow
     │ Cat…            Int64
─────┼──────────────────────
   1 │ Iris-virginica     42
   2 │ Iris-versicolor     3
```

학습된 의사결정나무의 virginica 노드에 대한 분류 기준대로 조회한 결과를 보면, 45개 중 42개가 virginica인 것을 확인할 수 있다.

특성 중요도는 `feature_importances` 함수를 이용하여 구할 수 있다. 먼저 현재 모델의 특성 중요도 기준은 다음과 같이 확인할 수 있다.

```
julia> tree.feature_importance
:impurity
```

`:impurity` 는 데이터 불순도impurity의 평균 감소폭 기반을 나타낸다. 이 기준의 특성 중요도는 다음과 같다.

```
julia> feat_imps = feature_importances(mach)
4-element Vector{Pair{Symbol, Float64}}:
  :petalwidth => 0.6371763801932623
  :petallength => 0.36282361980673766
  :sepallength => 0.0
  :sepalwidth => 0.0
```

이는 다음과 같이 시각화할 수 있다.

```
julia> using Plots
julia> x = string.(fitted.features)
julia> feat_imps_dict = Dict(feat_imps)
julia> y = map(f -> feat_imps_dict[f], fitted.features)
julia> bar(x, y, label="importance")
```

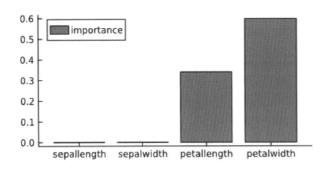

예측

예측은 predict 함수를 이용한다.

```
julia> pred = predict(mach, X_test)
45-element CategoricalDistributions.UnivariateFiniteVector{Multiclass{3}, String15, UInt32,
Float64}:
 UnivariateFinite{Multiclass{3}}(Iris-setosa=>0.0, Iris-versicolor=>0.0667, Iris-
virginica=>0.933)
 UnivariateFinite{Multiclass{3}}(Iris-setosa=>0.0, Iris-versicolor=>0.967, Iris-
virginica=>0.0333)
 UnivariateFinite{Multiclass{3}}(Iris-setosa=>1.0, Iris-versicolor=>0.0, Iris-
virginica=>0.0)
 ...
```

앞에서 확인했던 것처럼, DecisionTreeClassifier는 Probabilistic 타입이라서 예측 결과가 확률분포 타입이다. 결과를 보면 테스트셋의 첫 번째 아이템의 경우, 각 품종(클래스)에 속할 확률이 (0.0, 0.0667, 0.9333)이 나왔다. 사이킷런의 predict 함수가 리턴하는 최빈값mode은 MLJ에서는 predict_mode 함수를 이용하거나 mode.(pred)로 확률분포 벡터에 직접 mode 함수를 적용하여 얻을 수 있다.

```
julia> pred_mode = predict_mode(mach, X_test)
45-element CategoricalArrays.CategoricalArray{String15,1,UInt32}:
  String15("Iris-virginica")
  String15("Iris-versicolor")
 ...
```

Probabilistic 타입의 모델의 경우, 사이킷런과는 다르게 predict 함수가 확률분포를 리턴하는 이유는 모델이 예측 결과로 무엇을 반환하는지가 명백하기 때문이다. 예를 들어 확률분포가 아닌 최빈값을 리턴한다고 하면, 같은 최빈값을 가지는 클래스들이 있을 경우 어떤 규칙이 적용되는지를 알아야 할 것이다.

평가 측도

평가를 위한 **측도**measure는 다양하게 존재한다. 확률분포에 대해 평가하는 로지스틱 로스logistic loss, 혹은 포인트값에 대해 평가하는 정확도accuracy 및 F1 점수는 다음의 함수들로 구할 수 있다.

```julia
julia> log_loss(pred, y_test) |> mean
0.20256942175223366

julia> accuracy(pred_mode, y_test)
0.9333333333333333

julia> macro_f1score(String.(pred_mode), String.(y_test))
0.9108734402852049
```

평가 측도 함수들은 모두 f(예측값, 타깃값)의 형태를 가진다. 사이킷런의 평가 측도 함수들은 보통 f(타깃값, 예측값)의 형태를 가지므로 유의해야 한다. MLJ에서 사용 가능한 평가 측도들의 정보는 measures 함수로 조회할 수 있다. models 함수와 마찬가지로 검색 조건으로 문자열이나 익명 함수를 인수로 넘길 수도 있다.

```julia
julia> measures()
63-element Vector{NamedTuple{(:name, :instances, :human_name, :target_scitype, :supports_
weights, :supports_class_weights, :prediction_type, :orientation, :reports_each_observation,
:aggregation, :is_feature_dependent, :docstring, :distribution_type)}}:
 (name = BrierLoss, instances = [brier_loss], ...)
 (name = BrierScore, instances = [brier_score], ...)
 ...
```

특정 측도의 정보는 info 함수를 이용하면 된다.

```julia
julia> info(accuracy)
`Accuracy` - accuracy type with instances `accuracy`.
(name = "Accuracy",
 instances = ["accuracy"],
 human_name = "accuracy",
```

```
 target_scitype = Union{AbstractArray{<:Union{Missing, Multiclass{N}}},
AbstractArray{<:Union{Missing, OrderedFactor{N}}}} where N,
 supports_weights = true,
 supports_class_weights = false,
 prediction_type = :deterministic,
 orientation = :score,
 reports_each_observation = false,
 aggregation = StatisticalTraits.Mean(),
 is_feature_dependent = false,
 docstring = "`Accuracy` - accuracy type with instances `accuracy`. ",
 distribution_type = Unknown,)
```

accuracy는 Accuracy 타입의 객체임을 알 수 있고, prediction_type은 :deterministic, orien-tation은 :score 등의 정보가 나온다. 반면 log_loss의 prediction_type은 :probabilistic이고 orientation은 :loss이다.

```
julia> info(log_loss).prediction_type, info(log_loss).orientation
(:probabilistic, :loss)
```

prediction_type이 확률적이라면 측도 함수에 넘길 예측 결과도 확률분포여야 하고, 결정론적이면 예측 결과도 최빈값과 같은 포인트값을 넘겨야 한다. orientation이 :score면 하이퍼파라미터 튜닝 등을 할 때 해당 측정값이 높은 모델이 최적 모델로 선택되고, :loss면 낮은 값의 모델이 최적 모델로 선택된다.

교차검증

지금까지는 데이터 준비 파트에서 살펴본 partition 함수를 이용하여 전체 데이터셋을 학습셋과 테스트셋으로만 나누어 진행했다. 더 나아가 다양한 교차검증cross-validation 전략을 이용하여 모델의 성과를 평가하려면 evaluate 함수를 이용할 수 있다.[11] evaluate 함수는 모델과 데이터셋 인수를 받고, resampling 인수로 리샘플링resampling 전략을, measures 인수로 평가 측도들을 받는다. 리샘플링 전략으로는 주어진 비율대로 나누어 한 번만 뽑는 Holdout 전략과, K등분 후 검증셋을 바꿔가며 K번 반복해서 뽑는 CV 전략(K-폴드), 레이블 분포가 치우치지 않게 K-폴드로 뽑는 StratifiedCV 전략, 시계열 데이터의 시간 순서를 유지하는 TimeSeriesCV 전략 등이 있다. 사용

---

[11] 사이킷런의 cross_val_score 함수와 비슷한 용도이다.

자가 직접 반복할 샘플링 구간을 지정할 수도 있다. 다음은 폴드 개수 3의 CV 리샘플링으로 `log_loss`와 정확도를 구한 결과의 예시이다.

```
julia> y, X = unpack(iris, ==(:class));
julia> cv = CV(nfolds=3, shuffle=true, rng=0);
julia> measures_ = [log_loss, accuracy];
julia> evaluate(tree, X, y, resampling=cv, measures=measures_)
PerformanceEvaluation object with these fields:
  measure, operation, measurement, per_fold,
  per_observation, fitted_params_per_fold,
  report_per_fold, train_test_rows
Extract:
```

measure	operation	measurement	1.96*SE	per_fold
LogLoss(...)	predict	0.638	0.548	[0.818, 0.911, 0.184]
Accuracy()	predict_mode	0.94	N/A	[0.96, 0.92, 0.94]

하이퍼파라미터 튜닝 시에는 교차검증을 학습셋을 대상으로 실시하고, 튜닝된 모델을 테스트셋에서 평가해야 하나, 여기서는 전체 데이터셋에 대해 간단히 교차검증 평가를 해봤다.

12.4 하이퍼파라미터 튜닝

하이퍼파라미터 튜닝은, 주어진 모델에 튜닝을 적용하는 역할을 하는 모델을 씌운 셀프튜닝self-tuning 모델을 만들어서 시행한다. 사이킷런에서 모델에 **GridSearchCV** 등을 씌워서 하이퍼파라미터 튜닝을 하는 방식과 비슷하다. 셀프튜닝 모델도 하나의 모델이기 때문에 다른 모델들과 자연스럽게 합성될 수 있다. 셀프튜닝 모델을 이용한 파이프라인 구축은 다음 장에서 살펴볼 것이다.

셀프튜닝 모델은 **TunedModel** 함수를 호출하여 생성한다. **TunedModel** 함수는 튜닝 대상 모델과 리샘플링 전략, 튜닝 전략, 변수 탐색 범위, 평가 측도를 인수로 받는다. 리샘플링 전략은 교차검증에서 다룬 **CV** 전략이나 **StratifiedCV** 전략 등을 쓸 수 있다. 튜닝 전략에는 탐색 범위 내 모든 가능한 조합을 방문하는 **Grid** 전략이나 지정한 확률분포로 랜덤하게 검색하는 **RandomSearch** 전략 등을 사용할 수 있다.[12]

---

12 추가적으로 라틴 하이퍼큐브(Latin hypercube), TPE(tree-structed Parzen estimator), 입자 군집 최적화(particle-swarm optimization) 등을 바탕으로 한 튜닝 전략들을 사용할 수 있다. https://alan-turing-institute.github.io/MLJ.jl/stable/tuning_models/

튜닝 예제

DecisionTreeClassifier의 하이퍼파라미터들 중 max_depth와 min_samples_leaf에 대해 튜닝을 해보자. 먼저 range 함수를 이용하여 탐색하고자 하는 영역대를 지정할 수 있다. range 함수에 모델과 튜닝 대상 하이퍼파라미터를 넘기고, lower와 upper 키워드로 탐색 범위를 지정할 수 있다. scale 키워드로 :log 등의 탐색 스케일을 지정하거나 values 키워드로 수치 대신 명목형nominal 값을 지정할 수도 있다.

```julia
julia> depth_range = range(tree, :max_depth, lower=1, upper=10);
julia> sample_range = range(tree, :min_samples_leaf, lower=1, upper=10);
```

위와 같이 지정한 탐색 범위를 CV 리샘플링 전략과 Grid 튜닝 전략, log_loss 측도와 함께 TunedModel 함수에 넘겨서 다음과 같이 ProbabilisticTunedModel 타입의 모델인 grid_tree를 생성해보자.[13]

```julia
julia> tree = Tree(rng=10);
julia> grid_tree = TunedModel(tree,
           resampling = CV(nfolds=5, rng=10),
           tuning = Grid(resolution=10),   # 10x10 grid
           range = [depth_range, sample_range],
           measure = log_loss)
ProbabilisticTunedModel(
  model = DecisionTreeClassifier(
        max_depth = -1,
        min_samples_leaf = 1,
        min_samples_split = 2,
 ...
```

grid_tree도 Probabilistic 타입을 상위 타입으로 가지는 Model 타입이므로 앞에서 다룬 모델 학습 및 예측 방법을 동일하게 적용할 수 있다. machine 함수에 모델과 학습 데이터를 넘겨서 머신 객체를 생성하고 학습을 시킬 수 있다.

---

13 TunedModel 함수는 인수로 받은 튜닝 대상 모델이 Probabilistic이면 ProbabilisticTunedModel 타입을, Deterministic이면 DeterministicTunedModel 타입의 객체를 생성한다. TunedModel 자체는 생성자가 아니라 일반적인 함수이지만, 생성자처럼 사용할 수 있게 함수명 컨벤션 대신 타입명 컨벤션을 따른다. 뒤에 나올 IteratedModel 함수나 Pipeline 함수 등도 같은 이유로 타입명 컨벤션을 따른다.

```
julia> grid_mach = machine(grid_tree, X_train, y_train);
julia> fit!(grid_mach);
```

Grid 탐색 대상이었던 두 하이퍼파라미터에 대한 평가 측도를 다음과 같이 시각화해보자.

```
julia> plot(grid_mach)
```

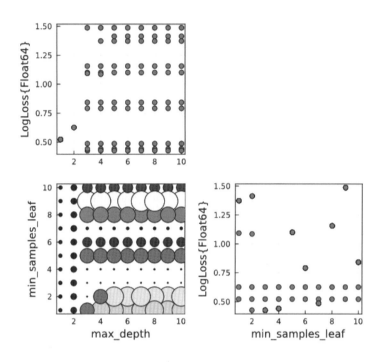

평가 측도가 log_loss이므로 낮을수록 좋은 모델로 선택된다. 그래프를 보면 원의 크기가 작을수록 손실값이 작은 모델이다. 단말 노드의 최소 샘플수(min_samples_leaf)는 3 ~ 4개일 때 log_loss가 가장 낮고, 나무의 깊이(max_depth)는 3 이상이면 전반적으로 log_loss가 낮게 나온다. 최종 선택된 모델은 다음과 같이 확인할 수 있다.

```
julia> fitted_params(grid_mach).best_model
DecisionTreeClassifier(
  max_depth = 4,
  min_samples_leaf = 3,
...
```

max_depth는 4, min_samples_leaf는 3인 모델이 선택되었다. 해당 모델의 학습 결과 생성된 의사 결정나무는 다음과 같다.

```
julia> report(grid_mach).best_report.print_tree()
Feature 4 < 0.7 ?
├ 1 : 30/30
└ Feature 3 < 4.75 ?
    ├ Feature 1 < 5.05 ?
    │   ├ 2 : 3/4
    │   └ 2 : 26/26
    └ Feature 3 < 4.95 ?
        ├ Feature 1 < 6.25 ?
        │   ├ 3 : 4/5
        │   └ 2 : 2/3
        └ 3 : 37/37
```

max_depth가 2에 min_samples_leaf가 1이었던 처음의 tree 모델이 학습했던 의사결정나무보다 깊이가 두 단계 더 깊어지고 노드 수도 늘어난 것을 볼 수 있다. 이 모델의 테스트셋에 대한 정확도는 다음과 같다.

```
julia> pred_mode = predict_mode(grid_mach, X_test);
julia> accuracy(pred_mode, y_test)
0.9555555555555556
```

기존의 tree 모델의 정확도가 0.93333이었던 것에 비해 조금 더 올라갔다. 불순도 감소폭 기반의 특성 중요도는 다음과 같이 구할 수 있다.

```
julia> best_model = fitted_params(grid_mach).best_model
julia> best_mach = machine(best_model, X_train, y_train)
julia> fit!(best_mach, verbosity=0);
julia> best_feat_imps = feature_importances(best_mach)
julia> x = string.(fitted.features)
julia> best_feat_imps_dict = Dict(best_feat_imps)
julia> y = map(f -> best_feat_imps_dict[f], fitted.features)
julia> bar(x, y, label="importance")
```

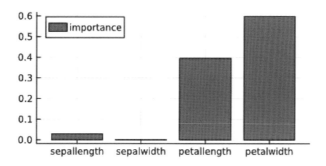

기존 **tree** 모델에서 큰 차이는 없지만 꽃받침 길이도 분류에 소폭 기여한다는 점이 다르다.

조기 종료

튜닝할 하이퍼파라미터의 수가 많을수록, 탐색 공간은 지수적으로 커지기 때문에 튜닝에 굉장히 오랜 시간이 걸릴 수 있다. 탐색 공간을 랜덤하게 방문하는 도중에[14] 더 이상 검증셋에 대한 성과가 좋아지지 않으면 탐색을 멈추는 것을 **조기 종료**early stopping라고 한다. MLJ에서는 **IteratedModel**이라는 래핑wrapping 모델을 통하여 조기 종료 옵션들을 비롯한 다양한 반복 학습 관련 컨트롤 기능을 제공한다.[15] TunedModel이 기존 모델을 셀프튜닝 모델로 만들어주듯, **IteratedModel**도 기존 모델을 셀프 반복 컨트롤 모델로 만들어준다. 셀프튜닝 모델을 포함하여, MLJ의 반복 학습 인터페이스인 **MLJ.iteration_parameter** 함수를 구현한 모델들은 모두 **IteratedModel**로 래핑이 가능하다. EvoTrees.jl 패키지의 부스트 기반 트리 모델들이나 MLJFlux. jl 패키지의 신경망 모델들이 래핑이 가능한 대표적인 모델들이다.

실습을 위해 앞의 튜닝 예제에서 튜닝 대상 하이퍼파라미터에 **min_purity_increase**[16]를 추가하자. 문자 그대로, 가지 분기에 필요한 최소한의 순도 증대폭을 뜻한다. 세 개 튜닝 하이퍼파라미터에 대해 각각 10개의 값을 탐색하므로 총 10^3, 즉 1000번의 탐색이 필요하다.

```
julia> purity_range = range(tree, :min_purity_increase, lower=0, upper=0.1);
julia> grid_tree = TunedModel(tree,
            resampling = CV(nfolds=5, rng=10),
            tuning = Grid(resolution=10),
            range = [depth_range, sample_range, purity_range],
```

---

14 Grid 기반 튜닝 전략도 기본 설정상으로는 탐색할 지점을 랜덤하게 섞은 후에 탐색한다.

15 https://alan-turing-institute.github.io/MLJ.jl/dev/controlling_iterative_models/

16 가지 분기에 필요한 최소한의 순도 증대폭

```
                    measure = log_loss);
 julia> iterated_tree = IteratedModel(model=grid_tree,
                                      resampling=nothing,
                                      control=[
                    Step(1), NumberSinceBest(100), Patience(10), NumberLimit(300)],
                                      measure=log_loss,
                                      retrain=true);
```

IteratedModel 함수는 셀프튜닝 모델인 grid_tree와 리샘플링 방법, 반복 컨트롤들을 받고 있다. grid_tree는 이미 교차검증을 한 모델이므로 리샘플링 인수는 nothing으로 넘겼다. 셀프튜닝 모델이 아니라 신경망 모델과 같은 일반적인 모델의 경우라면 검증셋의 평가 결과로 조기 종료를 결정해야 하므로 리샘플링 방법과 평가 측도도 지정해야 한다. 컨트롤 인수에는 반복 스텝을 지정하는 Step과, 최저 손실값 이후 반복 횟수 한도를 지정하는 NumberSinceBest, 총 반복 횟수 한도인 NumberLimit을 지정했다. 손실값의 연속 증대 횟수나 손실값 및 총 학습 시간 등의 한도도 설정할 수 있고, 사용자 정의 종료 기준이나 로깅 등을 위한 콜백 함수를 넘기는 것도 가능하다.

IteratedModel 역시 하나의 모델이기 때문에 학습 및 예측 함수 사용법이 동일하다. fit! 함수로 학습을 실행해보자.

```
 julia> iter_mach = machine(iterated_tree, X_train, y_train);
 julia> fit!(mach);
 ...
 [ Info: Stop triggered by NumberSinceBest(100) stopping criterion.
 [ Info: Total of 126 iterations.
 julia> pred_mode = predict_mode(iter_mach, X_test);
 julia> accuracy(pred_mode, y_test)
 0.9555555555555556
```

fit! 함수의 결과를 보면, 학습 중 총 126번 하이퍼파라미터 공간을 검색했고, NumberSinceBest(100)의 기준, 즉 최저 손실 이후 100번이 지나서 튜닝이 멈춘 것을 확인할 수 있다. 이 예제의 경우, 정확도가 특별히 더 개선되지는 않은 것을 볼 수 있다.

모델 합성

여러 모델을 합쳐서 하나의 모델로 만드는 것을 **모델 합성**model composition이라고 한다. MLJ의 모델 합성은 **학습 네트워크**learning network를 구축하는 방식으로 이루어진다. 학습 네트워크는 데이터 소스 노드와 변환 노드, 예측 노드 등으로 구성된 **유향 비순환 그래프**directed acyclic graph, DAG[1]이다. 변환 노드나 예측 노드의 학습은 특정 노드 학습 요청 시, 해당 노드의 선행 노드들부터 순서대로 학습이 이루어진다. 또 중간 노드의 하이퍼파라미터 변경 등으로 전체 네트워크의 재학습이 필요한 경우, 변경된 노드에 의존하는 후행 노드들만 재학습이 이루어진다.

학습 네트워크는 다양한 시나리오의 모델 합성을 가능하게 하지만, 파이프라인이나 배깅, 스태킹 같은 자주 사용되는 합성 시나리오에 대해서는 미리 정의된 합성 모델도 제공된다. 이번 장에서는 이 학습 시나리오들을 합성 모델과 학습 네트워크를 이용하여 구현해본다. 대상 데이터셋은 **11장** 데이터 처리 실습에서 준비한 에임스 집값 데이터셋이다.

13.1 데이터셋 준비

먼저 다음과 같이 에임스 집값 데이터셋을 MLJ에서 사용할 수 있게 준비한다. 11장 마지막에 저장한 AmesHousing_clean.csv 파일을 사용한다(깃허브 3부 폴더에도 올려뒀다). 먼저 Order와 PID 열

---

1 간선에 방향이 있고 순환 경로가 없는 그래프로, 작업들의 우선순위를 표현할 때 많이 사용된다. MLJ의 학습 네트워크에서도 학습 순서를 관리하는 데 사용된다.

은 관측치 번호와 과세용 ID이기 때문에 데이터셋에서 제외한다.

```
julia> ames = CSV.read("/home/tyfun/AmesHousing_clean.csv", DataFrame);
julia> ames = select(ames, Not([:Order, :PID]))
```

이어서 set_scitypes 함수로 열별로 과학적 타입(12.1절 참고)을 지정해주고, 순서 있는 범주형 변수에 대해서는 levels! 함수로 범주의 순서 정보를 설정해준다. 에임스 데이터 스펙 문서에 나오는 항목별 데이터 유형 및 범주 순서에 맞추어 작성한 함수로서, 해당 함수는 코드의 길이가 길어서 지면에서는 일부 생략했다. 전체 코드는 깃허브의 파일(13장.ipynb)을 참고하자.

```
julia> function set_scitypes(ames)
           COERCE_AMES = (
               :MSSubClass      => Multiclass,
               :MSZoning        => Multiclass,
               :LotFrontage     => Continuous,
               ...
               :YrSold          => Count,
               :SaleType        => Multiclass,
               :SaleCondition   => Multiclass,
               :SalePrice       => Continuous);

           ames = coerce(ames, COERCE_AMES...)

           levels!(ames.LotShape, reverse(["Reg", "IR1", "IR2", "IR3"]));
           levels!(ames.PoolQC, ["NA", "Fa", "TA", "Gd", "Ex"]);
           levels!(ames.Fence, ["NA", "MnWw", "GdWo", "MnPrv", "GdPrv"]);
           ...

           ames
       end;
julia> ames = set_scitypes(ames);
```

과학적 타입 지정 후에는 학습셋과 테스트셋으로 나누고, 종속변수와 독립변수 셋으로 구분한다.

```
julia> ames_train, ames_test = partition(ames, 0.7, rng=0);
julia> y_train, X_train = unpack(ames_train, ==(:SalePrice));
julia> y_test, X_test = unpack(ames_test, ==(:SalePrice));
```

13.2 파이프라인(합성 모델)

파이프라인pipeline은 갈라지는 가지가 없이 선형적으로 연결된 모델들이다. 데이터 전처리 |> (비지도학습 |>) 지도학습 방식으로 파이프라인을 자주 구성한다. 데이터 전처리를 파이프라인에 포함시키면 스케일링 등의 전처리 시, 테스트셋까지 포함해서 전처리 모델을 학습하는 실수를 피할 수 있다. 먼저 Pipeline 함수를 이용하여 파이프라인 합성 모델을 생성해보자.

```julia
julia> Ridge = @load RidgeRegressor pkg=MLJLinearModels;
julia> pipe = Pipeline(
           std = Standardizer(count=true),  # 이산형 변수도 정규화(표준화)
           enc = ContinuousEncoder(drop_last=true),  # 원핫 인코딩 마지막 열 제거
           reg = Ridge()  # 디폴트 람다는 1
       )
DeterministicPipeline(
  std = Standardizer(...),
  enc = ContinuousEncoder(...),
  reg = RidgeRegressor(...),
  cache = true)
julia> mach_pipe = machine(pipe, X_train, log.(y_train));
julia> fit!(mach_pipe);
julia> rmse(predict(mach_pipe, X_test), log.(y_test))
0.13586079473017235
```

Pipeline 함수에 키워드 인수로 표준화standardization 스케일러와 연속형 인코더,[2] L2 규제regularization 회귀모형인 리지(Ridge) 모델을 넘겨서 합성 모델인 DeterministicPipeline을 생성했다. 파이프라인의 개별 모델은 파이프라인 생성자에 개별 모델을 넘길 때 지정한 키워드명을 파이프라인 객체의 필드명으로 하여 접근할 수 있다. 예를 들어 이 예에서는 `pipe.reg`로 리지 모델에 접근할 수 있고, 학습된 파라미터나 리포트 역시 지정한 개별 모델의 이름으로 접근 가능하다.[3]

```julia
julia> fitted_params(mach_pipe).reg
(coefs = [Symbol("MSSubClass__3.044522437723423") => 0.004341279119580587, ...
julia> report(mach_pipe).enc
(features_to_keep = [:MSSubClass, ...
```

---

2 연속형 인코더는 Multiclass 타입에 대해선 원핫 인코딩을, OrderedFactor에 대해서는 정수 인코딩을 시행한다. 원핫 인코딩 및 정수 인코딩된 결과는 다시 Float64형으로 변환된다.

3 Pipeline 함수 대신 모델 |> 모델 식으로 파이핑 오퍼레이터 |>를 이용하여 구축할 수도 있다. 이 경우 개별 모델의 이름은 자동 생성된다.

예측 대상인 y값(SalePrice)은 로그 변환을 하지 않았기 때문에 학습 및 평가 시 로그 변환을 해주었고, 평가 측도로 사용한 rmse는 평균 제곱근 오차root mean square error이다.

파이프라인 튜닝

이 파이프라인에서 리지 모델의 하이퍼파라미터를 튜닝하려면 파이프라인 자체를 TunedModel로 래핑해도 되고, 아니면 리지 모델을 TunedModel로 래핑해서 파이프라인을 구축해도 된다. 먼저 파이프라인 자체의 튜닝부터 살펴보자.

```julia
julia> lambda_range = range(pipe, :(reg.lambda), lower=0.001, upper=100, scale=:log);
julia> pipe_tuned = TunedModel(pipe,
            resampling = CV(nfolds=5, rng=0),
            tuning = Grid(resolution=10),
            range = lambda_range,
            measure = rmse
        );
```

range 함수로 개별 모델의 튜닝 범위를 지정할 때는 :(reg.lambda)와 같이 **모델 이름.모델 변수**로 심벌을 지정할 수 있다.

```julia
julia> mach_pipe_tuned = machine(pipe_tuned, X_train, log.(y_train));
julia> fit!(mach_pipe_tuned);
julia> rmse(predict(mach_pipe_tuned, X_test), log.(y_test))
0.1130799889854098
julia> fitted_params(mach_pipe_tuned).best_model  # 최적 모델 확인
DeterministicPipeline(
  std = Standardizer(...),
  enc = ContinuousEncoder(...),
  reg = RidgeRegressor(lambda = 0.012915496650148841, ...),
  cache = true)
```

리지 모델의 람다(λ)가 약 0.0129인 경우가 최적 모델로 찾아졌고, 예측오차도 줄어들었다. 튜닝 전의 리지 모델은 람다가 기본값인 1이었다. 튜닝 전 모델과 튜닝 후 모델의 회귀계수를 비교해보자. 먼저 각 모델의 회귀계수 상위 7개, 하위 7개를 뽑는다. vcat은 배열을 세로 방향으로 결합하는 함수다.

```
julia> reg_coefs = fitted_params(mach_pipe).reg.coefs;
julia> tuned_coefs = fitted_params(mach_pipe_tuned).best_fitted_params.reg.coefs;

julia> function top_btm_n(pairs, n)
           pairs = sort(pairs, by=p->p.second, rev=true)
           vcat(pairs[1:n], pairs[end-n:end])
       end;
julia> p1_coefs = top_btm_n(reg_coefs, 7);
julia> p2_coefs = top_btm_n(tuned_coefs, 7);
```

그다음 Plots 패키지를 이용하여 막대그래프로 시각화한다.

```
julia> using Plots
julia> p1 = bar(last.(p1_coefs), label="λ=1", xrotation=90)
julia> xticks!(1:20 .-0.5, string.(first.(p1_coefs)))
julia> p2 = bar(last.(p2_coefs), label="λ=0.0129", xrotation=90)
julia> xticks!(1:20 .-0.5, string.(first.(p2_coefs)))
julia> plot(p1, p2, layout=(1,2))
```

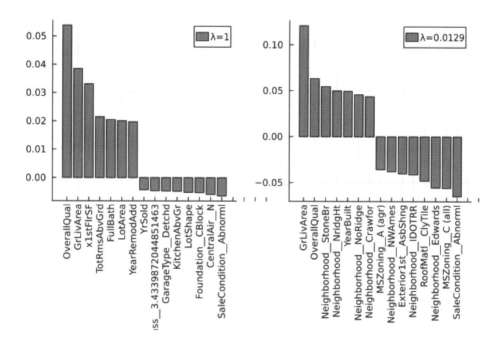

좌측이 튜닝 전, 우측이 튜닝 후 차트이다. 튜닝 후에 L2 규제항의 가중치 람다가 작아졌기 때문에, 전반적으로 상하위 계수들의 절댓값이 더 커졌다. 학습 데이터셋 상에서 유의미한 변수들에 좀 더 가중치를 주게 된 것이다. 튜닝 전후 모두 전반적인 품질 등급을 뜻하는 OverallQual과 거실 면적을 뜻하는 GrLivArea가 중요한 특성으로 나타났다. 또, 튜닝 후에는 튜닝 전보다 동네 위치를 나타내는 원핫 인코딩된 Neighborhood의 민감도가 올라갔다.

셀프튜닝 모델들의 파이프라인

이번에는 파이프라인 자체를 튜닝하는 것이 아니라, 개별 모델을 각각 셀프튜닝 모델로 만들어서 파이프라인을 구축하는 시나리오를 살펴보자. 이 시나리오는 동일한 역할을 하는 모델들에 각기 다른 튜닝 기준을 적용해 최고의 모델을 찾는 시나리오에 적합하다. 예를 들어 앞의 파이프라인에서 리지 회귀모형을 라소lasso 회귀모형이나 의사결정나무 기반의 회귀모형으로 튜닝한 다음, 그 결과를 전과 비교하고 싶을 때 유용할 것이다.

예시로, 리지와 의사결정나무를 비교해보자. 다음 `reg_tuned` 모델은 셀프튜닝 모델인 `ridge_tuned`와 `tree_tuned`를 받아서 둘 중 더 좋은 모델을 찾는다.

```julia
julia> ridge = Ridge();
julia> lambda_range = range(ridge, :lambda, lower=0.001, upper=100, scale=:log);
julia> ridge_tuned = TunedModel(ridge,
           resampling = CV(nfolds=5, rng=0),
           tuning = Grid(resolution=10),
           range = lambda_range,
           measure = rmse
       );
julia> Tree = @load DecisionTreeRegressor pkg=DecisionTree;
julia> tree = Tree();
julia> depth_range = range(tree, :max_depth, lower=1, upper=10);
julia> sample_range = range(tree, :min_samples_leaf, lower=1, upper=10);
julia> tree_tuned = TunedModel(tree,
           resampling = CV(nfolds=5, rng=0),
           tuning = RandomSearch(rng=0),
           range = [depth_range, sample_range],
           n = 25,
           measure = rmse
       );
julia> reg_tuned = TunedModel(models = [ridge_tuned, tree_tuned],
           resampling = CV(nfolds=3, rng=0),
           measure = rmse
       );
julia> pipe = Pipeline(
           std = Standardizer(count=true),
           enc = ContinuousEncoder(drop_last=true),
```

```
         reg = reg_tuned
    );
julia> mach = machine(pipe, X_train, log.(y_train));
julia> fit!(mach);
julia> rmse(predict(mach, X_test), log.(y_test))
0.11307998898540146
```

최종적으로 선택된 회귀모형은 람다가 약 0.0129인 리지 회귀모형인 것을 확인할 수 있다.

```
julia> fitted_params(mach).reg.best_fitted_params.best_model
RidgeRegressor(
  lambda = 0.012915496650148841,
...
```

타깃 변환

지금까지는 모델 학습이나 평가 시 y_train, y_test 값에 로그를 취해서 이용했지만, TransformedTargetModel 함수를 이용하면 타깃 변환까지 모델에 포함할 수 있다. TransformedTargetModel 함수에 reg_tuned와 타깃 변환 식을 넘겨서 생성한 모델을 파이프라인 마지막에 reg_tuned 대신 넣으면, 종속변수를 모델 안에서 로그 변환을 한 후 학습을 진행하고 예측 시에는 지수 변환된 예측 결과를 반환한다.

```
julia> reg_transtgt = TransformedTargetModel(reg_tuned,
        transformer = y -> log.(y), inverse = z -> exp.(z));
julia> pipe = Pipeline(
        std = Standardizer(ordered_factor=true, count=true),
        enc = ContinuousEncoder(drop_last=true),
        reg = reg_transtgt
    );
julia> mach = machine(pipe, X_train, y_train);
julia> fit!(mach);
julia> rmsle(predict(mach, X_test), y_test)
0.11307998898540146
```

평가 측도는 예측값 및 타깃값을 로그 변환 후 평균 제곱근 오차를 구하는 평균 제곱근 로그 오차root mean squared log error 함수 rmsle로 바꿔주었다.

로그 변환과 같은 고정된 변환뿐 아니라, 표준화나 박스-칵스 변환Box-Cox transformation같이 학습이 필요한 변환도 가능하다. 다음은 종속변수에 대해 UnivariateBoxCoxTransformer 모델을 이용한 박스-칵스 변환의 예이다.

```julia
julia> reg_transtgt = TransformedTargetModel(reg_tuned,
           target = UnivariateBoxCoxTransformer())
... # 파이프라인 구축 및 학습, 예측 과정 생략
julia> fitted_params(mach).reg.transformer  # 박스-칵스 변환 파라미터
(λ = 0.06,
 c = 0.0,)
```

타깃을 박스-칵스 변환으로 학습한 결과, 파라미터 λ가 거의 0에 가까운 값이 나와서 로그 변환과 큰 차이가 없음을 알 수 있다.

13.3 파이프라인(학습 네트워크)

지금까지 구성한 파이프라인을 Pipeline 함수를 이용하지 않고 학습 네트워크로 직접 구축해보자.

학습 네트워크의 노드들은 크게 소스source 노드와 비소스non-source 노드로 구분할 수 있다. 소스 노드는 인풋 데이터나 타깃 데이터를 둘러싸는 노드이다. 비소스 노드는 (머신 객체, 오퍼레이션 operation[4])으로 구성되는 동적 노드와, 기존 노드들에 log, vcat 같은 일반적인 함수를 적용한 정적 노드가 있다. 각 노드들은 호출 가능한 객체이고 노드의 값을 보려면 함수 호출하듯 노드를 호출하면 된다.

학습 네트워크 구축 과정은, 보통 실제 데이터를 감싼 소스 노드부터 시작하여 중간 과정의 결과를 확인해가며 원하는 결과를 돌려주는 최종 네트워크를 구성해나가는 방식이다. 이러한 프로토타이핑 과정이 성공적이면, 구축된 학습 네트워크를 사용자 정의 모델로 내보내서export 재사용 가능하도록 한다.

프로토타이핑

표준화 |> 연속형 인코딩 |> 타깃 변환 회귀모형 과정을 학습 네트워크로 만들어보자.

---

4   오퍼레이션이란 predict, transform, inverse_transform과 같이 머신 객체에 적용하는 함수를 말한다.

프로토타이핑 과정이므로, 먼저 실제 데이터 X_train을 소스 노드로 만드는 것부터 시작하자. 다음과 같이 source 함수를 이용하여 소스 노드인 Xs를 만든다. Xs가 감싸고 있는 데이터를 확인하려면 Xs()로 노드를 호출하면 된다.

```
julia> Xs = source(X_train)
Source @740 ⏎ `Table{Union{AbstractVector{Continuous},
...
```

이 노드에 표준화 머신 객체 stand_mach의 transform 오퍼레이션을 적용하여 X_stand라는 새로운 노드를 생성하자. MLJ 패키지와 DataFrames 패키지가 각각 transform 함수를 내보내기 때문에 MJL.transform이라고 함수명 앞에 패키지명을 붙여야 이름 충돌이 발생하지 않는다.

```
julia> stand_model = Standardizer(count=true);
julia> stand_mach = machine(stand_model, Xs);
julia> X_stand = MLJ.transform(stand_mach, Xs)
Node
  args:
    1: Source @740
  formula:
    transform(
      machine(Standardizer(features = Symbol[], …), …),
      Source @740)
```

세 번째 명령인 transform(stand_mach, Xs)에서, 만약 노드 Xs 대신 실제 데이터인 X_train을 두 번째 인수로 넘기면 transform 함수는 노드 생성 대신 표준화 변환을 시도하고, 이때는 머신이 아직 학습되지 않았기 때문에 에러가 발생한다.[5] 위에선 transform 함수에 소스 노드를 넘겼기 때문에, 머신의 학습 완료 여부와 상관없이 표준화를 담당할 X_stand 노드가 잘 생성되었다.

X_stand 노드를 이용하여 표준화 변환을 하려면 먼저 해당 노드 자체를 학습한 후, 그 노드를 호출하면 된다. 학습 네트워크 구축 시에는 중간 단계의 노드들을 굳이 학습할 필요 없이 최종 단계에서 학습해도 되지만, 프로토타이핑 중에는 중간 단계의 결과를 확인하는 것이 매우 유용하다.

```
julia> fit!(X_stand);
```

---

[5] transform이나 predict 등의 오퍼레이션에 대해, 두 번째 인수가 AbstractNode 타입이면 노드를 생성하고, 그렇지 않으면 실제 오퍼레이션을 수행하도록 다중 메서드가 정의되어 있다.

```
...
julia> X_stand()
2051×79 DataFrame
...
```

표준화 단계에 이어 연속형 인코딩과 리지 회귀모형, 타깃 변환까지 계속해서 파이프라인 네트워크를 구축해보자. 먼저 X_stand 노드에 인코더 머신의 transform을 적용하여 X_encoder 노드를 생성한다.

```
julia> encoder_model = ContinuousEncoder(drop_last=true);
julia> encoder_mach = machine(encoder_model, X_stand);
julia> X_encoder = MLJ.transform(encoder_mach, X_stand);
```

이어서 타깃 소스 노드인 ys에 로그함수를 적용하여 정적 노드인 log_y를 생성한다. X_encoder 노드에는 리지 회귀모형을 적용해서 log_y 노드를 예측하는 log_y_hat 노드를 생성하고, 여기에 다시 지수함수를 적용한 최종 예측 노드 y_hat을 생성했다.

```
julia> ys = source(y_train);
julia> log_y = log(ys);          # 타깃 로그 변환

julia> reg_model = Ridge();
julia> reg_mach = machine(reg_model, X_encoder, log_y);
julia> log_y_hat = predict(reg_mach,  X_encoder);
julia> y_hat = exp(log_y_hat);  # 예측값 지수 변환
```

최종 노드인 y_hat을 학습시키면 전체 네트워크의 학습이 이루어진다.

```
julia> fit!(y_hat);
[ Info: Not retraining machine(Standardizer(features = Symbol[], …), …). Use `force=true` to
  force.
[ Info: Training machine(ContinuousEncoder(drop_last = true, …), …).
[ Info: Training machine(RidgeRegressor(lambda = 1.0, …), …).
┌ Info: Solver: MLJLinearModels.Analytical
│   iterative: Bool false
└   max_inner: Int64 200

julia> rmsle(y_hat(X_test), y_test)
0.13586079473016593
```

fit! 함수의 로그를 보면 표준화 노드는 학습을 건너뛴 것을 볼 수 있다. 이는 앞 과정에서 표준화 노드를 이미 학습했기 때문이다. 그다음 명령인 y_hat(X_test)에서 볼 수 있듯, y_hat 노드의 예측값은 y_hat 노드를 직접 호출하여 얻을 수 있다. 최종적인 예측오차는 **13.2절**의 Pipeline 함수를 이용하여 구축한 튜닝 전 리지 모델의 예측오차와 약 0.13586으로 동일하다.

특정 노드 학습 시, 내부적으로는 해당 노드에 선행하는 머신들을 순서대로 학습한다. 특정 노드의 선행 머신들은 machines 함수로 확인할 수 있다.

```
julia> machines(X_encoder)
2-element Vector{Machine}:
 machine(ContinuousEncoder(drop_last = true, …), …)
 machine(Standardizer(features = Symbol[], …), …)

julia> machines(y_hat)
3-element Vector{Machine}:
 machine(RidgeRegressor(lambda = 1.0, …), …)
 machine(ContinuousEncoder(drop_last = true, …), …)
 machine(Standardizer(features = Symbol[], …), …)
```

만약 리지 회귀모형의 하이퍼파라미터를 튜닝하고 싶다면, 위의 reg_model = Ridge(); 대신 reg_model = TunedModel(ridge, …) 방식으로 셀프튜닝 모델을 네트워크 노드로 넣거나, 아니면 바로 다음에 살펴볼 사용자 정의 모델을 만들면 된다.

학습 네트워크 내보내기

앞에서 구축한 학습 네트워크 코드를 최소한으로 변경해서 재사용 가능한 사용자 정의 모델을 구축할 수 있다. 이 과정을 **내보내기**(엑스포트)export라고 한다. 먼저 모델 타입을 다음과 같이 변경 가능한 복합 타입으로 선언한다.

```
julia> mutable struct MyRegressor <: DeterministicNetworkComposite
           stand_count::Bool
           reg::Deterministic
       end
```

선언된 타입은 모델 유형에 따라 DeterministicNetworkComposite이나 ProbabilisticNetworkComposite, UnsupervisedNetworkComposite 등을 상위 타입으로 가져야 한다. 복합 타입의 필드

는 만들려는 모델의 하이퍼파라미터로서, 현재 예제에서는 표준화 처리 시 이산형 변수도 표준화 할지 여부를 stand_count 필드에, 회귀모형을 reg 필드에 할당했었다. reg 필드에는 리지 모델뿐 아니라 라소, 의사결정나무, 랜덤 포레스트 등 어떤 Deterministic 타입의 회귀모형도 할당할 수 있고, 개별 모델의 셀프튜닝 모델이나 모델들 간의 튜닝 모델도 할당 가능하다. 또 MyRegressor 모델 자체를 셀프튜닝 모델로 만들어서 reg 필드를 다양한 회귀모형들 사이에서 튜닝하는 것도 가능하다.

이제 선언된 모델 타입을 인수로 받는 다음의 MLJBase.prefit 함수를 구현하자. [6]

```julia
julia> import MLJBase
julia> function MLJBase.prefit(model::MyRegressor, verbosity, X, y)
          Xs = source(X)
          stand_model = Standardizer(count=model.stand_count)
          stand_mach = machine(stand_model, Xs)
          X_stand = MLJ.transform(stand_mach, Xs)

          encoder_model = ContinuousEncoder(drop_last=true)
          encoder_mach = machine(encoder_model, X_stand)
          X_encoder = MLJ.transform(encoder_mach, X_stand)

          ys = source(y)
          log_y = log(ys)

          reg_model = model.reg        # Ridge() 대신 model.reg
          reg_mach = machine(reg_model, X_encoder, log_y)
          reg_fitted_params = node(fitted_params, reg_mach)

          log_y_hat = predict(reg_mach, X_encoder)
          y_hat = exp(log_y_hat)

          return (
              predict = y_hat,
              fitted_params = (; reg = reg_fitted_params)
          )
       end
```

prefit 함수의 코드는 프로토타이핑 과정에서 작성한 학습 네트워크 코드를 그대로 가져와서 붙 여넣으면 될 정도로 거의 동일하다. 수정된 곳은 데이터 소스 노드 Xs, ys가 prefit 함수의 인수인

---

6   https://alan-turing-institute.github.io/MLJ.jl/dev/quick_start_guide_to_adding_models/

X, y를 감싸고, Standardizer의 count 필드값 및 reg_model로 쓰일 회귀모형을 model 인수로부터 가져오는 부분이다. reg 모델의 fitted_params를 반환하기 위한 노드도 추가되었다. 이 prefit 함수의 역할은 MyRegressor 모델에 연결된 머신 객체에 대해 predict 함수를 호출할 때, 내부적으로 yhat을 호출하게 한다.

prefit 함수만 정의하면 학습 네트워크 내보내기는 완료이다. 이제 MyRegressor 모델을 이용하여 학습 및 예측을 해보자. 다음과 같이 리지 회귀모형을 지정할 수 있고, 학습도 일반적인 모델과 동일하게 하면 된다.

```julia
julia> reg = MyRegressor(true, Ridge());
julia> mach = machine(reg, X_train, y_train);
julia> fit!(mach);
julia> rmsle(predict(mach, X_test), y_test)
0.13586079473017235
```

13.2절에서 정의했던 셀프튜닝 모델들인 ridge_tuned와 tree_tuned를 이용하여 MyRegressor.reg 필드를 튜닝하려면 다음과 같이 할 수 있다. range 함수에 values 키워드 인수로 셀프튜닝 모델들을 지정했다.

```julia
julia> reg = MyRegressor(true, Deterministic());
julia> reg_range = range(reg, :reg, values=[ridge_tuned, tree_tuned]);
julia> reg_tuned = TunedModel(reg,
           resampling = CV(nfolds=3, rng=0),
           tuning = Grid(rng=0),
           range = reg_range,
           measure = rmse)
julia> mach = machine(reg_tuned, X_train, y_train);
julia> fit!(mach, verbosity=0);
```

최종 결과는 13.2절과 동일하게 람다 0.0129의 리지 모델이 다른 리지 모델들이나 의사결정나무 모델들 중에서 교차검증 오차가 가장 작은 모델로 선택되었고, 예측오차도 약 0.11308로 동일하게 나왔다.

```julia
julia> rmsle(predict(mach, X_test), y_test)
0.1130799889854098
julia> fitted_params(mach).best_fitted_params.reg.best_model
RidgeRegressor(
```

```
  lambda = 0.012915496650148841,
  ...
```

13.4 배깅

배깅bagging은 주어진 모델을 여러 개 복제해서 각각 학습하고 각 모델의 예측 결과를 합쳐서 최종 예측 결과를 만드는 방법이다. 복제된 모델이 서로 다른 학습 결과를 가질 수 있도록 각 모델 학습 시 학습 데이터셋의 일부분만 랜덤하게 샘플링하거나, 모델 자체가 랜덤한 속성을 가지는 것[7]이 중요하다. 대표적인 배깅 모델로는 의사결정나무를 배깅하는 랜덤 포레스트random forest가 있다.

MLJ에서는 EnsembleModel 함수를 통하여 임의의 모델을 배깅한 모델을 만들 수 있다. 배깅은 앙상블 기법 중 하나인데, 일반적으로 **앙상블 기법**ensemble method은 여러 모델들을 결합하여 더 나은 성능을 얻는 방식을 말하고, 배깅뿐 아니라 다음 절에서 다룰 스태킹이나 순차적으로 학습을 하는 부스팅 등의 방식도 포괄한다. MLJ의 EnsembleModel 함수는 이 중에서 배깅 방식을 구현한 함수이다.

주의할 점은 일반적으로 배깅에서는 개별 모델이 학습할 데이터셋은 전체 학습셋에서 복원추출sampling with replacement하여 구성하지만,[8] EnsembleModel 함수는 개별 모델용 데이터셋을 비복원추출sampling without replacement로 구성한다는 점이다.

이번 절에서는 랜덤 포레스트를 EnsembleModel 함수 및 학습 네트워크로 각각 만들어보고, DecisionTree.jl 패키지에서 제공하는 RandomForest 모델과 비교해보겠다.

배깅 실습에 들어가기 전에 먼저 앞 절의 파이프라인 구축 시 모델에 포함했던 전처리 과정을 미리 데이터셋에 적용하자. 미리 전처리된 데이터셋을 만들어서 이후 배깅이나 스태킹 등의 실습 시 코드를 간단하게 하기 위해서다.

```
julia> pre_pipe = Standardizer(count=true) |> ContinuousEncoder(drop_last=true);
julia> mach = machine(pre_pipe, X_train);
julia> fit!(mach);
```

---

[7]　모델 자체가 랜덤한 속성을 가지는 한 예로, 의사결정나무(분기 판단 시 고려하는 최대 특성 개수를 전체 특성 개수보다 작게 설정한)는 매 분기마다 임의로 선택된 특성 부분집합에서 최적의 기준을 찾는다.

[8]　이를 부트스트래핑(bootstraping)이라고 한다. 배깅도 **b**ootstrap **agg**regat**ing**의 준말이다.

```
julia> X_train_prep = MLJ.transform(mach, X_train);
julia> X_test_prep = MLJ.transform(mach, X_test);
```

이렇게 전처리된 X_train_prep, X_test_prep 데이터셋을 생성했고, 앞으로는 이 데이터셋을 이용하여 전처리 과정은 생략하고 모델 학습 및 예측을 진행하겠다.

EnsembleModel

예측 결과의 비교를 위해 먼저 비교 기준이 되는 의사결정나무 tree_base를 만들고 평가하자.

```
julia> Tree = @load DecisionTreeRegressor pkg=DecisionTree;
julia> tree_base = Tree(min_samples_leaf = 1, rng=0);
julia> mach_tree = machine(tree_base, X_train_prep, log.(y_train));
julia> fit!(mach_tree);
julia> tree_err = rmse(predict(mach_tree, X_test_prep), log.(y_test))
0.20047633726382572
```

그다음 랜덤 포레스트를 만들기 위해, 먼저 의사결정나무 모델을 만들고 이를 EnsembleModel 함수에 넘기면서 복제할 모델 개수 및 데이터 샘플링 비율을 지정한다. 의사결정나무 생성 시에는 n_subfeatures 파라미터를 지정하여, 가지 분기 판단 시 매번 임의로 선택된 일부 특성들만 고려하게 하여 모델 간에 학습 결과가 다를 수 있도록 한다.

```
julia> tree = Tree(min_samples_leaf = 1, n_subfeatures = 50, rng=0)
julia> ensem = EnsembleModel(tree, bagging_fraction = 0.7, n=100, rng=0);
julia> mach_ensem = machine(ensem, X_train_prep, log.(y_train));
julia> fit!(mach_ensem);
julia> ensem_err = rmse(predict(mach_ensem, X_test_prep), log.(y_test))
0.1268050175635041
```

현재 학습 데이터의 특성 수는 에임스 집값 데이터셋의 79개[9] 열이 원핫 인코딩one-hot encoding을 거쳐서 233개로 늘어난 상태이다. 일단 의사결정나무의 n_subfeatures는 50으로 주고, EnsembleModel의 모델 수 n은 100, 샘플링 비율 bagging_fraction은 0.7로 주었다. 예측오차는 약 0.1268이 나와서 단일 의사결정나무의 예측오차보다 많이 개선되었음을 볼 수 있다.

---

9   전체 82개 열 - SalePrice(종속변수) - Order(관측치 번호) - PID(과세용 ID). 13.1절에서 이렇게 처리했다.

학습 네트워크

이제 학습 네트워크를 프로토타이핑 방식으로 작업하여 랜덤 포레스트를 만들어보자. 먼저 소스 노드 Xs, ys를 만든다.

```julia
julia> import Random, StatsBase
julia> Xs = source(X_train_prep);
julia> ys = source(log.(y_train));
```

이어서 Xs, ys에 대한 각 100개의 샘플링 노드 smpl_X와 smpl_y를 만든다.

```julia
julia> n_trees = 100; # 나무 복제 개수
julia> n_train = nrow(X_train_prep);  # 학습 데이터 개수
julia> n_smpl = floor(Int, n_train * 0.7);  # 샘플 개수 (샘플링 비율 0.7)
julia> rng = Random.MersenneTwister(0);
julia> smpl_rows = [StatsBase.sample(rng, 1:n_train, n_smpl, replace=false) for i in 1:n_trees];
julia> smpl_X = [node(x -> x[smpl_rows[i], :], Xs) for i in 1:n_trees];
julia> smpl_y = [node(x -> x[smpl_rows[i]], ys) for i in 1:n_trees];
```

이 샘플 노드들로 학습을 하는 머신 객체 100개를 tree_machs로 만들고, 이 머신으로 Xs에 대해 예측을 하는 예측 노드 100개를 y_trees로 만든다. y_trees 노드들의 평균을 취하는 노드 y_forest가 최종적인 랜덤 포레스트 노드가 된다.

```julia
julia> tree_machs = [machine(tree, smpl_X[i], smpl_y[i]) for i in 1:n_trees];
julia> y_trees = [predict(tree_machs[i], Xs) for i in 1:n_trees];
julia> y_forest = node((args...) -> mean(args), y_trees...);
julia> fit!(y_forest);
...
julia> lnet_norepl_err = rmse(y_forest(X_test_prep), log.(y_test))
0.12680501756350424
```

샘플링 노드나 y_forest 노드를 만들 때 사용한 node 함수는 원형이 node(f, args...)인 함수로, 가변 인수 args로 노드들을 받아서 여기에 함수 f를 적용한 새로운 노드를 돌려주는 함수이다. 이 예제에서 node 함수는 노드들을 가변 인수로 받기 때문에 y_trees를 스플래팅해서 넘겼고, mean 함수는 배열을 인수로 받기 때문에 익명 함수 선언 시 슬러핑을 사용했다.

바로 앞에서 살펴본 EnsembleModel과의 비교를 위해 샘플링 노드를 비복원추출로 만들었고, 난

수 시드값도 동일하게 주었다. 트리 머신 객체 리스트 tree_machs를 만들 때 사용한 tree 모델 객체도 EnsembleModel에서 선언한 tree 객체를 그대로 사용했다. 그 결과 y_forest 노드의 예측오차는 EnsembleModel의 예측오차와 거의 동일하게 나왔다.

일반적인 배깅 방법인 복원추출로 개별 모델을 학습하려면 이 코드의 StatsBase.sample 함수 안에서 replace 인수를 true로 바꾸기만 하면 된다. 이처럼 학습 네트워크로 모델들을 합성하면 EnsembleModel 같은 기성 모델을 사용하는 것보다 좀 더 유연한 컨트롤이 가능하다. 복원추출로 바꿔 학습한 후의 예측오차는 0.1282507409682256로 이 경우엔 비복원추출과 큰 차이가 없지만, 최대 특성 수나 샘플링 비율 등이 바뀌면 차이가 많이 날 수 있다.

이렇게 작업한 학습 네트워크를 재사용하기 위해서는 사용자 정의 모델을 만들어서 배깅할 모델을 하이퍼파라미터로 받고, tree_machs 생성 시 tree 모델 대신 입력받은 모델을 넣으면 된다. 나무 복제 개수, 샘플링 비율, 복원추출 여부 등도 하이퍼파라미터로 만들면 좋다. 학습 네트워크 내보내기는 앞 절에서 실습했으므로 여기선 생략한다.

RandomForest

마지막으로 DecisionTree.jl 패키지에서 제공하는 RandomForest 모델로 동일한 분석을 간단히 해보자. 참고로 이 모델은 복원추출을 한다.

```julia
julia> Forest = @load RandomForestRegressor pkg=DecisionTree;
julia> forest = Forest(min_samples_leaf = 1,
           n_subfeatures = 50, n_trees=100, sampling_fraction=0.7, rng=0);
julia> mach_forest = machine(forest, X_train_prep, log.(y_train));
julia> fit!(mach_forest);
```

RandomForest는 DecisionTree의 하이퍼파라미터의 대부분을 공유하기 때문에, EnsembleModel 등에서 사용한 의사결정나무와 최대한 동일한 설정을 했다. 예측오차 역시 학습 네트워크에서 복원추출로 학습한 모델의 예측오차와 큰 차이가 없다.

```julia
julia> forest_err = rmse(predict(mach_forest, X_test_prep), log.(y_test))
0.12731047468611129
```

최종적으로, 지금까지 살펴본 모델별 예측오차는 다음과 같다.

```
julia> x = ["tree", "ensemble", "lnet_norepl", "lnet_repl", "forest"]
julia> y = [tree_err, ensem_err, lnet_norepl_err, lnet_repl_err, forest_err]
julia> bar(x, y, label="rmse", ylims=(0.1, 0.21))
```

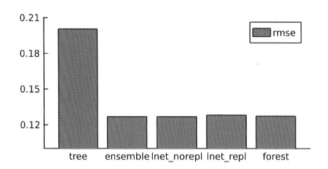

순서대로 단일 의사결정나무, **EnsembleModel**, 비복원추출 학습 네트워크, 복원추출 학습 네트워크, 랜덤 포레스트를 가리킨다. 의사결정나무를 100개씩 생성하여 예측 결과에 평균을 낸 네 모형들은 다들 비슷한 예측오차를 보이고 있다.

13.5 스태킹

스태킹stacking은 둘 이상의 베이스 모델들이 종속변수에 대해 예측한 결과를 메타 모델이 다시 학습하여 최종적인 예측을 하는 모델 합성 방법이다. 학습 시에는 각 베이스 모델을 교차검증으로 학습하고, 이 모델들의 검증셋에 대한 예측 결과를 모아서 메타 모델의 학습 입력값으로 사용한다. 예측 시에는 베이스 모델을 전체 학습셋으로 학습하고, 이 모델들의 테스트셋에 대한 예측 결과를 모아서 메타 모델의 예측 입력값으로 사용한다. 이를 도식화하면 다음과 같다.

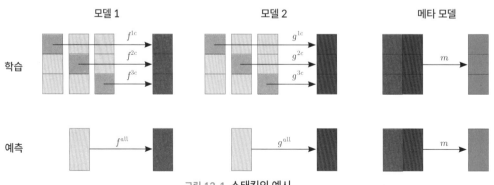

그림 13-1 **스태킹의 예시**

앞에 나온 그림의 경우 두 개의 베이스 모델이 있고, 학습 데이터를 3개의 폴드로 나눠서 교차검증하는 케이스이다. 3개의 폴드 중 청색 폴드가 검증셋이고 회색이 학습셋이다. 모델 1의 학습 케이스를 보면, f^{1c}는 첫 번째 폴드의 여집합 폴드, 즉 두 번째, 세 번째 폴드로 학습된 파라미터를 가지는 머신이고, 이 머신이 첫 번째 폴드에 대해 예측한 결과가 짙은 청색 데이터셋의 첫 번째 폴드가 된다. 이렇게 모델 1과 모델 2의 검증셋에 대한 예측 결과가 메타 모델 머신 m을 학습할 때 입력 데이터로 들어간다.

예측 시에는, 모델 1의 경우 f^{all}은 학습/검증 구분 없이 전체 학습셋에 대해 학습된 모델 1의 머신이고, 이 머신이 테스트셋에 대해 예측한 결과가 메타 모델 머신 m의 예측 시 입력값으로 사용된다.

스태킹으로 에임스 집값 데이터셋의 예측오차를 개선할 수 있는지 시도해보자. MLJ에서는 Stack 이라는 함수로 스태킹 모델을 간편히 만들 수 있다. Stack 함수로 먼저 스태킹 결과를 살펴보고, 합성 네트워크 방식으로 직접 스태킹 코드를 작성해보자.

스태킹 과정

먼저 스택으로 쌓을 베이스 모델들을 정하자. 주어진 데이터셋에 맞는 모델들을 검색해보면 다음과 같다.

```julia
julia> models(matching(X_train_prep, y_train))
63-element Vector{NamedTuple{(:name, ...)}}:
 (name = ARDRegressor, package_name = ScikitLearn, ... )
 (name = AdaBoostRegressor, package_name = ScikitLearn, ... )
 (name = BaggingRegressor, package_name = ScikitLearn, ... )
 ...
```

63개의 검색된 사용 가능한 모델들 중에서 몇 가지 모델들을 골라 간단히 튜닝을 해봤고, 그 결과 앞 절의 튜닝된 리지나 랜덤 포레스트 정도의 예측오차를 보여주는 모델들을 다음과 같이 정했다.

```julia
julia> Ridge = @load RidgeRegressor pkg=MLJLinearModels;
julia> Forest = @load RandomForestRegressor pkg=DecisionTree;
julia> EvoTree = @load EvoTreeRegressor pkg=EvoTrees;
julia> XGB = @load XGBoostRegressor pkg=XGBoost;
julia> LGBM = @load LGBMRegressor pkg=LightGBM;
julia> function get_base_models()
```

```
        ridge = Ridge(lambda=0.01)
        forest = Forest(n_subfeatures=80, n_trees=100,
                    sampling_fraction=1.0, rng=0)
        evotree = EvoTree(nrounds=100,
                    rowsample=0.8, colsample=0.8, rng=0)
        xgb = XGB(max_depth=4, colsample_bytree=0.8, seed=0)
        lgbm = LGBM(num_iterations=100)
        [:ridge => ridge, :forest => forest, :evotree => evotree,
                    :xgb => xgb, :lgbm => lgbm]
    end;
```

랜덤 포레스트, 그리고 에보트리EvoTree,[10] XGBoost,[11] LGBM[12]을 골랐는데, 뒤의 셋은 기울기 기반의 부스팅 알고리즘을 사용하는 모델들이다. 이렇게 선택된 모델들에 각각 적당히 튜닝된 하이퍼파라미터 값들을 설정하고 get_base_models() 함수로 해당 모델들을 리턴하게 했다.[13] 베이스 모델들을 미리 튜닝하는 대신 셀프튜닝 모델로 만들어도 되지만 스태킹 모델의 학습 시간을 줄이기 위해 베이스 모델들의 하이퍼파라미터를 미리 확정했다. 그리고 다음과 같이 Stack 함수로 스태킹 모델을 만든다.

```
julia> base_models = get_base_models();
julia> Linear = @load LinearRegressor pkg=MLJLinearModels;
julia> stack_model = Stack(;metalearner=Linear(),
                    resampling=CV(nfolds=3, rng=0),
                    measures=rmse,
                    base_models...);
```

메타 모델로는 선형회귀모형을 지정했고, 교차검증 방법과 앞에서 선택한 베이스 모델들을 넘겨서 스태킹 모델 stack_model을 만들었다. 베이스 모델 및 스태킹 모델의 예측오차를 일괄로 구하고 비교해보자.

```
julia> function get_rmses(models, X_tr, y_tr, X_te, y_te)
        res = []
        for m in models
            model = last(m)
            mach = machine(model, X_tr, y_tr)
```

---

[10] https://github.com/Evovest/EvoTrees.jl

[11] https://xgboost.readthedocs.io/en/stable/

[12] https://lightgbm.readthedocs.io/en/latest/

[13] 실습을 위해서는 12.2절을 참고해 각 패키지를 설치하는 과정이 필요하다.

```
                fit!(mach, verbosity=0);
                e = rmse(predict(mach, X_te), y_te)
                push!(res, first(m) => (mach = mach, err = e))
            end
            res
        end;
julia> all_models = vcat(base_models, [:stack => stack_model]);
julia> data = X_train_prep, log.(y_train), X_test_prep, log.(y_test);
julia> rmses = get_rmses(all_models, data...);
julia> using Plots
julia> x = string.(first.(rmses));
julia> y = map(v -> v.err, last.(rmses));
julia> bar(x, y, label="rmse", ylim=(0.09, 0.15));
```

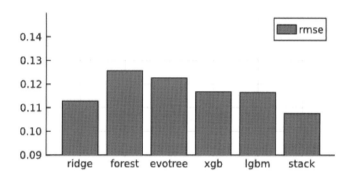

제일 우측의 스태킹 모델이 개별 모델들보다 예측오차가 어느 정도 줄었음을 볼 수 있다. 선형회귀 모형인 메타 모델의 계수는 다음과 같이 확인해볼 수 있다.[14]

```
julia> stack_mach = rmses[end].second.mach;
julia> meta_params = fitted_params(stack_mach).metalearner
julia> x = string.(first.(base_models));
julia> bar(x, last.(meta_params.coefs), label="coef")
```

---

14 책에서 사용한 에보트리의 경우(0.14.8) 난수 시드를 지정하여도 결과가 실행 시마다 조금씩 바뀌었다. 이 책의 코드를 따라서 실행해도 예측오차나 계수가 책의 결과와 조금 다를 수 있다.

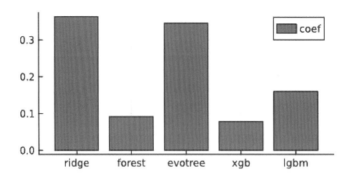

리지 모델과 에보트리의 예측치에 대한 계수가 상대적으로 높게 나왔다. 에보트리는 상대적으로 높은 예측오차에도 불구하고 메타 모델 안에서의 계수가 높게 나온 것으로 보아 다른 모델들을 잘 보완한다고 추측할 수 있다.

학습 네트워크

앞의 스태킹 모델을 학습 네트워크로 구현해보자. 직접 구현해보면 합성 구조에 대해 상세히 이해하게 되고 원하는 대로 변경도 가능해진다. 배깅 학습 네트워크는 프로토타이핑 방식으로 만들었으니, 이번에는 네트워크 내보내기를 통한 재사용 가능한 모델을 만들어보겠다. 먼저 다음과 같이 모델 타입을 정의한다.

```julia
julia> mutable struct MyStacker <: DeterministicNetwork
           base_models::Vector{
           n_folds::
       end
```

그다음 MLJBase.prefit 함수를 정의한다.

```julia
julia> function MLJBase.prefit(model::MyStacker, verbosity, X, y)
           base_models = model.base_models
           n_folds = model.n_folds
           Xs = source(X)
           ys = source(y)
           folds_rto = (1/n_folds for i in 1:(n_folds-1))
           # 학습셋 교차검증용 K-폴드
           folds = partition(1:length(y), folds_rto...; rng=0)
           # out-of-sample(검증셋) 예측 결과용 배열
           oos_preds = Vector{Node}(undef, length(base_models))
```

```
        for (i, m) in enumerate(base_models)
            preds = Vector{Node}(undef, n_folds)
            for j in 1:n_folds
                # K-폴드 내 학습 폴드 노드
                X_tr = node(x -> corestrict(x, folds, j), Xs)
                y_tr = node(x -> corestrict(x, folds, j), ys)
                mach = machine(m, X_tr, y_tr)
                # K-폴드 내 검증 폴드 노드
                X_val = node(x -> restrict(x, folds, j), Xs)
                preds[j] = predict(mach, X_val)
            end
            oos_preds[i] = vcat(preds...)
        end
        # 검증셋 예측 결과로 구성된 메타 모델 학습 데이터
        meta_X_tr = MLJ.table(hcat(oos_preds...));
        shuffled_idx = vcat(folds...);
        # 메타 모델 타깃 데이터(폴드 생성 시 셔플된 순서 적용)
        meta_y_tr = node(x -> x[shuffled_idx], ys);
        # 메타 모델 학습 머신
        meta_mach = machine(Linear(), meta_X_tr, meta_y_tr);
        meta_fitted_params = node(fitted_params, meta_mach)

        # 학습셋 전체로 학습하는 베이스 모델 머신
        base_machs = [machine(m, Xs, ys) for m in base_models];
        base_preds = [predict(mach, Xs) for mach in base_machs];
        meta_X = MLJ.table(hcat(base_preds...));
        # 학습셋 전체로 학습된 베이스 모델의 예측 결과를 바탕으로 예측하는 메타 모델
        y_hat = predict(meta_mach, meta_X);

        return (
                predict = y_hat,
                fitted_params = (; meta = meta_fitted_params)
        )

    end
```

따로 코드의 설명이 필요하지 않도록 최대한 코드에 주석을 달아놓았다. 처음 나와서 설명이 필요
한 부분은 학습셋의 K-폴드 내 학습 폴드 노드 및 검증 폴드 노드를 만들 때 사용된 restrict와
corestrict 함수이다. restrict(X, folds, j)에서 X는 배열이나 테이블, folds는 X의 인덱스를
K개의 그룹으로 묶은 K-폴드 인덱스로, 예제에서는 j번째 폴드 인덱스에 해당하는 데이터만 리턴
하는 역할이다. corestrict(X, folds, j)는 j번째 폴드 인덱스에 해당하는 데이터의 여집합을
리턴하는 함수이다. 예제에서는 폴드의 개수대로 반복문이 돌면서, 반복 변수 j번째에 해당하는
폴드에 속한 데이터는 검증셋 노드가 되고, 그 외의 데이터는 학습셋 노드가 되는 것이다.

생성한 스태킹 모델을 이용한 학습 및 예측오차는 다음과 같다.

```julia
julia> base_models = get_base_models();
julia> mystack_model = MyStacker(last.(base_models), 3);
julia> mystack_mach = machine(mystack_model, X_train_prep, log.(y_train));
julia> fit!(mystack_mach, verbosity=0);
julia> rmse(predict(mystack_mach, X_test_prep), log.(y_test))
0.10704829709246368
```

직접 Stack 함수로 만들었던 스태킹 모델의 예측오차 0.10758보다 살짝 더 작은 예측오차가 나왔다. 메타 모델의 각 베이스 모델 예측치에 대한 계수는 다음과 같이 확인한다.

```julia
julia> x = string.(first.(base_models));
julia> y = last.(fitted_params(mystack_mach).meta.coefs);
julia> bar(x, y, label="coef")
```

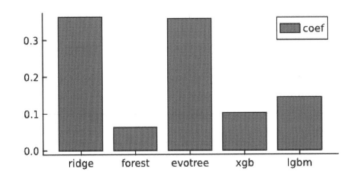

Stack 함수로 만들었던 스태킹 모델의 경우와 거의 유사하지만 XGBoost에 대한 민감도가 살짝 더 올라갔다.

비정형 데이터

12장과 13장에서는 표 형태로 표현 가능한 정형 데이터로 실습을 했다. 이번 장에서는 다양한 **비정형 데이터** 중에서 이미지와 텍스트 데이터를 분류하는 문제를 MLJ를 이용하여 풀어보겠다.

14.1 이미지 분류

먼저 **MNIST 손글씨 데이터셋**MNIST handwritten digit database[1]으로 이미지 분류 문제를 도전해보자. MNIST 손글씨 데이터셋은 손으로 쓴 숫자 이미지들과 각 이미지의 숫자 레이블로 구성되어 있다. 해당 데이터셋은 얀 르쿤 교수의 사이트에서 직접 다운로드할 수도 있지만, 다양한 머신러닝 데이터셋을 제공하는 **MLDatasets.jl** 패키지를 사용하는 게 더 간단하다.

```julia
julia> using MLDatasets: MNIST

julia> trainset = MNIST(:train)
dataset MNIST:
  metadata  =>    Dict{String, Any} with 3 entries
  split     =>    :train
  features  =>    28×28×60000 Array{Float32, 3}
  targets   =>    60000-element Vector{Int64}

julia> testset = MNIST(:test)
```

---

1   http://yann.lecun.com/exdb/mnist/

```
dataset MNIST:
  metadata  =>    Dict{String, Any} with 3 entries
  split     =>    :test
  features  =>    28×28×10000 Array{Float32, 3}
  targets   =>    10000-element Vector{Int64}
```

trainset.features는 이미지 데이터로서, 28 × 28픽셀의 이미지 6만 개로 이루어져 있고,
trainset.targets는 0에서 9까지의 정수 레이블 벡터이다. 테스트셋은 같은 크기의 이미지 1만
개와 레이블로 구성되어 있다. 이미지 데이터를 실제 이미지로 확인하려면 convert2image 함수와
heatmap을 이용하면 된다.

```julia
julia> using MLDatasets: convert2image
julia> using Plots, ImageShow
julia> gr(size=(500,300))
julia> imgs = [heatmap(convert2image(trainset, i), ticks=[]) for i in 1:15]
julia> plot(imgs..., layout=(3,5))
```

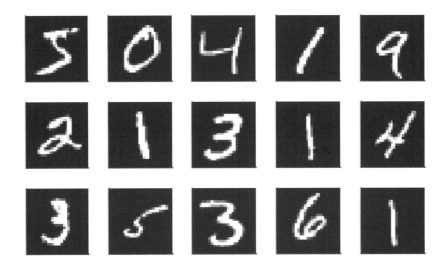

데이터 정형화

로지스틱 모델이나 서포트 벡터 머신support vector machine, SVM, 의사결정나무 등의 머신러닝 모델들
로 이미지 데이터를 분석하려면 이미지 데이터를 정형화된 데이터로 바꿔주어야 한다. 제일 쉬운

방법은 2차원의 이미지 데이터를 1차원 데이터로 평탄화flatten하는 것이다.[2] 다음은 reshape 함수를 이용하여 (28 × 28 × 60000) 크기의 학습셋 이미지 데이터를 (784 × 60000) 크기로 바꾸고, 이를 전치하여 데이터프레임을 만드는 코드이다.

```julia
julia> using DataFrames, MLJ
julia> img_size = prod(size(trainset.features)[1:2]);  # 28 * 28

julia> train_flat = reshape(trainset.features, img_size, :);
julia> X_train = DataFrame(transpose(train_flat), :auto);
julia> y_train = coerce(trainset.targets, Multiclass);

julia> test_flat = reshape(testset.features, img_size, :);
julia> X_test = DataFrame(transpose(test_flat), :auto);
julia> y_test = coerce(testset.targets, Multiclass);
```

테스트셋에 대해서도 동일하게 평탄화 후 전치하여 데이터프레임을 만들었다. 종속변수 y_train과 y_test는 과학적 타입을 Multiclass로 변경하여 분류 모델에 적합하도록 바꾸었다.

다양한 모델 적용

먼저 기준 모델baseline model로, 간단한 선형 모델인 로지스틱 모델부터 적용해보자.

```julia
julia> Logistic = @load LogisticClassifier pkg=MLJLinearModels;
julia> solver = MLJLinearModels.ProxGrad(accel=true, tol=0.01);
julia> model = Logistic(penalty=:l1, lambda=0.0, solver=solver);
julia> mach = machine(model, X_train, y_train);
julia> @time fit!(mach);
43.096804 seconds (14.89 M allocations: 46.889 GiB, 2.10% gc time)
julia> accuracy(predict_mode(mach, X_test), y_test)  # 0.9203
0.9203
```

이미지 데이터셋의 크기 때문에, 로지스틱 모델의 기본 설정값으로 학습을 하면 학습 시간이 너무 오래 걸린다. 학습 시간을 조절하기 위해 직접 solver 인수로 최적화 객체를 지정했다. 학습 시간 조정이 가능한 ProxGrad 객체를 solver로 지정했고, 계수 수렴 허용 오차인 tol 값을 기본값인

---

2   2차원 배열을 1차원으로 펼치면 인접한 픽셀들끼리의 높은 상관성 정보를 잃어버린다. 이 문제를 해결하는 방법인 합성곱 신경망은 16장에서 다룬다.

0.0001보다 크게 0.01로 지정했다.[3] 학습에 걸린 시간은 43초 가량이고,[4] 테스트셋에 대한 정확도는 92% 정도가 나왔다.

다음으로, 현재 입력 데이터의 차원이 784이고 인접 픽셀 간 상관성이 높은 이미지 데이터이기 때문에 주성분 분석principal component analysis, PCA 모델인 PCA로 차원 축소를 시도해봤다.

```
julia> PCA = @load PCA pkg=MultivariateStats;
julia> model = PCA(variance_ratio=0.98) |>
          Logistic(penalty=:l1, lambda=0.0, solver=solver);
julia> mach = machine(model, X_train, y_train);
julia> @time fit!(mach);
16.609229 seconds (14.67 M allocations: 18.320 GiB, 2.48% gc time)
julia> accuracy(predict_mode(mach, X_test), y_test)
0.9247
julia> report(mach).pca
(indim = 784,
 outdim = 261,
 ...
```

PCA에서 주성분의 분산 비율을 98%로 정하고, 차원 축소된 결과에 동일한 로지스틱 모델을 적용한 결과, 전체 학습 시간은 기준 모델보다 절반 이하로 줄어들었고, 정확도도 살짝 올라갔다. 학습 결과 리포트를 보면 784차원의 입력 데이터가 PCA를 통해 261차원으로 축소되었음을 확인할 수 있다.

이번에는 인접 픽셀 간의 상관성을 모델링하기 위해 모델 파이프라인에 교차항을 생성해주는 InteractionTransformer를 추가해보자. InteractionTransformer은 입력 데이터에 대해 지정해준 order 차수까지의 교차항을 추가해준다. 2차 교차항만 하더라도 $_nC_2$만큼의 항이 더해지므로, 미리 PCA를 이용하여 차원을 충분히 축소해주지 않으면 학습이 너무 오래 걸리거나 메모리 부족 에러가 날 수 있다.

```
julia> model = PCA(maxoutdim=40) |>
          InteractionTransformer(order=2) |>
          Logistic(penalty=:l1, lambda=0.0, solver=solver);
julia> mach = machine(model, X_train, y_train);
julia> @time fit!(mach, verbosity=0);
```

---

3   https://juliaai.github.io/MLJLinearModels.jl/dev/solvers/
4   호스트 머신의 CPU는 Intel i9-12900이다.

```
 49.320394 seconds (15.64 M allocations: 52.162 GiB, 2.89% gc time)
julia> accuracy(predict_mode(mach, X_test), y_test)
0.9784
```

PCA의 최대 출력 차원을 40으로 설정하여, InteractionTransformer를 지나면 $(40 + {}_{40}C_2 = 820)$차원이 출력되어 원래 입력 데이터의 차원인 784와 큰 차이가 없도록 했다. 앞과 동일한 로지스틱 모델을 이용하여 학습한 결과, 전체 학습 시간은 기준 모델보다 조금 더 걸렸지만, 정확도는 크게 상승했다.

추가적으로, K-최근접 이웃k-nearest neighbors, KNN, SVM, XGBoost, LGBM을 각각 원본 데이터 및 PCA로 차원 축소한 데이터, 교차항까지 추가한 데이터에 대해 적용해봤다. 먼저 각 분류 모델을 다음과 같이 정의한다.

```
julia> Logistic = @load LogisticClassifier pkg=MLJLinearModels;
julia> KNN = @load KNNClassifier pkg=NearestNeighborModels;
julia> SVM = @load SVC pkg=LIBSVM;
julia> XGB = @load XGBoostClassifier pkg=XGBoost;
julia> LGBM = @load LGBMClassifier pkg=LightGBM;

julia> solver = MLJLinearModels.ProxGrad(accel=true, tol=0.01);
julia> logistic = Logistic(penalty=:l1, lambda=0.0, solver=solver);
julia> knn = KNN();  # K = 5
julia> svm = SVM();  # kernel = RadialBasis
julia> xgb = XGB();  # num_round = 100
julia> lgbm = LGBM(num_iterations=100);
```

특별히 학습 시간이 너무 오래 걸리지 않는 이상 각 모델의 기본 설정값을 최대한 이용했다. 각 분류 모델을 일괄로 실행하기 위해 다음과 같은 함수를 작성한다.

```
julia> function get_model(ty, clf)
           ty == 1 ? clf :
           ty == 2 ? (PCA(variance_ratio=0.98) |> clf) :
           (PCA(maxoutdim=40) |> InteractionTransformer(order=2) |> clf)
       end;

julia> function run_batch(ty, clfs, X_tr, y_tr, X_te, y_te)
           res = []
           for clf in clfs
               model = get_model(ty, clf)
               mach = machine(model, X_tr, y_tr)
```

```
        fit_t = @elapsed fit!(mach, verbosity=0)
        is_proba = prediction_type(clf) == :probabilistic
        oper = is_proba ? predict_mode : predict
        pred_t = @elapsed pred = oper(mach, X_te)
        acc = accuracy(pred, y_te)
        stats = (fit_t, pred_t, acc)
        r = clf => round.(stats, digits=4)
        println(r)
        push!(res, r)
    end
    res
  end;
```

get_model 함수는 첫 번째 인수인 ty 값에 따라 분류 모델 clf를 그대로 반환할지, 아니면 차원 축소나 교차항을 더해주는 파이프라인을 반환할지를 결정한다. run_batch 함수는 분류 모델 리스트 clfs를 받아서 분류 모델별로 학습 및 예측에 소요된 시간과 정확도를 측정하여 반환한다.

세 번의 run_batch 함수를 실행하는 과정은 두 시간 정도 걸릴 수 있다.[5]

```
julia> clfs = [logistic, knn, svm, xgb, lgbm];
julia> res1 = run_batch(1, clfs, X_train, y_train, X_test, y_test);
julia> res2 = run_batch(2, clfs, X_train, y_train, X_test, y_test);
julia> res3 = run_batch(3, clfs, X_train, y_train, X_test, y_test);
julia> res = vcat(res1, res2, res3);
```

run_batch 함수를 호출한 결과는 취합하여 다음과 같이 차트로 시각화한다. 차트 내에서 분류 모델의 순서는 로지스틱 모델, KNN, SVM, XGBoost, LGBM 순이다. 각 모델 안에서 파란색, 빨간색, 초록색[6]의 계열은 각각 분류 모델만 적용한 경우, 차원 축소 후 분류한 경우, 차원 축소 후 교차항까지 더하여 분류한 경우를 의미한다.

```
julia> using StatsPlots
julia> clfnms = ["1.logi", "2.knn", "3.svm", "4.xgb", "5.lgb"];
julia> group = repeat(["1.raw", "2.pca", "3.inter"], inner=5);
julia> x = repeat(clfnms, outer=3);
julia> y = transpose(reduce(hcat, collect.(last.(res))));
julia> groupedbar(x, y[:,3], group=group, ylim=[0.9,1.01], title="Accuracy", fillstyle=[:/
:\ :-])
```

---

5   이 함수는 이후에도 사용하므로, 시간이 오래 걸릴 수 있다는 점에 유의한다.
6   책의 깃허브 노트북에서 모든 그림을 컬러로 볼 수 있다.

최종적인 평가 결과를 살펴보자. 먼저 정확도 차트다.

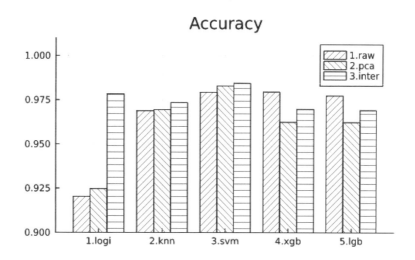

로지스틱 모델은 (일반화된) 선형 모델이기 때문에, 교차항을 따로 추가하지 않으면 독립변수 간의 교차 효과는 모델링되지 않는다. 손글씨 인식에서는 교차항을 넣어서 모델링한 경우가 훨씬 더 정확도가 올라갔다. 반면, 다른 모델들은 비선형 모델이기 때문에[7] 교차항의 효과가 두드러지지 않았다.

PCA를 이용한 차원 축소는 로지스틱 모델이나 KNN, SVM에 대해서는 정확도 개선 효과가 있었지만 나무 기반의 모델들에 대해서는 오히려 정확도를 떨어뜨렸다. PCA 과정에서 가지 분기에 중요한 개별 변수 일부가 다른 변수들과 선형결합되어 제 역할을 하지 못했을 것으로 추측해볼 수 있다.

고차원 데이터에 대해 좋은 성능을 보여주는 SVM이 손글씨 인식에서도 전반적으로 가장 높은 정확도를 보여주었다.

다음은 학습에 걸린 시간과 예측에 걸린 시간이다. 걸린 시간은 초 단위이고, 모델 간의 편차가 커서 로그 스케일로 표시했다.

```julia
julia> groupedbar(x, y[:,1], group=group, yaxis=:log, title="Fitting Elapsed", fillstyle=[:/
:\ :-])
```

---

7   SVM도 선형 커널을 사용하면 선형 모델이지만, 여기서는 방사 기저 함수(radial basis function) 커널을 사용하였다.

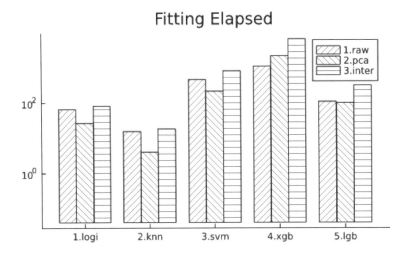

```
julia> groupedbar(x, y[:,2], group=group, yaxis=:log, title="Prediction Elapsed",
fillstyle=[:/ :\ :-])
```

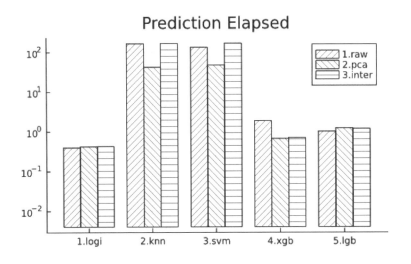

KNN은 학습 과정이 없기 때문에 학습에 걸린 시간은 짧지만, 예측 시점에 학습셋의 점들과의 거리를 계산해야 하므로 예측 수행 시간이 오래 걸렸다. SVM은 정확도가 높은 대신 학습 시간과 예측 수행 시간이 모두 길었다. XGBoost가 학습 시간은 가장 오래 길었고, LGBM은 XGBoost와 유사한 정확도를 보이면서도 학습은 XGBoost에 비해 매우 빠른 모습을 보였다.

PCA로 차원 축소를 하자 시간이 오래 걸리는 모델들에서 학습 및 예측 수행 시간 단축 효과가 있었음을 볼 수 있다. 교차항의 추가는 원 데이터의 차원 수와 유사한 차원 수로 맞추었기 때문에 원 데이터와 비슷한 시간을 보이는 편이었다.

4부에서는 딥러닝으로 손글씨 데이터셋에 대한 예측을 다시 시도하여 앞의 결과와 비교해볼 것이다(17.1절).

14.2 텍스트 분석

이번 절에서는 **IMDB 영화평 데이터셋**IMDB Dataset of 50K Movie Reviews을 이용한 이진 분류를 실습한다. TextAnalysis.jl 패키지를 이용하면 텍스트 전처리 및 특성 추출은 물론 개체명 인식, 통계적 언어 모델 등도 가능하지만, 이 책에서는 전처리 및 특성 추출까지만 이용하고, 텍스트 분류는 MLJ의 분류 모델들을 이용해서 하겠다.

IMDB 데이터셋은 다음의 캐글 주소에서 다운로드할 수 있다.

```
https://www.kaggle.com/datasets/lakshmi25npathi/imdb-dataset-of-50k-movie-reviews
```

파일을 다운로드한 후, 데이터프레임으로 로딩하자.

```
julia> using CSV, DataFrames
julia> imdb = CSV.read("/home/tyfun/Downloads/IMDB Dataset.csv", DataFrame)
50000×2 DataFrame
   Row │ review                             sentiment
       │ String                             String15
───────┼──────────────────────────────────────────────
     1 │ One of the other reviewers has m...  positive
     2 │ A wonderful little production. <...  positive
     3 │ I thought this was a wonderful w...  positive
   ...
```

데이터셋은 IMDb(https://www.imdb.com)에 올라왔던 5만 건의 영화평과, 각 평에 대한 긍정 및 부정 레이블로 이루어져 있다. 다음과 같이 긍정과 부정 레이블은 각각 50%씩 균형이 잡혀 있음을 볼 수 있다.

```
julia> combine(groupby(imdb, :sentiment), nrow)
2×2 DataFrame
 Row │ sentiment  nrow
```

```
     |  String15    Int64
 ----+-----------------------
   1 |  positive    25000
   2 |  negative    25000
```

TextAnalysis 패키지를 이용하여, 개별 영화평을 **문서**(Document) 객체로 만들고 이 문서 객체들의 묶음인 **코퍼스**(말뭉치) 객체 Corpus를 만든다.

```
julia> using TextAnalysis
julia> X_crps = Corpus(StringDocument.(imdb.review))
A Corpus with 50000 documents:
 * 50000 StringDocument's
 * 0 FileDocument's
 * 0 TokenDocument's
 * 0 NGramDocument's

Corpus's lexicon contains 0 tokens
Corpus's index contains 0 tokens
```

문서 타입은 텍스트 분석의 기본 단위가 되는 타입으로 영어/한국어 등의 언어 종류와 제목, 작가 등의 메타 정보를 가지고 있다. 문서 타입은 다시 문자열의 메모리 적재 여부나 토큰화 여부, n-grams 형식 여부 등에 따라 StringDocument, FileDocument, TokenDocument, NGramDocument 타입으로 나뉘는데, 여기에서는 StringDocument 형식으로 문서들을 생성하여 코퍼스를 구성했다.

텍스트 전처리

텍스트 전처리 함수들은 문서 타입 및 코퍼스 타입에 대해 작동한다. 다음과 같이 prepare! 함수 및 적절한 플래그들을 이용하여 필요한 텍스트 전처리를 시행할 수 있다.

```
julia> prepare!(X_crps, strip_corrupt_utf8)
julia> prepare!(X_crps, strip_case)
julia> prepare!(X_crps, stem_words)
julia> prepare!(X_crps, strip_non_letters)
julia> prepare!(X_crps, strip_indefinite_articles)
julia> prepare!(X_crps, strip_definite_articles)
julia> prepare!(X_crps, strip_prepositions)
julia> prepare!(X_crps, strip_pronouns)
julia> prepare!(X_crps, strip_stopwords)
julia> prepare!(X_crps, strip_html_tags)
```

prepare! 함수에 두 번째 인수로 넘길 수 있는 주요 플래그값들의 설명은 다음과 같다.[8]

플래그	설명	예
strip_corrupt_utf8	UTF-8 인코딩 아닌 문자 제거	
strip_case	소문자로 변경	
stem_words	단어 원형으로 변경	writes → write
strip_whitespace	공백 제거	
strip_punctuation	문장부호 제거	. , : ; ! ? ' " [ ] ( ) # $ % ^ 등
strip_numbers	숫자 제거	
strip_non_letters	알파벳 외 제거	
strip_indefinite_articles	부정관사 제거	a, an
strip_definite_articles	정관사 제거	The
strip_prepositions	전치사 제거	around, before 등
strip_pronouns	대명사 제거	I, you, he, she 등
strip_stopwords	스톱 워드[9] 제거	almost, alone 등
strip_html_tags	HTML 태그 제거	
strip_frequent_terms	자주 나오는 단어 제거	기본 빈도 95% 이상
strip_sparse_terms	간혹 나오는 단어 제거	기본 빈도 5% 이하

스톱 워드나 전치사 등은 Languages.jl 패키지로 직접 리스트를 확인할 수 있다. 한국어는 숫자나 문장부호 등이 별도의 분류 없이 모두 스톱 워드에 들어가 있다.

```
julia> using Languages
julia> stopwords(Languages.English())
488-element Vector{String}:
 "a"
 "about"
 "above"
 ...

julia> stopwords(Languages.Korean())
679-element Vector{String}:
 "!"
 "\""
```

8　https://juliatext.github.io/TextAnalysis.jl/latest/documents/#Preprocessing-Documents
9　문맥적으로 큰 의미가 없는 단어. 불용어라고도 한다.

```
  "\$"
  ...
```

prepare! 함수로 전처리를 한 후, 단어 출현 빈도가 낮은 단어들은 제거한다. 단어 출현 빈도는 전체 문서 수 대비 특정 단어를 포함한 문서의 개수로 구한다. 출현 빈도 수가 너무 낮은 단어는 크게 중요하지 않으면서도 나중에 특성 추출 시 특성 데이터의 차원만 키우게 된다. 다음의 코드로 출현 빈도가 1% 미만인 단어들은 제거했다.

```
julia> sparseterms = Set(sparse_terms(X_crps, 0.01))
Set{String} with 138279 elements:
  "universalbr"
  "walterbr"
...

julia> X = X_crps .|> text .|> tokenize;
julia> X = map(r -> filter(v -> !in(v, sparseterms), r), X)
50000-element Vector{Vector{String}}:
 ["review", "mention", "watch", ...
```

먼저 sparse_terms 함수로 1% 미만 빈도의 단어들을 찾아서 O(1) 검색이 가능한 해시 테이블 기반의 Set 객체로 만들었다. 그다음 코퍼스의 각 문서를 단어 단위로 토큰화하고, 빈도수가 낮은 단어 집합에 속한 단어들을 제거한 최종 입력 데이터 X를 만들었다.[10]

sentiment 필드를 범주형 변수화하여 타깃 데이터 y를 만들고, 데이터를 학습셋과 테스트셋으로 파티션을 나눈다.

```
julia> using MLJ
julia> y = coerce(imdb.sentiment, Multiclass);
julia> (X_train, X_test), (y_train, y_test) = partition((X, y), 0.7, multi=true, rng=0);
```

텍스트 데이터의 특성 추출

길이가 제각각인 텍스트 문서들을 분류 알고리즘에 입력할 수 있으려면 일정한 길이의 수치 벡

---

10 TextAnalysis.jl 패키지가 제공하는 정규표현식 기반의 remove_words! 함수를 사용하면 특정 단어들을 쉽게 제거할 수 있지만, 10만 개 이상의 단어를 한 번에 제거하려고 하면 정규표현식 컴파일 에러가 발생한다.

터로 바꾸는 작업이 필요하다. 이러한 과정을 **특성 추출**feature extraction 혹은 특성 벡터화feature vectorization라고 한다. MLJ에서는 `TextAnalysis`를 이용하는 `MLJText` 패키지를 통해 텍스트 특성 추출 모델들을 로딩할 수 있다. 크게 세 가지 모델이 있는데, 실습을 계속하기 전에 간단한 예제를 통해 이들에 관해 살펴보고 넘어가겠다.

```julia
julia> CountTransformer = @load CountTransformer pkg=MLJText;
julia> TfidfTransformer = @load TfidfTransformer pkg=MLJText;
julia> BM25Transformer = @load BM25Transformer pkg=MLJText;
```

문서-단어 행렬

먼저 `CountTransformer`는 토큰화된 문서 집합을 입력하면 문서 집합에 등장하는 단어들의 빈도를 행렬로 표현한 **문서-단어 행렬**document-term matrix, DTM을 만들어준다.[11] 문서-단어 행렬의 각 행은 하나의 문서이고, 각 열은 문서 집합에 한 번이라도 등장한 단어를 나타낸다. 결과를 보면 알 수 있듯이, 문서-단어 행렬의 (i, j) 원소는 i 문서에서 j 단어의 등장 횟수를 나타낸다.

```julia
julia> trans = CountTransformer();
julia> sample = [["아침", "식사", "아침", "커피"], ["점심", "식사"]];
julia> mach = machine(trans, sample);
julia> MLJ.fit!(mach);
julia> feat = MLJ.transform(mach, sample);
julia> cols = fitted_params(mach).vocab;
julia> DataFrame(Matrix(feat), cols)
2×4 DataFrame
 Row │ 식사    아침    점심    커피
     │ Int64  Int64  Int64  Int64
─────┼────────────────────────────
   1 │     1      2      0      1
   2 │     1      0      1      0
```

TF-IDF

하지만 특정 문서 내 단어의 빈도는, 각 문서의 길이가 다르다는 점과 각 단어의 전반적인 빈도가 다르다는 점을 고려하지 못한다. 문서의 길이가 길면 단어의 출현 빈도가 올라가고, 자주 쓰이는 단어는 중요성과 무관하게 자주 나타날 것이다. 이를 고려해 가중치를 적용한 것이 **TF-IDF**term

---

11 문서에서 단어들의 순서는 고려하지 않고 출현 빈도만 수치화한 것을 단어 가방(bag-of-words, BoW)이라고 한다. 문서-단어 행렬은 각 문서의 BoW를 하나의 행렬로 만든 것으로 볼 수 있다.

frequency-inverse document frequency 행렬이다.

TF-IDF 행렬에서 (i, j) 원소는 TF(i, j) / len(i) * IDF(j)로 계산된다. TF(i, j)는 i 문서에서 j 단어의 등장 횟수로, 문서-단어 행렬의 원소와 동일한 값이다. len(i)는 문서 i의 단어의 개수이다. IDF(j)는 log((n+1) / (DF(j)+1))+1이고, 여기서 n은 문서의 개수, DF(j)는 단어 j가 한 번이라도 등장한 문서의 개수이다. 문서 내 단어 빈도를 해당 문서의 단어 수로 정규화하고, 해당 단어의 전반적인 빈도를 페널티로 주는 개념이다.[12] TfIdfTransformer를 이용하면 TF-IDF 행렬을 얻을 수 있다.

```
julia> trans = TfidfTransformer();
julia> # (CountTransformer와 동일한 학습 코드 생략)
julia> DataFrame(Matrix(feat), cols)
2×4 DataFrame
 Row │ 식사      아침      점심       커피
     │ Float64  Float64  Float64   Float64
─────┼──────────────────────────────────────
   1 │   0.25  0.702733  0.0      0.351366
   2 │   0.5   0.0       0.702733  0.0
```

단어의 빈도수 기준으로는 **식사**가 **점심**, **커피**와 같은 중요도를 가지지만, TF-IDF에서는 두 문서에서 모두 나타난 **식사**의 중요도가 그렇지 않은 **점심**이나 **커피**에 비해 내려갔다. 또 두 문서에서 동일한 빈도의 단어 **식사**는 문서 길이가 짧은 두 번째 문서에서 더 중요하게 되었다.

BM25

TF-IDF의 문제는 문서 내 단어의 빈도(TF)가 높아질수록 해당 단어의 점수(중요도)는 계속 올라간다는 것이다. **BM25** 알고리즘은 TF-IDF 계산식의 TF 항을 TF / (TF + k) 형태로 바꿔서, 일정 수준 이상의 단어 빈도에 대해서는 특정 점수로 수렴하게 한다. 예를 들어 k가 2인 경우, 열 번 등장한 단어도 빈도 점수가 10/12가 되어 1을 넘지 못하고, 한 번 등장한 단어의 빈도 점수 1/3에 비해 열 배가 아니라 세 배 이내가 된다. 문서의 길이로 정규화할 때도 전체 문서의 평균 길이에 대한 배수를 이용한다.[13] BM25Transformer를 이용하면 BM25 점수를 얻을 수 있다.

---

12 정규화 여부나 스무딩 방식 등은 라이브러리에 따라 다를 수 있다. 이 책은 MLJText의 수식을 따랐다. https://github.com/JuliaAI/MLJText.jl/blob/master/src/utils.jl#L65

13 본문 설명의 TF / (TF + k)는 개념적인 설명이고, 실제 수식은 정규화 등을 감안하여 좀 더 복잡하다. 위키피디아에 자세한 설명과 수식이 있다. https://en.wikipedia.org/wiki/Okapi_BM25

```
julia> trans = BM25Transformer();
julia> # (CountTransformer와 동일한 학습 코드 생략)
julia> DataFrame(Matrix(feat), cols)
2×4 DataFrame
 Row │ 식사      아침      점심      커피
     │ Float64   Float64   Float64   Float64
─────┼──────────────────────────────────────────
   1 │ 0.5       0.929636  0.0       0.702733
   2 │ 0.961132  0.0       1.35084   0.0
```

1행(문서 1)을 보면, TF-IDF에서는 빈도수가 두 번인 **아침**이 한 번인 **커피**보다 점수가 두 배였지만, BM25에서는 두 배보다는 작음을 볼 수 있다.

학습 및 예측

이제 IMDB 데이터셋으로 돌아와서, 전처리된 텍스트 데이터에서 특성을 추출하고 분류 모델을 적용해보자. 먼저 CountTransformer를 이용하여 학습셋 텍스트를 문서-단어 행렬로 변환한다.

```
julia> trans = CountTransformer();
julia> mach = machine(trans, X_train);
julia> MLJ.fit!(mach);
julia> X_train_mat = MLJ.transform(mach, X_train)
35000×1415 LinearAlgebra.Adjoint{Int64, SparseArrays.SparseMatrixCSC{Int64, Int64}} with
1784363 stored entries:
[⠿]
[⠿]
...
[⠿]
[⠿]
```

행렬로 변환된 X_train_mat의 타입을 보면 희소행렬 타입인 SparseMatrixCSC[14]의 켤레전치 conjugate-transpose 행렬이다.[15] 대부분의 단어는 일부 문서에만 등장할 것이기 때문에 문서-단어 행렬에서 값이 0인 원소가 많을 테고, 따라서 희소행렬 타입이 사용되었다. 결과가 전치된 이유는 CountTransformer 내부에서는 각 열을 문서로 취급하고 각 행을 단어로 취급하여 행렬을 만들기

---

14 SparseMatrixCSC의 CSC는 compressed sparse column을 의미한다. 줄리아의 배열은 열 우선이므로 희소행렬의 좌표도 열 좌표가 같은 값이 연속되므로 열 좌표를 압축한다.

15 Adjoint 타입은 켤레전치 행렬을 돌려주는 래퍼 타입이다. 여인수 행렬의 전치행렬인 고전적 수반(adjugate 또는 classical adjoint) 행렬과는 구분해야 한다.

때문에 최종 반환 시 전치를 해야 하기 때문이다.[16]

X_train_mat을 분류 모델의 입력값으로 사용하려면 Tables.jl 인터페이스로 맞추어주어야 한다. 다음과 같이 DataFrame을 이용하면 불필요한 복사 없이 데이터를 변환할 수 있다.

```
julia> DataFrame([eachcol(X_train_mat)...], :auto, copycols=false)
35000×1415 DataFrame
...
```

분류 모델은 텍스트 분류에 많이 사용되는 다항분포 나이브 베이즈multinomial naïve Bayes 모델을 선택했다. 패키지명에서 볼 수 있듯, 사이킷런에서 구현되어 있는 많은 모델을 MLJ에서 가져와서 사용할 수 있다. 줄리아로 작성된 나이브 베이즈 NaiveBayes.jl 패키지도 있지만, 집필 시점에서는 정수형 입력 자료에만 작동하고 TF-IDF나 BM25 같은 실수에 대해서는 작동하지 않기 때문에 사이킷런의 모델을 가져왔다.

```
julia> MultinomialNB = @load MultinomialNBClassifier pkg=MLJScikitLearnInterface
```

학습 및 예측 실행의 편의를 위해 특성 추출 및 데이터프레임으로의 변환, 분류 모델 적용까지를 하나의 파이프라인으로 만들었다. 다음은 파이프라인의 학습 및 예측오차 측정 결과이다. 긍정과 부정 레이블의 비율이 각각 50%인 데이터에 대해 82%의 정확도로 테스트셋을 분류했다.

```
julia> toDataFrame(x) = DataFrame([eachcol(Float64.(x))...], :auto, copycols=false);
julia> model = CountTransformer() |> toDataFrame |> MultinomialNB();
julia> mach = machine(model, X_train, y_train);
julia> MLJ.fit!(mach);
julia> accuracy(predict_mode(mach, X_test), y_test)
0.8221333333333334
```

단어 빈도수뿐만 아니라 TF-IDF 및 BM25 점수에 대한 복수의 분류 모델의 성능을 비교하기 위하여 다음의 배치 실행 함수를 작성했다.

```
julia> function run_batch(trans, clfs, X_tr, y_tr, X_te, y_te)
           accs = Float64[]
```

---

16 켤레전치는 행렬을 전치한 후 각 원소에 켤레를 취한 것과 같은데, 단어의 발생 빈도는 실수이므로 전치와 켤레전치에 차이가 없다.

```
        for tran in trans
            for clf in clfs
                model = tran |> toDataFrame |> clf;
                mach = machine(model, X_tr, y_tr);
                MLJ.fit!(mach, verbosity=1)
                is_proba = prediction_type(clf) == :probabilistic
                oper = is_proba ? predict_mode : MLJ.predict
                pred = oper(mach, X_te)
                acc = accuracy(pred, y_te)
                println((clf, tran) => acc)
                push!(accs, acc)
            end
        end
        accs
    end
julia> trans = [CountTransformer(), TfidfTransformer(), BM25Transformer()];
```

분류 모델로는 나이브 베이즈, 로지스틱 모델, SVM을 적용해보겠다. SVM의 경우, 학습 및 예측 수행 시간을 줄이기 위해 PCA로 차원을 먼저 축소했다. 주성분의 분산 비율을 95%로 잡았고, 차원 축소 결과 원 데이터(문서-단어 행렬)의 1415차원이 1234차원으로 축소되었다. 앞 절의 손글씨 이미지 케이스에 비해 차원 축소 효과가 그리 크지 않아, 입력 변수 간 상관성이 그리 높지 않은 것으로 보인다.

```
julia> svm = PCA(variance_ratio=0.95) |> SVM()
julia> clfs = [MultinomialNB(), Logistic(lambda=0.001), svm];
```

(특성 3개 × 분류 모델 3개)로 총 9번의 학습 및 예측에 한 시간 넘게 시간이 걸릴 수 있다.

```
julia> res = run_batch(trans, clfs, X_train, y_train, X_test, y_test);
```

특성별, 분류 모델별 성과는 다음과 같다.

```
julia> using StatsPlots
julia> clfnms = ["1.Naive Bayes", "2.Logisitc", "3.PCA |> SVM"];
julia> group = repeat(["1.Count", "2.TF-IDF", "3.BM25"], inner=3);
julia> x = repeat(clfnms, outer=3);
julia> groupedbar(x, res, group=group, ylim=[0.75,0.95], title="Accuracy", fillstyle=[:/ :\
:-]
)
```

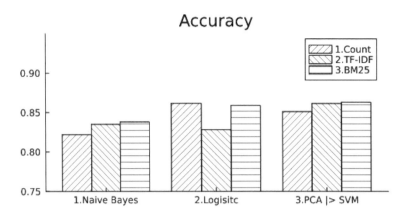

나이브 베이즈 분류기나 SVM의 경우, 단어 빈도수(문서-단어 행렬) < TF-IDF < BM25 순으로 정확도가 올라가는 모습을 보였다. 이는 TF-IDF가 빈도수의 단점을 보완하고, BM25는 TF-IDF의 단점을 보완한다는 것을 감안했을 때 이해되는 결과이다.

반면, 로지스틱 모델의 경우 빈도수 특성이 가장 높은 정확도를 보이고 있다. 전체적으로는 SVM이 가장 높은 정확도를 보인다. 단, 나이브 베이즈나 로지스틱 모델은 학습 및 예측 수행 시간이 수 초에서 수십 초 이내인 데 반해, SVM은 수십 분의 시간이 소요되었다.

플럭스를 이용한 딥러닝

플럭스(Flux.jl)는 줄리아로 딥러닝을 할 때 가장 많이 사용되는 패키지이다. 플럭스의 가장 큰 장점은 100% 줄리아 언어로 작성되어 있고 코드베이스가 파이토치나 텐서플로에 비해 훨씬 단순하다는 점이다.

책 앞에서 봤듯, 파이토치나 텐서플로는 파이썬의 느린 실행 속도 때문에 핵심 코드를 C++로 작성해야 하지만, 플럭스는 1부에서 살펴본 줄리아의 성능 최적화 덕분에 줄리아로만 작성되었는데도 C++ 코드에 준하는 성능을 보여주며 소스 코드 라인이 3만 줄도 되지 않는다. 플럭스의 소스 코드가 파이토치나 텐서플로의 100분의 1 정도밖에 되지 않는 주된 이유는, 파이토치 등은 텐서부터 자동 미분, 신경망 계층, 최적화, GPU 지원 등을 모두 한 프로젝트 안에서 단일하게 관리하는 반면, 플럭스는 많은 부분을 다른 프로젝트들로부터 가져오기 때문이다. 먼저 텐서는 줄리아 언어의 다차원 배열을 그대로 사용한다. 자동 미분이나 신경망 관련 함수, 옵티마이저 등도 별개의 프로젝트다(또한 다른 프로젝트들에서도 활발히 사용된다). GPU를 이용한 학습도 6.4절에서 살펴본 CUDA.jl 등을 이용한다.

줄리아의 머신러닝 생태계가 파이썬의 그것에 비해 훨씬 더 많은 코드를 공유할 수 있는 이유는 많은 프로젝트가 100% 줄리아 코드로 작성되어 있고, 줄리아의 동적 타이핑 및 다중 디스패치 덕분에 프로젝트 간의 결합이 용이하기composable 때문이다. 예를 들어 외부 라이브러리 AA에서 작성된 데이터 타입 A에 외부 라이브러리 BB의 로직(제네릭 함수) B를 적용하고 싶으면 B 함수 내에서 사용되는 연산자를 A 타입에 대해 다중 메서드로 정의해주기만 하면 된다. 외부 라이브러리의 기능 확장 및 새로운 프로젝트로의 구성이 용이한 것이다.[1]

개별 프로젝트 간의 결합 용이성 덕분에 줄리아는 **과학적 머신러닝**scientific machine learning 분야에서 매우 중요한 역할을 하게 되었다. 과학적 머신러닝은 기존의 머신러닝에 물리법칙 등의 도메인 지식을 결합한 것이다.[2] 예를 들어 미분방정식을 신경망 계층으로 만들어 주어진 손실 함수를 최소화하는 미분방정식의 파라미터를 찾을 수 있다. 미분방정식 패키지인 DifferentialEquations.jl과 플럭스로 구성된 DiffEqFlux.jl을 이용하면 이러한 작업을 쉽게 할 수 있다. 확률적 프로그래밍probabilistic programming 패키지인 Turing.jl도 샘플링이나 변분 추론에 자동 미분 패키지를 사용하고, 플럭스와 결합하여 베이지언 신경망을 구성한다.

4부에서는 먼저 자동 미분에 대해 알아보고, 플럭스를 이용하여 다양한 딥러닝 모델들을 구현해본다. 딥러닝 모델의 이론적인 부분에 관해서는 이미 좋은 책이 많으므로 이 책에서는 플럭스만의 특징 및 줄리아를 이용한 구현에 중점을 둔다.

---

1 이와 관련된 것으로 표현 문제(expression problem)라는 것이 있다. 기존 코드의 기능 확장 시, 객체지향 언어에서는 새로운 함수의 추가가 어렵고, 함수형 언어에서는 새로운 타입의 추가가 어렵다. 다중 디스패치가 이를 해결하는 방법 중 하나이다. https://wiki.c2.com/?ExpressionProblem

2 https://sites.brown.edu/bergen-lab/research/what-is-sciml/

15

자동 미분

자동 미분automatic differentiation은 미분을 계산하기 위한 여러 가지 방법 중 하나이지, '수동'이 아닌 '자동'으로 계산한다는 광범위한 의미는 아니다. 자동 미분은 미분 가능 프로그래밍differentiable programming[3]의 핵심 알고리즘이다. 미분 가능한 프로그램은 경사 하강법gradient descent 등을 이용하여 매개변수를 최적화할 수 있고, 딥러닝도 미분 가능 프로그래밍의 하나로 볼 수 있다. 이번 장에서는 먼저 기존 미분 방식들의 문제점과 이를 자동 미분이 어떻게 해결하는지 알아보고, 플럭스의 자동 미분 방식을 살펴본다.

15.1 미분 구하는 방법

미분을 구하는 방법은 '손 미분'까지 포함하면 크게 네 가지로 분류할 수 있다.[4]

수치 미분numerical differentiation은 충분히 작은 h 값에 대해 $(f(x + h) - f(x)) / h$를 계산하여 직접 인수 x에서의 미분값을 계산한다. 구현이 쉽다는 장점이 있지만, n차원 공간에서의 기울기gradient를 구한다고 하면 $O(n)$으로 함수 f를 실행해야 하고, 수학적 근사에 따른 절단 오차와 컴퓨터의 수 표현 제한에 따른 반올림 오차가 발생한다.

---

3   https://en.wikipedia.org/wiki/Differentiable_programming
4   본 절의 이론적인 내용은 다음의 논문을 많이 참고하였다. Atılım Güneş Baydin, Barak A. Pearlmutter, Alexey Andreyevich Radul, and Jeffrey Mark Siskind. 2017. Automatic Differentiation in Machine Learning: a Survey. *J. Mach. Learn. Res.* 18, 1 (January 2017), 5595–5637.

방법	특징	장점	단점
손 미분	직접 도함수 유도		오랜 시간 소요
수치 미분	유한 차분 방식	구현이 쉬움	$O(n)$. 부정확
기호 미분	컴퓨터로 도함수 유도	정확	표현식 팽창. 제어 흐름 처리 불가
자동 미분	미분값 전파	정확함. 제어 흐름 처리 가능	

기호 미분symbolic differentiation은 미분 법칙을 함수 표현식에 적용하여 직접 도함수를 구하는 방법이다. 기호 미분은 수식을 전개하여 해석적으로 해를 찾기 때문에 정확한 미분값을 구할 수 있지만, 도출된 도함수의 수식이 필요 이상으로 커지기 쉽다. 예를 들어 $h(x) = f(x)g(x)$에서 $h(x)$의 도함수는 $h'(x) = f'(x)g(x) + f(x)g'(x)$로 나타낼 수 있고, 각 $f'(x)$와 $g'(x)$를 기호 미분하여 해당 위치에 대입한다. 이때 $f'(x)$와 $f(x)$, $g'(x)$와 $g(x)$는 서로 공통된 인수factor를 가지는 경우가 많기 때문에 주의해서 중복을 없애주지 않으면 최종 도함수의 복잡도는 지수적으로 증가할 수 있다. 이를 **표현식 팽창**expression swell이라고 한다. 도함수가 너무 복잡해지면, 도함수를 이용한 미분값 평가도 오래 걸리게 된다. 표현식 팽창보다 더 큰 단점은 기호 미분은 닫힌 형태의 표현식closed-form expression만 미분할 수 있다는 점이다. 함수 안에 반복문이나 조건문과 같은 제어 흐름이 들어가면 기호 미분으로는 미분이 불가능해진다.

자동 미분은 기호 미분과 같이 미분 법칙을 이용하지만 도함수 표현식 대신 주어진 입력값에서 시작하여 계산 과정의 미분값들을 추적해가면서 최종적인 미분값을 돌려준다. 수치 계산을 하는 프로그램은 미분이 가능한 기본 연산자들의 합성으로 볼 수 있고, 미분의 연쇄법칙chain rule을 이용하면 전체 프로그램을 미분할 수 있다. 최종적인 프로그램의 미분값은 개별 연산의 실행 기록에 달려 있고 이 기록을 생성한 제어 흐름과는 무관하기 때문에 제어 흐름이 포함된 함수도 미분할 수 있다.

자동 미분은 다시 전진 모드와 후진 모드로 나뉜다. 다음의 예제 함수로 전진 모드와 후진 모드를 살펴보자.

$$y = f(x_1, x_2) = {x_1}^2 + x_1 x_2$$

이 함수에 대해 입력 변수가 $(x_1, x_2) = (2, 3)$일 때의 y값과, 입력 변수들에 대한 y의 미분값을 구하려고 한다. 먼저 x_1과 x_2에서 시작하여 y까지 계산하는 과정에서 중간 과정값을 변수 $v_1 = x_1^2$과 $v_2 = x_1 x_2$로 나타낼 수 있다. 계산 과정을 그래프로 나타내면 다음과 같다.

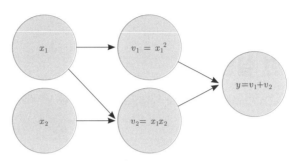

그림 15-1 $x_1^2 + x_1 x_2$의 계산 그래프

전진 모드는 입력 변수 노드에서 시작하여 중간 변수 노드를 계산할 때, 입력 변수 x_i에 대한 중간 변수 v_i의 미분값도 함께 계산한다. 예를 들어 $(x_1, x_2) = (2, 3)$에서 x_1에 대해 편미분하려는 경우, $v_1 = x_1^2 = 4$를 계산하면서 $\partial v_1 / \partial x_1 = 4$도 함께 계산한다. v_2 노드에 대해서도 $v_2 = x_1 x_2 = 6$을 계산하면서 $\partial v_2 / \partial x_1 = 3$을 함께 계산한다. 그러면 최종적으로 구하는 $y = 10$이 되고 $\partial y / \partial x_1$는 연쇄법칙으로 $(\partial y / \partial v_1) \times (\partial v_1 / \partial x_1) + (\partial y / \partial v_2) \times (\partial v_2 / \partial x_1)$ $= 1 \times 4 + 1 \times 3 = 7$이 된다. 전진 모드는 한 번에 한 입력 변수에 대한 미분값만 구할 수 있기 때문에, $\partial y / \partial x_2$도 구하려면 x_2에 대해 편미분하는 방식으로 위의 과정을 한 번 더 거쳐야 한다.

후진 모드는 두 단계로 이루어지는데, 첫 단계는 정방향(순방향)으로, 입력 변수 노드에서 시작하여 중간 변수 노드값 v_i 및 최종 노드값 y까지 계산한다. 이 과정에서 계산 과정을 기록하여 위와 같은 계산 그래프를 구축한다. 두 번째 단계는 역방향으로, y부터 뒤로 가면서 중간 변수 v_i에 대한 y의 미분값을 계산한다. 위의 계산 그래프로 보면, 첫 단계에서는 $v_1 = x_1^2 = 4$ 및 $v_2 = x_1 x_2$ $= 6$, $y = 10$을 계산한다. 두 번째 단계에서는 y부터 역으로 노드들을 방문하면서 순서대로 $\partial y / \partial v_1 = 1$과 $\partial y / \partial v_2 = 1$을 계산하고, $\partial y / \partial x_1 = (\partial y / \partial v_1) \times (\partial v_1 / \partial x_1) + (\partial y / \partial v_2) \times (\partial v_2 / \partial x_1) = 1 \times 4 + 1 \times 3 = 7$ 및 $\partial y / \partial x_2 = (\partial y / \partial v_2) \times (\partial v_2 / \partial x_2) = 1 \times 2$를 계산한다. 그 결과 후진 모드에서는 한 번에 $\partial y / \partial x_1$과 $\partial y / \partial x_2$가 함께 계산된다.

입력 차원이 n, 출력 차원이 m인 어떤 함수 $f: \mathrm{R}^n \rightarrow \mathrm{R}^m$의 $(m \times n)$ 야코비Jacobian 행렬을 구

한다고 하면, 전진 모드는 한 번에 한 열씩 야코비 행렬값을 채우므로 n번 정방향 진행을 해야 하고, 후진 모드는 한 번에 한 행씩 채우므로 m번 역방향 진행을 해야 한다. 딥러닝은 보통 입력 차원은 크고 출력 차원은 손실값 하나이므로 후진 모드가 유리하다. 신경망 학습의 오차 역전파 backpropagation도 후진 모드 자동 미분이다.

15.2 미분 구현 실습

다음과 같은 반복문이 있는 함수 $y = f(x)$에 대해 앞에서 살펴본 네 가지 미분 방식으로 $x = 3$ 에서의 미분값을 구해보자.

```julia
julia> function f(x)
           for _ = 1:2
               x = x * (x - 1)
           end
           x
       end
```

구현 1: 손 미분

손 미분을 하려면 제어 흐름을 없애고 닫힌 형태로 만들어주어야 한다. 위 함수는 $x \rightarrow x \times (x - 1)$을 두 번 적용했으므로, $f(x) = (x \times (x - 1)) \times (x \times (x - 1) - 1) = (x^2 - x)(x^2 - x - 1) = x^4 - 2x^3 + x$가 된다. 이를 미분하면 도함수 $f'(x) = 4x^3 - 6x^2 + 1$을 얻을 수 있고, $x = 3$에서의 미분값은 55가 된다.

구현 2: 수치 미분

수치 미분은 다음과 같은 유한 차분 함수를 만들어서 실행할 수 있다.

```julia
julia> finite_diff(f, x, h = 0.0001) = (f(x + h) - f(x)) / h
julia> finite_diff(f, 3)
55.003600100143046
```

유한 차분 방식은 간단하고, 함수에 제어 흐름이 있어도 미분이 가능하지만 결과가 정확하지 않은 것을 볼 수 있다.

구현 3: 기호 미분

기호 미분은 닫힌 형태의 함수 표현식의 하위 표현식을 재귀적으로 방문하면서 미분 법칙을 적용한 새로운 표현식을 생성함으로써 도함수를 구할 수 있다. 이를 위하여 4장에서 다룬 줄리아의 메타프로그래밍을 이용한다. 먼저 함수 f의 닫힌 형태의 표현식을 정의한다.

```julia
julia> f_closed_expr = :(x^4 - 2x^3 + x);
```

위 표현식은 다음과 같은 하위 표현식들로 구성된다.

```julia
julia> f_closed_expr.args
3-element Vector{Any}:
 :+
 :(x ^ 4 - 2 * x ^ 3)
 :x
julia> f_closed_expr.args[2].args
3-element Vector{Any}:
 :-
 :(x ^ 4)
 :(2 * x ^ 3)
```

각 하위 표현식을 재귀적으로 돌면서 사칙연산 패턴을 찾아서 미분된 표현식을 돌려주는 다음과 같은 함수를 작성한다.[5]

```julia
using MacroTools
function derive(ex, x)
    ex == x ? 1 :
    ex isa Union{Number,Symbol} ? 0 :
    @capture(ex, a_ + b_) ? :($(derive(a, x)) + $(derive(b, x))) :
    @capture(ex, a_ - b_) ? :($(derive(a, x)) - $(derive(b, x))) :
    @capture(ex, a_ * b_) ? :($(derive(a, x))*$b + $a*$(derive(b, x))) :
    @capture(ex, a_ / b_) ? :(($(derive(a, x))*$b - $a*$(derive(b, x))) / $b^2) :
    @capture(ex, a_^n_Number) ? :($(derive(a, x)) * ($n * $a^$(n-1))) :
    error("$ex is not differentiable")
end
```

이 derive 함수는 미분할 함수 $y = f(x)$의 표현식 ex와 독립변수의 심벌 x를 인수로 받는다. 함

---

5 해당 함수는 플럭스의 핵심 개발자인 마이크 이네스(Mike Innes)의 깃허브(https://github.com/MikeInnes/diff-zoo)를 참고하였다.

수 본문의 첫 번째 라인은 $y = x$일 때 $y' = 1$인 경우이고, 두 번째 라인은 y가 상수이거나 편미분에서 x가 아닌 고정된 변수인 경우 미분값이 0이 되는 경우다. 세 번째 라인부터 사용된 @capture 매크로는 MacroTools.jl 패키지에서 제공되는 매크로로, 주어진 표현식이 특정 패턴에 맞을 경우 그 하위 표현식을 지정된 변수에 할당해준다. 예를 들어 @capture(ex, a_ + b_)의 경우, 표현식 ex가 중위 표기법의 덧셈 패턴을 갖는 경우 양쪽의 피연산자 표현식을 변수 a와 b로 담아준다. 이를 이용하여 $y = a(x) + b(x)$일 때 $y' = a'(x) + b'(x)$와 같이 사칙연산 및 멱함수에 대한 미분 공식을 정의했다.

위 함수로 함수 f의 닫힌 형태 표현식을 미분하면 다음과 같은 도함수의 표현식이 나온다.

```julia
julia> derive(f_closed_expr, :x)
:((1 * (4 * x ^ 3) - (0 * x ^ 3 + 2 * (1 * (3 * x ^ 2)))) + 1)
```

직접 손으로 유도한 도함수 $4x^3 - 6x^2 + 1$과 식은 같지만 불필요한 연산들이 존재함을 볼 수 있다.[6] 위 표현식을 평가(eval)해서 함수로 만들고 $x = 3$에서의 미분값을 구해보자.

```julia
julia> eval(:(symbolic_diff(x) = $(derive(f_closed_expr, :x))));
julia> symbolic_diff(3)
55
```

기호 미분의 장점인 정확한 미분값이 나왔지만 도함수가 복잡하고, 반복문을 닫힌 형태로 바꾼 후에만 적용할 수 있었다.

구현 4: 자동 미분

자동 미분 실습 전에 먼저 반복문이 있는 함수 $y = f(x)$를 계산 그래프로 나타내보자. 계산 중간 과정의 노드들을 v_1, v_2, v_3로 잡았다.

---

6   Symbolics.jl 같은 컴퓨터 대수 패키지를 이용하면 쉽게 기호 미분이 가능하고 본문에서 실습한 결과보다 더 간결한 도함수를 얻을 수 있지만, 여전히 표현식 팽창은 존재한다.

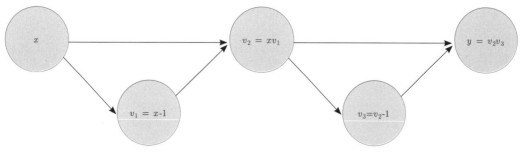

그림 15-2 for _ = 1:2; x = x*(x-1) end의 계산 그래프

전진 모드

전진 모드forward mode는 각 노드들의 값(원싯값primal)을 계산하면서 미분값도 함께 계산해야 하므로 (원싯값, 미분값) 쌍의 자료구조를 이용하면 된다. 수학적으로는 이원수dual number를 이용해 함수를 평가하는 과정이 전진 모드 자동 미분과 동일하다. 이원수는 두 실수 a, b와 $\epsilon^2 = 0$, $\epsilon \neq 0$인 멱영원 ϵ을 이용하여 $a + b\epsilon$로 나타낸 수이다. 이때 a를 원싯값, b를 미분값으로 보면, 이원수의 기본 연산 및 함수 합성 결과는, 첫째 항은 원싯값 결과와 동일하고 ϵ의 계수는 미분 법칙에 따른 미분값과 동일하다.[7] 기본 연산 및 함수 합성에 대해 미분 법칙이 적용되므로, 기본 연산들의 합성으로 볼 수 있는 전체 프로그램도 미분이 된다.

이원수 타입은 **2.5절**에서 다룬 이원수 정의 및 승격 규칙, 타입 변환 메서드 등을 그대로 사용한다. 단 이원수 간의 사칙연산만 여기서 다시 정의해보자.

```julia
julia> import Base: +, -, *, /
julia> a::Dual + b::Dual = Dual(a.v + b.v, a.ε + b.ε);
julia> a::Dual - b::Dual = Dual(a.v - b.v, a.ε - b.ε);
julia> a::Dual * b::Dual = Dual(a.v * b.v, a.ε * b.v + a.v * b.ε);
julia> a::Dual / b::Dual = Dual(a.v / b.v,(a.ε * b.v - a.v * b.ε) / b.v^2);
```

이원수 타입 Dual의 v 필드에는 원싯값, ε 필드에는 미분값이 저장된다. 이원수 간의 덧셈의 경우 $(a + b)' = a' + b'$이므로 리턴되는 Dual 타입의 ε 필드는 a.ε + b.ε이다.

---

7 덧셈 : $(a+b\epsilon) + (c+d\epsilon) = (a+c) + (b+d)\epsilon$

곱셈 : $(a+b\epsilon) \times (c+d\epsilon) = ac + (bc+ad)\epsilon$ ($\epsilon^2 = 0$이므로 bd 항은 없어짐)

테일러 전개 : $f(a+b\epsilon) = f(a) + f'(a)b\epsilon$ ($\epsilon^2 = 0$이므로 뒤의 항들은 없어짐)

→ 함수 합성 : $f(g(a+b\epsilon)) = f(g(a) + g'(a)b\epsilon) = f(g(a)) + f'(g(a))g'(a)b\epsilon$

앞에서 정의한 함수 *f*의 코드를 다시 한번 보고, 함수 *f*를 전진 모드로 자동 미분을 해보자.

```julia
julia> function f(x)
           for _ = 1:2
               x = x * (x - 1)
           end
           x
       end;

julia> x = Dual(3, 1)
Dual{Int64}(3, 1)
julia> f(x)
Dual{Int64}(30, 55)
```

함수 $f(x)$의 $x = 3$에서의 미분값을 구하려면 Dual(3, 1), 즉 $3 + \epsilon$을 함수 *f*에 넘기면 된다. ϵ의 계수가 1인 이유는 $\partial x / \partial x = 1$이기 때문이다.[8] 위 함수의 리턴값은 Dual(30, 55)이다. 즉 $f(3) = 30$이고 $f'(3) = 55$가 나온 것으로, 반복문이 있는 함수도 정확히 미분한 것을 확인할 수 있다.

동적 타이핑과 다중 디스패치 덕분에 새로 정의한 Dual 타입을 기존 함수의 코드 변경없이 인수로 넘기고 미분 결과를 돌려받았다. 또한 3장에서 살펴본 JIT 컴파일 등 메서드 최적화 덕분에 Dual 타입에 대한 연산은 원시 타입에 대한 연산 속도와 큰 차이가 없다.

후진 모드

후진 모드reverse mode 자동 미분은 첫 단계인 정방향 진행 시, 원싯값을 계산하면서 역방향 진행 시에 사용될 계산 그래프도 구축해야 한다. 이를 위해 원싯값 및 자신을 만들어준 부모 리스트, 부모에 대한 자신의 기울기local gradient를 저장할 타입 Var을 만든다.[9] 그리고 Dual 타입의 경우와 마찬가지로 사칙연산 및 승격 규칙, 타입 전환 등을 정의한다.[10]

```julia
julia> struct Var <: Number   # 변수
           v::Float64          # 원싯값
           parents::Vector{Var}    # 부모 리스트
           lgrads::Vector{Float64} # 자신의 기울기
       end
```

---

8 어떤 다변수 함수 $f(x_1, x_2)$의 (3, 4)에서의 *x*에 대한 미분값을 구한다고 하면 f(Dual(3, 1), Dual(4, 0))과 같이 고정된 변수 x_2의 ϵ의 계수는 0으로 주면 된다.
9 변수(variable)라는 의미의 타입명이며 책에서 줄바꿈을 줄이기 위해 타입명을 짧게 Var로 줄였다.
10 타입 매개변수로 필드 타입을 일반화했던 Dual의 경우와 다르게 코드의 단순화를 위해서 필드의 타입을 Float64로 고정하였다.

```
julia> Var(x::Real) = Var(x, Var[], Float64[]);
julia> import Base: +, -, *, /
julia> a::Var + b::Var = Var(a.v + b.v, [a, b], [1.0, 1.0]);
julia> a::Var - b::Var = Var(a.v - b.v, [a, b], [1.0, -1.0]);
julia> a::Var * b::Var = Var(a.v * b.v, [a, b], [b.v, a.v]);
julia> a::Var / b::Var = Var(a.v / b.v, [a, b], [1/b.v, -a.v/b.v^2]);
julia> Base.promote_rule(::Type{Var}, ::Type{R}) where {R <: Real} = Var
julia> Base.convert(::Type{Var}, v::Real) = Var(v)
```

전진 모드에서의 이원수와 마찬가지로 후진 모드에서도 Var 타입의 변수를 기존 함수 $f(x)$에 인수로 넘기면 정방향 진행이 되면서 **그림 15-2**의 계산 그래프가 구축된다.

```
julia> x = Var(3)
Var(3.0, Var[], Float64[])
julia> y = f(x)
Var(30.0, Var[Var(6.0, ...), Var(5.0, ...)], [5.0, 6.0])
```

y의 v 필드(원싯값 필드)는 30이 나왔으므로 전진 모드에서 $f(3) = 30$이 계산되었다. y의 parents 필드는 [v2, v3]이고, $\partial v_\text{self} / \partial v_\text{parent}$ 값을 담는 lgrads 필드는 [$\partial y / \partial v_2 = v_3 = 5$, $\partial y / \partial v_3 = v_2 = 6$]이 나왔다. 중간 노드 $v_2 = x \times v_1$의 경우는 Var 타입값이 (v = 3 * 2 = 6, parents = [x, v1], lgrads = [$\partial v_2 / \partial x = v_1 = 2$, $\partial v_2 / \partial v_1 = x = 3$])이 된다.

정방향 진행이 완료되었으므로 y부터 parents 노드들을 따라서 역방향으로 진행하면서 $\partial y / \partial v_i$ 및 $\partial y / \partial x$를 계산한다. 다음은 역방향 진행으로 기울기를 구하는 함수이다.

```
julia> function grad(y::Var)
           dys = IdDict(y => 1.0)
           po = postorder(y, v -> v.parents)
           for v in reverse(po)
               dy = dys[v]
               for (p, lg) in zip(v.parents, v.lgrads)
                   dys[p] = get(dys, p, 0.0) + dy * lg
               end
           end
           return dys
       end
```

dys는 노드 v를 키로 가지고 $\partial y / \partial v$를 값으로 가지는 딕셔너리이다. postorder 함수는 그래프의 노드들을 후위 순회postorder traversal 방식으로 정렬하는 함수이다. 계산 그래프는 유향 비순환 그래프[11]이고 이를 위상 정렬topological sort[12]하려면 후위 정렬된 노드들을 역순으로 하면 된다.[13] postorder 함수는 시작 노드 root와 특정 노드의 자식 노드를 리턴하는 함수 childrens를 받는데, 지금은 역방향 진행이므로 시작 노드로 y를 넘기고, 자식 노드 대신 부모 노드를 리턴하는 함수를 인수로 넘겼다. 부모 노드를 위상 정렬 없이 방문하면, y에서 부모 노드인 (v_2, v_3) 중 v_2를 먼저 방문할 수 있고, 이 경우 $\partial y \ / \ \partial v_3$ 값이 없이 $\partial y \ / \ \partial v_2$를 계산하므로 잘못된 역전파가 된다.

위 함수의 가장 핵심인 dys[p] = get(dys, p, 0.0) + dy * lg 라인은 역전파로 전해진 dy(= $\partial y \ / \ \partial v_i$)에 정방향 진행 시 계산해놓았던 lg(= $\partial v_i \ / \ \partial v_p$)를 곱해서 부모 노드의 dy(= $\partial y \ / \ \partial v_p$)를 구하여 딕셔너리 dys에 넣어준다. 이때 다른 경로로 먼저 계산된 값이 있으면 누적해준다.

다음은 그래프를 후위 순회하는 함수 postorder이다.

```julia
julia> function postorder(root::T, childrens::Function) where T
           visited = Set{T}()
           order = T[]
           function dfs_walk(node::T)
               push!(visited, node)
               for dep in childrens(node)
                   if dep ∉ visited
                       dfs_walk(dep)
                   end
               end
               push!(order, node)
           end
           dfs_walk(root)
           return order
       end
```

이 함수는 일반적인 후위 순회 알고리즘이므로 부연설명은 하지 않는다.

이제 grad 함수를 이용하여 역전파로 기울기를 얻어보자.

---

[11] 방향이 있고 순환하지 않는 그래프로 13장 MLJ의 학습 네트워크에서 다룬 바 있다.

[12] 유향 그래프의 노드들을 변의 방향을 거스르지 않도록 나열하는 것이다. 선수 과목이 있는 과목들의 올바른 수강 순서를 예로 들 수 있다. https://ko.wikipedia.org/wiki/위상정렬

[13] https://en.wikipedia.org/wiki/Depth-first_search#Vertex_orderings

```
julia> g = grad(y)
IdDict{Var, Float64} with 7 entries:
  Var(30.0, Var[...          ) => 1.0
  Var(5.0, Var[...           ) => 6.0
  Var(6.0, Var[...           ) => 11.0
  Var(1.0, Var[], Float64[]) => -6.0
  Var(1.0, Var[], Float64[]) => -33.0
  Var(3.0, Var[], Float64[]) => 55.0
  Var(2.0, Var[...           ) => 33.0

julia> g[x]
55.0
```

grad 함수의 리턴값은 각 노드 v_i를 키로 가지고 $\partial y \ / \ \partial v_i$를 값으로 가지는 딕셔너리이다. x에 대한 미분값은 55로 정확한 값이 나왔다. 자동 미분 후진 모드 역시 반복문이 있는 함수를 문제없이 미분했다.

15.3 플럭스의 자동 미분

자이곳 사용법

플럭스는 **자이곳(Zygote.jl)**이라는 자동 미분 패키지를 이용하여 오차 역전파를 한다. 자이곳은 단독으로도 미분 가능 프로그래밍을 위해 사용된다. 플럭스의 사용법을 익히기에 앞서, 자이곳의 작동 방식을 먼저 살펴보는 것이 플럭스를 다루는 데에 도움이 될 것이다. 앞 절에서 미분 실습 시 다뤘던 함수 *f*의 미분값을 자이곳으로 다시 구해보자.

```
julia> function f(x)
           for _ = 1:2
               x = x * (x - 1)
           end
           x
       end;

julia> using Zygote
julia> gradient(f, 3)
(55.0,)
```

함수 *f*의 $x = 3$에서의 미분값은 55로 앞 절의 실습 결과와 동일하게 나왔다. 다음과 같이, 자이곳의 gradient(f, args...) 함수는 함수 f의 각 args 인수에 대한 기울기를 돌려준다. 단 함수 f는
스칼라값을 리턴하는 함수여야 한다.

```julia
julia> gradient((a, b) -> a * b, 2, 3)
(3.0, 2.0)
```

벡터를 리턴하는 함수 $f: \mathbb{R}^n \rightarrow \mathbb{R}^m$의 야코비 행렬을 구하려면 jacobian 함수를 이용할 수 있다.

```julia
julia> jacobian(x -> [x[1] * x[2], x[1] + x[2], x[1]], [2, 3])[1]
3×2 Matrix{Int64}:
 3  2
 1  1
 1  0
```

gradient 함수는 후진 모드 자동 미분 함수이고, jacobian 함수는 gradient 함수를 이용하여,
$(m \times n)$ 야코비 행렬 계산 시 m번의 역방향 진행을 한다. 앞의 예에서는 세 번의 역방향 계산을
한다.

$f: \mathbb{R}^n \rightarrow \mathbb{R}$인 함수의 헤세Hesse 행렬을 구하려면 hessian 함수를 이용할 수 있다.

```julia
julia> hessian(x -> x[1]^2 * x[2], [2, 3])
2×2 Matrix{Int64}:
 6  4
 4  0
```

헤세 행렬은 기울기 벡터의 야코비 행렬과 같으므로, 개념적으로는 hessian(f, x) = jacobian$(x$
$\rightarrow$ gradient$(f, x), x)$ 방식으로 구할 수 있다. 이때 $f: \mathbb{R}^n \rightarrow \mathbb{R}$인 함수에 대해 기울기 벡터를
구할 때는 후진 모드가 유리하고, n차원 기울기 벡터 $\nabla f: \mathbb{R}^n \rightarrow \mathbb{R}$에 대한 $(n \times n)$의 야코비 행
렬을 구할 때는 전진 모드가 유리하다.[14] 주어진 함수 f에 대해, 실제 hessian 함수의 내부 구현은
다음과 같다.

```julia
julia> f(x) = x[1]^2 * x[2]
```

---

[14] 후진 모드는 전진 모드에 비해 그래프 구축 등 메모리 사용량이 많기 때문에 입출력 차원이 같은 함수의 경우에는 전진 모드가 유
리하다.

```
julia> Zygote.forward_jacobian(x -> gradient(f, x)[1], [2,3])[2]
2×2 Matrix{Int64}:
 6  4
 4  0
```

이와 같이 함수 *f*에 대해, 후진 모드로 기울기 벡터를 구하고, 다시 전진 모드로 야코비 행렬을 구해서 헤세 행렬을 얻는 것을 **forward-over-reverse**라고 한다. Zygote.forward_jacobian은 전진 모드 자동 미분 패키지인 ForwardDiff.jl을 이용한다.

소스 코드 변환 방식

자이곳의 후진 모드 자동 미분 구현 방식은 15.2절에서 실습해본 구현 방식과는 차이가 있다. 앞에서는 Var 타입을 만들고 이 타입에 대한 연산자 재정의를 통하여 계산 과정을 기록하는 트레이싱tracing 방식을 사용했다. 파이토치나 텐서플로의 즉시 실행eager execution 모드 작동 방식도 이와 유사한 방식이다. 반면 자이곳은 소스 코드를 직접 도함수로 변환한다. 이러한 **소스 코드 변환**source code transformation 방식은 이전부터 존재하던 방식으로, 연산자 재정의 방식과 함께 자동 미분의 전통적인 구현 방식이다.[15]

이전의 소스 코드 변환 방식이 텍스트 파일의 소스 코드를 읽어서 새로운 코드 파일을 생성하는 방식이었다면, 자이곳은 메모리상에서 줄리아 중간 표현을 변환하여 도함수를 생성한다.[16] 생성된 도함수는 줄리아 JIT 컴파일러에 의해 최적화 및 컴파일되고 다른 입력값들에 대해 재사용된다.

자이곳의 공식 문서에 나오는 예제[17]로 자이곳의 개념적인 소스 코드 변환 작동 방식을 살펴보자. 먼저, 다음과 같은 멱함수 정의가 있다.

```
julia> function pow(x, n)
           r = 1
           for _ = 1:n
               r *= x
           end
           return r
       end;
```

---

15 https://en.wikipedia.org/wiki/Automatic_differentiation#Implementation

16 3장에서 다뤘던 줄리아 함수의 컴파일 단계에서, 자이곳은 최적화 전의 줄리아 IR에 대해 작동한다. 최적화 후의 IR에 대해 작동하는 Diffractor.jl이나 LLVM 수준에서 작동하는 Enzyme.jl과 같은 자동 미분 프로젝트도 있다.

17 https://fluxml.ai/Zygote.jl/v0.6/internals/

pow 함수를 미분하기 위해서는 다음과 같이 곱셈에 대한 미분이 정의되어 있어야 한다.

```julia
julia> J(::typeof(*), a, b) = a * b, c̄ -> (b * c̄, a * c̄);
```

이 J 함수는 곱셈 연산자에 대해 (연산 결과, 풀백pullback 함수)를 반환한다. $y = \text{pow}(x, n)$이라 했을 때, 풀백 함수 c̄ -> (b * c̄, a * c̄)는 곱셈의 미분값을 역방향 진행 시에 전달받은 $\bar{c} = \partial y \ / \ \partial c$에 곱해서 $(\bar{a} = \partial y \ / \ \partial a, \bar{b} = \partial y \ / \ \partial b)$를 리턴하는 함수이다. $f(x)$의 풀백 함수는 함수 f의 x에서의 미분 정보를 역방향으로 전달하는 역할을 한다.[18] 미분 정보에는 입력값 x나 연산 결과 등이 포함될 수 있고, 풀백 함수는 이를 캡처할 수 있는 클로저closure가 된다.

pow 함수에 대해 (연산 결과, 풀백 함수)를 반환하는 이러한 J 함수는 다음과 같이 만들 수 있다.[19]

```julia
julia> function J(::typeof(pow), x, n)
           r = 1
           Js = []
           for _ = 1:n
               r, back = J(*, r, x)
               push!(Js, back)
           end
           return r, function(r̄)
               x̄ = 0
               for i = n:-1:1
                   r̄, x̄' = Js[i](r̄)
                   x̄ += x̄'
               end
               return (x̄, 0)
           end
       end
```

함수 본문의 첫 번째 for 문은 후진 모드의 첫 단계인 정방향 진행으로, 변수 r = 1에다가 x를 n 번 반복해서 곱해주면서, 곱셈 연산자에 대한 풀백 함수를 배열 Js에 저장한다. 이후 리턴값은 연산 결과인 r과 함께, pow 함수의 풀백 함수를 익명 함수로 반환한다. pow 함수의 풀백 함수는 $\bar{r} = \partial y \ / \ \partial r$를 입력으로 받아서 정방향 시 기록해둔 곱셈의 풀백 함수들을 역으로 적용하여 최종적인 $\bar{x} = \partial y \ / \ \partial x$를 반환한다(Pow 함수의 인수는 (x, n)이기 때문에 (x̄, 0)을 반환한다).

---

[18] 풀백 함수는 입력받은 벡터에 야코비 행렬을 곱해서(vector-Jacobian product) 반환한다.
[19] 변수명 위의 바(bar)는 변수명을 먼저 치고 \bar를 입력한 후 탭 키를 눌러 입력한다.

다음과 같이 J 함수에 pow 함수와 x = 2, n = 3을 넘기면, 연산 결과 및 pow 함수의 풀백 함수를 얻을 수 있다.

```julia
julia> J(pow, 2, 3)
(8, var"#3#4"{Int64, Vector{Any}}(3, Any[var"#1#2"{Int64, Int64}(1, 2), var"#1#2"{Int64, Int64}(2, 2), var"#1#2"{Int64, Int64}(4, 2)]))
```

연산 결과는 $2^3 = 8$이 나왔고, var"#3#4"로 시작하는 익명 함수는 pow 함수의 풀백 함수로, 내부에 변수 n과 배열 Js를 필드로 가지는 클로저이다. 이 풀백 함수에 $\bar{y} = \partial y / \partial y = 1$을 넘기면 pow(2, 3)의 미분값을 돌려준다.

```julia
julia> J(pow, 2, 3)[2](1)
(12, 0)
```

pow(2, 3) 대신, pow(3, 4)와 같이 x의 값뿐 아니라 반복 횟수인 n까지 바꾸더라도, 풀백 함수는 새로 소스 코드 변환이 일어나는 것이 아니라 기존 변환된 함수 정의가 재사용된다.[20] 이는 풀백 함수가 변수 n을 필드값으로 가지면서 n만큼 반복하는 제어 흐름을 유지하고 있기 때문이다. 다음과 같이 풀백 함수의 타입 순번이 변경이 없음을 확인할 수 있다.

```julia
julia> J(pow, 2, 3)[2]
#3 (generic function with 1 method)

julia> J(pow, 3, 4)[2]
#3 (generic function with 1 method)
```

pow 함수 타입에 대한 J 함수 코드는 소스 코드 변환의 예시이고, 실제 자이곳은 J 함수 역할을 하는 내부의 _forward 함수를 특수한 매크로인 @generated를 이용하여 '생성된 함수generated function'로 만든다. 4장에서 다뤘듯 매크로는 매크로 확장이 소스 코드 파싱으로 생성된 AST에서 작동한다. 이는 코드의 저수준화 및 타입 추론 이전 단계이기 때문에 매크로는 인수의 타입을 알지 못한다. 반면 생성된 함수는 타입 추론은 끝났지만 JIT 컴파일은 되기 전 단계에서 확장이 이루어지기 때문에, 인수의 타입에 따른 함수 본문을 생성할 수 있고, 따라서 컴파일되어 재사용된

---

20 줄리아의 클로저는 호출 가능한 복합 타입이다. 같은 함수의 풀백 함수를 새로 생성하는 것은 해당 타입의 객체를 새로 생성하는 것이지 타입 및 메서드 정의를 새로 하는 것은 아니다. JIT 컴파일된 도함수 메서드는 재사용된다.

다. 예를 들어 생성된 함수인 J(f, x...)에 대해 J(pow, 2, 3)를 호출하는 경우, 인수 f의 타입이 pow 함수임을 알 수 있으므로,[21] 이 pow 함수의 코드를 변환하여 앞서 본 J(::typeof(pow), x, n)과 같은 함수를 생성한다. 최종 생성된 함수의 결과물은 다음과 같이 Zygote.@code_adjoint 매크로를 통하여 확인할 수 있다.

```
julia> Zygote.@code_adjoint pow(2,3)
Zygote.Adjoint(1: (%4, %5 :: Zygote.Context, %1, %2, %3)
  %6 = Zygote._pullback(%5, Main.:(:), 1, %3)
  %7 = Base.getindex(%6, 1)
...
  %28 = Zygote.gradindex(%27, 3)
  %29 = Zygote.tuple(nothing, %23, %28)
  return %29)
```

소스 코드 변환 방식이 트레이싱 방식과 가장 크게 다른 점은, 앞의 풀백 함수에서 봤듯 반복문과 같은 제어 흐름이 유지된 도함수를 생성한다는 점과, 이 함수를 컴파일해서 재사용한다는 점이다. 자이곳이 생성하는 도함수는 제어 흐름이나 함수 호출, 자료구조 등의 정보들이 유지되고, 이는 줄리아 컴파일러가 도함수에 대해 타입 추론 및 인라이닝 등의 최적화를 가능하게 한다.[22] 파이토치의 define-by-run 트레이싱 방식은 pow(x, n) 함수의 미분값을 구하기 위해서는 매 실행마다 계산 그래프를 생성해야 하고, 생성된 그래프에에는 연산 순서의 기록만 있지 제어 흐름 등의 정보는 사라진다.[23] 계산 그래프를 컴파일하는 경우도 pow(x, 3)에 대해서 컴파일된 그래프는 pow(x, 4)에 대해서는 사용될 수 없다. 또한 트레이싱 방식은 반복문을 연속된 연산의 기록으로 펼치는 unroll 과정이 필요해, 복잡한 연산의 반복문이 있으면 계산 기록도 굉장히 길어질 수 있다.

이미지 처리 같은 전통적인 딥러닝 분야에서는, 행렬 계산 등의 데이터 처리 연산에 필요한 시간이나 리소스에 비하면 자동 미분 관련 오버헤드는 굉장히 작기 때문에, 파이토치와 같이 매 실행 시 계산 그래프를 생성하는 방법이 문제가 되지 않는다. 하지만 줄리아가 강점을 보이는 과학적 머신러닝 분야에서는 데이터 크기는 상대적으로 작은 반면 더 다양하고 동적인 모델을 학습해야 할 때가 많다.

---

21 줄리아의 함수는 함수별로 고유한 타입을 가진다.

22 본 문단의 내용은 다음을 참고하였다. Michael Innes. 2018. Don't Unroll Adjoint: Differentiating SSA-Form Programs. *CoRR* abs/1810.07951 (2018). https://arxiv.org/abs/1810.07951

23 인수 n만큼 반복한다는 제어 정보는 사라지고, pow(x, 3)의 경우 y = ((1 * x) * x) * x 방식으로 그래프만 생성된다.

자이곳의 핵심 개발자들은 자이곳이 목표하는 과학적 문제 해결을 위한 자동 미분의 요건을 다음과 같이 나열했다.[24]

1. 실행 연산 크기에 상관없이 낮은 오버헤드
2. 제어 흐름의 효율적 지원
3. 사용자 정의 타입의 완전하고 효율적인 지원
4. 사용자 맞춤화 가능customizability
5. 자동 미분과 무관하게 작성된 기존 코드들과의 결합
6. 동적 특성dynamism

연산자 재정의를 이용한 트레이싱 방식은 계산 그래프를 구축할 수 있는 새로운 타입을 정의하고[25] 그 타입에 대한 연산자를 재정의한다. 앞 절의 자동 미분 실습 시 정의했던 Var 타입이나 파이토치의 텐서를 예로 들 수 있다. 하지만 소스 코드 변환 방식은 기본 연산들에 대한 풀백 함수만 정의해놓고 이를 이용하여 새로운 도함수 코드를 생성하기 때문에 연산이 정의되어 있는 어떠한 타입에도 작동할 수 있다. 다음은 자이곳 공식 문서에 나오는 사용자 정의 타입에 대한 미분 예제이다.

```julia
julia> import Base: +
julia> struct Point
           x::Float64
           y::Float64
       end
julia> a::Point + b::Point = Point(a.x + b.x, a.y + b.y);
julia> dist(p::Point) = sqrt(p.x^2 + p.y^2);
julia> a, b = Point(1, 2), Point(3, 4);
julia> using Zygote
julia> gradient(a -> dist(a + b), a)[1]
(x = 0.5547001962252291, y = 0.8320502943378437)
```

결과를 검증해보자. dist(a + b)의 좌표 a에서의 x방향 편미분값은 sqrt((a.x + 3)^2 + (2 + 4)^2)의 a.x = 1에서의 미분값이고 이는 풀어보면 2 / sqrt(13)이 나온다(0.55407). y방향 편미분값도 마찬가지로 풀어보면 3 / sqrt(13)이 나온다(0.83205). 자이곳이랑 무관한 기존 타입에 대해서도 미분이 잘 작동함을 볼 수 있다.

---

24 Mike Innes, Alan Edelman, Keno Fischer, Christopher Rackauckas, Elliot Saba, Viral B. Shah, and Will Tebbutt. 2019. A Differentiable Programming System to Bridge Machine Learning and Scientific Computing. *CoRR* abs/1907.07587 (2019). https://arxiv.org/abs/1907.07587

25 부모나 자식 노드에 대한 참좃값 및 미분 정보를 가져야 한다.

## CHAPTER 16

플럭스 사용법

이번 장에서는 예제를 통해 본격적으로 플럭스의 사용법을 살펴본다. 기존의 파이토치나 텐서플로에 익숙한 독자들을 위하여 파이토치의 QUICKSTART 튜토리얼[1]에 나오는 다층 퍼셉트론을 이용한 **MNIST 패션 아이템 데이터셋**Fashion MNIST 분류 예제를 플럭스로 동일하게 구현해보면서 단계별 사용법을 알아본다. 패션 아이템 데이터셋은 티셔츠, 신발 등 열 가지 이미지로 구성된 데이터로, 숫자 손글씨 데이터셋 대신 사용할 수 있고 손글씨 데이터셋보다 예측 난도가 높다.

전체적인 순서는 '데이터 준비 → 모델 생성 → 학습 및 테스트 → 모델 저장'이다. 해당 튜토리얼의 파이토치 코드와 비교해보면 플럭스의 유사점과 차이점을 더 잘 확인할 수 있다.

먼저 실습에 필요한 패키지들을 불러온다. 일부 패키지에 대한 간단한 설명은 **16.5절**에 썼다.

```
import MLDatasets
import Flux, NNlib
import Flux: onehotbatch
import MLUtils: DataLoader
import CUDA: has_cuda
import Zygote, Optimisers
import Formatting: printfmtln
using Random: MersenneTwister
import Plots
ENV["DATADEPS_ALWAYS_ACCEPT"] = true  # 필요 데이터 자동 다운로드
```

---

[1] https://pytorch.org/tutorials/beginner/basics/quickstart_tutorial.html

환경변수 DATADEPS_ALWAYS_ACCEPT을 true로 설정하면 MLDatasets 등의 패키지로 필요한 데이터를 다운로드할 때 묻지 않고 바로 진행한다.

16.1 데이터 준비

```
function get_data(batchsize = 64)
    xtrain, ytrain = MLDatasets.FashionMNIST(:train)[:]
    xtest, ytest = MLDatasets.FashionMNIST(:test)[:]

    xtrain = reshape(xtrain, 28, 28, 1, :)
    xtest = reshape(xtest, 28, 28, 1, :)

    ytrain, ytest = onehotbatch(ytrain, 0:9), onehotbatch(ytest, 0:9)

    train_loader = DataLoader((xtrain, ytrain), batchsize=batchsize)
    test_loader = DataLoader((xtest, ytest),  batchsize=batchsize)

    return train_loader, test_loader
end
```

먼저 14.1절에서 다뤘던 MLDatasets 패키지를 이용하여 MNIST 패션 아이템 데이터셋을 불러온다. xtrain 데이터는 28 × 28픽셀의 이미지 6만 개로 이루어져 있고, ytrain은 각 이미지의 레이블이다. xtest, ytest 데이터는 1만 개의 이미지와 레이블 데이터이다.

이미지 데이터는 reshape 함수를 이용하여 (W, H, C) 형상으로 바꿔준다. 파이토치에서는 (C, H, W) 형상을 이용하지만, 열 우선 배열인 줄리아에서는 합성곱 계산 시 빠른 접근이 필요한 W와 H 축이 1, 2차원으로 온다. 본 예제에서는 합성곱 신경망 대신 다층 퍼셉트론 신경망을 이용하기 때문에 채널 축이 필요 없지만, 합성곱 모델에도 적용될 수 있게 형상을 이렇게 바꿔둔다.

레이블 데이터는 onehotbatch 함수를 이용하여 원핫 인코딩을 한다. 파이토치의 경우 CrossEntropyLoss는 클래스 인덱스 자체를 타깃으로 받을 수 있지만, 플럭스의 crossentropy나 logitcrossentropy 함수는 원핫 인코딩된 타깃만 받는다. Flux.Losses.label_smoothing 함수를 이용하여 원핫 인코딩된 레이블을 스무딩할 수도 있다.

MLUtils.jl 패키지에서 제공하는 DataLoader 타입은 첫 번째 인수로 데이터셋을 받고, 키워드 인수로 미니배치 사이즈나 셔플shuffle 여부, 병렬 로딩 여부, 배치 구성 방식 등을 입력받는다. 사용자 정의 타입을 데이터셋으로 넘기려면, 해당 타입에 대해 `Base.length`와 `Base.getindex` 함수를 구현하면 된다. 파이토치의 `DataLoader`에 사용자 정의 데이터셋을 넘길 때 `__len__()`과 `__getitem__()` 메서드를 정의해야 하는 것과 마찬가지다.

배치는 마지막 차원으로 구성되기 때문에, 배차 사이즈가 64인 경우, 위 데이터로더가 제공하는 인풋 데이터의 형상은 (28, 28, 1, 64)가 되고, 레이블의 형상은 원핫 인코딩된 (10, 64)가 된다. 반면, 파이토치 데이터로더의 인풋 형상은 (64, 1, 28, 28)이고 레이블은 클래스 인덱스로서 (64,)의 형상이다.

16.2 모델 생성

다음 함수가 리턴하는 모델은 (28, 28, 1, 배치 사이즈) 형상의 데이터를 (28 * 28, 배치 사이즈) 형상으로 평탄화한 후 완전 연결된fully connected 계층인 Dense로 연결한다.

```
function build_mlp_model(rng)
    Flux.Chain(
        Flux.flatten,
        Flux.Dense(28 * 28 => 512, NNlib.relu; init=init(rng)),
        Flux.Dense(512 => 512, NNlib.relu; init=init(rng)),
        Flux.Dense(512 => 10; init=init(rng)),
    )
end
```

입력층과 은닉층은 512의 출력 차원 및 relu 활성화 함수를 가진다. 출력층에는 활성화 함수를 생략했는데, 이 경우 항등identity 함수가 적용되어 10개의 로짓logit을 출력한다.

플럭스는 마지막 차원이 배치 차원이므로, `Flux.flatten` 함수도 마지막 차원을 유지하고 그 앞 차원들은 평탄화해서 행렬 형태를 만든다. 파이토치의 `Flatten`이 기본값으로 첫 번째 차원을 유지하는 것과 차이가 있다. Dense 타입은 필수 인수인 입출력 차원과 선택 인수인 활성화 함수, 키워드 인수인 편향 학습 여부 및 가중치 초기화 함수 등을 받는다. 입출력 차원 대신 직접 가중치 행렬을 인수로 받을 수도 있다. Chain은 파이토치의 Sequential과 같이 계층들을 연결하는 역할을 한다. 개별 층들은 인덱싱으로 접근할 수 있고, Chain(name1 = …, name2 = …)과 같이 이름을 부여하여 접근할 수도 있다.

가중치 초기화

이 모델 생성 함수에서 Dense 생성자에 init 키워드 인수로 넘기는 init(rng) 함수는 다음과 같다.

```
init(rng) = Flux.glorot_uniform(rng)
```

이 함수는 난수 발생기를 인수로 받아서 플럭스가 제공하는 그자비에 글로로$_{\text{Xavier Glorot}}$ 균등분포 초기화 방식인 glorot_uniform 함수를 호출한다. 신경망 계층 생성 시 init 키워드를 지정하지 않으면 기본적으로 glorot_uniform 방식이 적용되지만 난수 시드 및 초기화 방식 관리를 위해 별도의 init 함수를 정의했다.

사용자 정의 타입과 함자

17.2절에서 사용자 정의 모델을 만들어볼 텐데, 여기에서 그 예시를 먼저 살펴보고 **함자**$_{\text{functor}}$[2]에 대해서도 살펴보고 넘어가겠다. 함자를 사용하면, 깊게 중첩된 복잡한 모델 타입들에 대해서도 그 구조를 유지하면서 학습 대상 파라미터들이 업데이트된 새로운 모델 객체를 쉽게 만들 수 있다. 사실 사용자 정의 타입뿐만 아니라 Dense나 Chian 등 플럭스의 내장$_{\text{built-in}}$ 계층 타입 모두 @Functors.functor 매크로를 이용해 함자로 만들어져 있다.

파이토치는 학습 시 모델 파라미터들의 내부 상태(값)를 직접 업데이트하지만, 플럭스는 좀 더 함수형 프로그래밍 스타일을 따르기 때문에 파라미터가 업데이트된 새로운 모델 객체를 생성한다. 이를 위해 플럭스의 옵티마이저는 내부적으로 Functors.fmap 함수를 이용하며, 이 때문에 사용자 정의 모델도 함자로 작성하는 것이다.

사용자 정의 계층이나 모델을 작성하는 방법은 다음과 같다. 파라미터를 필드로 가지는 복합 타입을 정의한 후, 해당 타입을 호출 가능한 객체로 만들어주는 메서드를 정의한다. 이 메서드는 정방향 진행 시의 원싯값을 계산하는 함수로서, 파이토치 nn.Module의 forward 메서드 역할을 한다.

간단한 선형 계층인 MyLinear 타입을 만들어보면 다음과 같다.

2　함자는 객체의 구조를 유지한 채 각 필드에 함수를 적용할 수 있게 한다. 항등 함수 적용 시에는 동일한 객체가 반환되고, 함수 합성에 대해서는 fmap(g ∘ f, obj)와 fmap(g, fmap(f, obj)) 두 객체는 동일한 필드값들을 가진다. https://ko.wikipedia.org/wiki/함자_(수학)

```
julia> import Functors
julia> struct MyLinear
           weight
           bias
       end
julia> (a::MyLinear)(x) = a.weight * x .+ a.bias  # forward method
julia> @Functors.functor MyLinear
```

먼저 **Functors.jl** 패키지를 임포트했고, 마지막 행의 **@Functors.functor**로 MyLinear 타입을 함자로 만들었다. 즉 MyLinear 객체의 각 필드에 임의의 함수를 적용하여 새로운 MyLinear 객체를 만들 수 있게 되었다. 새로운 객체 생성은 객체의 타입과 구조를 유지하며 단말 노드를 변환해주는 Functors.fmap 함수를 이용한다. 다음은 각 필드값에 2를 곱한 MyLinear 객체를 얻는 예제이다.

```
julia> Functors.fmap(v -> v * 2, MyLinear([1, 2], [2]))
MyLinear([2, 4], [4])
```

함수 적용은 중첩된 필드들에 대해서도 동일하게 작동하기 때문에, 복잡하고 중첩된 딥러닝 모델의 수많은 파라미터들을 업데이트하거나 GPU로 옮기는 등의 작업을 한 번에 할 수 있다.

예제로 만든 **MyLinear** 타입 모델을 GPU로 옮겨보자.

```
julia> m = MyLinear(rand(2,2), rand(2));

julia> m_cuda = Functors.fmap(CUDA.CuArray, m);

julia> m_cuda.weight
2×2 CuArray{Float64, 2, CUDA.Mem.DeviceBuffer}:
 0.741458  0.545575
 0.519785  0.139693

julia> m_cuda.bias
2-element CuArray{Float64, 1, CUDA.Mem.DeviceBuffer}:
 0.7889152670384518
 0.9530577035076219
```

만약 **MyLinear** 타입이 함자가 아니면 모델의 파라미터들을 하나씩 CuArray로 만들어서 MyLinear 생성자를 호출해야 할 것이다.

파라미터 타입이 Float32인 모델은 Functors.fmap(Float32, m)로 얻을 수 있다. 참고로 모델을

GPU로 옮기면서 파라미터 타입도 Float64에서 Float32로 바꾸려면 Flux.gpu 함수를 이용하면
된다. 이 함수도 내부적으로 Functors.fmap을 이용한다.

함자의 다른 예시

20.2절에 나올 타깃 네트워크를 업데이트하는 soft_update_target! 함수도 메인 네트워크와 타깃 네트워
크가 둘 다 같은 구조의 함자라는 점을 이용한다(Functors.fmap 함수로 두 네트워크의 파라미터들을 순회하
며 각 파라미터의 가중합으로 구성된 동일한 구조의 새로운 타깃 네트워크를 생성한다).

마찬가지로 20.2절에 나올 기울기 제약을 위한 clip_grad_norm 함수의 경우, 인수로 받는 기울기 벡터는 보통
자이곳 gradient 함수의 출력 타입인 튜플이나 명명된 튜플이다. 이는 모델이 함자인지 여부와는 무관하지만,
Functors.fmap 함수는 튜플이나 명명된 튜플에 대해서도 그 구조를 유지하며 단말 노드를 변환해주기 때문
에, 기울기 클리핑을 쉽게 구현할 수 있게 해준다.

16.3 학습 및 테스트

모델 학습에는 15장에서 다룬 자이콧의 자동 미분이 이용된다. 이번 절에서 정의하는 학습 함수
및 테스트 함수는 17장과 18장에서도 계속해서 사용된다.

모델 학습 함수

모델 학습 함수는 데이터로더와 모델, 손실 함수, 옵티마이저를 받아서 학습된 모델과 상태 갱신된
옵티마이저를 반환한다.

```
function train(loader, model, loss_fn, optimizer)
    num_batches = length(loader)
    losses = Float32[]
    Flux.testmode!(model, false)
    for (batch, (X, y)) in enumerate(loader)
        X, y = Flux.gpu(X), Flux.gpu(y)
        grad = Zygote.gradient(m -> loss_fn(m, X, y), model)[1]
        optimizer, model = Optimisers.update(optimizer, model, grad)
        if batch % 100 == 0
            loss = loss_fn(model, X, y)
            printfmtln("[Train] loss: {:.7f} [{:>3d}/{:>3d}]",
                loss, batch, num_batches)
            push!(losses, loss)
        end
    end
```

```
    model, optimizer, losses
end
```

testmode! 함수는 모델에 테스트 모드 여부를 알려주는 함수다. 배치 정규화batch normalization 계층이나 드롭아웃dropout 계층과 같이 학습 모드와 테스트 모드에서의 작동 방식이 다른 계층들은 testmode! 메서드가 구현되어 있다.

그다음 미니배치 단위로 학습을 하는 for 반복문 안을 살펴보면, 데이터를 GPU로 옮긴 다음[3] 자이곳을 이용하여 현재 모델 파라미터에서의 손실의 미분값을 구하고, 이 미분값과 옵티마이저를 이용하여 파라미터가 업데이트된 새로운 모델을 돌려받는다. 이때 모멘텀 벡터 등의 내부 상태가 업데이트된 옵티마이저도 함께 돌려받는다. 업데이트된 모델과 옵티마이저는 다음 미니배치에서 사용된다. 100번째 미니배치마다 모델의 손실값을 출력한다. train 함수는 업데이트된 모델과 옵티마이저, 손실값을 반환하고, 이 중 모델과 옵티마이저는 다음 에폭에서 다시 train 함수의 인수로 넘겨서 학습을 계속한다.

모델 업데이트에 사용된 **Optimisers.jl** 패키지는 다양한 옵티마이저 및 update 등의 함수를 제공한다. update 함수는 @Functors.functor가 적용된 타입(모델)이 가지고 있는 모든 수치형 배열들을 파라미터로 간주하고 업데이트한다. 일부 파라미터만 업데이트하려면 trainable 함수로 학습 대상 파라미터를 명시할 수 있다. 일부 파라미터를 고정하려면 freeze! 함수를 이용할 수 있고, thaw! 함수로 다시 학습할 수도 있다. 옵티마이저의 학습률 등은 adjust! 함수로 조정할 수 있다.

파이토치는 보통 기울기 역전파 전에 파라미터 텐서에 저장된 기울기를 0으로 리셋하지만 플럭스에는 그런 과정이 없다. 플럭스의 자이곳은 소스 코드 변환 방식으로 임의의 타입에 대해 자동 미분을 하기 때문에 파라미터 객체에 기울기를 저장하지 않는다. 또한 파이토치는 모델의 파라미터나 옵티마이저의 상태를 직접 변경하지만, 플럭스의 Optimisers.update는 순수 함수pure function 로서, 업데이트된 새로운 모델 객체와 옵티마이저 객체를 돌려준다. 기존 객체의 파라미터나 상태를 변경하려면 Optimisers.update! 함수를 이용하면 된다.

---

3   GPU가 없으면 Flux.gpu 함수는 특별한 작동을 하지 않는다(no-op).

모델 테스트 함수

테스트 함수는 학습된 모델을 테스트셋에 적용해서 정확도와 손실값을 출력하고 반환한다. 분류 정확도 계산 시엔 파이토치의 argmax와 같은 역할을 하는 Flux.onecold 함수로 예측치 배열의 모드값 인덱스를 가져와서 비교한다.

```julia
function test(loader, model, loss_fn)
    num_batches = length(loader)
    Flux.testmode!(model, true)
    acc, tot = 0, 0
    loss = 0f0
    for (X, y) in loader
        X, y = Flux.gpu(X), Flux.gpu(y)
        pred = model(X)
        acc += sum(Flux.onecold(pred) .== Flux.onecold(y))
        tot += size(X)[end]
        loss += loss_fn(model, X, y)
    end
    acc, avg_loss = acc / tot * 100, loss / num_batches
    printfmtln("[Test] Accuracy: {:.1f}, Avg loss: {:.7f}", acc, avg_loss)
    acc, avg_loss
end
```

16.4 전체 실행

지금까지 작성한 함수들을 이용하여 다음과 같이 학습 및 테스트를 진행한다. 먼저 사용자에게 CUDA GPU 사용 가능 여부를 보여주고, 모델을 생성한다.

```julia
julia> if has_cuda()
           @info "CUDA is on"
       end

julia> rng = MersenneTwister(1);
julia> model = build_mlp_model(rng) |> Flux.gpu
Chain(
  Flux.flatten,
  Dense(784 => 512, relu),          # 401_920 parameters
  Dense(512 => 512, relu),          # 262_656 parameters
  Dense(512 => 10),                 # 5_130 parameters
)                   # Total: 6 arrays, 669_706 parameters, 856 bytes.
```

build_mlp_model 함수에 넘겨줄 난수 생성기는 Random 패키지의 MersenneTwister 타입에 난수 시드를 넘겨서 생성한다. 생성된 모델은 GPU로 옮겨준다. 사용 가능한 GPU가 없으면 알아서 CPU 에서 작동한다. 위 model의 REPL 출력 결과에서 보이듯, Dense 등 플럭스의 내장 계층들은 Base. show 함수가 구현되어 있어 파라미터 개수나 사이즈 등 유용한 결과를 표시해준다. 예를 들어 첫 번째 Dense 층의 주석을 보면, 입력 차원(784) * 출력 차원(512) + 절편(512) = 401,920개 파라미터 가 있음을 알 수 있다.

손실 함수 및 옵티마이저 지정

다음과 같이 손실 함수를 정한다. 손실 함수 loss_fn은 모델 m과 입력 변수 x, 종속변수 y를 받아 서 손실을 계산하는 익명 함수이다.

```julia
julia> loss_fn = (m, x, y) -> Flux.Losses.logitcrossentropy(m(x), y);
```

손실 계산에는 logitcrossentropy를 이용하고, 이는 파이토치의 CrossEntropyLoss와 같이 로짓 을 입력값으로 받는다. 플럭스의 crossentropy 함수는 로짓값 대신 소프트맥스가 적용된 확률값 을 입력으로 받기 때문에 두 함수 사용에 유의해야 한다.

옵티마이저 생성은 다음과 같다. 옵티마이저는 Optimisers.setup 함수에 최적화 로직과 모델을 넘겨서 생성한다. 최적화 로직은 단순한 경사 하강 타입인 Descent로 학습률은 0.001로 했다.

```julia
julia> optimizer = Optimisers.setup(Optimisers.Descent(0.001f0), model)
(layers = (nothing, (weight = Leaf(Descent{Float32}(0.001), nothing), bias =
Leaf(Descent{Float32}(0.001), nothing), σ = nothing), (weight = Leaf(Descent{Float32}
(0.001), nothing), bias = Leaf(Descent{Float32}(0.001), nothing), σ = nothing), (weight =
Leaf(Descent{Float32}(0.001), nothing), bias = Leaf(Descent{Float32}(0.001), nothing), σ =
nothing)),)
```

생성 결과를 보면 모델의 구조를 따라서 파라미터별로 로직이 적용되어 있다. 특정 계층이나 파라 미터의 학습률을 조정하려면 앞에서 얘기한 Optimisers.adjust! 함수를 이용하면 된다.

에폭별 실행

매 에폭마다 모델을 학습하고 손실 및 정확도를 구하기 위해 다음과 같은 함수를 작성한다.

```
function run_epochs(loaders, model, loss_fn, optimizer, epochs)
    train_loader, test_loader = loaders
    train_losses, accuracies = [], [];
    for t in 1:epochs
        println("Epoch $t")
        println("-----------------------------")
        model, optimizer, losses =
            train(train_loader, model, loss_fn, optimizer)
        train_losses = vcat(train_losses, losses)
        acc, _ = test(test_loader, model, loss_fn)
        push!(accuracies, acc)
    end
    model, train_losses, accuracies
end
```

위 함수의 반복문 안을 보면 train 함수가 반환한 모델과 옵티마이저를 다시 train 함수에 넘기는 것을 볼 수 있다. 이렇게 해야 이전 에폭에서 학습된 결과를 바탕으로 지속해서 학습이 이루어진다. 5에폭으로 모델을 학습하고 테스트한 결과는 다음과 같다.

```
julia> model, losses, accu = run_epochs(get_data(), model, loss_fn, optimizer, 5)
Epoch 1
-----------------------------
[Train] loss: 2.1345656 [100/938]
...
[Train] loss: 1.2697084 [900/938]
[Test] Accuracy: 66.0, Avg loss: 1.2534751
Epoch 2
-----------------------------
[Train] loss: 1.1759050 [100/938]
...
[Train] loss: 0.9053485 [900/938]
[Test] Accuracy: 71.3, Avg loss: 0.9295487
Epoch 3
-----------------------------
[Train] loss: 0.8986285 [100/938]
...
[Train] loss: 0.7607630 [900/938]
[Test] Accuracy: 74.4, Avg loss: 0.8047442
Epoch 4
-----------------------------
[Train] loss: 0.7915838 [100/938]
...
[Train] loss: 0.6820172 [900/938]
[Test] Accuracy: 76.1, Avg loss: 0.7363293
```

```
Epoch 5
--------------------------------
[Train] loss: 0.7302802 [100/938]
...
[Train] loss: 0.6292061 [900/938]
[Test] Accuracy: 77.3, Avg loss: 0.6908626
```

5번의 에폭 후 테스트셋에서의 정확도는 77.3%가 나왔다. 그리 높다고 보기 어려운 수치인데, 이는 파이토치 튜토리얼을 그대로 따라 하기 위해 다층 퍼셉트론을 이용한 결과이므로, 다음 절에서는 합성곱 신경망을 이용해 이 정확도를 개선해볼 것이다.

학습 과정의 손실과 에폭별 테스트셋 정확도를 시각화하면 다음과 같다.

```
julia> p1 = Plots.plot(losses, title="train loss");
julia> p2 = Plots.plot(accu, title="test accuracy");
julia> Plots.plot(p1, p2)
```

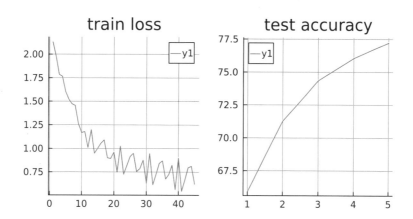

모델 저장 및 로딩

모델은 일반적인 줄리아 복합 타입이기 때문에, 어떠한 줄리아 객체 저장 형식을 사용해도 되지만 BSON.jl 패키지를 이용하는 **BSON**binary JSON 포맷을 가장 많이 사용하는 편이다.

```
julia> using BSON: @save
julia> @save "mnist_mlp.bson" m = Flux.cpu(model)
```

위 코드는 모델을 CPU로 보낸 후 m이라는 키값으로 bson 파일에 저장한다. 모델이 GPU 장치에 있는 상태에서 저장할 경우, GPU를 지원하지 않는 컴퓨터에서는 모델 로딩이 실패할 수 있다.

새로운 줄리아 REPL을 실행하여 다음과 같이 모델 로딩을 해보자.

```julia
julia> using BSON: @load
julia> import Flux, NNlib
julia> @load "mnist_mlp.bson" m
```

bson 파일의 m 키값으로 저장된 모델을 불러온다. 이때 플럭스와 NNlib 패키지가 임포트되어 있어야 에러 없이 로딩이 된다. 앞서 정의했던 get_data 함수를 이용하여 로딩된 모델을 테스트해보면 다음과 같다.

```julia
julia> import MLDatasets
julia> using Flux: onehotbatch
julia> using MLUtils: DataLoader
julia> function get_data(batchsize = 64)
           ...
       end;
julia> _, test_loader = get_data();
julia> (X, y) = first(test_loader);
julia> Flux.onecold(m(X)).-1, Flux.onecold(y).-1
([9, 2, 1, 1, 6, 1, 4, 4, 7, 7 … 4, 2, 8, 4, 8, 0, 7, 7, 8, 5],
 [9, 2, 1, 1, 6, 1, 4, 6, 5, 7 … 2, 2, 8, 4, 8, 0, 7, 7, 8, 5])
```

마지막 명령의 결과를 보면, 모델의 예측 결과인 m(x)가 타깃 y와 대체로 일치하여 학습된 모델이 잘 저장되고 로딩되었음을 알 수 있다.

16.5 관련 패키지

MNIST 패션 아이템 예제를 실습하는 과정에서 다양한 패키지들을 사용했다. 패키지 역할을 다시 정리하면 다음과 같다.

패키지	역할
Flux.jl	다양한 신경망 계층 타입 및 손실 함수 제공
NNlib.jl	활성화 함수, 합성곱 함수 등 신경망 구현에 필요한 함수 제공(플럭스에서 내부적으로 사용)
Zygote.jl	자동 미분으로 모델 파라미터에 대한 손실의 기울기 계산
Optimisers.jl	ADAM 등 최적화 로직 및 모델 업데이트 함수 제공
Functors.jl	모델 파라미터에 함수 적용을 가능하게 함
MLUtils.jl	데이터로더 등 파이프라인 관련 기능 제공
MLDatasets.jl	데이터셋 제공

이처럼 독립된 패키지들이 각 기능을 담당하기 때문에, 필요에 따라 특정 기능은 유사한 기능을
제공하는 다른 패키지를 사용할 수도 있다. 예를 들어 신경망 계층 타입은 Flux.jl 대신 Lux.jl를 사
용한다거나, 자동 미분을 소스 코드 변환 방식의 Zygote.jl 대신 트레이싱 방식의 Yota.jl을 사용하
는 식이다.

컴퓨터 비전

이번 장에서는 **합성곱 신경망**convolutional neural network, CNN을 이용한 컴퓨터 비전 관련 주제들을 다룬다. 이미지 분류 및 전이 학습, 이미지 생성, 객체 탐지 등을 실습해본다.

17.1 합성곱 신경망

패션 아이템 분류

바로 앞(16장)에서 다룬 MNIST 패션 아이템 분류에 다층 퍼셉트론 대신 합성곱 신경망을 이용해보자. 앞의 코드에서 build_mlp_model 함수 대신 build_cnn_model 함수만 만들어서 모델 생성에 사용하면 된다.

```
function build_cnn_model(rng)
    same = Flux.SamePad()
    Flux.Chain(
        Flux.Conv((3,3),  1 => 32, NNlib.relu, pad=same; init=init(rng)),
        Flux.MaxPool((2,2)),  # (28 x 28) => (14 x 14)
        Flux.Conv((3,3), 32 => 64, NNlib.relu, pad=same; init=init(rng)),
        Flux.MaxPool((2,2)),  # (14 x 14) => (7 x 7)
        Flux.Conv((3,3), 64 => 64, NNlib.relu, pad=same; init=init(rng)),
        Flux.MaxPool((2,2)),  # (7 x 7) => (3 x 3)
        Flux.flatten,
        Flux.Dense(3 * 3 * 64 => 64, NNlib.relu; init=init(rng)),
        Flux.Dense(64 => 10; init=init(rng)),
```

```
        )
    end
```

Flux.Conv 타입은 커널 사이즈와 입출력 채널 수, 활성화 함수를 위치 인수로 받고, 스트라이드나 패딩 등의 추가적인 키워드 인수들을 받는다. 싱글턴 타입인 SamePad 객체를 pad 인수로 넘기면 입력 크기를 유지하도록 패딩이 계산된다. 파이토치는 특성의 차원에 따라 Conv1d, Conv2d, Conv3d 등이 구분되지만 플럭스의 합성곱 계층은 Conv 계층으로 1,2,3차원 데이터를 모두 처리한다.

각 합성곱층 및 밀집층은 앞 장에서와 마찬가지로 init 키워드 인수에 init 함수를 넘겨서 가중치 초기화를 한다. Chain으로 묶인 전체 모델은 입력 데이터에 대해 합성곱 계층과 풀링 계층을 세 번 반복한 후 평탄화하여 밀집 계층으로 넘겨준다.

위의 기본적인 합성곱 모델에 드롭아웃과 배치 정규화를 적용한 모델을 cnn2라는 이름으로 만들어보자.

```julia
function build_cnn2_model(rng)
    same = Flux.SamePad()
    Flux.Chain(
        Flux.Conv((3,3),  1 => 32, NNlib.relu, pad=same; init=init(rng)),
        Flux.MaxPool((2,2)),  # (28 x 28) => (14 x 14)
        Flux.Dropout(0.2),
        Flux.BatchNorm(32),

        Flux.Conv((3,3), 32 => 64, NNlib.relu, pad=same; init=init(rng)),
        Flux.MaxPool((2,2)),  # (14 x 14) => (7 x 7)
        Flux.Dropout(0.2),
        Flux.BatchNorm(64),

        Flux.Conv((3,3), 64 => 64, NNlib.relu, pad=same; init=init(rng)),
        Flux.MaxPool((2,2)),  # (7 x 7) => (3 x 3)
        Flux.Dropout(0.2),
        Flux.BatchNorm(64),

        Flux.flatten,
        Flux.Dense(3 * 3 * 64 => 64, NNlib.relu; init=init(rng)),
        Flux.Dropout(0.2),
        Flux.Dense(64 => 10; init=init(rng)),
    )
end
```

Dropout 타입은 키워드 인수로 난수 생성기를 지정할 수 있지만, 이는 CPU에서 학습할 때만 적용되고 GPU에서는 난수 생성기를 지정하고 모델을 돌리면 명시적으로 에러가 발생하기 때문에,[1] 책에서는 따로 지정을 하지 않았다. 즉 책과 동일한 코드를 실행하더라도 결과가 재현되지 않을 수 있고, 이는 뒤에서 다룰 Dropout 계층을 가지는 모든 모델에 해당하는 사항이다.

16장에서 작성한 get_data, train, test 함수는 그대로 사용하고, 모델별 정확도를 취합할 다음과 같은 배치 실행 함수 run_batch를 작성한다.[2]

```
function run_batch(loaders, models, epochs)
    train_loader, test_loader = loaders
    loss_fn(m, x, y) = Flux.Losses.logitcrossentropy(m(x), y)
    train_losses, accuracies = [], []
    for (k, model) in enumerate(models)
        train_loss, accuracy = [], []
        optimizer = Optimisers.setup(Optimisers.Adam(), model)
        for t in 1:epochs
            println("[Model $k] Epoch $t")
            println("-----------------------------")
            model, optimizer, losses = train(train_loader, model, loss_fn, optimizer)
            train_loss = vcat(train_loss, losses)
            acc, _ = test(test_loader, model, loss_fn)
            push!(accuracy, acc)
        end
        push!(train_losses, train_loss)
        push!(accuracies, accuracy)
    end
    train_losses, accuracies
end
```

위 함수는 학습 데이터로더와 테스트 데이터로더 쌍을 loaders라는 인수로 받고, 복수의 모델을 models 인수로 받는다. 각 모델에 대해선 공통적으로 logitcrossentropy를 손실 함수로 주었고, 옵티마이저는 ADAM 로직을 기본 설정값으로 적용했다. 그러면 모델별로 학습 및 테스트를 진행하고 학습 손실 및 테스트 정확도를 취합해서 반환한다.

이제 앞 장의 다층 퍼셉트론 모델인 mlp와 합성곱 모델 cnn, 합성곱에 드롭아웃 및 배치 정규화를 적용한 cnn2의 성과를 비교해보자.

---

1   플럭스 0.13.16 기준
2   집필 시점에서 깃허브에 호스팅된 노트북 파일에서 $k와 $t 부분이 레이텍으로 잘못 렌더링되므로 브라우저에서 그대로 복사하고자 할 때는 주의가 필요하다.

```
julia> rng = MersenneTwister(1);
julia> models = [build_mlp_model(rng), build_cnn_model(rng), build_cnn2_model(rng)]
3-element Vector{Flux.Chain}:
 Chain(...)  # 669_706 parameters
 Chain(...)  # 93_322 parameters
 Chain(...)  # 93_642 parameters, plus 320 non-trainable

julia> models = models .|> Flux.gpu;
julia> epochs = 30;
julia> train_losses, accuracies = run_batch(get_data(), models, epochs);
```

세 모델의 출력 결과를 보면 밀집 연결로 이루어진 `mlp` 모델이 `cnn`이나 `cnn2`보다 파라미터의 수가 훨씬 많음을 볼 수 있다. 위 세 모델을 30에폭 돌면서 테스트셋의 정확도를 구해본 결과는 다음과 같다.

```
julia> label = ["mlp" "cnn" "cnn2"];
julia> title = "Fashion Item Accuracy";
julia> Plots.plot(1:epochs, accuracies, label=label, title=title)
```

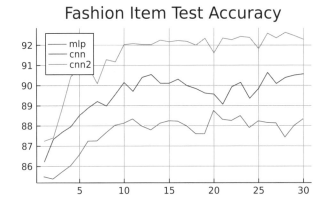

합성곱 신경망이 다층 퍼셉트론보다 정확도가 높게 나왔다.[3] 합성곱 신경망 중에서도 `cnn` 모델은 에폭이 올라가면서 정확도가 소폭 떨어지는 데 반해 `cnn2` 모델은 정확도가 개선되는 것을 볼 수 있다. 즉 드롭아웃과 배치 정규화가 과대적합overfitting을 막는 데 효과가 있고, 전체적인 정확도도 더 높여준다는 것을 알 수 있다.

---

3   책의 깃허브 노트북에서 모든 그림을 컬러로 볼 수 있다. 참고로 이 그림과 다음에 나올 그림에서는 가장 위쪽에 있는 선이 `cnn2`이고, 가운데가 `cnn`, 가장 아래가 `mlp`이다.

숫자 손글씨 분류

16장부터 앞 절까지 작성한 함수들 중에서 `get_data` 함수의 `MLDatasets.FashionMNIST`를 `MLDatasets.MNIST`로 바꾸기만 하면 패션 아이템 이미지 대신 숫자 손글씨 이미지에 대해서도 분류를 할 수 있다. 테스트셋의 정확도 결과만 살펴보면 다음과 같다.

```julia
julia> title = "Handwritten Digit Accuracy";
julia> Plots.plot(1:epochs, accuracies, label=label, title=title)
```

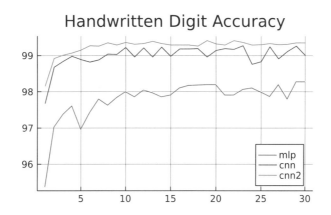

패션 아이템에 비해 숫자 손글씨 인식 문제는 난도가 낮아서, 합성곱 모델의 경우 99% 이상의 정확도를 보여준다. 14.1절에서 다뤘던 SVM이나 KNN 등의 모델의 정확도와 비교해봐도 합성곱 모델이 가장 높은 정확도를 보인다.

17.2 전이 학습

전이 학습transfer learning은 사전 학습된 모델을 이용하여 새로운 문제를 해결하는 것을 말한다. 예를 들어 개와 고양이 이미지를 구분하는 문제에서, 관련 데이터셋이 충분하지 않으면 다른 일반적인 이미지 데이터로 기학습된 모델을 가져와서 개와 고양이 데이터로 튜닝하여 사용할 수 있다.

Metalhead.jl 패키지는 플럭스로 구현된 다양한 비전 모델을 제공하고, 이 중 VGG, ResNet 등에 대해서는 이미지넷 데이터로 기학습된 모델도 제공한다. 이번 절에서는 기학습된 ResNet18 모델을 이용하여 총 1,000건의 개와 고양이 이미지만으로 분류 모델을 학습해본다.

먼저 Metalhead.jl 패키지와 이미지 파일 처리에 필요한 Images.jl 패키지 등을 로딩한다.

```julia
julia> import Metalhead, Images
julia> using StatsBase: sample, shuffle
julia> import Flux, NNlib
julia> import Zygote, Optimisers, Functors
julia> using Formatting: printfmtln
julia> using Random: MersenneTwister
```

데이터셋 준비

개와 고양이 이미지 데이터셋Dogs vs. Cats은 캐글의 다음 주소에서 다운로드할 수 있다.

https://www.kaggle.com/competitions/dogs-vs-cats/data

위 데이터셋은 개 이미지 12,500개와 고양이 이미지 12,500개로 구성되어 있고, 이미지 파일들의 이름은 dog.###.jpg와 cat.###.jpg 형태이다.[4] 이미지 사이즈는 제각기 다르지만 대략적인 범위는 가로, 세로가 300 ~ 500픽셀 정도이다. 전체 데이터셋에서 아주 일부 데이터만 사용 예정이므로, 요청받은 개수만큼 개와 고양이 이미지를 반반씩 랜덤하게 추출하는 함수를 먼저 작성한다.

```julia
function get_image_sampler(path, rng)
    files = joinpath.(path, readdir(path))
    dogs = filter(x -> occursin("dog", x), files)
    cats = filter(x -> occursin("cat", x), files)

    function image_sampler(n = 10, size = (224, 224))
        @assert iseven(n)
        dogs_ = sample(rng, dogs, Int(n/2))
        cats_ = sample(rng, cats, Int(n/2))
        imgs_paths = shuffle(rng, vcat(dogs_, cats_))

        imgs = Images.load.(imgs_paths)
        imgs = map(img -> Images.imresize(img, size...), imgs)

        imgs = map(imgs) do img  # [CHW] -> [WHC]
            permutedims(Images.channelview(img), (3,2,1))
        end
        imgs = cat(imgs..., dims = 4)  # [WHC] => WHCN
        imgs = Float32.(imgs)
```

---

4 개와 고양이 이미지 데이터셋 및 다음 절의 연예인 이미지 데이터셋은 용량 문제로 이 책의 깃허브에서는 제공하지 않는다.

```
            labels = map(x -> occursin("dog", x) ? 1 : 0, imgs_paths)
            labels = Flux.onehotbatch(labels, [0,1])

            imgs, labels
        end
    end
```

이 함수는 다운로드한 데이터 폴더의 위치를 인수로 받고, 해당 폴더의 파일명에 dog와 cat이 있는지 여부에 따라 개 파일명 리스트인 dogs 변수와 고양이 파일명 리스트인 cats 변수를 만든다. 그리고 image_sampler 함수를 클로저로 반환한다. image_sampler 함수는 로딩할 이미지 개수 및 이미지 파일 크기를 인수로 받고, 이미지 개수만큼 개와 고양이 이미지 파일명을 반반씩 샘플링한다. 샘플링된 이미지 파일명은 Images.load 함수로 읽은 후, Images.imresize 함수로 지정한 크기로 변경한다. 읽은 이미지는 Matrix{RGB{N0f8}} 형태이므로,[5] 이를 Images.channelview 함수로 CHW 형상으로 바꾼 후, 다시 permutedims 함수로 WHC로 바꾼다. 최종적으로 배치 차원으로 연결하여 WHCN 형상을 만들고, N0f8 타입을 Float32 타입으로 변경하여 반환한다. 레이블값은 파일명에 dog를 포함하면 1, 아니면 0으로 지정한 후 원핫 인코딩한다.

학습 및 테스트 함수

train 함수와 test 함수는 16장에서 작성한 함수를 그대로 사용한다. 단, 소량의 샘플로 학습을 하기 때문에 train 함수에서 중간 과정의 출력을 매 100번째 미니배치 대신 매 10번째 미니배치 단위로 수정한다.

모델 정의

ResNet 18 모델의 마지막 계층인 완전 연결층을 개와 고양이 분류용으로 바꾸기 위해 다음과 같이 사용자 정의 모델을 만든다.

```
julia> struct MyResnet
           resnet
           dense
       end
julia> function (a::MyResnet)(x)
```

---

5   N0f8은 FixedPointNumbers.jl 패키지에서 제공하는 타입으로 부동소수점 대신 UInt8을 이용하여 0 ~ 1 범위의 분수를 나타내는 타입이다. RGB{N0f8}은 3원색의 값을 각 N0f8 타입으로 나타내는 타입이다.

```
        x = a.resnet.layers[1](x)
        x = Flux.AdaptiveMeanPool((1, 1))(x)
        x = Flux.flatten(x)
        a.dense(x)
    end
julia> Functors.@functor MyResnet
```

16장에서 예시로 설명한 바와 같이, 사용자 정의 모델은 타입 선언 및 정방향용 객체 호출 메서드 정의, 그리고 Functors.@functor를 통한 함자 등록 과정이 있으면 된다. MyResnet 타입을 보면, resnet 필드는 Metalhead.jl 패키지에서 가져올 ResNet18 모델이고, dense 필드는 모델의 마지막 단계에서 개와 고양이 구분을 담당할 계층이다. ResNet 모델은 1,000개의 카테고리에 대해 예측을 하기 때문에, 개와 고양이라는 두 카테고리를 예측하기 위해서는 ResNet 모델의 마지막 층을 직접 정의한 dense 층으로 대체해줘야 한다.

객체 호출 메서드를 보면, 먼저 resnet 필드의 첫 번째 층에 입력 변수를 통과시킨 후 풀링과 평탄화를 거쳐 dense 필드를 통과한다. 사전 학습된 ResNet 모델의 첫 번째 층은 17개의 합성곱 계층들을 담고 있는 Chain 계층이고 두 번째 층은 풀링 및 완전 연결층을 담고 있는 Chain 계층이다. MyResnet에서는 전이 학습을 위해 ResNet 모델의 첫 번째 Chain 층만 통과시킨 후 직접 풀링과 완전 연결층으로 연결한다.

학습 및 테스트

모델 학습 및 테스트 함수는 다음과 같다.

```
function run_resnet(rng; pretrain)
    sampler = get_image_sampler("/home/tyfun/Downloads/train", rng);
    resnet = Metalhead.ResNet(18, pretrain = pretrain)
    model = MyResnet(resnet, Flux.Dense(512 => 2; init=init(rng)))
    model = model |> Flux.gpu
    optimizer = Optimisers.setup(Optimisers.Adam(), model)
    loader = (sampler(10) for _ in 1:100)
    loss_fn = (m, x, y) -> Flux.Losses.logitcrossentropy(m(x), y)
    model, _ = train(loader, model, loss_fn, optimizer)
    loader = (sampler(10) for _ in 1:20)
    test(loader, model, loss_fn)
end
```

이 함수는 기학습 여부를 인수로 받아서 그에 맞는 ResNet18 모델을 생성하고, ResNet 모델과

Dense 층으로 MyResNet을 생성한다. 이때 Dense 층은 ResNet18의 마지막 합성곱 출력 채널 수인 512를 입력 차원으로 받고, 개와 고양이를 구분하기 위해 출력 차원은 2가 된다.

train 함수에 넘기는 loader는 이미지 10개씩 100번 이미지 데이터를 반환하므로 총 1,000개의 이미지를 학습 데이터로 사용한다. 테스트는 20번 반복하므로 200개의 데이터로 정확도를 테스트한다. 다음은 먼저 사전 학습되지 않은 ResNet18 모델을 이용한 테스트 결과이다.

```
julia> rng = MersenneTwister(1);
julia> run_resnet(rng; pretrain = false);
[Train] loss: 0.7123822 [ 10/100]
[Train] loss: 0.5388184 [ 20/100]
[Train] loss: 0.8376984 [ 30/100]
[Train] loss: 0.6657692 [ 40/100]
[Train] loss: 1.1854464 [ 50/100]
[Train] loss: 0.6098708 [ 60/100]
[Train] loss: 0.6977958 [ 70/100]
[Train] loss: 0.6554491 [ 80/100]
[Train] loss: 0.6035808 [ 90/100]
[Train] loss: 0.8463958 [100/100]
[Test] Accuracy: 50.0, Avg loss: 0.8647254
```

데이터셋이 작은 관계로 충분히 학습되지 못하여 정확도가 좋지 않음을 볼 수 있다.

다음은 사전 학습된 ResNet18 모델을 이용한 결과이다. 사전 학습된 가중치는 변경하지 않기 위해서, 16장에서 모델 학습 함수를 다루면서 언급했던 Optimisers.trainable 함수를 이용하여 가중치를 업데이트할 부분집합을 명명된 튜플 형태로 명시한다.

```
julia> Optimisers.trainable(x::MyResnet) = (; dense = x.dense)
julia> run_resnet(rng; pretrain = true);
[Train] loss: 0.6280306 [ 10/100]
[Train] loss: 0.3220016 [ 20/100]
[Train] loss: 0.2374538 [ 30/100]
[Train] loss: 0.1000402 [ 40/100]
[Train] loss: 0.2597599 [ 50/100]
[Train] loss: 0.0760063 [ 60/100]
[Train] loss: 0.0343487 [ 70/100]
[Train] loss: 0.2530426 [ 80/100]
[Train] loss: 0.3923853 [ 90/100]
[Train] loss: 0.2217564 [100/100]
[Test] Accuracy: 93.5, Avg loss: 0.1559895
```

사전 학습된 ResNet18로 전이 학습을 한 결과 위와 같이 1,000건의 이미지만으로 93.5%의 정확도를 달성했다.

17.3 가짜 이미지 생성

이번 실습은 DCGAN(심층 합성곱 적대적 생성 신경망)deep convolutional generative adversarial network을 이용하여 실제 유명인의 얼굴 사진과 유사한 이미지를 만들어본다. 본 예제는 파이토치의 DCGAN 튜토리얼을 참고했다.[6]

먼저 다음 CelebA 데이터셋CelebFaces Attributes Dataset 사이트에 방문하면 구글 드라이브 링크가 있다. 그 링크를 눌러 해당 구글 드라이브에 접속해 Img 폴더 안에 있는 img_align_celeba.zip 파일을 다운로드하자.

```
https://mmlab.ie.cuhk.edu.hk/projects/CelebA.html
```

그리고 필요한 패키지들을 로딩한다.

```julia
julia> using Flux
julia> import Zygote, Optimisers, MLUtils
julia> using Formatting: format
julia> import Images, ImageView
julia> import Statistics
julia> using Random: MersenneTwister
```

사용자 정의 데이터셋

데이터로더를 이용하기 위해 이미지 파일을 읽어서 전처리하는 사용자 정의 데이터셋을 작성한다.

```julia
struct ImageSet
    path::String
    files::Vector{String}
    ImageSet(path::String) = begin
        files = joinpath.(path, readdir(path))
        files = filter(p -> endswith(p, ".jpg"), files)
```

---

6 https://pytorch.org/tutorials/beginner/dcgan_faces_tutorial.html

```
        return new(path, files)
    end
end
```

ImageSet 타입은 이미지 파일들이 있는 디렉터리 주소를 생성자의 인수로 받아서, 해당 디렉터리의 jpg 파일들의 주소를 files 필드에 담는다. 이 타입에 대해 Base.getindex와 Base.length를 정의하면 이 타입을 원소에 임의 접근이 가능한 리스트와 같이 사용할 수 있다.

```
function Base.getindex(imgs::ImageSet, i::Int64)
    img = Images.load(imgs.files[i])      # 218 x 178
    img = @view img[21:end-20, :]         # 178 x 178 (center crop)
    img = Images.imresize(img, 64, 64)    # 64 x 64
    img = Images.channelview(img)         # 3 x 64 x 64
    img = permutedims(img, (3,2,1))       # 64 x 64 x 3
    img = (img .- 0.5f0) ./ 0.5f0         # nomalise to [-1,1]
    return img
end
Base.length(imgs::ImageSet) = length(imgs.files)
```

Base.getindex 함수 본문을 보면, 요청받은 인덱스의 파일을 로딩한 후, 이미지 자르기와 크기 조정 등을 거쳐 (64 × 64 × 3) 형상의 정규화된 배열로 반환한다. 참고로 다운로드한 이미지들은 전부 (218 × 178) 사이즈이다. channelview 등 이미지 전처리 과정은 **17.2절**에서 이미 다뤘다.

다음은 ImageSet 객체로 데이터로더를 생성한다.

```
julia> images = ImageSet("/home/tyfun/Downloads/img_align_celeba");
julia> rng = MersenneTwister(1);
julia> loader = MLUtils.DataLoader(images, batchsize=128, collate=true, rng=rng,
shuffle=true)
1583-element DataLoader(::ImageSet, shuffle=true, batchsize=128, collate=Val{true}())
  with first element:
  64×64×3×128 Array{Float32, 4}
```

1,583개의 이미지로 구성된 데이터로더가 생성되었다. ImageSet 타입의 getindex 함수 호출 시 이미지가 메모리에 로딩되기 때문에, 데이터로더 생성 시에 이미지가 일괄 로딩되는 것이 아니라 미니배치 단위로 요청 시에 해당 이미지들만 로딩된다.

로딩된 실제 이미지들 및 DCGAN으로 생성할 가짜 이미지들을 확인할 수 있게 다음과 같은 이미지들을 보여주는 함수를 작성한다.

```julia
function show_imgs(batch, ncol)
    data = MLUtils.unbatch(batch)
    imgs = map(data) do arr
        arr = arr .* 0.5f0 .+ 0.5f0
        arr = permutedims(arr, (3,2,1))
        Images.colorview(Images.RGB, arr)
    end
    rows = MLUtils.chunk(imgs; size = ncol)
    imgs = map(r -> hcat(r...), rows)
    imgs = vcat(imgs...)
    ImageView.imshow(imgs)
end
```

이 함수는 WHCN 형상의 배열 데이터를 받아서 MLUtils.unbatch로 WHC 형상의 배열을 원소로 가지는 벡터로 바꾼 후, 이미지 전처리 과정을 역으로 적용한다. 그리고 ncol 단위로 묶어서 ImageView.imshow 함수로 이미지를 보여준다. 실제 유명인 이미지 샘플을 보면 다음과 같다.

```julia
julia> show_imgs(first(loader)[:,:,:,1:32], 8)
```

생성자와 판별자

생성자generator와 판별자discriminator 모델의 네트워크 구조는 파이토치 튜토리얼과 DCGAN 논문[7]을 참고하여 만들었다. 논문에 따르면 풀링층 대신 합성곱의 스트라이드를 이용하고, 완전 연결층은 은닉층으로 사용하지 말라고 되어 있다. 또한 배치 정규화를 사용하고, 생성자는 `relu` 활성화 및 마지막에 `tanh`, 판별자는 `leakyrelu` 활성화를 권한다.

먼저 네트워크 가중치 초기화 함수는 다음과 같다. 전치합성곱의 가중치는 논문에서 추천하는 대로 0.02의 표준편차를 가지는 정규분포에서 생성했다.

```
dcgan_init(rng) = (shape...) -> randn(rng, Float32, shape) * 0.02f0
```

생성자 모델은 다음과 같다. 생성자는 입력으로 받는 노이즈noise 벡터의 크기 nz와 특성 채널 수를 조절하는 ngf, 최종 채널 수 nc를 인수로 받고, 전치합성곱과 배치 정규화를 거쳐 최종적으로 원소가 -1 ~ 1 사이의 값을 갖는 (64 × 64 × nc × batch) 형상의 배열을 생성한다.

```
function Generator(rng, nz = 100, ngf = 64, nc = 3)
    Chain(
        ConvTranspose((4, 4), nz => ngf * 8;        # 4 x 4
            stride = 1, pad = 0, init = dcgan_init(rng), bias=false),
        BatchNorm(ngf * 8, relu),

        ConvTranspose((4, 4), ngf * 8 => ngf * 4;   # 8 x 8
            stride = 2, pad = 1, init = dcgan_init(rng), bias=false),
        BatchNorm(ngf * 4, relu),

        ConvTranspose((4, 4), ngf * 4 => ngf * 2;   # 16 x 16
            stride = 2, pad = 1, init = dcgan_init(rng), bias=false),
        BatchNorm(ngf * 2, relu),

        ConvTranspose((4, 4), ngf * 2 => ngf;       # 32 x 32
            stride = 2, pad = 1, init = dcgan_init(rng), bias=false),
        BatchNorm(ngf, relu),

        ConvTranspose((4, 4), ngf => nc, tanh;      # 64 x 64
            stride = 2, pad = 1, init = dcgan_init(rng), bias=false),
    )
```

---

[7]   Alec Radford, Luke Metz, and Soumith Chintala. 2016. Unsupervised Representation Learning with Deep Convolutional Generative Adversarial Networks. In *Proceedings of 4th International Conference on Learning Representations (ICLR 2016), May 2-4, 2016, San Juan, Puerto Rico.* https://arxiv.org/abs/1511.06434

```
    end
```

판별자 모델은 다음과 같다. 판별자는 입력 채널 수 nc와 특성 채널 수를 조절하는 ndf를 받고 합성곱과 배치 정규화를 거쳐 로짓값을 생성한다. 출력 형상은 $(1 \times 1 \times 1 \times \text{batch})$이다.

```
function Discriminator(rng, nc = 3, ndf = 64)
    Chain(
        Conv((4, 4), nc => ndf;          # 32 x 32
            stride = 2, pad = 1, init = dcgan_init(rng), bias=false),
        x -> leakyrelu.(x, 0.2f0),

        Conv((4, 4), ndf => ndf * 2;      # 16 x 16
            stride = 2, pad = 1, init = dcgan_init(rng), bias=false),
        BatchNorm(ndf * 2),
        x -> leakyrelu.(x, 0.2f0),

        Conv((4, 4), ndf * 2 => ndf * 4;  # 8 x 8
            stride = 2, pad = 1, init = dcgan_init(rng), bias=false),
        BatchNorm(ndf * 4),
        x -> leakyrelu.(x, 0.2f0),

        Conv((4, 4), ndf * 4 => ndf * 8;  # 4 x 4
            stride = 2, pad = 1, init = dcgan_init(rng), bias=false),
        BatchNorm(ndf * 8),
        x -> leakyrelu.(x, 0.2f0),

        Conv((4, 4), ndf * 8 => 1;
            stride = 1, pad = 0, init = dcgan_init(rng), bias=false),
    )
end
```

훈련

다음은 데이터로더와 에폭 수, 생성자와 판별자 함수에 넘길 nz, ngf, nc, ndf 인수를 받는 훈련 함수이다.

```
function train_gan(loader, epochs; rng, nz = 100, ngf = 64, nc = 3, ndf = 64)
    netG = Generator(rng, nz, ngf, nc) |> gpu
    netD = Discriminator(rng, nc, ndf) |> gpu

    opt_pars = (0.0002f0, (0.5f0, 0.999f0))
    optG = Optimisers.setup(Optimisers.Adam(opt_pars...), netG);
```

```julia
optD = Optimisers.setup(Optimisers.Adam(opt_pars...), netD);

loss_fn = Flux.Losses.logitbinarycrossentropy

for epoch in 1:epochs
    for (i, real) in enumerate(loader)
        D_x, D_G_z1, D_G_z2 = 0.f0, 0.f0, 0.f0
        show_stat = i % 200 == 0

        real = real |> gpu
        b_size = size(real)[end]

        label_real = fill(1.f0, b_size) |> gpu
        label_fake = fill(0.f0, b_size) |> gpu

        noise = randn(rng, Float32, 1, 1, nz, b_size) |> gpu
        fake = netG(noise)

        # D(판별자) 네트워크 업데이트
        errD, errD_grad = Zygote.withgradient(netD) do m
            loss_real = loss_fn(vec(m(real)), label_real)
            loss_fake = loss_fn(vec(m(fake)), label_fake)
            loss_real + loss_fake
        end
        optD, netD = Optimisers.update(optD, netD, errD_grad[1])

        !show_stat || (D_x = Statistics.mean(netD(real)))
        !show_stat || (D_G_z1 = Statistics.mean(netD(fake)))

        # G(생성자) 네트워크 업데이트
        errG, errG_grad = Zygote.withgradient(netG) do m
            loss_fn(vec(netD(m(noise))), label_real)
        end
        optG, netG = Optimisers.update(optG, netG, errG_grad[1]);

        !show_stat || (D_G_z2 = Statistics.mean(netD(netG(noise))))

        # 훈련 중 확률 출력
        if show_stat
            header = "[$epoch / $epochs] [$i / $(length(loader))]"
            loss = format("LossD: {:.4f}\tLossG: {:.4f}", errD, errG)
            probs = format("D(x): {:.4f}\tD(G(z)): {:.4f} / {:.4f}",
                σ(D_x), σ(D_G_z1), σ(D_G_z2))
            println("$header\t$loss\t$probs")
        end
    end
end
netG, netD
```

```
end
```

먼저 생성자와 판별자 모델 netG와 netD를 생성하고, 각 모델별 옵티마이저를 생성한다. 판별자는 진짜 이미지는 진짜로 판단하고, 가짜 이미지는 가짜로 판단하도록 학습하고, 생성자는 자신이 생성한 가짜 이미지를 판별자가 진짜로 판단하도록 학습한다. `Zygote.withgradient` 함수를 이용하면 손실값과 기울기를 함께 얻을 수 있다. 200번째 미니배치마다 판별자의 생성자의 손실값 및 진짜 이미지를 진짜로 판단하는 확률인 $D(x)$와 가짜 이미지를 진짜로 판단하는 확률 $D(G(z))$를 출력한다. $D(G(z))$ 값은 생성자의 학습 전, 그리고 한 스텝 학습 후의 확률을 같이 출력한다.

생성자에 입력할 노이즈 벡터의 크기를 100으로 하고 생성자와 판별자를 20에폭으로 학습한 결과는 다음과 같다.

```
julia> nz = 100;
julia> rng = MersenneTwister(1);
julia> @time netG, _ = train_gan(loader, 20; rng = rng, nz = nz);
[1 / 20] [200 / 1583]   LossD: 1.1706 LossG: 3.0514  D(x): 0.9309 D(G(z)): 0.1524 / 0.4108
[1 / 20] [400 / 1583]   LossD: 0.8033 LossG: 1.6937  D(x): 0.9053 D(G(z)): 0.2219 / 0.4820
[1 / 20] [600 / 1583]   LossD: 0.7993 LossG: 1.7223  D(x): 0.8745 D(G(z)): 0.1815 / 0.4700
[1 / 20] [800 / 1583]   LossD: 0.3220 LossG: 2.2501  D(x): 0.8385 D(G(z)): 0.0518 / 0.2307
[1 / 20] [1000 / 1583]  LossD: 0.0785 LossG: 0.5070  D(x): 0.9219 D(G(z)): 0.2003 / 0.4560
[1 / 20] [1200 / 1583]  LossD: 0.2482 LossG: 1.2006  D(x): 0.8690 D(G(z)): 0.0336 / 0.1804
[1 / 20] [1400 / 1583]  LossD: 0.3680 LossG: 1.6914  D(x): 0.8168 D(G(z)): 0.0986 / 0.2338

...
[20 / 20] [200 / 1583]  LossD: 1.0070 LossG: 0.8900  D(x): 0.4324 D(G(z)): 0.3821 / 0.4377
[20 / 20] [400 / 1583]  LossD: 0.1210 LossG: 0.6371  D(x): 0.4500 D(G(z)): 0.5143 / 0.5568
[20 / 20] [600 / 1583]  LossD: 0.6293 LossG: 1.0572  D(x): 0.8524 D(G(z)): 0.4613 / 0.5439
[20 / 20] [800 / 1583]  LossD: 0.3630 LossG: 0.2584  D(x): 0.7901 D(G(z)): 0.4447 / 0.5319
[20 / 20] [1000 / 1583] LossD: 0.4678 LossG: 1.7573  D(x): 0.7597 D(G(z)): 0.2955 / 0.3473
[20 / 20] [1200 / 1583] LossD: 0.8534 LossG: 0.2744  D(x): 0.6069 D(G(z)): 0.5342 / 0.5945
[20 / 20] [1400 / 1583] LossD: 0.8717 LossG: 0.9643  D(x): 0.5519 D(G(z)): 0.3301 / 0.3985
3547.825080 seconds
```

생성자가 충분히 학습되기 전까지는 판별자가 진짜를 판단하는 $D(x)$의 값은 높고 가짜를 판단하는 $D(G(z))$의 값은 낮지만, 생성자가 학습된 이후로는 $D(x)$와 $D(G(z))$의 값이 둘다 0.5에 가까워지는 것을 볼 수 있다. 실제로 생성자가 생성하는 이미지 샘플은 다음과 같다.

```
julia> rng = MersenneTwister(1);
julia> fakes = netG(randn(rng, Float32, 1, 1, nz, 32) |> gpu) |> cpu;
```

```
julia> show_imgs(fakes, 8)
```

17.4 객체 탐지

이번 절에서는 사전 학습된 **YOLO**you only look once 모델[8]을 이용하여 객체 탐지를 실습해본다. ObjectDector.jl 패키지를 이용하면 YOLO 모델들의 설정 파일과 가중치 파일을 로딩하여 플럭스 계층들로 구성된 YOLO 모델을 얻을 수 있다.

```
julia> import ObjectDetector, FileIO, Flux

julia> yolo = ObjectDetector.YOLO.v3_COCO()
YOLO v3. Trained with DarkNet 0.2.0
WxH: 416x416    channels: 3    batchsize: 1
gridsize: 13x13    classes: 80    thresholds: Detect 0.6. Overlap 0.4
```

ObjectDetector.jl 패키지의 `YOLO.v3_COCO()`를 통해 COCO 데이터셋[9]으로 사전 학습된 YOLOv3 모델을 얻는다. 80개 클래스 등의 정보를 볼 수 있다. `v3_COCO` 함수 대신 직접 `YOLO.yolo(설정`

---

8   https://pjreddie.com/darknet/yolo/

9   https://cocodataset.org/

파일 주소, 가중치 파일 주소, 배치 크기) 방식으로 특정 YOLO 모델의 설정 파일과 가중치 파일을 이용할 수도 있다.

yolo 객체는 모델 설정값을 가지고 있는 **cfg** 필드와 플럭스 신경망 계층들로 이루어진 **chain** 필드를 가지고 있다.

```
julia> yolo.cfg
Dict{Symbol, Any} with 23 entries:
  :batch          => 1
  :channels       => 3
  :yoloversion    => 3
  :max_batches    => 500200
  :steps          => [400000, 450000]
  :height         => 416
  :decay          => 0.0005
  :learning_rate  => 0.001
...

julia> yolo.chain
30-element Vector{Any}:
 Chain(Chain(Conv((3, 3), 3 => 32, pad=1), BatchNorm(32), _act), Chain(Conv((3, 3), 32 =>
64, pad=1,
stride=2), BatchNorm(64), _act))
 ...
```

객체 탐지

객체 탐지를 적용할 이미지를 다음과 같이 로딩한다.

```
julia> img = FileIO.load("bicyclist_pixabay.jpg"
586×872 Array{RGB{N0f8},2} with eltype RGB{
 RGB{N0f8}(0.922,0.992,1.0)    RGB{N0f8}(0.922,0.992,1.0)    ...
```

`prepareImage` 함수를 이용하여 이미지에 대해 모델의 입력 사이즈에 맞게 패딩padding 및 사이즈 변경을 한다.

```
julia> p_img, padding = ObjectDetector.prepareImage(img, yolo);
```

준비된 이미지에 배치 차원을 추가하고 **yolo** 모델에 넘기면 객체 탐지 결과를 얻을 수 있다.

```
julia> res = yolo(Flux.batch([p_img]))
89×5 Matrix{Float32}:
 0.0643211    0.406542    0.514269    0.462372    0.704926
 0.171477     0.217863    0.141912    0.429973    0.225994
 0.582222     0.919002    0.780218    0.794352    0.810007
 0.411364     0.449019    0.8047      0.832265    0.487675
 0.99899      0.800231    0.977218    0.998539    0.693564
 1.37726f-5   0.000193631 0.999605    5.289f-5    0.000426079
 1.09274f-7   0.00027951  0.000751424 0.998325    5.0681f-6
 0.964069     0.882831    3.64932f-5  2.30644f-5  0.000112775
 ...
 2.59446f-9   1.83405f-6  1.9591f-6   2.42399f-7  1.00651f-5
 3.73585f-9   3.14727f-5  4.79815f-7  7.66282f-7  1.63781f-6
 6.3157f-8    3.01878f-5  1.6448f-6   9.89861f-7  2.76057f-7
 0.0          0.0         0.0         0.0         0.0
 0.964069     0.882831    0.999605    0.998325    0.981625
 3.0          3.0         1.0         2.0         27.0
 1.0          1.0         1.0         1.0         1.0
```

객체 탐지 결과는 (89 × 탐지된 객체 수) 형상의 행렬이다. 행렬의 각 열은 탐지된 객체 정보를 담고 있다. 각 열에서(즉 세로 방향으로) 첫 번째부터 네 번째까지의 원소는 객체 경계 상자bounding box의 좌측 상단 시작점의 좌표 (x1, y1)과 우측 하단 종료점의 좌표 (x2, y2)로서 0에서 1 사이의 상대적인 값이다. 다섯 번째 원소는 객체 경계 상자가 객체를 포함하고 있을 가능성 및 정확도를 반영하는 신뢰 점수confidence score이다. 6번째에서 85번째 원소까지는 80개의 클래스에 대해, 탐지된 객체가 해당 클래스에 속하는지에 대한 확률이다. 86번째 원소는 0이다. 87번째 원소는 80개의 클래스별 확률 중 가장 큰 확률값이고, 88번째 원소는 확률이 가장 큰 클래스의 인덱스이다. 마지막 원소인 89번째 값은 해당 객체가 탐지된 이미지의 배치 인덱스이다.

탐지 결과 그리기

탐지된 객체들의 경계 상자와 클래스, 상자 신뢰도를 이미지에 그려보자. ObjectDetector.jl 패키지에서 기본으로 제공하는 경계 상자 드로잉 함수(drawBoxes)는 선 굵기나 색깔 등을 컨트롤할 수 없고, 클래스 정보를 캡션으로 보여주지 않기 때문에 해당 함수를 참고하여 직접 탐지 결과를 그리는 함수를 작성하겠다.

```
classes = ["person", "bicycle", "car", "motorcycle", "airplane", "bus", "train", "truck",
 "boat", "traffic light", "fire hydrant", "stop sign", "parking meter", "bench", "bird",
 "cat", "dog", "horse", "sheep", "cow", "elephant", "bear", "zebra", "giraffe", "backpack",
 "umbrella", "handbag", "tie", "suitcase", "frisbee", "skis", "snowboard", "sports ball",
```

```
"kite", "baseball bat", "baseball glove", "skateboard", "surfboard", "tennis racket",
"bottle", "wine glass", "cup", "fork", "knife", "spoon", "bowl", "banana", "apple",
"sandwich", "orange", "broccoli", "carrot", "hot dog", "pizza", "donut", "cake", "chair",
"couch", "potted plant", "bed", "dining table", "toilet", "tv", "laptop", "mouse", "remote",
"keyboard", "cell phone", "microwave", "oven", "toaster", "sink", "refrigerator", "book",
"clock", "vase", "scissors", "teddy bear", "hair drier", "toothbrush"]

import Colors
import SimpleDraw as SD

function drawDetection(img, model, padding, results)
    drawDetection!(copy(img), model, padding, results)
end

function drawDetection!(img, model, padding, results)
    imgratio = size(img,2) / size(img,1)
    modelratio = model.cfg[:width] / model.cfg[:height]
    x1i, y1i, x2i, y2i = [1, 2, 3, 4]
    if modelratio > imgratio
        h, w = size(img,1) .* (1, modelratio)
    else
        h, w = size(img,2) ./ (modelratio, 1)
    end
    length(results) == 0 && return img
    for i in 1:size(results,2)
        bbox = results[1:4, i] .- padding  # 경계 상자
        x1, y1 = round(Int, bbox[x1i] * w), round(Int, bbox[y1i] * h)
        rect_p0 = SD.Point(y1, x1)
        rect_h = round(Int, (bbox[y2i] - bbox[y1i]) * h)
        rect_w = round(Int, (bbox[x2i] - bbox[x1i]) * w)
        shape = SD.ThickRectangle(rect_p0, rect_h, rect_w, 2)
        SD.draw!(img, shape, Colors.RGB(1,1,1))

        class = classes[Int(results[end-1, i])]
        conf = round(results[5,i]; digits=4)
        x1, y1 = round(Int, bbox[x1i] * w), round(Int, bbox[y1i] * h)
        txt_p0 = SD.Point(y1 + 3, x1 + 3)
        txt = SD.TextLine(txt_p0, "$class $conf", SD.TERMINUS_16_8)
        SD.draw!(img, txt, Colors.RGB(1,1,1))
    end
    return img
end
```

이 함수는 객체 경계 상자의 좌표에 대해, prepareImage 함수에서 원본 사진을 모델의 입력 사이즈에 맞게 사이즈 변경하고 패딩을 적용한 과정을 역으로 수행한다. 원본 이미지에 대해 계산된 경

계 상자의 좌표를 이용하여 상자를 그리고 클래스 및 상자 신뢰 점수도 텍스트로 그려준다. 다음은 앞에서 사용한 그림 파일에 대해 객체를 탐지한 결과 이미지이다.

CHAPTER 18

자연어 처리

이번 장에서는 순환 신경망 및 트랜스포머를 이용한 **자연어 처리**natural language processing, NLP를 다룬다. 먼저 플럭스의 순환 신경망 구조를 살펴보고, 문자열 생성, 텍스트 분류 등을 실습해본다. 이어서 트랜스포머 모델 및 허깅페이스 라이브러리도 실습해본다.

18.1 순환 신경망

파이토치나 텐서플로의 **순환 신경망**recurrent neural network, RNN 모델들은 단일 타임 스텝만 처리하는 **셀**cell과 입력 시퀀스를 내부의 반복문으로 한 번에 처리하는 **계층**(층)layer으로 구분된다. 플럭스 역시 순환 신경망에 대해 셀과 계층을 구분한다. 단, 플럭스의 계층은 입력 데이터의 형상에 따라, 시간축(시퀀스 길이)이 있으면 셀 호출 반복을 내부적으로 처리하고, 시간축이 없으면 한 스텝만 처리하는 방식이다. 줄리아는 파이썬과 달리 반복문의 성능이 벡터화 이상으로 좋기 때문에 굳이 데이터셋에 시간축을 추가할 필요 없이 명시적인 반복문 안에서 모델을 호출하는 것이 선호된다. 자세한 내용은 예제와 함께 살펴본다.

셀과 래퍼

셀에는 RNNCell, LSTMCell, GRUCell이 있고, 각각에 대응하는 층으로는 RNN, LSTM, GRU가 있다. 가장 간단한 RNNCell 타입을 살펴보자.

```
julia> using Flux
julia> rnn = Flux.RNNCell(2 => 3)
RNNCell(2 => 3, tanh)

julia> x = rand(Float32, 2);     # 입력
julia> h = rand(Float32, 3);     # 초기 은닉 상태
julia> h, y = rnn(h, x)          # (다음 은닉 상태, 출력)
(Float32[-0.13077496, -0.48452896, 0.26563433],
 Float32[-0.13077496, -0.48452896, 0.26563433])
```

층과 달리, 셀은 플럭스에서 export되지 않으므로 Flux.RNNCell 식으로 사용했다. RNNCell은 in => out을 생성자의 인수로 받아서 입력 벡터에 곱해지는 (out × in) 사이즈의 가중치 Wi 필드와 은닉 상태hidden state 벡터에 곱해지는 (out × out) 사이즈의 가중치 Wh를 필드로 가진다. 셀의 호출은 마지막 명령 h, y = rnn(h, x)와 같이, 은닉 상태와 입력값을 넘겨서 다음 은닉 상태와 출력값을 돌려받는다. 셀 호출 시 x와 h의 각 마지막 차원에 배치 차원을 추가할 수도 있다.

셀이 생성하는 은닉 상태를 쉽게 관리하기 위해 플럭스는 Recur라는 래퍼wrapper 타입을 제공한다. 다음은 플럭스 깃허브에서 가져온 Recur 타입의 소스 코드이다.[1]

```
mutable struct Recur{T,S}
  cell::T
  state::S
end

function (m::Recur)(x)
  m.state, y = m.cell(m.state, x)
  return y
end

@functor Recur
trainable(a::Recur) = (; cell = a.cell)
reset!(m::Recur) = (m.state = m.cell.state0)
```

Recur 타입은 cell과 은닉 상태 벡터인 state 필드를 가지고 있다. 입력값 x로 객체 호출 시 내부 셀에 기존 상태와 x를 넘겨서 상태를 업데이트하고 출력값 y를 리턴한다. 앞에서 다뤘던 trainable 함수로 학습 시 은닉 상태의 변경 없이 셀의 파라미터만 업데이트할 수 있고, reset!

---

1   https://github.com/FluxML/Flux.jl/blob/master/src/layers/recurrent.jl

함수로 은닉 상태를 셀의 초기 상탯값으로 리셋할 수 있다.

계층

RNN, LSTM, GRU은 각각 해당 셀을 래핑한 Recur 객체를 반환하는 함수이다. 플럭스 깃허브에서 가져온 RNN 함수의 소스 코드는 다음과 같다.

```
RNN(a...; ka...) = Recur(RNNCell(a...; ka...))
Recur(m::RNNCell) = Recur(m, m.state0)
```

다음은 실행 예시다.

```
julia> using Flux

julia> m = RNN(2 => 3)
Recur(
  RNNCell(2 => 3, tanh),            # 21 parameters
)          # Total: 4 trainable arrays, 21 parameters,
           # plus 1 non-trainable, 3 parameters, summarysize 316 bytes.
```

위 코드에서 확인되는 바와 같이, RNN은 (RNNCell, 현재 은닉 벡터)로 구성된 Recur 타입이고, Recur 타입은 입력값 x로 호출 시 은닉 상태를 업데이트하면서 출력값 y를 반환하므로 (입력 차원 × 배치 크기)를 원소로 가지는 입력 시퀀스에 대해 RNN을 반복 적용하면 다음과 같이 각 타임 스텝별 출력을 얻을 수 있다.

```
julia> using Flux
julia> batch_size = 4;
julia> seq_length = 5;
julia> model = Chain(RNN(2 => 3), Dense(3 => 1));
julia> xs = [rand(Float32, 2, batch_size) for _ = 1:seq_length];
julia> [model(x) for x in xs]
5-element Vector{Matrix{Float32}}:
 [-0.7242071 -0.6120115 -0.6957936 -0.7641515]
 ...
 [-0.26432058 -0.07609448 0.060746573 -0.70293087]
```

명시적인 반복문 대신 시퀀스를 한 번에 넘기려면 시간축을 마지막 축으로 하여 (입력 차원 × 배치 크기 × 시퀀스 길이)로 넘기면 된다. 다음은 시퀀스를 한 번에 넘기는 예이다.

```
julia> using MLUtils
julia> Flux.reset!(model)
julia> model(MLUtils.batch(xs))
1×4×5 Array{Float32, 3}:
[:, :, 1] =
 -0.724207  -0.612011  -0.695794  -0.764152

...
[:, :, 5] =
 -0.264321  -0.0760945  0.0607466  -0.702931
```

모델의 은닉 상태 벡터를 초기화한 후, batch 함수로 행렬의 배열인 xs를 3차원 배열로 만들어 모델에 넘겼다. 그 결과는 명시적인 반복문으로 적용한 결과와 형상만 다를 뿐 값은 같은 것을 볼 수 있다. 시퀀스 단위의 입출력 형상은 파이토치의 RNN 계층에서 batch_first=False로 지정한 경우의 역순과 동일하다.

시간축을 벡터화하는 대신 명시적인 반복문을 이용하면 데이터 조작에 드는 수고도 줄이고 메모리 사용량도 줄일 수 있는 경우가 많다. 예를 들어 슬라이딩 윈도sliding window 방식으로 시계열을 분석하는 경우, 시간축을 벡터화하기 위해 입력 데이터를 ((시계열 길이 − 윈도 크기 + 1) × 윈도 크기) 형태로 새로 만드는 경우가 많다. 반면 반복문과 view 함수를 이용하면 원 시계열 데이터를 그대로 이용할 수 있다.

손실 함수 정의

각 타임 스텝에서의 출력값과 그 시점의 타깃값을 비교하는 다 대 다many-to-many 모델의 손실 함수는 다음과 같이 개별 스텝에서의 손실의 합으로 정의할 수 있다.

```
function loss_fn(loss, model, xs, ys)
    sum(loss(model(x), y) for (x, y) in zip(xs, ys))
end
```

반면 시퀀스의 마지막 출력값에 최종 타깃값을 비교하는 다 대 일many-to-one 모델의 손실 함수는 다음과 같이 마지막 직전 스텝까지는 은닉 상태만 업데이트하고 마지막에만 손실을 계산하면 된다.

```
function loss_fn(loss, model, xs, y)
    [m(x) for x in xs[1:end-1]]
```

```
        loss(model(x[end]), y)
end
```

18.2 문자열 생성

이번 절에서는 문자 기반 순환 신경망을 이용하여 문자열 생성을 해본다. 주어진 문자열의 다음 문자를 예측하도록 모델을 학습시켜서, 모델이 원 텍스트와 유사하게 보이는 텍스트를 생성하는 것이 목표이다. 학습 데이터셋은 **타이니 셰익스피어 데이터셋**Tiny Shakespeare이고, 관련 연구는 안드레이 카파시Andrej Karpathy의 블로그[2]에서 확인할 수 있다.

먼저 데이터셋으로 사용할 텍스트 파일을 다운로드해서[3] tinyshakespeare.txt라는 파일명으로 저장한다. 텍스트의 길이는 약 110만 자 정도이고, 다음과 같은 대사로 시작한다.

```
First Citizen:
Before we proceed any further, hear me speak.

All:
Speak, speak.

First Citizen:
You are all resolved rather to die than to famish?

All:
Resolved. resolved.
```

필요한 패키지들은 다음과 같이 임포트한다.

```
julia> using Flux
julia> using Flux.Losses: logitcrossentropy
julia> import Zygote, Optimisers
julia> using MLUtils: chunk, batchseq
julia> using StatsBase: wsample
julia> using Formatting: printfmtln
julia> using Random: MersenneTwister
```

---

2   https://karpathy.github.io/2015/05/21/rnn-effectiveness/

3   데이터셋 파일은 다음 주소에서 받을 수 있다. https://raw.githubusercontent.com/karpathy/char-rnn/master/data/tinyshakespeare/input.txt

데이터셋 생성

큰 시계열 데이터로 순환 신경망을 학습 시, 역전파를 너무 길게 하면 학습이 오래 걸리므로 적당한 시퀀스 길이로 잘라주는 게 좋다. 역전파의 연결은 시퀀스 단위로 끊어주지만, 순전파의 경우이번 시퀀스의 마지막 은닉 상태를 다음 시퀀스의 초기 은닉 상태로 연결하려면 시퀀스 간의 순서가 유지되어야 한다. 미니배치 학습이 가능하면서 시퀀스 간의 순서를 유지하기 위해 다음과 같이데이터셋을 구성한다.

1. chunk 함수로 주어진 텍스트를 배치 크기로 등분한다.
2. batchseq 함수로 배치 리스트를 만든다.
3. chunk 함수로 배치 리스트를 시퀀스 길이 단위로 묶는다.

예를 들어 길이 26인 텍스트에 대해 배치 사이즈 4, 시퀀스 길이 3을 적용했을 때의 데이터셋 구성 과정을 도식화하면 다음과 같다.

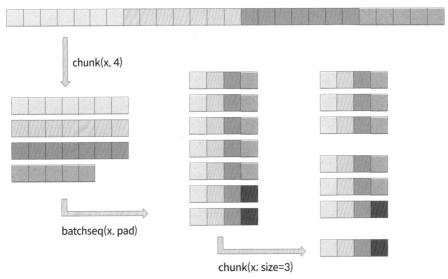

그림 18-1 순환 신경망 데이터셋 구성 방식

첫 번째 chunk 함수는 등분되는 개수를 지정하고, 두 번째 chunk 함수는 size 키워드 인수로 등분되는 파트의 크기를 지정한다. 먼저 전체를 배치 크기로 등분 시, 마지막 파트는 길이가 짧을 수있고, 이 경우 batchseq 함수 적용 시 끝에 패드pad를 추가한다(그림에서 가장 진한 회색 칸). 세 번째 단계에서 시퀀스 길이 단위로 묶을 시에도 마지막 시퀀스는 짧을 수 있다.

다음은 셰익스피어 텍스트 파일을 읽어서 문자별로 원핫 인코딩을 한 후, 앞의 방식대로 입력 데이터셋과 타깃 데이터셋을 생성하는 함수이다.

```
function get_data(fpath; batch_size = 32, seq_len = 100)
    text = collect(String(read(fpath)))
    alphabet = unique(text)
    '_' in alphabet || push!(alphabet, '_');

    text = map(ch -> Flux.onehot(ch, alphabet), text)
    pad = Flux.onehot('_', alphabet);

    Xs = batchseq(chunk(text, batch_size), pad)
    Xs = map(x -> hcat(x...), Xs)
    Xs = chunk(Xs; size = seq_len)

    Ys = batchseq(chunk(text[2:end], batch_size), pad)
    Ys = map(y -> hcat(y...), Ys)
    Ys = chunk(Ys; size = seq_len)

    zip(Xs, Ys), alphabet
end
```

문자 단위 모델이므로 임베딩층을 사용하지 않고 원핫 인코딩을 한다. 원핫 벡터 하나가 **그림 18-1**의 작은 칸 하나가 된다. 문자 '_'는 **batchseq** 함수에서 필요한 패딩 값으로 사용한다. 1), 2) 단계로 배치 리스트까지 만든 후, 3) 단계 적용 전에 각 배치(네 칸 묶음)에 **hcat** 함수를 적용하여 원핫 벡터를 (features × batch) 형태의 행렬로 바꿔준다. 타깃 데이터셋 **Ys**는 바로 다음 문자이므로 text[2:end]에 대해 입력 데이터셋과 동일한 방식으로 데이터셋을 만들어준다. **Xs**와 **Ys**는 데이터로더를 반복하여 읽는 방식으로 사용할 수 있게 **zip** 함수로 묶어준다. 원핫 인코딩에 사용된 **alphabet**은 나중에 문자열 생성 시 원핫 벡터를 문자로 바꿀 때 사용하기 위해 데이터셋과 함께 리턴한다.

```
julia> fpath = "tinyshakespeare.txt";
julia> loader, alphabet = get_data(fpath, batch_size = 32, seq_len = 100);
```

배치 크기는 32, 시퀀스 길이는 100으로 데이터셋을 생성했다.

모델 및 손실 함수

```julia
julia> init(rng) = Flux.glorot_uniform(rng)

julia> function build_model(N; rng)
           Chain(
               LSTM(N, 512; init=init(rng)),
               LSTM(512, 512; init=init(rng)),
               Dense(512, N; init=init(rng)))
       end;

julia> rng = MersenneTwister(1);
julia> model = build_model(length(alphabet); rng=rng) |> gpu;

julia> loss_fn(m,xs,ys) = sum(logitcrossentropy.([m(x) for x in xs], ys));
julia> optimizer = Optimisers.setup(Optimisers.Adam(), model);
```

모델은 원핫 벡터 크기의 입력을 받아서 LSTM 층 두 번을 거친 후 다시 원핫 벡터 크기의 로짓을 출력한다. 손실 함수는 매 스텝의 손실을 합하는 다 대 다 방식으로 계산한다. 정의한 모델과 손실 함수, 옵티마이저를 이용하여 다음과 같이 20에폭을 학습시켜보자. 신경망 가중치 초기화에 사용하는 init 함수 및 학습 시 사용하는 train 함수는 16.2절 및 16.3절에서 각각 정의한 동명의 함수들을 그대로 사용한다.

```julia
julia> for epoch in 1:20
           println("Epoch $epoch")
           println("-----------------------------")
           Flux.reset!(model)
           global model, optimizer, _ = train(loader, model, loss_fn, optimizer)
       end
```

매 에폭 시작마다 Flux.reset! 함수로 순환 신경망 모델의 은닉 상태를 초기화한다. 한 에폭 안에서는 미니배치 내 각 시퀀스 별로 시퀀스의 시작 시점에 이전 시퀀스의 마지막 은닉 상태를 이용한다. 이러한 순환 신경망을 상태가 있는stateful 순환 신경망이라고 한다. 만약 매 시퀀스 시작마다 은닉 상태를 초기화하는 상태가 없는stateless 모델을 사용하려면 train 함수 내 미니배치를 도는 반복문 안에서 Flux.reset!으로 은닉 상태를 초기화하면 된다.

학습 및 문자열 생성

20에폭 학습 결과 손실이 꾸준히 줄어들어 학습이 잘 이루어짐을 볼 수 있다.

```
Epoch 1
-----------------------------
[Train] loss: 317.8969727 [100/349]
[Train] loss: 245.4123840 [200/349]
[Train] loss: 227.3763275 [300/349]
Epoch 2
-----------------------------
[Train] loss: 208.0317993 [100/349]
[Train] loss: 197.2237701 [200/349]
[Train] loss: 188.6101227 [300/349]
...
Epoch 20
-----------------------------
[Train] loss: 121.0933533 [100/349]
[Train] loss: 119.8905106 [200/349]
[Train] loss: 116.1155472 [300/349]
```

학습된 모델로 가짜 셰익스피어 텍스트를 생성하는 함수를 만든다.

```
function generate(model, alphabet, init, len; rng)
    model = model |> cpu
    Flux.reset!(model)
    generated = [init]
    for _ in 1:len
        w = softmax(model(Flux.onehot(generated[end], alphabet)))
        push!(generated, wsample(rng, alphabet, w))
    end
    text = String(generated)
    for r in split(text, '\n')
        println(r)
    end
    text
end
```

generate 함수는 학습된 모델과 get_data 함수에서 돌려받은 alphabet, 시작 문자, 문자열 길이를 입력받아서 해당 길이의 문자열을 생성한다. 주어진 문자를 원핫 벡터로 바꾸고 모델을 통과하여 나온 로짓값에 소프트맥스를 적용하면 다음 문자에 대한 확률을 얻을 수 있다. wsample 함수를 이용하여 이 확률대로 다음 문자를 샘플링하여 문자 리스트인 generated에 추가하고, 다시 이 문자를 모델에 통과시켜 그다음 문자를 샘플링한다. 이 과정을 거쳐서 생성된 가짜 셰익스피어 텍스트의 예는 다음과 같다.

```
julia> generate(model, alphabet, 'O', 500; rng=MersenneTwister(1));
O, Yet glove against the king:
I was a father doth paph direth.

ROMEO:
Stupp'st; My brother, till you had but fury to that.

HERMIONE:
Why, thy are,
Doth hein and leart in strifference.

SEBASTIAN:
An I all so: but hath been so disconcedded;
'Tis a thrifty is scen-willingly go.
Came heart ucts not for you, But I by no.
Ah, so! no; I, how ly Isable, nor then;
So assured, mirrily, or Claudio, lives thustraft.

KING LEWIS XI:
What is this?

First Citizen:
We are, go you at your children, sir; yet I
```

18.3 텍스트 분류

바로 앞 절의 문자열 생성 실습에서는 문자 기반 순환 신경망을 사용했다. 이번 절에서는 단어 기반 순환 신경망을 사용하여 텍스트 분류 작업을 시도해본다.

문자와 다르게 단어는 고유한 값이 굉장히 많으므로 원핫 벡터와 같은 희소 표현으로 나타내면 벡터의 차원이 너무 커지게 된다. 이를 해결하기 위해 단어를 밀집 벡터로 바꿔주는 **임베딩** embedding 계층을 이용할 수 있다. 먼저 사전 학습되지 않은 임베딩 계층으로 분류 작업을 시도해보고, 사전 훈련된 임베딩 가중치로도 같은 작업을 시도해서 둘의 결과를 비교해볼 것이다. 대상 데이터는 14.2절에서 다뤘던 IMDB 영화평 데이터셋이다.

토큰화와 정수 인코딩 후 임베딩층을 통과한 영화평 데이터는 두 층의 양방향 LSTM과 **어텐션**

attention, 밀집 계층을 거쳐서 최종적으로 긍정/부정에 대한 로짓을 출력한다. 먼저 필요한 패키지
들을 로딩한다.

```
using CSV, DataFrames
import MLUtils
import Flux, Optimisers, Zygote, Functors
using Formatting: printfmtln
using TextAnalysis
using Random: MersenneTwister
ENV["DATADEPS_ALWAYS_ACCEPT"] = true  # 필요 데이터 자동 다운로드
```

데이터셋 준비

임베딩 계층은 단어의 정수 인덱스를 입력으로 받아서 해당 열 위치의 임베딩 벡터를 돌려준다. 임
베딩 계층에 입력으로 넣기 위해서는 단어를 정수 인덱스로 표현한 데이터셋을 만들어야 한다. 먼
저 IMDB 데이터 파일을 읽어서 토큰화한 후, 14.2절에서 다룬 텍스트 전처리 작업을 시행하는
함수를 작성한다.

```
function prepare_corpus()
    imdb = CSV.read("/home/tyfun/Downloads/IMDB Dataset.csv", DataFrame)
    X = replace.(imdb.review, "<br />" => " ")
    X = X.|> tokenize

    X_crps = Corpus(TokenDocument.(X))
    prepare!(X_crps, strip_corrupt_utf8)
    prepare!(X_crps, strip_case)
    prepare!(X_crps, stem_words)
    prepare!(X_crps, strip_non_letters)
    prepare!(X_crps, strip_articles)
    prepare!(X_crps, strip_prepositions)
    prepare!(X_crps, strip_pronouns)
    prepare!(X_crps, strip_stopwords)

    imdb, X_crps
end
```

다음 함수는 전체 문서에서 발생 빈도가 높은 n개의 단어에 순번을 부여하고, 각 문서의 단어를
이 순번값으로 바꾼 데이터셋을 반환하는 함수이다.

```
function get_data(num_words, seq_len, batch_size)
    imdb, X_crps = prepare_corpus()

    update_lexicon!(X_crps)
    lexi = lexicon(X_crps)
    sorted = map(x -> x[1], sort(collect(lexi), by = x->x[2], rev=true))
    top_words = first(filter(x -> x != "", sorted), num_words)
    word_idx = Dict(x => i + 1 for (i, x) in enumerate(top_words))

    X = map(X_crps) do crp
        idx = map(x -> get(word_idx, x, 0), crp.tokens)
        idx = filter(x -> x != 0, idx)
        if length(idx) > seq_len
            idx[1:seq_len]                                    # 자르기
        else
            vcat(idx, fill(1, seq_len - length(idx)))  # 패딩
        end
    end
    X = MLUtils.batch(X)

    y = ifelse.(imdb.sentiment .== "positive", 1, 0);
    y = Flux.onehotbatch(y, 0:1)

    train, test = MLUtils.splitobs((X, y), at = 0.7);
    train_loader = MLUtils.DataLoader(train, batchsize=batch_size)
    test_loader = MLUtils.DataLoader(test, batchsize=batch_size)

    train_loader, test_loader, top_words
end
```

함수 내 update_lexicon! 함수는 코퍼스의 단어 발생 빈도 정보를 업데이트하는 함수이다. 발생 빈도가 높은 순으로 상위 num_words 개의 단어들을 추출한 top_words에 대해 2부터 순번을 인덱스로 부여한다. 1은 문서의 단어 수가 주어진 seq_len보다 짧을 때 채워주는 패딩 인덱스로 사용한다. 입력 변수 X는 각 문서의 단어들에 대해 top_words에 속한 단어들만 필터하여 인덱스로 바꿔주고, seq_len 길이에 맞도록 자르거나 패딩을 해준다. 종속변수 y는 영화평이 긍정이면 1, 부정이면 0을 부여하는 원핫 인코딩을 한다(범주 개수가 둘밖에 되지 않으므로 원핫 인코딩을 하지 않아도 되지만 앞에서 작성한 train, test, run_batch 함수를 그대로 사용하기 위해 원핫 인코딩을 했다).

학습 및 테스트 함수

train 함수와 test 함수는 16장에서 작성한 함수를 그대로 사용한다.

임베딩층

플럭스에서 제공하는 임베딩층의 실제 소스 코드를 통해 임베딩층의 작동 방식을 살펴보자.[4]

```
struct Embedding{W<:AbstractMatrix}
  weight::W
end
@functor Embedding

Embedding((in, out)::Pair{<:Integer, <:Integer}; init = randn32) = Embedding(init(out, in))

(m::Embedding)(x::Integer) = m.weight[:, x]
(m::Embedding)(x::AbstractVector) = NNlib.gather(m.weight, x)
```

임베딩층은 가중치 행렬 `weight` 필드만 가지고 있고, `Embedding(1000 => 10)`과 같이 생성할 경우, (10 × 1000) 크기의 가중치 행렬을 초기화한다. 이때 1,000은 보통 전체 어휘 개수가 되고 10은 단어가 매핑되는 임베딩 벡터의 차원이 된다. 임베딩층을 정수 x로 호출하면 `weight` 필드의 x번째 열을 임베딩 벡터로 반환한다. 이때 넘기는 정수 x는 해당 단어의 전체 어휘에서의 인덱스이다. 임베딩층을 단어 인덱스의 배열로 호출하면, `NNlib.gather` 함수를 이용하여 각 단어 인덱스에 해당하는 임베딩 벡터들을 행렬로 반환한다.

어텐션층

임베딩층과 LSTM층을 거친 단어 시퀀스는 어텐션층으로 넘겨진다. 어텐션층은 전체 입력 문장에서 어떤 단어에 더 집중해야 할지를 알려준다. 플럭스는 닷-프로덕트 어텐션dot-product attention은 내장하고 있으나 바다나우Bahdanau 어텐션은 내장하지 않아, 여기선 직접 바다나우 어텐션을 구현해본다.

```
struct Attention
    W1
    W2
    v
end
Attention(h_size; rng) = Attention(
    Flux.Dense(h_size => h_size; init=init(rng)),
    Flux.Dense(h_size => h_size; init=init(rng)),
```

---

4 https://github.com/FluxML/Flux.jl/blob/master/src/layers/basic.jl

```
        Flux.Dense(h_size => 1; init=init(rng))
    )
Functors.@functor Attention

function (a::Attention)(hs, q)  # hs :(feat, batch, seq), q: (feat, batch)
    attn_sc = dropdims(a.v(tanh.(a.W1(hs) .+ a.W2(q))), dims=1)  # (batch, seq)
    attn_w = Flux.softmax(attn_sc, dims=2)  # (batch, seq)
    hcat([hs[:,i,:]*attn_w[i,:] for i in 1:size(hs,2)]...)  # (feat, batch)
end
```

어텐션층의 생성자는 인코더(LSTM) 은닉 상태 벡터의 차원을 입력으로 받아서 가중치 W1, W2, v를 생성한다. 어텐션층 호출 시에는 인코더의 시점별 은닉 상태인 hs 및 어텐션값을 구하려는 대상(쿼리$_{query}$)인 q를 입력으로 받는다. hs는 형상이 (특성(은닉 상태) 차원 수 × 배치 크기 × 시퀀스 길이)이고, q는 (특성 차원 수 × 배치 크기)의 형상이다.

어텐션 점수 attn_sc는 시점별 은닉 상태와 쿼리 q와의 유사성을 나타낸다. 바다나우 모델의 어텐션 점수 계산 방식인 v(tanh(W1(hs) + W2(q)))로 attn_sc를 계산하고 소프트맥스를 적용하여 어텐션 가중치 attn_w를 구한다. 어텐션 가중치로 은닉 상태를 가중합하면 최종적인 어텐션값을 구할 수 있다. 어텐션값은 형상이 (특성 차원 수 × 배치 크기)이다.

모델 정의

앞서 살펴본 임베딩층과 어텐션층을 이용하여 최종적인 모델을 정의한다.

```
struct MyRNN
    embed       # 단어 임베딩
    rnn_f1      # 첫 번째 BiLSTM의 정방향
    rnn_b1      # 첫 번째 BiLSTM의 역방향
    rnn_f2      # 두 번째 BiLSTM의 정방향
    rnn_b2      # 두 번째 BiLSTM의 역방향
    attn        # 바다나우 어텐션
    dense1      # 밀집층 1
    dropout     # 드롭아웃
    dense2      # 밀집층 2
end
Functors.@functor MyRNN
```

MyRNN 모델은 임베딩층 필드인 embed와 두 층의 양방향 LSTM을 위한 네 개의 rnn 필드를 가진다. 그리고 어텐션 필드인 attn과 두 개의 밀집층 필드, 하나의 드롭아웃 필드를 가진다. 모델의 객체

호출 메서드는 다음과 같다.

```julia
function (a::MyRNN)(X)                    # (seq, bat)
    X = a.embed(X)                        # (emb, seq, bat)
    X = permutedims(X, (1,3,2))           # (emb, bat, seq)

    Flux.reset!(a.rnn_f1)
    Flux.reset!(a.rnn_b1)
    Flux.reset!(a.rnn_f2)
    Flux.reset!(a.rnn_b2)
    # 첫 번째 BiLSTM
    f = a.rnn_f1(X)                       # (hs, bat, seq)
    f = a.dropout(f)
    b = a.rnn_b1(reverse(X, dims=3))      # (hs, bat, seq)
    b = a.dropout(b)
    X = vcat(f, b)                        # (hs*2, bat, seq)
    # 두 번째 BiLSTM
    f = a.rnn_f2(X)                       # (hs, bat, seq)
    f = a.dropout(f)
    b = a.rnn_b2(reverse(X, dims=3))      # (hs, bat, seq)
    b = a.dropout(b)
    X = vcat(f, b)                        # (hs*2, bat, seq)
    # 어텐션
    X = a.attn(X, X[:,:,end])             # (hs*2, bat)
    X = a.dense1(X)
    a.dense2(a.dropout(X))
end
```

단어 시퀀스들의 배치인 입력 데이터 X는 (시퀀스 길이 × 배치 크기)의 형상이다. 임베딩층을 거친 X는 양방향 LSTM을 두 번 거친다. 양방향 LSTM은 두 LSTM을 각각 시퀀스 순과 시퀀스 역순으로 적용하여 얻은 결과를 연결하면 된다. 두 번의 양방향 LSTM에서 나온 시점별 은닉 상태 및 마지막 은닉 상태를 어텐션층에 넘겨서 어텐션값을 구하고 다시 두 개의 밀집층을 거쳐서 분류 예측을 한다.

이렇게 정의된 모델을 생성하는 함수는 다음과 같다.

```julia
function build_model(emb; rng, hs = 64)
    embedding = Flux.Embedding(emb)
    embed_size = size(embedding.weight, 1)
    MyRNN(
        embedding,
        Flux.LSTM(embed_size => hs; init=init(rng)),
```

```
        Flux.LSTM(embed_size => hs; init=init(rng)),
        Flux.LSTM(hs * 2 => hs; init=init(rng)),
        Flux.LSTM(hs * 2 => hs; init=init(rng)),
        Attention(hs * 2; rng=rng),
        Flux.Dense(hs * 2 => hs, Flux.relu; init=init(rng)),
        Flux.Dropout(0.5),
        Flux.Dense(hs => 2; init=init(rng)))
end
```

이 함수의 emb 인수는 임베딩층에 바로 넘길 인수로, 임베딩층의 차원을 지정할 수도 있고, 사전 학습된 임베딩 가중치를 넘길 수도 있다. hs 인수는 LSTM층이나 밀집층 등에 적용될 은닉 유닛의 크기를 일괄로 관리하기 위한 파라미터이다.

사전 학습된 임베딩

사전 학습된 단어 임베딩은 **Embeddings.jl** 패키지를 이용하여 다운로드할 수 있다. 이 패키지를 이용하면 Word2Vec, GloVe, FastText 등의 임베딩을 이용할 수 있다. 여기에서는 GloVe 임베딩을 이용한다.

```
import Embeddings
function get_glove_embeddings(words)
    emb = Embeddings.load_embeddings(Embeddings.GloVe{:en});
    vocab_dic = Dict(v => i for (i, v) in enumerate(emb.vocab));
    emb_vecs = [haskey(vocab_dic, x) ?
        emb.embeddings[:, get(vocab_dic, x, 0)] :
        randn(Float32, 50) for x in words]
    hcat(zeros(Float32, 50), emb_vecs...)
end
```

단어 리스트를 words 인수로 받아서, GloVe 임베딩에서 해당 단어의 임베딩 벡터를 뽑아서 새로운 임베딩 가중치 행렬을 만드는 함수이다. GloVe의 임베딩 벡터 차원은 50이다. 가중치 행렬의 첫 번째 열은 words 리스트에 속하지 않는 단어들을 위한 영벡터이다.

최종 결과

지금까지 작업한 함수들을 이용하여 사전 학습되지 않은 model_base 및 사전 학습된 임베딩을 사용하는 model_glove 모델을 만든 후 두 모델의 정확도를 비교해본다. 복수의 모델을 훈련하기 위한 run_batch 함수는 17.1절에서 정의한 run_batch 함수를 그대로 사용한다.

```
julia> num_words = 10000;
julia> seq_len = 300;
julia> batch_size = 64;
julia> embed_size = 50;
julia> train_loader, test_loader, top_words = get_data(num_words, seq_len, batch_size);

julia> rng = MersenneTwister(1);
julia> model_base = build_model(num_words + 1 => embed_size; rng=rng);
julia> model_glove = build_model(get_glove_embeddings(top_words); rng=rng);
julia> models = [model_base, model_glove] .|> Flux.gpu;

julia> losses, accus = run_batch((train_loader, test_loader), models, 5)
[Model 1] Epoch 1
--------------------------------
[Train] loss: 0.6944202 [100/547]
[Train] loss: 0.6410558 [200/547]
[Train] loss: 0.4219030 [300/547]
[Train] loss: 0.3274130 [400/547]
[Train] loss: 0.2798646 [500/547]
[Test] Accuracy: 80.8, Avg loss: 0.4205979
  ...
```

발생 빈도가 높은 순으로 10,000개의 단어들을 분석 대상 어휘로 잡았고, 토큰화된 문장의 길이
는 300, 임베딩 벡터의 차원은 50으로 했다. 이 실행 결과에 대해 학습셋의 배치별 손실 및 테스
트셋의 에폭별 정확도를 다음과 같이 시각화한다.

```
julia> import Plots
julia> Plots.gr(size=(600,200));
julia> label = ["base" "glove"];
julia> p1 = Plots.plot(losses, label=label, title="Train Losses");
julia> p2 = Plots.plot(accus, label=label, title="Test Accuracy");
julia> Plots.plot(p1, p2)
```

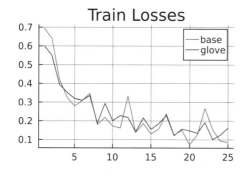
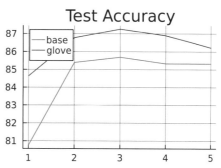

사전 학습된 GloVe 임베딩을 사용한 `model_glove`가 베이스 모델보다 학습 손실이 더 빠르게 줄어들고, 정확도도 3에폭 만에 87%가 넘었음을 볼 수 있다.

18.4 트랜스포머

트랜스포머Transformer는 기계번역 등을 위한 인코더-디코더 구조를, 순환 신경망을 사용하지 않고 어텐션만으로 구현한 모델이다.[5] 이번 장에서는 플럭스로 구현된 트랜스포머 모델을 제공하는 **Transformers.jl** 패키지를 이용하여 바로 앞 18.3절의 텍스트 분류 문제에 트랜스포머 인코더를 사용해본다.

데이터셋 준비 및 학습, 텍스트 함수

새로 만드는 모델도 정수 인코딩된 단어 시퀀스를 입력으로 받으므로 데이터셋 준비 과정은 앞 절과 동일하다. `prepare_coupus`, `get_data`, `train`, `test`, `run_batch` 함수까지 모두 그대로 사용한다.

모델 정의

먼저 Transformers.jl 패키지를 로딩한다.

```
using Transformers
```

모델 타입 정의는 다음과 같다.

```
import Functors
struct MyTrns
    embed      # 단어 임베딩
    pos_emb    # 위치 임베딩
    trns       # 트랜스포머
    pool       # 풀링
    dense1     # 밀집층 1
    dropout    # 드롭아웃
    dense2     # 밀집층 2
end
Functors.@functor MyTrns
```

---

5   Ashish Vaswani, Noam Shazeer, Niki Parmar, Jakob Uszkoreit, Llion Jones, Aidan N. Gomez, Lukasz Kaiser, and Illia Polosukhin. 2017. Attention Is All You Need. *CoRR* abs/1706.03762 (2017). https://arxiv.org/abs/1706.03762

앞 절의 MyRNN 모델에서 양방향 LSTM층 및 어텐션층이 위치 임베딩과 트랜스포머층, 풀링층으로 바뀌었다. 모델의 정방향 진행에 쓰이는 객체 호출 함수는 다음과 같다.

```
function (a::MyTrns)(X)                # (seq, bat)
    X = a.embed(X) .+ a.pos_emb(X)     # (emb, seq, bat)
    X =  a.trns((; hidden_state = X)).hidden_state    # (emb, seq, bat)
    X = permutedims(X, (2,1,3))        # (seq, emb, bat)
    X = dropdims(a.pool(X), dims=1)    # (emb, bat)
    X = a.dense1(a.dropout(X))
    a.dense2(a.dropout(X))
end
```

단어 임베딩에 위치 임베딩을 더한 임베딩 벡터는 트랜스포머층을 거쳐서 문맥을 반영한 임베딩 벡터가 된다. 이를 시퀀스축에 대해 풀링을 한 다음 밀집층을 거쳐서 문서 분류 로짓을 산출한다. 위치 임베딩은 배치 크기만큼 중복 계산되는 것이 아니라 한 번만 계산되므로 단어 임베딩에 더해줄 때 브로드캐스팅을 한다. 트랜스포머층은 내부적으로 N층의 입출력 형상이 같은 트랜스포머 블록으로 이루어진다. 트랜스포머층 안에 있는 셀프 어텐션은 입력된 임베딩 시퀀스의 각 임베딩을 시퀀스 내 다른 임베딩들과의 유사성으로 가중평균한 새로운 임베딩 시퀀스를 출력하기 때문에 출력 결과는 문맥을 반영하게 된다.

모델 생성 함수는 다음과 같다.

```
function build_model(emb; head = 4, hs = 64, preLN = false)
    embed = Flux.Embedding(emb)
    embed_size = size(embed.weight, 1)
    pos_emb = Layers.SinCosPositionEmbed(embed_size)

    block = preLN ? Layers.PreNormTransformerBlock : Layers.TransformerBlock
    num_layer = 2
    head_hidden = embed_size ÷ head
    ffn_dim = 4 * embed_size
    trns = Transformer(block, num_layer, head, embed_size, head_hidden, ffn_dim)
    MyTrns(
        embed,
        pos_emb,
        trns,
        Flux.GlobalMeanPool(),
        Flux.Dense(embed_size => hs, Flux.relu),
        Flux.Dropout(0.5),
        Flux.Dense(hs => 2))
```

```
    end
```

emb 인수는 단어 임베딩층에 바로 넘길 인수로, 임베딩층의 차원을 지정할 수도 있고, GloVe와 같은 사전 학습된 단어 임베딩 가중치를 넘길 수도 있다. 위치 임베딩층은 위치 인덱스에 따라 사인/코사인 값이 정해진 Layers.SinCosPositionEmbed를 사용한다. 학습 가능한 위치 임베딩을 사용하려면 Layers.FixedLenPositionEmbed을 사용하면 된다.

Transformer 층은 생성자에서 트랜스포머 블록 타입과 층수, 헤드 수, 임베딩 벡터 크기, 헤드의 은닉 차원, 위치별position-wise 피드 포워드층의 은닉 차원을 지정한다. 피드 포워드층의 활성화 함수, 드롭아웃 비율 등도 키워드 인수로 지정할 수 있다. 트랜스포머 블록 타입은 인코더인지 디코더인지, 그리고 층 정규화 순서를 어떻게 할지 등에 따라 선택할 수 있다. 여기서는 인코더만 사용하므로, 층 정규화 관련 인수인 preLN에 따라서만 블록 타입을 선택한다. 층 정규화에 대한 내용은 잠시 후에 다시 살펴본다.

트랜스포머층을 통과한 시퀀스에 대한 풀링은 전체에 평균을 취하는 GlobalMeanPool 층을 사용했다.

학습 결과

num_words, seq_len, batch_size 등의 변수도 앞 절 그대로 두고 embed_size만 128로 한 다음 학습한 결과는 다음과 같다.

```
julia> embed_size = 128;
julia> model_base = build_model(num_words + 1 => embed_size, hs = 64)
MyTrns(Embedding(10001 => 128), SinCosPositionEmbed(default_position_func(static(128)),
128, normalized = false), Transformer<2>(PostNormTransformerBlock(DropoutLayer<nothing>(Sel
fAttention(MultiheadQKVAttenOp(head = 4, p = nothing), NSplit<3>(Dense(W = (128, 384), b =
true)), Dense(W = (128, 128), b = true))), LayerNorm(128, ε = 1.0e-7), DropoutLayer<nothing
>(Chain(Dense(σ = NNlib.gelu, W = (128, 512), b = true), Dense(W = (512, 128), b = true))),
LayerNorm(128, ε = 1.0e-7))), GlobalMeanPool(), Dense(128 => 64, relu), Dropout(0.5),
Dense(64 => 2))

julia> models = [model_base] .|> Flux.gpu;
julia> losses, accus = run_batch((train_loader, test_loader), models, 10)
 [Model 1] Epoch 1
 -------------------------------
 [Train] loss: 0.6623523 [100/547]
 [Train] loss: 0.6722148 [200/547]
```

```
[Train] loss: 0.4938729 [300/547]
[Train] loss: 0.4677532 [400/547]
[Train] loss: 0.4796938 [500/547]
[Test] Accuracy: 78.6, Avg loss: 0.4577569
...
```

에폭별 모델 정확도는 다음과 같다.

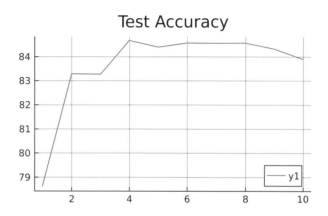

정규화 순서 바꾸기

원 트랜스포머 논문의 트랜스포머층은 스킵 연결skip connection 다음에 **층 정규화**layer normalization를 두는 사후 층 정규화를 사용했다. 이 방식은 학습이 안정적이지 않아서 학습률을 점진적으로 증가시키는 학습률 웜업warm-up 단계를 사용하기도 한다. 이를 개선하기 위해 층 정규화를 스킵 연결 안에 두는 사전 층 정규화 방식을 사용할 수도 있다.

사전 층 정규화를 적용하려면 앞에서 작성한 build_model 함수의 preLN 인수에 true를 넘기면 된다. 결과는 다음과 같이 기존 사후 층 정규화보다 테스트 정확도가 살짝 개선된 모습을 보였다.

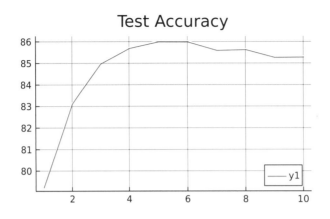

18.5 BERT

트랜스포머 모델들이 다양해지면서 인코더나 디코더로 독립된 유형의 트랜스포머 모델들이 많이 생겨났다. 이번 장에서 다룰 **BERT**Bidirectional Encoder Representations from Transformers는 인코더 유형의 모델로, 사전 학습된 가중치를 제공하여 전이 학습을 가능하게 한다. 앞에서 다룬 GloVe와 같은 단어 임베딩층은 단어 하나가 임베딩 벡터 하나로 바로 매핑되므로, 단어가 문맥에 따라 여러 개의 뜻을 가지더라도 이를 반영할 수 없다. 반면 BERT는 단어 임베딩을 입력으로 받아서 트랜스포머층을 거쳐 문장의 문맥을 반영한 단어 임베딩을 출력한다.

이번 절에서는 Transformers.jl 패키지에서 제공하는 BERT 모델을 이용하여 앞에서 다룬 IMDB 영화평 분류를 다시 한번 시도해본다. BERT 모델 자체는 영화평에서 특성 벡터를 추출하는 용도로만 사용하고, 추출된 특성은 간단한 신경망을 이용하여 분류 정확도를 구할 것이다.

텍스트 토큰화

Transformers.jl 패키지를 이용하여 BERT 모델을 다운로드한다.

```
using Transformers

using Transformers.TextEncoders
using Transformers.HuggingFace

import Flux

bert_enc, bert_model = hgf"bert-base-uncased"
```

```
bert_model = bert_model |> Flux.gpu
```

hgf 매크로를 이용하여 여러 종류의 사전 학습된 모델들 중, 대소문자 구분이 없고 12층의 트랜스포머 인코더층을 사용하는 기본 버전(bert-base-uncased)을 다운로드했다. 다운로드한 결과는 (bert_enc, bert_model)로, 각각 BERT용 텍스트 인코더와 BERT 모델이다.

텍스트 인코더를 이용하여 다음 두 문장을 인코딩해보자.

```
julia> enc = encode(bert_enc, ["I like Applesss", "Apples"])
(token = [0 0 … 0 0; 0 0 … 0 0; … ; 0 0 … 0 0; 0 0 … 0 0;;; 0 0 … 1 1; 0 0 … 0 0; … ; 0 0 …
0 0; 0 0 … 0 0],
 segment = [1 1; 1 1; … ; 1 1; 1 1],
 attention_mask = NeuralAttentionlib.LengthMask{1, Vector{Int32}}(Int32[6, 3]))
```

인코딩 결과의 token 필드는 문장 토큰들의 원핫 벡터이다. segment 필드는 질의/응답 등으로 텍스트를 두 개로 구분할 때 사용되고, attention_mask 필드는 실제 단어와 패딩 토큰을 구분하는 용도이다.

인코딩된 토큰을 다시 디코딩해보면 다음과 같다.

```
julia> decode(bert_enc, enc.token)
6×2 Matrix{String}:
 "[CLS]"   "[CLS]"
 "i"       "apples"
 "like"    "[SEP]"
 "apples"  "[PAD]"
 "##ss"    "[PAD]"
 "[SEP]"   "[PAD]"
```

결과 행렬의 각 열은 각 입력 문장의 토큰화 결과이다. 문장의 처음은 특별한 토큰인 [CLS]로 시작하고 마지막은 [SEP]로 끝나며, 고정된 길이를 채우기 위해 [PAD]가 사용되었음을 볼 수 있다. [CLS] 토큰은 BERT가 분류 문제를 풀기 위해 추가한 토큰으로, 우리는 [CLS] 토큰의 문맥 반영 임베딩 벡터를 영화평의 특성 벡터로 사용할 예정이다.

토큰과된 결과를 좀 더 살펴보면, 대소문자 구분이 없는 모델을 사용했으므로 I나 Apples 등이 모두 소문자로 바뀌었음을 볼 수 있다. 또 applesss와 같이 어휘 사전에 존재하지 않는 단어는 더 작은 단위로 쪼개어져서 사전에 포함되는 단어(apples)와 그렇지 않은 부분(##ss)으로 분리되었다.

특성 추출

다음은 bert_enc와 bert_model을 이용하여 전체 영화평 데이터에서 특성 벡터를 추출하고 이를 파일에 저장하는 함수이다.

```julia
using CSV, DataFrames
import MLUtils, FileIO

function extract_features(bert_enc, bert_model)
    imdb = CSV.read("/home/tyfun/Downloads/IMDB Dataset.csv", DataFrame)
    X = replace.(imdb.review, "<br />" => " ")
    chunk_size = 100
    features = []
    for (i, c) in enumerate(Flux.chunk(X, size=chunk_size))
        i % 10 == 0 && println("$(chunk_size * i) / $(length(X))")
        c = encode(bert_enc, collect(c))
        c = c |> Flux.gpu
        f = bert_model(c).hidden_state[:,1,:]
        f = MLUtils.unbatch(f) |> Flux.cpu
        features = vcat(features, f)
    end
    X = MLUtils.batch(features)

    y = ifelse.(imdb.sentiment .== "positive", 1, 0);
    y = Flux.onehotbatch(y, 0:1)

    FileIO.save("imdb_bert_feat.jld2", Dict("X" => X, "y" => y))
end
```

위 함수는 영화평을 100개씩 읽어 bert_enc로 인코딩한 후, bert_model을 통과시킨다. 트랜스포 머층을 통과한 임베딩 벡터는 문장의 문맥을 반영하고 있다. 이 중 [CLS] 토큰에 해당하는 첫 번째 임베딩 벡터만 뽑아서 입력 변수 X를 만든다. 계산 결과는 파일에 저장하여 다음 절에서 비교용으로 다시 사용할 수 있게 한다.

```julia
julia> extract_features(bert_enc, bert_model)
1000 / 50000
2000 / 50000
3000 / 50000
4000 / 50000
```

```
5000 / 50000
...
```

저장된 파일을 읽어서 데이터로더를 생성하는 함수는 다음과 같다.

```
function get_data(batchsize = 64)
    dic = FileIO.load("imdb_bert_feat.jld2")
    X, y = dic["X"], dic["y"]
    train, test = MLUtils.splitobs((X, y), at = 0.7);
    train_loader = MLUtils.DataLoader(train, batchsize=batchsize)
    test_loader = MLUtils.DataLoader(test, batchsize=batchsize)

    return train_loader, test_loader
end
```

분류 모델 정의 및 학습

BERT로 뽑은 영화평의 특성 벡터가 얼마나 유의한지 파악하기 위해, 분류 모델은 다음과 같이 최대한 간단하게 구성했다.

```
julia> rng = MersenneTwister(1);
julia> model = Flux.Dense(768 => 2; init=init(rng)) |> Flux.gpu
```

분류 모델은 BERT 기본 모델의 임베딩 벡터 차원인 768을 입력 차원으로 받는다. train, test 함수는 16.3절에서 정의한 그대로, run_epochs 함수는 16.4절에서 정의한 그대로 사용한다.

```
julia> loss_fn = Flux.Losses.logitcrossentropy;
julia> optimizer = Optimisers.setup(Optimisers.Adam(), model);
julia> _, accuracies = run_epochs(get_data(), model, loss_fn, optimizer, 20)
Epoch 1
------------------------------
[Train] loss: 0.4591470 [100/547]
[Train] loss: 0.3394720 [200/547]
[Train] loss: 0.3911216 [300/547]
[Train] loss: 0.2921254 [400/547]
[Train] loss: 0.2025667 [500/547]
[Test] Accuracy: 85.0, Avg loss: 0.3407898
...
Epoch 20
------------------------------
```

```
[Train] loss: 0.3440531 [100/547]
[Train] loss: 0.2932953 [200/547]
[Train] loss: 0.3425295 [300/547]
[Train] loss: 0.2708543 [400/547]
[Train] loss: 0.1708533 [500/547]
[Test] Accuracy: 87.1, Avg loss: 0.3063479
```

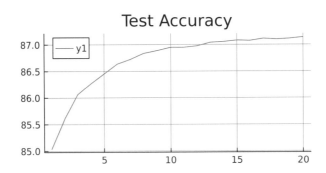

BERT 모델을 미세 튜닝 없이 특성 추출에만 사용했음에도 불구하고, 밀집층 하나로만 구성된 분류 모델의 성과가 앞 절에서 다룬 'GloVe + 양방향 LSTM 두 층 + 어텐션 + 밀집층 두 층' 모델과 비슷한 정확도가 나왔다. 사전 학습된 BERT 모델의 유용성을 보여준다고 할 수 있다.

18.6 허깅페이스

이번 절에서는 플럭스와는 무관하지만, 자연어 처리 분야에서 매우 중요한 라이브러리이자 생태계인 **허깅페이스**Hugging Face를 줄리아에서 활용하는 방법을 알아본다.

허깅페이스의 트랜스포머 라이브러리(**transformers** 모듈)[6]는 다양한 트랜스포머 모델에 일관된 인터페이스를 제공한다. 또한 허깅페이스 허브Hub를 통해 사전 훈련된 모델 가중치나 데이터셋을 받을 수도 있고, 사용자들 간에 모델과 데이터셋을 공유할 수도 있다.

허깅페이스의 트랜스포머 라이브러리는 파이토치, 텐서플로, JAX를 지원하는 파이썬 라이브러리로, 줄리아에서 사용하려면 **PyCall.jl** 패키지를 이용하면 된다. PyCall을 이용하면 줄리아에서 임의의 파이썬 모듈을 임포트해서 파이썬 함수를 호출할 수 있고, 줄리아와 파이썬 간에 주고받는 데이터는 자동으로 타입 변환이 일어난다.

---

6 https://huggingface.co/docs/transformers/index

먼저 PyCall 패키지를 이용하여 transformers 파이썬 모듈을 임포트한다.

```
julia> using PyCall

julia> pytf = pyimport("transformers")
PyObject <module 'transformers' from '/home/tyfun/.local/lib/python3.10/site-packages/
transformers/__init__.py'>
```

transformers 모듈이 설치되어 있지 않다고 에러 메세지가 뜨면 다음과 같이 줄리아에서 직접 설치 명령을 실행할 수 있다. 다만 transformers 모듈은 파이토치나 텐서플로 등을 필요로 하므로 이들도 설치되어 있지 않다면 먼저 설치해야 한다.

```
julia> @pyimport pip
julia> pip.main(["install", "transformers"])
```

윈도우에 트랜스포머를 설치할 때 오류가 난다면

윈도우 환경에서 파이토치나 transformers 모듈 등을 처음 설치할 때 어려움이 있다면 다음 두 방법 중 한 가지 방법을 이용해, 파이토치 기반으로 설정하는 것을 추천한다(CPU 기준).

1 pip 이용
먼저 줄리아에서 PyCall.jl 패키지를 설치하면 줄리아 패키지 저장소 아래에 conda 폴더가 생성된다. 특별히 패키지 저장소 위치를 바꾸지 않았다면 아래와 같이 사용자 홈 폴더의 .julia 폴더에 생성되어 있을 것이다.

```
PS C:\Users\KTH\.julia\conda>
```

여기서 다음과 같이 pip 실행 파일이 있는 Scripts 폴더까지 이동해서 직접 torch와 transformers를 설치한다.

```
PS C:\Users\KTH\.julia\conda> cd 3\x86_64\Scripts

PS C:\Users\KTH\.julia\conda\3\x86_64\Scripts> .\pip.exe install torch
PS C:\Users\KTH\.julia\conda\3\x86_64\Scripts> .\pip.exe install transformers
```

2 콘다 이용
줄리아용 콘다 패키지(Conda.jl)를 이용해 설치하는 방법도 가능하다. 콘다 채널을 지정할 필요가 있지만 터미널에서 폴더를 이동해서 pip를 실행할 필요는 없어진다.

```
julia> using Pkg; Pkg.add("Conda");
julia> using Conda
```

```
julia> Conda.add_channel("pytorch")
julia> Conda.add("pytorch")
...
julia> Conda.add_channel("huggingface")
julia> Conda.add("transformers")
...
```

이상은 CPU 기준 설치 명령이므로, CUDA 버전을 설치하려면 공식 문서(https://pytorch.org/get-started/locally)의 명령을 참고한다.

BERT 기반의 모델

바로 앞 절에서 다뤘던 BERT 모델(bert-base-uncased)을 허깅페이스에서 가져와서 실습해보자. 다음은 허깅페이스의 모델 설명 문서[7]에 나오는 예제를 줄리아로 구현한 것이다.

```
julia> unmasker = pytf.pipeline("fill-mask", model="bert-base-uncased")
Downloading: ...

julia> unmasker("Hello I'm a [MASK] model.")
5-element Vector{Dict{Any, Any}}:
 Dict("score" => 0.10731087625026703, "token" => 4827, "token_str" => "fashion", "sequence"
=> "hello i'm a fashion model.")
 Dict("score" => 0.08774468302726746, "token" => 2535, "token_str" => "role", "sequence" =>
"hello i'm a role model.")
 Dict("score" => 0.053383879363536835, "token" => 2047, "token_str" => "new", "sequence" =>
"hello i'm a new model.")
 Dict("score" => 0.046672191470861435, "token" => 3565, "token_str" => "super", "sequence"
=> "hello i'm a super model.")
 Dict("score" => 0.027095822617411613, "token" => 2986, "token_str" => "fine", "sequence" =>
 "hello i'm a fine model.")
```

문장 안에서 [MASK] 토큰으로 마스킹된 단어를 채우는 모델로서, 결과를 보면 "fashion" model, "role" model 등 문맥에 맞는 단어들로 채워진 것을 볼 수 있다.

앞에서 다룬 IMDB 영화평 데이터셋의 특성 벡터 추출은 다음과 같이 할 수 있다. 영화평 파일에서 첫 다섯 개의 평을 가져와서 허깅페이스가 제공하는 토크나이저와 모델로 특성을 추출한다.

---

7 https://huggingface.co/bert-base-uncased

```
julia> imdb = CSV.read("/home/tyfun/Downloads/IMDB Dataset.csv",DataFrame);
julia> text = replace.(imdb.review, "<br />" => " ")[1:5];
julia> tokenizer = pytf.BertTokenizer.from_pretrained("bert-base-uncased");
julia> model = pytf.BertModel.from_pretrained("bert-base-uncased");
julia> encoded_input = tokenizer(text, return_tensors="pt",
          padding=true, truncation=true);
julia> output = model(
          input_ids = encoded_input.input_ids,
          token_type_ids = encoded_input.token_type_ids,
          attention_mask = encoded_input.attention_mask);
julia> features = output["last_hidden_state"].detach().numpy()[:,1,:]'
768×5 adjoint(::Matrix{Float32}) with eltype Float32:
  0.183457   -0.107541   -0.249168    0.0909832   -0.2782
 -0.416676    0.053653   -0.35873    -0.463723    -0.193687
 -0.306458   -0.0796795  -0.246587    0.138646     0.0531337
  ...
```

앞 절에서 Transformers.jl 패키지의 BERT 모델로 구했던 영화평 특성 벡터들을 파일에서 읽어서 허깅페이스의 BERT 모델 결과와 비교해보자.

```
julia> dic = FileIO.load("imdb_bert_feat.jld2");
julia> feat_prev = dic["X"][:,1:5]
768×5 Matrix{Float32}:
  0.184787   -0.103931   -0.248634    0.0923291   -0.275087
 -0.414855    0.0555635  -0.35656    -0.461158    -0.19231
 -0.306458   -0.0796795  -0.246587    0.138646     0.0531337
  ...
julia> using Distances
julia> colwise(cosine_dist, feat_prev, features)
5-element Vector{Float32}:
 8.165836f-6
 4.708767f-6
 4.5895576f-6
 1.0073185f-5
 8.46386f-6
```

열별로(즉 영화평별로) 계산한 두 특성 행렬 간의 코사인 거리는 거의 0에 가까운 것을 확인할 수 있다.

GPT-2

다양한 트랜스포머 모델들 중, BERT는 문서 분류 등에 적합한 인코더 유형이고, **GPT**generative pretrained transformer는 텍스트 생성 등에 적합한 디코더 유형이다. 다음은 허깅페이스의 GPT-2[8] 모델을 이용하여 텍스트 생성을 하는 예제이다.

```julia
julia> generator = pytf.pipeline("text-generation", model="gpt2")
Downloading: ...

julia> generator("I like to write julia code", max_length=30, num_return_sequences=5)
Setting `pad_token_id` to `eos_token_id`:50256 for open-end generation.
5-element Vector{Dict{Any, Any}}:
 Dict("generated_text" => "I like to write julia code. The reason i write this in python is
that i'm lazy, and that is all i've done here.")
 Dict("generated_text" => "I like to write julia code,\" she said, explaining what she's
done lately: Her own julia engine for building up JSON objects. Here")
 Dict("generated_text" => "I like to write julia code but I want it to be modular enough,
and easy enough that I can extend the code myself.\n\nSo")
 Dict("generated_text" => "I like to write julia code that makes sure we don't crash when
changing input events that happen before any other event, including event-type and")
 Dict("generated_text" => "I like to write julia code. I have no idea what I am supposed to
do in here.\n\n1) If you are going to")
```

첫 번째 생성된 예제는 유머 감각이 느껴질 정도이다.

BART

BARTBidirectional and Auto-Regressive Transformers 는 인코더-디코더 구조로서, 인코더는 BERT와 유사하고 디코더는 GPT와 유사하다. 다음은 BART를 이용한 우크라이나 관련 뉴스 요약이다.

```julia
julia> summarizer = pytf.pipeline("summarization", model="facebook/bart-large-cnn")
Downloading...

julia> ARTICLE = """
        At least 10 people were killed and 55 were injured in the southern Ukrainian city of
Kherson after Russian shelling hit the area on Saturday, Yaroslav Yanushevych, head of the
Kherson region military administration, said in a new update on the death toll.
        Yanushevych called on Kherson residents to donate blood to help save the lives of
people injured in the shelling.
        He also said the Russians used "Grad multiple-launch rocket systems to hit Kherson
city center," and 18 people, among 55, are in critical condition at the moment.
        The head of the regional administration noted there were no children among the
victims of Saturday morning's shelling.
```

---

8   GPT-3부터는 오픈소스가 아니기 때문인지 허깅페이스에서 사용할 수 없다.

At the same time, he reported five people were killed and 17 were injured Friday as a result of Russian shelling.

"Among the injured is a six-year-old girl, doctors fought for her life and managed to save her," Yanushevych said. "But, unfortunately, the six-year-old girl lost her eye and her ear. She has a broken leg. We will evacuate her to Kyiv."

Yanushevych said the shelling of the city continued all day Saturday, especially the areas along the Dnipro river, and it prevented the rescuers from doing their job of clearing the rubble.

The areas along the Dnipro river, such as Hydropark, Antonivka and Navtohavan have no heating or electricity. Yanushevych said people who live in these areas are under constant heavy shelling and "need to immediately evacuate."

"It is almost impossible to restore the infrastructure in these areas," Yanushevych said.
    """;

```
julia> summarizer(ARTICLE, max_length=130, min_length=30)
1-element Vector{Dict{Any, Any}}:
 Dict("summary_text" => "At least 10 people were killed and 55 were injured in the southern
Ukrainian city of Kherson. 18 people, among 55, are in critical condition at the moment. The
head of the regional administration noted no children among the victims.")
```

심층 강화학습

강화학습reinforcement learning은 에이전트(행위자)agent가 주어진 환경environment에서 최대한의 누적 보상 cumulative reward을 받을 수 있는 액션(행동)action 방식을 학습하는 기법이다. 에이전트는 환경의 현재 상태state 를 바탕으로 행동을 취하고, 환경으로부터 새로운 상태와 보상을 받는다. 지도학습은 주어진 입력값에 대한 레이 블값이 존재하지만, 강화학습에서는 현재의 행동을 평가할 때 즉각적인 보상뿐 아니라 미래의 지연된 보상들도 고려해야 한다. **심층 강화학습**deep reinforcement learning은 심층 신경망을 이용하는 강화학습이다.

강화학습 알고리즘은 정책 기반, 가치 기반, 모델 기반으로 분류할 수 있다. 정책 기반 알고리즘은 상태로부터 행동을 생성하는 정책을 직접 학습한다. 가치 기반 알고리즘은 행동 가치 함수 등을 학습하고 이를 기반으로 행동을 선택한다. 모델 기반 알고리즘은 환경의 전이 함수를 학습하여, 각 행동별 예측된 궤적을 비교하고 행동을 선택한다. 모델 기반 알고리즘은 적용 가능한 범위가 한정적이기 때문에, 이 책에서는 정책 기반과 가치 기반 알고리즘을 다룬다.

줄리아의 빠른 실행 성능은 특히 강화학습에서 빛을 발한다. 4부에서 살펴본 일반적인 딥러닝 과제들은 대부분의 연산이 벡터화가 쉬워서 GPU에서 돌리기 용이하다. 이 과제들은 CPU에서 돌리더라도, 파이썬 등 동적 언어에서도 벡터화 연산을 이용하면 정적 언어에 준하는 성능을 얻을 수 있다. 반면 강화학습은 에이전트와 상호작용하는 환경을 문제 상황에 맞게 구현해야 하는데, 에이전트의 액션에 따라서 환경의 상태가 변하므로 보상이 계산되는 과정을 벡터화하기 어려운 경우가 많다. 즉 파이썬으로 강화학습을 하는 경우, 에이전트의 학습은 벡터화로 빠르게 처리할 수 있더라도 동적인 환경을 시뮬레이션하는 데에서 병목이 올 수 있다. 줄리아는 1부에서 다룬 타입 추론 등 메서드 최적화로 벡터화 없이도 정적 언어의 성능을 보일 수 있고, 그 덕에 환경의 전이 과정도 빠르게 시뮬레이션할 수 있다.

이제부터 줄리아에서 강화학습 테스트를 위한 환경 설정 방법을 먼저 알아보고, 가치 기반, 정책 기반 순으로 알고리즘들을 구현해본다. 알고리즘 구현 시에는 먼저 큰 틀을 하나씩 작성하고, 알고리즘별 코드는 다중 디스패치로 작성하여 통일성 있으면서도 추가적인 확장이 쉽게 작성할 것이다. 구현할 알고리즘들은 유형별 기본 알고리즘부터 최신 알고리즘인 SAC, PPO까지이다.

강화학습 환경

강화학습 알고리즘을 테스트하려면 에이전트와 상호작용할 환경이 필요하다. 알고리즘 테스트와 성능 비교를 위해 많이 사용되는 강화학습 환경 라이브러리로는 파이썬으로 구현된 Gym 라이브러리(OpenAI)가 있다. 줄리아에는 Gym 라이브러리처럼 다양한 강화학습 환경을 제공하는 **ReinforcementLearning.jl** 패키지(이하 RL 패키지)가 있다. 이 패키지는 강화학습 환경뿐 아니라 강화학습 알고리즘들도 제공하지만, 이 책에서는 해당 패키지의 환경만 사용하고 알고리즘은 직접 구현한다.

19.1 환경 사용법

RL 패키지에서 제공하는 1차원 **랜덤워크**(확률보행)random walk 환경[1]을 예로 들어 강화학습 환경 사용법을 살펴보자. 1차원 랜덤워크 환경은 다음 그림[2]과 같이 1부터 7까지의 정수 포지션으로 이루어져 있고, 에이전트는 중간 위치인 4에서 시작하여 오른쪽이나 왼쪽으로 한 칸씩 움직인다. 에이전트가 위치 1에 도착하면 -1, 위치 7에 도착하면 1의 보상을 받고 한 에피소드가 종료된다.

---

1   RL 패키지에서 제공하는 전체 환경 리스트 및 특성은 다음 주소에서 확인할 수 있다. https://juliareinforcementlearning.org/docs/rlenvs/

2   https://juliareinforcementlearning.org/docs/tutorial/

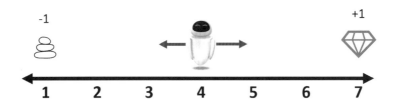

이러한 랜덤워크 환경은 다음과 같이 불러올 수 있다.

```
julia> using ReinforcementLearning
julia> env = RandomWalk1D();
```

RL 패키지에서 제공하는 환경들은 다음과 같은 7개의 함수를 공통 인터페이스로 구현한다.

인터페이스 함수	설명	대응하는 파이썬 Gym 인터페이스
state_space(env)	가능한 상태 공간	env.observation_space
action_space(env)	가능한 행동 공간	env.action_space
state(env)	현재 상태	env.step(action)의 반환값으로 새로운 상태, 보상, 종료 여부 등이 반환된다.
reward(env)	현재 보상	
is_terminated(env)	에피소드 종료 여부	
reset!(env)	에피소드 초기화	env.reset()
(env)(action)	에피소드 한 스텝 전진	env.step(action)

이 랜덤워크 환경의 인터페이스 함수 결과를 보면 다음과 같다.

```
julia> state_space(env)
Base.OneTo(7)

julia> AS = action_space(env)
Base.OneTo(2)

julia> state(env)
4
```

state_space는 1에서 7까지의 정수 집합이고,[3] action_space는 1과 2의 집합으로 각각 왼쪽 걸음

---

3   Base.OneTo(n)은 정수 범위인 1:n과 같은 의미이지만 범위의 시작이 1부터임을 타입 정보로 컴파일러에 알려주기 때문에 더 효율적인 기계어 코드가 생성된다. 3.2절에서 다룬 @code_llvm, @code_native 등으로 차이를 확인할 수 있다.

과 오른쪽 걸음을 나타낸다. 현재 상태인 state 함수는 위치 4를 나타내고 있다.

에피소드가 종료될 때까지 행동 공간에서 랜덤한 행동을 추출하는 코드는 다음과 같이 작성할 수 있다.

```julia
julia> while !is_terminated(env)
           a = rand(AS)  # action
           env(a)
           s, r = state(env), reward(env)
           println("action: $a, state: $s, reward: $r")
       end
action: 1, state: 3, reward: 0.0
action: 2, state: 4, reward: 0.0
action: 2, state: 5, reward: 0.0
action: 1, state: 4, reward: 0.0
action: 1, state: 3, reward: 0.0
action: 1, state: 2, reward: 0.0
action: 1, state: 1, reward: -1.0
```

이 실행 결과를 보면 -1의 보상을 받고 에피소드는 종료되었다. 새로운 에피소드를 시작하기 위해 선 환경을 다음과 같이 리셋해야 한다.

```julia
julia> reset!(env);
julia> state(env)
4
```

19.2 카트폴 환경

카트폴cart pole 환경은 심층 강화학습 알고리즘 테스트에 많이 쓰이는 환경이다. 다음 그림[4]과 같이, 트랙 위에 카트cart가 하나 있고, 카트에는 막대기pole가 하나 느슨하게 연결되어 있다. 매 타임 스텝마다 카트를 좌우로 움직여서 막대기를 세워진 상태로 최대한 오래 유지하는 것이 게임의 목표이다. 막대기가 세워진 상태로 에피소드가 시작되며 막대기가 넘어지기 전까지는 매 스텝마다 1의 보상을 받는다.

---

4 https://gymnasium.farama.org/environments/classic_control/cart_pole/

카트폴 환경은 (카트 위치, 카트 속도, 막대기 각, 막대기 각속도)의 4차원 실수 범위를 상태 공간으로 가지고, 행동 공간은 {-1, 1}의 정수, 혹은 [-1, 1]의 실수 범위를 가질 수 있다. 강화학습 알고리즘들은 종류에 따라서 이산discrete 행동 공간만 다룰 수 있거나 연속continuous 행동 공간만 다룰 수 있는 경우들이 있는데, 카트폴 환경은 이런 알고리즘들을 모두 테스트 가능하다.

이후 장들에서 구현할 알고리즘들도 카트폴 환경을 기본 테스트 환경으로 사용할 예정이므로 RL 패키지에서 카트폴 환경을 미리 확인해보자.

카트폴 환경 생성자에 키워드 인수 T로 상태 공간의 실수 타입을 Float32로 지정한다.

```
julia> env = CartPoleEnv(T=Float32);
```

상태 공간을 보자.

```
julia> state_space(env)
Space{Vector{IntervalSets.ClosedInterval{Float32}}}(IntervalSets.ClosedInterval{Float32}
[-4.8..4.8, -Inf..Inf, -0.41887903..0.41887903, -Inf..Inf])
```

상태 공간은 닫힌 구간(폐구간)을 의미하는 IntervalSets.ClosedInterval 타입의 원소 네 개로 이루어진 벡터이다. 카트 위치를 나타내는 첫 번째 원소는 [-4.8, 4.8]의 범위이고, 카트 속도는 [-Inf, Inf], 막대기 각은 [-24°, 24°]의 호도법 범위인 [-0.41887903, 0.41887903], 막대기 각속도는 [-Inf, Inf] 범위이다.

에피소드의 종료 기준은 카트 위치가 [-2.4, 2.4]를 벗어나거나 막대기 각이 [-12°, 12°]를 벗어나는 경우, 혹은 스텝 수(에피소드의 길이)가 최대 길이인 200을 넘는 경우이다. 종료 기준은 카트폴 환경 생성자에서 키워드 인수로 변경할 수도 있지만, 책에서는 이 기본 설정값을 그대로 사용한다.

랜덤하게 초기화된 현재 상태는 다음과 같다.

```
julia> state(env)
4-element Vector{Float32}:
 -0.045654893
 -0.027733827
 -0.0118147805
  0.005911775
```

행동 공간은 기본값이 이산형이기 때문에 다음과 같다.

```
julia> AS = action_space(env)
Base.OneTo(2)
```

연속형 이산 공간은 생성자에서 다음과 같이 지정하면 된다.

```
julia> env = CartPoleEnv(T=Float32, continuous=true);
julia> action_space(env)
-1.0..1.0
```

이후 장들에서 알고리즘 테스트 시 재현 가능한 결과를 위해 난수 발생 시드를 다음과 같이 지정한다.

```
julia> using Random: MersenneTwister
julia> env = CartPoleEnv(T=Float32, rng=MersenneTwister(1));
```

19.3 사용자 정의 환경

이 책에서는 카트폴 환경에서 알고리즘 테스트를 진행하지만, 실무에서 주어진 문제를 강화학습으로 해결하려면 문제 상황을 반영하는 **사용자 정의 환경**customized environment을 작성하여야 한다. 사용자 정의 환경은 해당 환경 타입에 대해 19.1절에서 다룬 7개의 인터페이스 함수만 구현하면 된다. 앞에서 다룬 1차원 랜덤워크 환경을 예제로 하여 사용자 정의 환경 작성 방식을 알아보자.[5]

먼저 환경의 상태 등을 필드로 가지는 복합 타입을 정의한다.

---

5 본 예제 코드는 RL 패키지의 소스 코드에서 패키지 네임스페이스 및 상위 추상 타입만 제거하였다.
   https://github.com/JuliaReinforcementLearning/ReinforcementLearning.jl/blob/master/src/ReinforcementLearningEnvironments/src/environments/examples/RandomWalk1D.jl

```
julia> using ReinforcementLearning
Base.@kwdef mutable struct RandomWalk1D <: AbstractEnv
    rewards::Pair{Float64,Float64} = -1.0 => 1.0
    N::Int = 7
    actions::Vector{Int} = [-1, 1]
    start_pos::Int = (N + 1) ÷ 2
    pos::Int = start_pos
end
```

타입 정의 시 사용된 Base.@kwdef 매크로는 키워드 기반의 타입 생성자를 자동으로 생성해주는 매크로이다.[6] 이 매크로를 사용하면 타입의 필드 선언 뒤에 디폴트값도 지정할 수 있다. rewards 필드는 좌측 끝단에서의 벌점과 우측 끝단에서의 상점 정보를 가지고 있다. N은 상태 공간의 크기, 즉 가능한 위치의 개수이고, actions 필드는 행동 공간을 나타낸다. start_pos은 초기 위치이고, pos는 현재 위치이다.

그다음, 사용자 행동을 인수로 받아서 환경의 상태를 다음 상태로 전이하는 객체 호출 함수를 정의한다. 다음 객체 호출 함수는 사용자 행동에 따라서 에이전트의 위치를 옮겨준다.

```
function (env::RandomWalk1D)(action)
    env.pos = max(min(env.pos + env.actions[action], env.N), 1)
end
```

에피소드를 초기화하는 reset! 함수는 에이전트 위치를 초기 위치로 리셋한다.

```
reset!(env::RandomWalk1D) = env.pos = env.start_pos
```

행동 공간과 상태 공간, 현재 상태를 돌려주는 함수는 각각 다음과 같다.

```
action_space(env::RandomWalk1D) = Base.OneTo(length(env.actions))
state_space(env::RandomWalk1D) = Base.OneTo(env.N)
state(env::RandomWalk1D) = env.pos
```

에피소드는 에이전트 위치가 좌측 끝이나 우측 끝으로 갔을 때 종료된다.

---

6 줄리아 1.9 버전부터는 @kwdef 매크로가 Base 모듈에서 export되어서 모듈명 명시 없이 사용이 가능하지만, 책에서는 이전 버전과의 호환을 위해 Base 모듈명을 명시했다.

```
is_terminated(env::RandomWalk1D) = env.pos == 1 || env.pos == env.N
```

에이전트가 좌측 끝이나 우측 끝에 도착하여 에피소드가 종료될 때 벌점이나 상점이 주어지고, 에피소드 중간에는 보상이 0이다.

```
function reward(env::RandomWalk1D)
    if env.pos == 1
        first(env.rewards)
    elseif env.pos == env.N
        last(env.rewards)
    else
        0.0
    end
end
```

환경의 내부 상태를 변화시키는 함수는 한 스텝 전진을 의미하는 객체 호출 함수와 환경을 리셋시키는 reset! 함수뿐이다. 그 외 인터페이스 함수들인 action_space, state_space, state, is_terminated, reward 함수는 환경의 내부 상태는 변화시키지 않는 순수 함수이다.

## CHAPTER 20

가치 기반 알고리즘

이번 장에서는 가치 기반 알고리즘인 DQN, DDPG, SAC를 살펴본다. 이 알고리즘들은 모두 Q러닝을 바탕에 두는 비활성 정책off-policy이기 때문에 알고리즘 구현 및 테스트 과정이 서로 유사하다. 가치 기반 강화학습의 이론적인 부분을 간단히 살펴보고 알고리즘들을 구현해본다.

20.1 기본 개념

정책, 궤적, 이득

정책policy π: $a \sim \pi(s)$는 상태 s를 입력으로 받아 행동 a를 도출하는 확률분포함수이다. 결정론적인 정책의 경우 확률분포는 퇴화분포degenerate distribution가 된다. 정책 함수를 학습하는 정책 최적화의 경우 정책 함수는 학습 가능한 파라미터 θ를 가지므로 π_θ로 표시될 수 있다.

궤적trajectory τ는 에이전트와 환경의 반복된 상호작용 결과로서, 상태 s_t에서의 행동 a_t와 그에 따른 다음 상태 s_{t+1}와 다음 행동 a_{t+1}의 연속된 과정이다. $(s_0,\ a_0,\ s_1,\ a_1,\ ...)$으로 정의할 수 있고, 에피소드episode라고 부르기도 한다.

이득return은 궤적 τ에서 타임 스텝별로 발생한 보상 r_t를 할인율 γ로 할인한 총합으로 정의할 수 있다.

$$R(\tau) = \sum_{t=0}^{T} \gamma^t r_t \qquad \text{[식 5.1]}$$

기대이득, 최적정책

정책 π를 따라서 행동을 취할 경우 생길 궤적 τ의 확률을 $P(\tau \mid \pi)$라고 할 때, 정책 π의 **기대이득** expected return은 다음과 같다.

$$J(\pi) = \int_{\tau} P(\tau|\pi)R(\tau) = E_{\tau \sim \pi}[R(\tau)] \qquad \text{[식 5.2]}$$

강화학습의 목표는 기대이득을 최대화하는 **최적정책** optimal policy인 π^*를 찾는 것이다.

$$\pi^* = \underset{\pi}{\mathrm{argmax}} J(\pi) \qquad \text{[식 5.3]}$$

가치 함수: (최적) 상태, (최적) 행동

정책 π에 대한 **상태 가치 함수** state-value function는 상태 s에서 시작하여 정책 π를 따라서 행동하는 경우의 기대이득을 반환한다.

$$V^{\pi}(s) = E_{\tau \sim \pi}[R(\tau)|s_0 = s] \qquad \text{[식 5.4]}$$

정책 π에 대한 **행동 가치 함수** action-value function는 상태 s에서 임의의 행동 a를 취한 후, 그 뒤에는 정책 π를 따라서 행동하는 경우의 기대이득을 반환한다.

$$Q^{\pi}(s, a) = E_{\tau \sim \pi}[R(\tau)|s_0 = s, a_0 = a] \qquad \text{[식 5.5]}$$

최적 상태 가치 함수 optimal state-value function는 상태 s에서 시작하여 최적정책을 따라서 행동하는 경우의 기대이득을 반환한다.

$$V^*(s) = \max_\pi V^\pi(s) \qquad \text{[식 5.6]}$$

최적 행동 가치 함수optimal action-value function는 상태 s에서 임의의 행동 a를 취한 후, 그 뒤에는 최적정책을 따라서 행동하는 경우의 기대이득을 반환한다.

$$Q^*(s, a) = \max_\pi Q^\pi(s, a) \qquad \text{[식 5.7]}$$

어드밴티지 함수

정책 π에 대한 **어드밴티지 함수**advantage function는 상태 s에서의 행동 a가 평균적인 행동 가치에 비해 얼마나 나은지를 나타낸다.

$$A^\pi(s, a) = Q^\pi(s, a) - E_{a\sim\pi}[Q^\pi(s, a)] = Q^\pi(s, a) - V^\pi(s) \quad \text{[식 5.8]}$$

시간차 학습

위에서 정의한 네 가지 가치 함수에 대해, 각각 다음과 같은 방정식이 성립한다.

$$V^\pi(s) = E_{a\sim\pi, s'\sim P}[r(s, a) + \gamma V^\pi(s')] \qquad \text{[식 5.9]}$$

$$Q^\pi(s, a) = E_{s'\sim P}[r(s, a) + \gamma E_{a'\sim\pi} Q^\pi(s', a')] \qquad \text{[식 5.10]}$$

$$V^*(s) = \max_a E_{s'\sim P}[r(s, a) + \gamma V^*(s') \qquad \text{[식 5.11]}$$

$$Q^*(s, a) = E_{s'\sim P}[r(s, a) + \gamma\max_{a'} Q^*(s', a')] \qquad \text{[식 5.12]}$$

위 방정식들을 **벨먼 방정식**Bellman equation이라고 하고, 현재 시점의 가치는 받게 될 보상에 다음 시점의 가치를 더한 값과 같다는 의미이다. 수식에서 $s' \sim P$는 다음 상태 s'이 환경의 전이확률 P를 따름을 나타낸다.

가치 기반 알고리즘은 주로 행동 가치 함수 Q(Q함수)를 학습하고 이를 기반으로 행동을 선택한다. Q함수를 신경망으로 학습할 때, 궤적 τ상의 (상태, 행동) 쌍인 (s, a)를 입력 데이터로 받고 각 (s, a)에 대해 레이블값인 타깃 Q값을 줄 수 있다면 지도학습으로 Q신경망을 학습할 수 있다. 타깃 Q값을 계산하는 한 가지 방식은 (s, a)에서 시작하는 궤적들을 생성하여 이득의 평균을 구하는 몬테카를로Monte Carlo 시뮬레이션이다. 이 방법은 에피소드가 종료될 때까지 기다려야 하기 때문에 훈련이 지연된다.

벨먼 방정식을 이용하면 학습 중인 Q함수를 이용하여 다음 시점의 Q가치를 계산하고, 여기에 보상 r을 더해서 타깃 Q값으로 쓸 수 있다. 이를 **시간차 학습**(시차 학습)temporal difference learning라고 한다. 시간차 학습을 이용하면 매 단계 혹은 임의의 단계마다 학습이 가능하다. 타깃 Q값을 계산하는 데 현재 학습 중인 Q함수를 사용한다는 점에서 부트스트랩 방식이다.[1] 몬테카를로 방법에 비해 편차는 존재하지만 추정값의 분산은 줄어든다.

Q에 대한 벨먼 방정식에서 발생 가능한 모든 다음 상태 $s' \sim P$ 대신 실제 관측된 상태 s'만 고려하면 다음과 같이 나타낼 수 있다.

$$Q(s, a) = r(s, a) + \gamma E_{a' \sim \pi}[Q(s', a')]$$ [식 5.13]

다음 상태 s'에서 취할 수 있는 모든 행동 $a' \sim \pi$ 대신 실제 취해진 행동 a'을 이용하면 다음과 같은 **살사**(사르사)SARSA 알고리즘이 된다.

$$Q(s, a) = r(s, a) + \gamma Q(s', a')$$ [식 5.14]

실제 취해진 행동이 아니라 행동 가치를 최대로 하는 행동을 이용한다면 **Q러닝**Q-learning이 된다.

$$Q(s, a) = r(s, a) + \gamma \max_{a'} Q(s', a')$$ [식 5.15]

---

1 외부 도움 없이 현재 가지고 있는 것만으로 문제를 해결하는 방식을 부트스트랩이라고 한다. 여기서는 아직 학습은 덜 되었더라도 현재 가지고 있는 Q함수로 다음 시점의 Q값을 구한다는 뜻이다. 13.4절에서 다룬 부트스트래핑도 주어진 샘플에서 또다시 샘플링을 하여 더 나은 추정치를 얻으려 시도하는 방식이다.

이때 Q값은 실제 행동을 도출한 정책과 무관하게 최적 행동 가치 함수인 Q^*를 직접 근사한다.

(s, a) 입력 데이터에 대해 살사나 Q러닝 수식의 우변을 타깃 Q값으로 주면 Q신경망을 학습할 수 있다.

활성 정책 vs 비활성 정책

활성 정책on-policy 알고리즘은 자신이 따르는 정책을 향상시키고, **비활성 정책**off-policy 알고리즘은 자신이 따르고 있지 않은 정책을 향상시킨다. 타깃 Q값 계산 시, 살사는 자신이 따르는 정책에서 도출된 실제 취해진 행동 a'을 이용하므로 활성 정책이고, Q러닝은 자신이 따르는 정책과 무관하게, s'에서 Q값을 최대로 하는 a'을 이용하므로 비활성 정책이다. 활성 정책 알고리즘은 학습하려는 타깃값이 정책에 의존하기 때문에 그 정책에서 생성된 궤적의 데이터만 학습에 이용할 수 있다. 반면 비활성 정책 알고리즘은 타깃값이 정책에 의존하지 않기 때문에, 정책이 갱신되기 전에 생성된 궤적이나 타 정책으로 생성된 궤적 데이터도 학습에 이용할 수 있다.

21장에서 다룰 A2C, PPO 등은 모두 현재 정책으로 생성된 궤적의 행동 선택 확률과 어드밴티지 등을 이용하는 활성 정책이다. 반면 이번 장에서 다룰 DQN, DDPG, SAC 등은 모두 Q러닝에 기반한 비활성 정책이다. 정책 기반 알고리즘들은 직접적으로 정책을 학습하므로 학습이 안정적이지만 데이터 샘플을 한 번만 사용할 수 있고, Q러닝 기반의 알고리즘들은 Q함수 학습을 통해 간접적으로 정책을 학습하지만 데이터 샘플을 반복적으로 쓸 수 있다는 장점이 있다.

탐험과 활용

Q러닝에서는 다음 행동 a'으로 현재 학습된 Q함수의 Q값을 가장 크게 하는 행동을 선택한다. 이 경우 에이전트는 훈련 초기에 Q함수를 충분히 학습하지 못한 상태에서 다양한 상태 행동 공간을 **탐험**exploration할 기회를 놓치게 된다.

훈련 초기에는 탐험의 비율을 높이고 뒤로 갈수록 학습 결과를 **활용**exploitation하여 Q값을 가장 크게 하는 행동을 선택하는 전략으로, DQN에서는 **엡실론 탐욕적**epsilon-greedy 전략을 쓴다. 초반에는 높은 엡실론 비율만큼 무작위한 행동을 선택하고, 뒤로 갈수록 엡실론 비율을 낮춰서 탐욕적(가장 Q값을 높이는) 행동을 많이 선택한다. DDPG, SAC에서도 탐험과 활용의 균형을 조정하기 위해 유사한 전략을 사용한다.

타깃 네트워크

Q러닝에서는 레이블값인 타깃 Q값 $Q(s, a) = r(s, a) + \gamma \max_{a'} Q(s', a')$을 계산할 때 현재 학습 중인 Q함수가 이용되므로, Q함수가 타깃 Q와 가까워지는 방향으로 업데이트되면 타깃 Q값 역시 값이 바뀌게 되어 학습이 불안정해진다. 학습 대상인 Q함수 신경망(메인 네트워크)에 가까운 파라미터를 가지지만 시간차를 두고 업데이트되는 별도의 신경망(타깃 네트워크)을 타깃 Q값 계산 시에 이용하면 학습이 더 안정적으로 이루어진다.

타깃 네트워크는 주어진 스텝마다 메인 네트워크의 파라미터를 카피할 수도 있고, 매 스텝마다 지수 이동평균 방식인 **폴랴크**Polyak 업데이트를 할 수도 있다. 이 책에서는 다음과 같은 폴랴크 업데이트를 사용한다.

$$\phi_{\text{targ}} \leftarrow \rho \times \phi_{\text{targ}} + (1 - \rho) \times \phi \qquad \text{[식 5.16]}$$

행동자-비평자

행동자(액터)actor는 정책 π_θ를 학습하고 **비평자**(크리틱)critic는 상태 가치 함수 V_ϕ나 행동 가치 함수 Q_ϕ를 학습한다. 행동자는 학습된 비평자가 주는 신호로부터 정책을 학습하기 때문에 환경이 주는 보상만으로 학습하는 경우보다 학습의 불확실성을 줄일 수 있다.

21장에 나오는 행동자는 정책 기울기를 이용하여 정책을 직접적으로 학습하고 비평자는 상태 가치 함수를 학습하여 행동자의 학습을 돕는다. 이번 장에서 다룰 가치 기반 알고리즘들의 비평자는 Q러닝 기반으로 행동 가치 함수를 학습하고, 행동자는 가치 함수를 최대화하는 행동을 학습한다. 단 DQN은 행동자를 따로 학습하지 않는다.

20.2 DQN

DQN(심층 Q네트워크)deep Q-network은 심층 신경망을 이용한 Q러닝 알고리즘으로 뒤에서 다룰 DDPG, SAC의 바탕이 된다. 뒤의 두 알고리즘들과는 다르게 DQN은 행동자(정책 함수)를 따로 학습하지 않는다. 비평자(행동 가치 함수)만으로 행동 가치를 최대로 하는 행동을 선택하려면 가능한 모든 행동의 가치를 계산해야 하고, 이 때문에 DQN은 가능한 행동들을 열거할 수 있는 이산적인 행동 공간에서만 작동한다.

이번 장에서 다룰 알고리즘들은 모두 동일한 학습 및 테스트 함수를 사용하기 때문에 DQN을 대상으로 먼저 전체적인 코드를 구현하고 DDPG, SAC는 필요한 부분만 다중 메서드 방식으로 추가적으로 구현하겠다.

먼저 필요한 패키지들을 임포트한다.

```
import StatsBase as SB
import ReinforcementLearning as RL
import ProgressMeter as PM
import Distributions as Dist
import IntervalSets as IS
using Random: MersenneTwister
import Flux, Zygote, Functors
import Optimisers as Opt
import Plots
```

경험 재현 버퍼

Q러닝 기반의 알고리즘들은 비활성 정책이기 때문에 과거 정책에서 생성한 궤적 데이터도 현재 정책의 학습에 사용할 수 있다. 이를 **경험 재현**experience replay이라고 한다. 먼저 경험을 나타낼 타입을 정의한다.

```
struct SARS{A}
    sta::Vector{Float32}      # state(상태)
    act::A                    # action(행동)
    rew::Float32              # reward(보상)
    done::Bool                # done(에피소드 종료 여부)
    sta2::Vector{Float32}     # next state(다음 상태)
end
```

SARS 타입은 상태(S), 행동(A), 보상(R), 에피소드 종료 여부, 다음 상태(S) 정보를 각 필드로 가진다. 행동 공간은 이산적일 수도 있고 연속적일 수도 있기 때문에 act 필드 타입은 타입 매개변수로 정의한다.

다음이 코드로 나타낸 경험 재현 버퍼(이하 **재현 버퍼**replay buffer)이다.

```
mutable struct ReplayBuffer{A}
    const buffer::Vector{SARS{A}}
```

```
    const size::Int64
    const n_keeps::Int64
    ptr::Int64  # pointer(포인터)
    full::Bool
    ReplayBuffer(::Type{A}, size, n_keeps) where A = begin
        @assert n_keeps < size
        buffer = Vector{SARS{A}}(undef, size)
        new{A}(buffer, size, n_keeps, 0, false)
    end
end
```

재현 버퍼는 SARS 타입의 벡터인 buffer 필드와 버퍼 크기인 size 필드, 계속 유지할 초기 경험 개수인 n_keeps 필드를 가진다.

기본적으로 버퍼가 다 차면 제일 오래된 경험을 지우고 신규 경험을 추가한다. 하지만 에이전트의 학습이 진행되면서 성공적인 경험의 비율이 올라가다 보면 재현 버퍼에 성공적인 경험들만 남게 되고, 신경망은 어떤 상황에서 어떤 행동을 피해야 하는지를 잊어버리게 된다. 이로 인해 학습의 성과가 갑작스럽게 떨어지는 경우들이 발생하는데 이를 **파국적 망각**(파괴적 망각)catastrophic forgetting 이라고 한다. 이를 막을 방법 중 하나는 학습 초기의 경험들을 새로운 경험으로 대체하지 않고 유지하는 것으로, n_keeps 필드가 유지할 경험의 개수를 나타낸다.

ptr 필드는 버퍼에 경험을 저장할 위치를 나타내는데, 순환circular 버퍼 방식으로 버퍼가 다 차면 (유지할 경험을 제외한) 가장 오래된 버퍼의 위치로 포인터를 옮긴다. full 필드는 버퍼가 버퍼 사이즈만큼 다 찼음을 나타낸다.

다음과 같이, 재현 버퍼의 길이는 다 차기 전에는 포인터 위치, 다 차면 버퍼 크기이다.

```
Base.length(b::ReplayBuffer) = b.full ? b.size : b.ptr
```

경험을 추가하는 Base.push! 함수는 다음과 같다.

```
function Base.push!(b::ReplayBuffer{A}, sta, act, rew, done, sta2) where A
    if b.ptr == b.size
        b.full = true
        b.ptr = b.n_keeps + 1
    else
        b.ptr += 1
    end
```

```
        isa(act, AbstractArray) && (act = vec(act))
        b.buffer[b.ptr] = SARS(sta, A(act), rew, done, sta2)
end
```

버퍼가 다 차면 포인터 위치를 n_keeps 다음으로 옮겨준다. 인수로 받은 행동 act는 Adjoint 타입 같은 벡터 타입이 아닌 추상 배열 타입이 넘어올 수 있으므로 이 경우 벡터 타입으로 변경해준다.

버퍼에서 학습에 쓰일 n개의 배치 데이터를 뽑는 함수는 다음과 같다.

```
function sample_batch(b::ReplayBuffer{A}, n, rng) where A
    idx = SB.sample(rng, 1:length(b), n)
    xs = b.buffer[idx]
    sta = hcat(map(x -> x.sta, xs)...)
    act = map(x -> x.act, xs)
    act = A <: Vector ? hcat(act...) : act'
    rew = map(x -> x.rew, xs)'
    done = map(x -> x.done, xs)'
    sta2 = hcat(map(x -> x.sta2, xs)...)
    (;sta, act, rew, done, sta2)
end
```

StatsBase.jl 패키지의 **sample** 함수를 이용했고, 벡터인 상태 변수 sta, sta2는 hcat으로 (특성 차원, 배치 차원) 형상의 행렬로 만들어준다. 행동 변수 act도 벡터 타입이면 행렬로 만들어주고 그렇지 않으면 행벡터로 만들어준다. 보상, 종료 여부 등도 행벡터로 만들어준다.

하이퍼파라미터

하이퍼파라미터는 DQN, DDPG, SAC 등에서 공통으로 적용될 변수와 각 알고리즘의 고유한 변수를 구분했다. 먼저 공통으로 적용되는 부분은 QlearnCfg라는 타입으로 다음과 같이 정의한다.[2]

```
Base.@kwdef mutable struct QlearnCfg
    pi_lr::Float32 = 0.0001
    q_lr::Float32 = 0.0001

    buffer_size::Int64 = 10000
    init_keep::Int64 = 1000
```

---

2 하이퍼파라미터의 변수명이나 기본값 등은 파이썬으로 구현된 OpenAI의 Spinning Up 코드를 참고하였다. https://github.com/openai/spinningup

```
    batch_size::Int64 = 64

    start_steps::Int64 = 10000
    update_after::Int64 = 1000
    update_every::Int64 = 10  # 학습 간격

    gamma::Float32 = 0.99
    polyak::Float32 = 0.995
    max_grad_norm::Float32 = 1.0

    state_dim::Int64 = 0
    action_dim::Int64 = 0

    conti_action::Bool = false
    action_limit::Float32 = 1.0                 # 연속 행동 공간용
    action_space::Base.OneTo = Base.OneTo(1)  # 이산 행동 공간용
end
```

맨 위의 `pi_lr`과 `q_lr` 필드는 각각 정책 π를 학습하는 행동자의 학습률과 행동 가치 함수 Q를 학습하는 비평자의 학습률이다. DQN은 행동자가 필요 없지만 DDPG, SAC를 위해 정의해놓았다.

`buffer_size`는 재현 버퍼의 사이즈이고, 버퍼가 다 차면 제일 오래된 경험은 지워진다. `init_keep`은 버퍼가 차도 지우지 않고 유지할 초기 경험들의 개수이다. `batch_size`는 학습을 위해 재현 버퍼에서 샘플링하는 배치 크기이다.

`start_steps`는 학습 초기에 충분한 탐색을 위하여 무작위로 행동을 취할 스텝 수이고, `update_after`는 충분한 경험을 쌓은 후에 학습을 시작하기 위한 스텝 수이고, `update_every`는 해당 스텝 간격마다 모델을 학습한다. 한 번 학습 시의 경사 하강 횟수는 `update_every` 값을 사용하여 전체 경사 하강 횟수가 학습 간격에 영향을 받지 않게 한다.

`gamma`는 미래 보상의 할인율이고 `polyak`은 타깃 네트워크를 업데이트할 때의 이동평균 가중치이다. `max_grad_norm`은 경사 하강 시 급격한 변화를 막기 위한 기울기 크기의 제약이다.

`state_dim`, `action_dim`은 상태 공간 차원과 행동 공간 차원 크기이다. `conti_action` 필드는 행동 공간이 연속인지 여부를 나타내고, `action_limit`은 행동 공간이 연속일 때의 최대 행동 범위를 담는데, 이 경우 간단한 설정을 위해 행동 공간은 0을 중심으로 좌우대칭을 가정하고, 다차원 행동 공간의 경우 각 차원의 행동 공간의 범위는 같다고 가정한다. `action_space`는 행동 공간이 이산일 때의 행동 공간 정보를 담는다.

DQN 전용 파라미터로는 탐험과 활용을 조정할 엡실론 그리디 전략이 있다. 초깃값은 탐험을 위해 엡실론을 높게 잡고, 매 스텝마다 엡실론을 서서히 낮춰서 최소한까지 낮춰주기 위해 다음과 같은 Decay 타입을 정의한다. 이 타입은 DDPG나 SAC의 탐험 관련 하이퍼파라미터에도 사용된다.

```julia
mutable struct Decay
    const start::Float32
    const decay::Float32
    const min::Float32
    curr::Float32
    Decay(start, decay, min) = new(start, decay, min, start)
end
reset!(d::Decay) = d.curr = d.start
decay!(d::Decay) = d.curr = max(d.min, d.curr * d.decay)
```

초깃값, 낮출 비율, 최솟값을 설정하고 decay! 함수로 현재값 curr 필드를 낮춰주는 원리다.

끝으로 Decay 타입을 이용하여 DQN 타입(Dqn)을 다음과 같이 정의한다.

```julia
Base.@kwdef struct Dqn
    eps::Decay = Decay(0.99, 0.9999, 0.1)
end
reset_exploration!(x::Dqn) = reset!(x.eps)
decay_exploration!(x::Dqn) = decay!(x.eps)
```

모델 정의

먼저 모델의 메인 네트워크와 타깃 네트워크 타입으로 쓰일 행동자-비평자 타입을 정의한다.

```julia
mutable struct ActorCritic{A,C}
    actor::A
    critic::C
end
Functors.@functor ActorCritic
```

행동자 actor와 비평자 critic 필드의 각 타입은 타입 매개변수로 선언했다.[3] 타깃 네트워크의 폴

---

3   동적 타입 특성을 살려서 타입을 정의하지 않아도 되지만, 책 앞에서 살펴본 바와 같이 타입 매개변수로 선언하는 것이 성능 최적화에 좋다.

랴크 업데이트를 위해 @functor 매크로로 ActorCritic 타입을 함자로 만들었다.[4]

행동 가치 함수만 학습하는 DQN은 비평자만 있으면 되지만 정책도 함께 학습하는 DDPG, SAC를 고려하여 행동자도 미리 만들어놓았다.

DQN, DDPG, SAC에서 다 같이 사용할 Q러닝 기반 모델은 다음과 같다.

```julia
mutable struct QlearnModel{A,C,PO,QO,Algo}
    main::ActorCritic{A,C}
    target::ActorCritic{A,C}
    pi_opt::PO
    q_opt::QO
    cfg::QlearnCfg
    algo::Algo
    rng::MersenneTwister
end
```

모델은 학습 대상인 행동자-비평자 타입의 메인 네트워크 main 필드와, 이를 시간차를 두고 업데이트하는 타깃 네트워크 target 필드를 가진다. 또, 메인 네트워크의 행동자를 업데이트하는 옵티마이저인 pi_opt와 비평자를 업데이트하는 q_opt 필드를 가진다. 공통의 하이퍼파라미터 설정값은 cfg라는 필드로 가지고 있고, 각 알고리즘별 설정값은 algo 필드로 가진다. 마지막의 rng 필드는 난수 생성 객체이다.

DQN용 메인 네트워크와 타깃 네트워크를 생성하는 함수는 다음과 같다.

```julia
init(rng) = Flux.glorot_uniform(rng)

function get_network(cfg, ::Dqn, rng)
    critic = Flux.Chain(
        Flux.Dense(cfg.state_dim => 128, Flux.relu; init = init(rng)),
        Flux.Dense(128 => 128, Flux.relu; init = init(rng)),
        Flux.Dense(128 => cfg.action_dim; init = init(rng))
    )
    ActorCritic(Flux.Chain(), critic)
end
```

get_network 함수는 설정값 cfg와 Dqn 타입을 인수로 받아서 행동자-비평자 객체를 생성한다. 이

---

4   16.2절에서 다룬 바와 같이 함자는 객체의 구조를 유지한 채 내부 필드에 함수를 적용할 수 있게 한다.

함수는 알고리즘별로 정의된 메서드를 가지고, Dqn과 같은 알고리즘별 설정값 타입에 맞추어 다중 디스패치된다. DQN의 비평자는 상태를 입력으로 받아서 행동별 가치를 출력하므로 입력 차원은 상태 공간 차원이고 출력 차원은 행동 공간 차원이다. DQN은 이산적인 행동 공간에서 작동하므로 행동 공간 차원은 가능한 행동 가짓수와 동일하다. 행동자는 필요 없으므로 ActorCritic 생성자에서 행동자 인수로 빈 체인을 할당했다. 플럭스 계층들의 가중치 초기화는 init 함수로 난수 생성기를 지정했다.

최종적인 QlearnModel의 생성자는 다음과 같다.

```
function QlearnModel(cfg, algo, rng)
    main = get_network(cfg, algo, rng)
    target = deepcopy(main)
    pi_opt = Opt.setup(Opt.Adam(cfg.pi_lr), main.actor)
    q_opt = Opt.setup(Opt.Adam(cfg.q_lr), main.critic)
    reset_exploration!(algo)
    QlearnModel(main, target, pi_opt, q_opt, cfg, algo, rng)
end
```

인수로 Q러닝 공통 설정값 cfg와 알고리즘별 설정값 algo, 난수 생성기를 받는다. get_network 함수로 메인 네트워크를 생성하고, 이를 깊이 복사_{deep copy}하여 타깃 네트워크를 생성한다. 메인 네트워크의 행동자와 비평자에 대해 각각 옵티마이저를 생성하고, 알고리즘별 설정값 객체인 algo에 대해 탐색 조정 변수를 리셋한 후 QlearnModel을 생성한다.

전체 실행 함수

지금까지 작성한 재현 버퍼, 하이퍼파라미터, 모델을 바탕으로 전체 실행 함수를 작성해보자. 아직 필요한 모든 함수가 준비되지는 않았지만, 전체적인 프로그램 흐름을 파악하기 위해 실행 함수를 먼저 작성한다.

```
function run(model, env, buffer, tot_steps)
    train_rewards, test_rewards = Float32[], Float32[]
    cfg = model.cfg
    train_rew = 0.f0
    RL.reset!(env)
    PM.@showprogress for t in 1:tot_steps
        state = copy(RL.state(env))
        if t > cfg.start_steps
```

```
            action = get_action(model, state, true, model.algo)
        else
            action = rand(model.rng, RL.action_space(env))
            if cfg.conti_action && isa(action, Number)
                action = [action]
            end
        end
        action_ = length(action) == 1 ? action[1] : action
        env(action_)
        rew = RL.reward(env)
        done = RL.is_terminated(env)
        push!(buffer, state, action, rew, done, copy(RL.state(env)))
        train_rew += rew

        if done
            push!(train_rewards, train_rew)
            train_rew = 0.f0

            test_rew = run_test_mode(model, env)
            push!(test_rewards, test_rew)

            RL.reset!(env)
        end

        if t >= cfg.update_after && t % cfg.update_every == 0
            train(model, buffer)
        end

        decay_exploration!(model.algo)
    end
    println()
    train_rewards, test_rewards
end
```

run 함수는 모델과 환경, 재현 버퍼, 총 스텝 수를 인수로 받는다. 총 스텝 수만큼 돌면서 매 스텝마다 get_action 함수로 모델의 정책을 따르는 행동을 받아서 환경을 한 스텝 변화시키고, 기존 상태와 행동, 보상, 에피소드 종료 여부, 새로운 상태 등을 재현 버퍼에 저장한다.

학습 초반 start_steps 이전에는 에이전트의 충분한 탐험을 위하여 무작위한 행동을 선택한다. 연속인 행동 공간에서 무작위로 선택된 행동은 그 값이 스칼라면 벡터로 만들어준다. 이는 연속 행동 공간의 행동 타입은 다차원 행동이 가능하게 재현 버퍼의 행동 타입 매개변수를 배열로 잡을 예정이기 때문이다.

행동 공간이 연속인 경우 get_action 함수는 다차원 행동을 배열로 반환하지만 RL 패키지의 환경들은 1차원 연속 공간 행동에 대해 스칼라값을 입력으로 받으므로 반환된 행동 배열의 길이가 1이면 스칼라로 바꿔준다.

에피소드가 종료되었으면 해당 에피소드의 총 보상을 저장하고, run_test_mode 함수로 테스트 모드 상의 새로운 에피소드의 총 보상을 계산한다. 학습 모드에서는 탐험-활용 간의 균형을 유지하지만 테스트 모드에서는 학습된 정보를 활용만 하고 탐험은 하지 않는다.

타임 스텝이 update_after에 다다르면 학습을 위한 충분한 경험이 쌓였으므로, update_every 간격마다 train 함수를 이용하여 모델을 훈련한다.

매 타임 스텝마다 decay_exploration! 함수로 탐험 비율을 조금씩 줄이고 활용 비율을 올린다.

최종적으로 학습 모드와 테스트 모드의 에피소드별 총 보상을 반환한다. 타임 스텝별 for 반복문 앞에 있는 @showprogress 매크로는 반복문 진행 과정을 막대그래프로 보여준다(4.3절에서 언급한 바 있다).

앞의 코드 중 아직 구현하지 않은 함수들은 get_action, run_test_mode, train이다. 이 중 run_test_mode는 다음과 같이 간단하다.

```
function run_test_mode(model, env)
    RL.reset!(env)
    rew_sum = 0.f0
    while true
        action = get_action(model, RL.state(env), false, model.algo)
        action = length(action) == 1 ? action[1] : action
        env(action)
        rew_sum += RL.reward(env)
        RL.is_terminated(env) && break
    end
    rew_sum
end
```

get_action 함수의 세 번째 인수는 학습 모드 여부를 나타내므로, false 인수로 탐욕적인 행동만 취하여 에피소드를 진행하고 총 보상을 반환한다.

행동 선택 함수

행동 선택 함수는 환경의 현재 상태에서 행동을 선택하는 함수이다. DQN, DDPG, SAC 등 알고리즘에 따라 행동 선택 방식이 다르고, 탐험이나 활용 여부에 따라서도 행동 방식이 다르게 된다. 다음은 DQN에 해당하는 행동 선택 함수이다.

```
function get_action(model, state, train_mode, dqn::Dqn)
    if train_mode && rand(model.rng) < dqn.eps.curr
        rand(model.rng, model.cfg.action_space)
    else
        q = model.main.critic(state)
        findmax(q)[2]
    end
end
```

모델, 상태, 학습 모드 여부, DQN 설정값을 인수로 받는다. 다른 알고리즘들의 `get_action` 메서드들과는 마지막 인수인 알고리즘별 설정값 타입으로 구분되어 다중 디스패치가 적용된다. DQN의 행동 선택은, 학습 모드의 경우 현재 엡실론의 비율대로 무작위한 행동을 선택하고, 그 외에는 메인 네트워크의 비평자로 추정한 행동별 가치 중에서 제일 큰 가치의 행동을 선택한다. `findmax` 함수는 (최댓값, 최댓값 인덱스)를 반환하는 내장 함수이다. `if` 문은 선택된 분기의 마지막 평갓값을 반환하기 때문에 따로 `return` 예약어는 사용하지 않았다.

모델 훈련 함수

훈련 함수는 재현 버퍼에 쌓인 경험들을 이용하여 비평자와 행동자를 학습한다.

```
function train(model, buffer)
    cfg = model.cfg
    main = model.main
    batch = sample_batch(buffer, cfg.batch_size, model.rng)
    for _ in 1:cfg.update_every
        critic_loss_fn = get_critic_loss_fn(model, batch, model.algo)
        grad = Zygote.gradient(critic_loss_fn, main.critic)[1]
        grad = clip_grad_norm(grad, cfg.max_grad_norm)
        model.q_opt, main.critic = Opt.update(model.q_opt, main.critic, grad)

        actor_loss_fn = get_actor_loss_fn(model, batch, model.algo)
        grad = Zygote.gradient(actor_loss_fn, main.actor)[1]
        grad = clip_grad_norm(grad, cfg.max_grad_norm)
```

```
            model.pi_opt, main.actor = Opt.update(model.pi_opt, main.actor, grad)

            soft_update_target!(model.target, main, cfg.polyak)
        end
    end
```

train 함수는 모델과 재현 버퍼를 입력받아서 메인 네트워크의 비평자와 행동자를 학습하고, 타깃 네트워크를 폴랴크 업데이트한다. 먼저 재현 버퍼로부터 배치 데이터를 샘플링하고, update_every의 값만큼 경사 하강을 시행한다.

비평자의 업데이트 시에는 get_critic_loss_fn이 반환하는 비평자 손실 함수를 이용하고 행동자의 업데이트 시에는 get_actor_loss_fn이 반환하는 행동자 손실 함수를 이용한다.[5] get_critic_loss_fn 및 get_actor_loss_fn은 DQN 등 각 알고리즘에 맞게 작성해야 하는 함수이고, 마지막 인수인 알고리즘별 설정(model.algo)의 타입에 맞게 다중 디스패치된다. 이 함수들은 곧이어 살펴본다.

자이곳을 이용한 자동 미분 및 Optimisers.jl 패키지를 이용한 최적화는 **4부**에서 여러 번 다뤘으므로 설명은 생략한다. clip_grad_norm 함수로는 다음과 같이 기울기 벡터의 L2 노름norm이 허용치를 넘지 않도록 방지하여(클리핑clipping) 급격한 경사 하강을 방지한다.

```
function clip_grad_norm(grad, max_norm)
    sumsqr = 0.f0
    sqr = g -> isnothing(g) ? nothing : (sumsqr += sum(g .* g))
    _ = Functors.fmap(sqr, grad)
    norm = sqrt(sumsqr)
    if norm > max_norm
        f = g -> isnothing(g) ? nothing : g .* (max_norm / norm)
        return Functors.fmap(f, grad)
    end
    grad
end
```

Functors.fmap 함수로 신경망의 계층별 가중치 기울기에 대해 원소별 제곱의 합을 누적한 후 제곱근을 취하여 L2 노름을 계산한다. 이 값이 허용치보다 크면 허용치만큼 기울기 벡터의 크기를 줄여준다.

---

5   get_critic_loss_fn과 get_actor_loss_fn은 함수를 결과로 반환하는 고차 함수(higher-order function)이다.

메인 네트워크의 업데이트 후 soft_update_target! 함수로 타깃 네트워크도 업데이트한다. soft_update_target! 함수의 코드는 다음과 같다.

```
function soft_update_target!(target, main, polyak)
    f = (t, p) -> isa(t,Function) ? t : t * polyak + p * (1 - polyak)
    new_target = Functors.fmap(f, target, main)
    Flux.loadmodel!(target, new_target)
end
```

타깃 네트워크와 메인 네트워크, 폴랴크 업데이트 계수를 입력받아서 타깃 네트워크의 각 가중치를 업데이트한다. 각 네트워크의 타입인 ActorCritic을 함자(16.2절 참고)로 만들었기 때문에 Functors.fmap의 적용이 가능하다.

손실 함수 반환 함수

먼저 DQN의 비평자 학습에 사용될 손실 함수를 반환하는 함수는 다음과 같다.

```
function get_critic_loss_fn(model, batch, ::Dqn)
    next_q_values = maximum(model.target.critic(batch.sta2), dims=1)
    next_q_values[batch.done] .= 0.f0
    targetQ = batch.rew .+ model.cfg.gamma .* next_q_values
    act_idx = CartesianIndex.(batch.act', 1:length(batch.act))

    critic -> begin
        action_values = critic(batch.sta)[act_idx]'
        Flux.Losses.mse(action_values, targetQ)
    end
end
```

위 함수는 모델, 배치, Dqn 타입을 입력으로 받아서 타깃 Q값을 미리 계산하고, 손실 함수를 익명 함수로 반환한다. 먼저 Q러닝 수식(식 5.15)은 $Q(s,a) = r(s,a) + \gamma \max_{a'} Q(s',a')$이었다. 수식의 $\max_{a'} Q(s',a')$ 항의 값이 코드상의 next_q_values로서, 안정적인 학습을 위하여 메인 네트워크 대신 타깃 네트워크의 비평자를 이용하여 계산했다. 에피소드가 종료된 경우에는 추가 보상을 받을 수 없으므로 값을 0으로 한다. 변수 targetQ는 타깃 Q값으로 수식의 우변에 해당하고, 타깃 Q값을 계산하는 과정은 학습 대상이 아니므로 손실 함수 바깥에 위치하고 있다.

act_idx는 배치 샘플상에서 실제 선택했던 행동의 인덱스를 나타낸다. CartesianIndex는 다차원 배열의 인덱스 객체를 만들어준다. `act_idx`는 손실 함수 안에서 비평자의 모든 행동별 가치 추정값 중 실제 선택했던 행동들의 추정값들만 인덱싱하는 데 사용된다.

손실 함수는 학습 대상인 메인 네트워크의 비평자를 입력으로 받아서 (상태, 행동) 쌍에 대해 행동 가치를 계산하고 타깃 Q값과의 평균제곱오차를 반환한다. 손실 함수 내 두 라인은 자이곳의 자동 미분 대상이다. 학습 대상은 손실 함수에 인수로 넘기는 메인 네트워크의 비평자이다.

DQN은 행동자가 필요 없으므로 행동자 학습에 사용될 손실 함수를 반환하는 함수는 다음과 같이 더미 함수를 반환한다.

```
get_actor_loss_fn(_, _, ::Dqn) = _ -> 0.f0
```

카트폴 결과

학습에 필요한 모든 함수는 작성되었으므로, 학습 결과를 확인할 플로팅 함수를 작성한다.

```
function plot_results(train_rew, test_rew, title)
    f = (cum, v) -> 0.95 * cum + 0.05 * v
    train_rew_avg = accumulate(f, train_rew; init = train_rew[1])
    test_rew_avg = accumulate(f, test_rew; init = test_rew[1])
    rew, label = [train_rew_avg, test_rew_avg], ["train" "test"]
    Plots.plot(rew, title=title, xlim=(0,length(train_rew)), label=label)
end
```

`plot_results` 함수는 학습 모드와 테스트 모드의 에피소드별 총 보상을 받아서 해당 값들을 그려준다. 환경 및 모델의 무작위성을 감안하여 지수 이동평균을 적용했다.

마지막으로 카트폴 환경, 모델, 재현 버퍼를 만들어서 학습을 실행하는 함수는 다음과 같다.

```
function main(tot_steps, cfg, algo)
    conti_action = !isa(algo, Dqn)
    cfg.conti_action = conti_action
    rng = MersenneTwister(1)
    env = RL.CartPoleEnv(;T=Float32, continuous=conti_action, rng=rng)
    cfg.state_dim = length(RL.state_space(env))
    AS = RL.action_space(env)
    if conti_action
        cfg.action_dim = isa(AS, IS.Interval) ? 1 : length(AS)
```

```
    # 행동 공간이 0을 중심으로 대칭, 모든 차원 행동 범위 동일 가정
    cfg.action_limit = isa(AS, IS.Interval) ? AS.right : AS[1].right
  else
    cfg.action_dim = length(AS)
    cfg.action_space = AS
  end
  model = QlearnModel(cfg, algo, rng)
  actionTy = conti_action ? Vector{Float32} : Int64
  buffer = ReplayBuffer(actionTy, cfg.buffer_size, cfg.init_keep)
  run(model, env, buffer, tot_steps)
end
```

알고리즘별 설정값 객체가 Dqn이면 이산 행동 공간의 카트폴 환경을 만들고, 그렇지 않으면 연속 행동 공간의 카트폴 환경을 만든다. 카트폴 환경의 상태 공간 차원과 행동 공간 차원을 공통의 설정값 cfg에 할당해준다. 연속 행동 공간의 행동 차원은, 환경의 행동 공간이 하나의 구간(Interval)으로 주어지면 1차원이고, 여러 개의 구간으로 주어지면 구간만큼의 행동 차원을 가진다. 행동 타입은 다차원 행동을 감안하여 Vector{Float32}로 한다. 이산 행동 공간에서는 가능한 행동의 개수가 행동 차원이 되며 행동 타입은 Int64로 한다.

총 20만 스텝으로 DQN을 학습한 결과는 다음과 같다. 필자의 환경에서는 17분 정도가 걸렸다.

```
julia> train_rew, test_rew = main(200000, QlearnCfg(), Dqn());
julia> plot_results(train_rew, test_rew, "DQN - Total rewards per episode")
```

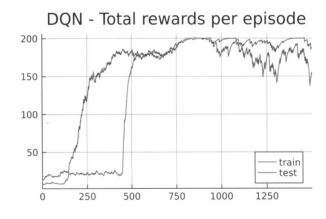

그래프를 보면, 초반에 충분한 탐색을 위하여 10,000스텝(start_steps)까지는 무작위한 행동만 취했기 때문에 에피소드 기준으로 400번째 가량이 지나서 학습 모드의 에피소드별 총 보상이 상

승하기 시작했다. 반면 테스트 모드에서는 1,000스텝(`update_after`) 이후부터 학습 결과를 활용하기 시작하면서 좀 더 빨리 그래프가 상승했다. 둘 다 700에피소드 정도부터는 에피소드의 최종 길이인 200을 달성함을 볼 수 있다. 하지만 1,000에피소드가 지나면서 성능이 간헐적으로 무너지는 모습을 보인다.

20.3 DDPG

DDPGdeep deterministic policy gradient 알고리즘은 연속된 행동 공간에서의 DQN으로 생각할 수 있다. DQN은 행동 가치를 최대화하는 행동을 찾기 위해 가능한 모든 행동의 가치를 계산해야 하고, 그래서 행동 가짓수가 유한해야 한다. DDPG는 행동자(정책 함수)를 도입하여 이 문제를 해결했다. DDPG의 행동자는 행동 가치를 최대화하는 행동을 출력하는 결정론적인 정책 함수 μ_θ이다.[6] 입력값에 대해 한 가지 값이 행동으로 출력되므로 결정론적인 정책이고, 이를 학습하므로 알고리즘 이름에도 deterministic이 들어가 있다.

μ_θ를 학습하는 방법은 다음의 최대화 문제를 푸는 것과 동일하다.

$$\max_\theta E_{s \sim D}[Q_\phi(s, \mu_\theta(s))]$$

[식 5.17]

여기서 기댓값의 아랫첨자에 있는 D는 수집한 경험들의 집합이다. 행동 공간이 연속이므로 Q_ϕ 함수가 정책 함수의 파라미터인 θ에 대해 미분 가능하다고 하면 경사 상승법으로 정책 함수를 학습할 수 있다. 이때 Q_ϕ 함수의 파라미터 ϕ는 고정한 상태에서 θ에 대해서만 경사 상승을 한다.

Q_ϕ를 학습할 때 필요한 타깃 Q값은 다음과 같이 계산한다.

$$r + \gamma Q(s', \mu_\theta(s'))$$

[식 5.18]

여기서 $\mu_\theta(s')$는 다음 상태 s'에서 Q값을 최대화하는 행동을 출력한다. 따라서 [식 5.15] $Q(s, a) = r(s, a) + \gamma \max_{a'} Q(s', a')$의 Q러닝이 가능해진다. 단, DQN에서와 마찬가지로 안정적인 학습을 위해 타깃 Q값 계산 시의 Q함수와 μ 함수는 타깃 네트워크의 비평자와 행동자를 이용한다.

---

6   앞에서 확률적 정책은 π_θ로 표기하였지만, 퇴화분포를 갖는 결정론적 정책은 특별히 μ_θ로 표기한다.

DDPG의 정책 함수는 주어진 상태에 대해 한 가지 행동만 취하기 때문에 학습 과정에서 탐험이 충분히 이루어지지 않을 수 있다. 충분한 탐험을 위해 행동 선택 시 정책 함수의 출력값에 정규분포 노이즈를 추가해야 한다.

코드 구현

앞 절에서 작성한 DQN 코드에 DDPG용 타입 및 메서드만 추가하면 된다.

먼저 DDPG용 하이퍼파라미터는 다음과 같다. noise 필드는 탐험-활용 균형에 쓰인다. DQN 설정에서의 eps와 비슷한 용도이다.

```
Base.@kwdef struct Ddpg
    noise::Decay = Decay(0.2, 0.9999, 0.1)
end
reset_exploration!(x::Ddpg) = reset!(x.noise)
decay_exploration!(x::Ddpg) = decay!(x.noise)
```

행동자, 비평자를 가지는 네트워크 생성 함수는 다음과 같다.

```
function get_network(cfg, ::Ddpg, rng)
    actor = Flux.Chain(
        Flux.Dense(cfg.state_dim => 128, Flux.relu; init = init(rng)),
        Flux.Dense(128 => cfg.action_dim, tanh; init = init(rng)),
        v -> v .* cfg.action_limit
    )
    st_ac_dim = cfg.state_dim + cfg.action_dim
    critic = Flux.Chain(
        Flux.Dense(st_ac_dim => 128, Flux.relu; init = init(rng)),
        Flux.Dense(128 => 128, Flux.relu; init = init(rng)),
        Flux.Dense(128 => 1; init = init(rng))
    )
    ActorCritic(actor, critic)
end
```

행동자는 상태를 입력으로 받아서 행동을 출력한다. 행동 공간은 0을 중심으로 좌우대칭을 가정했으므로 행동자의 출력은 탄젠트 활성화 함수를 거쳐서 나온 값을 행동 공간의 범위에 맞게 조정해준다.

비평자는 상태와 행동을 입력받아서 행동 가치를 출력한다. DQN의 비평자는 상태만 입력받아서 가능한 모든 행동들의 가치를 출력하지만 DDPG의 경우엔 행동 공간이 연속이므로, 행동 자체도 신경망의 입력으로 넣고 출력은 해당 행동의 가치만 출력한다. 입력되는 행동은 행동자를 거쳐서 나온 Q를 최대화 하는 행동이다.

행동 선택 함수 get_action은 다음과 같다.

```
function get_action(model, state, train_mode, ddpg::Ddpg)
    a = model.main.actor(state)
    if train_mode
        a .+= ddpg.noise.curr .* randn(model.rng, Float32, size(a))
    end
    cfg = model.cfg
    map(v -> clamp(v, -cfg.action_limit, cfg.action_limit), a)
end
```

메인 네트워크의 행동자에서 Q값을 최대화하는 탐욕적 행동을 취하고, 학습 모드일 경우 충분한 탐색을 위해서 노이즈를 더했다. 노이즈가 더해진 행동은 가능한 행동 공간을 벗어날 수 있으므로, 최대 공간 범위까지 잘라준다.

마지막으로 손실 함수를 반환해주는 함수만 정의하면 DDPG용 코드는 완성이다. 먼저 비평자용 손실 함수를 반환하는 함수이다.

```
function get_critic_loss_fn(model, batch, ::Ddpg)
    next_actions = model.target.actor(batch.sta2)
    next_q_values = model.target.critic(vcat(batch.sta2, next_actions))
    next_q_values[batch.done] .= 0.f0
    targetQ = batch.rew .+ model.cfg.gamma .* next_q_values

    critic -> begin
        action_values = critic(vcat(batch.sta, batch.act))
        Flux.Losses.mse(action_values, targetQ)
    end
end
```

타깃 네트워크의 행동자로 다음 스텝에서의 탐욕적 행동을 얻고, 이를 다음 스텝의 상태와 함께 타깃 네트워크의 비평자에 넣어서 next_q_values를 얻는다. 이후의 과정은 DQN과 마찬가지로 next_q_values로 목표 Q값을 계산하고, 손실 함수 안에서 인수로 받은 비평자로 계산된 행동 가치와의 평균제곱오차를 구한다. 단, 손실 함수 내에서 action_values를 계산할 때 DQN은 비평자에서 출력된 가능한 모든 행동의 가치들에서 실제 일어난 행동의 가치를 인덱싱했지만, DDPG에선 실제 일어난 행동이 직접 비평자 신경망에 입력으로 들어가게 된다.

행동자용 손실 함수를 반환하는 함수는 다음과 같다.

```
function get_actor_loss_fn(model, batch, ::Ddpg)
    actor -> -SB.mean(model.main.critic(vcat(batch.sta, actor(batch.sta))))
end
```

앞에서 정책 μ_θ를 학습하는 방법은 $\max_\theta E_{s\sim D}[Q_\phi(s, \mu_\theta(s))]$ 를 푸는 과정이라고 했다(식 5.17). 이 때 Q_ϕ는 학습 대상이 아니므로 손실 함수는 actor만 인수로 받아서 자동 미분 시 θ에 대한 기울기만 계산되도록 한다. Q_ϕ는 현재 주어진 메인 네트워크의 비평자를 사용하되, 손실로 처리하기 위해 마이너스를 붙인다. 이 손실 함수로 θ에 대해 경사 하강을 시행하면, 배치 상태 데이터에 대해 Q_ϕ의 출력을 최대화하는 행동을 출력하도록 μ_θ가 학습된다.

카트폴 결과

DDPG의 카트폴 환경에서의 학습 결과는 다음과 같다.

```
julia> train_rew, test_rew = main(200000, QlearnCfg(), Ddpg());
julia> plot_results(train_rew, test_rew, "DDPG - Total rewards per episode")
```

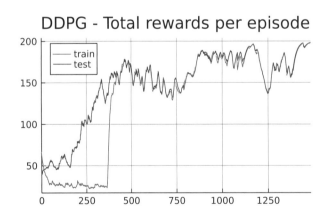

시간이 지나면서 학습은 이루어지지만 DQN에 비해 좀 더 불안한 결과를 보인다. 하이퍼파라미터 튜닝이나 여러 이유가 있을 수 있지만, 한 가지 생각할 수 있는 점은 DQN과 DDPG 모두 Q가치에

대한 과대추정_{overestimation} 문제를 가지고 있고, DDPG에서 이 문제가 좀 더 심각할 수 있다는 것이다.

$\max\limits_{a'} Q(s', a')$를 추정할 때 Q함수는 노이즈를 가질 수밖에 없고, 노이즈가 있는 추정값의 최댓값은 양의 편차를 갖게 된다.[7] 행동 가능 개수가 많을수록 이 편차는 커지게 되는데, 이산 행동 공간의 DQN은 카트폴에서의 행동 가짓수가 (왼쪽, 오른쪽) 두 개밖에 없지만 연속 행동 공간의 DDPG는 무한한 행동 가짓수를 가지고 있다.

DDPG의 행동자는 비평자의 노이즈까지 포함된 출력을 최대화하는 방향으로 학습하므로 비평자의 특정 행동에 대한 노이즈가 커지는 순간 행동자는 잘못된 정책을 학습할 수 있다. 다음에 다룰 SAC는 이 문제를 해결하기 위해 두 개의 Q함수를 학습한다.

20.4 SAC

SAC_{soft actor-critic}도 DDPG처럼 행동 가치 함수와 정책 함수를 함께 학습한다. DDPG의 행동자는 행동의 평균만 출력하여 결정론적인 행동을 취하는 반면, SAC의 행동자는 행동의 평균과 표준편차를 함께 출력하여 정규분포를 따르는 확률적인 행동을 취한다.

SAC에서는 각 타임 스텝에서 환경이 주는 보상에 그 시점 정책 확률분포의 엔트로피를 추가적인 보상으로 받는다. 확률분포 P를 따르는 확률변수 x의 엔트로피 H는 다음과 같이 계산된다.

$$H = E_{x \sim P}[-\log P(x)]$$

[식 5.19]

확률변수의 분포가 균등할수록 엔트로피가 높다. 예를 들어 주사위 6면이 나올 확률이 모두 1/6인 주사위가 그렇지 않은 주사위보다 엔트로피가 높다. 정책의 엔트로피를 추가적인 보상으로 받는다는 것은 에이전트가 주어진 문제를 해결하면서 동시에 최대한 무작위적으로 움직이도록 하여 최적 행동 한 가지뿐 아니라 준최적의 다양한 행동들도 경험할 수 있게 한다.

DDPG의 문제점으로 언급한 Q가치의 과대추정 문제를 해결하기 위해 SAC는 두 개의 Q함수를 각

---

[7] 표준정규분포에서 $k(>1)$개의 값을 추출하여 그중 최댓값을 선택하는 과정을 반복하여 최댓값의 평균을 구하면 0보다 크며, k가 커질수록 이 값도 커진다.

각 학습하고, 타깃 Q값 계산 시 두 개의 Q함수 출력값 중 작은 값을 사용한다. 두 개의 Q함수 및 엔트로피를 포함한 타깃 Q값은 다음과 같다.

$$r + \gamma \min(Q_1(s', a'), Q_2(s', a')) - \alpha \log \pi_\theta(a'|s')$$
$$a' \sim \pi_\theta(\cdot|s')$$

[식 5.20]

다음 스텝의 행동 a'은 확률적인 정책 π_θ를 따라서 추출되고, 이 행동의 로그 확률에 엔트로피 계수 α를 곱해서 Q_1, Q_2 중 작은 값에서 빼주면 다음 스텝의 Q값이 된다. 이때 Q_1과 Q_2는 안정적인 학습을 위해 타깃 네트워크를 사용하지만, a'을 추출할 때는 현재 정책인 메인 네트워크의 행동자를 이용한다.

정책 π_θ의 학습은 DDPG의 정책 μ_θ를 학습하는 방식과 유사하지만, 최대화하는 대상이 두 개의 Q함수 중 작은 값에 엔트로피를 더한 값이라는 차이가 있다.

코드 구현

DDPG와 마찬가지로, DQN에서 작성한 코드들에 SAC용 타입 및 메서드만 추가하면 된다.

먼저 SAC용 하이퍼파라미터는 다음과 같다. 엔트로피 항의 계수인 `alpha`는 탐험과 활용의 균형에 쓰인다. `min_std`, `max_std`는 정규분포를 따르는 정책의 최소 및 최대 표준편차이다.

```julia
Base.@kwdef struct Sac
    alpha::Decay = Decay(0.2, 0.9999, 0.1)
    min_std::Float32 = 0.0f0
    max_std::Float32 = 1.0f0
end
reset_exploration!(x::Sac)  = reset!(x.alpha)
decay_exploration!(x::Sac)  = decay!(x.alpha)
```

SAC용 네트워크 생성 함수를 정의하기 전에 다음과 같이 DoubleQ 타입을 먼저 정의한다. SAC는 두 개의 Q함수를 가지므로 DoubleQ 타입은 SAC용 ActorCritic에서 critic 타입이 된다.

```julia
mutable struct DoubleQ{Q}
    q1::Q
    q2::Q
```

```
    end
    Functors.@functor DoubleQ
```

행동자, 비평자를 가지는 네트워크 생성 함수는 다음과 같다.

```
function get_network(cfg, ::Sac, rng)
    actor = Flux.Chain(
        Flux.Dense(cfg.state_dim => 128, Flux.relu; init = init(rng)),
        Flux.Dense(128 => cfg.action_dim * 2; init = init(rng))
    )
    st_ac_dim = cfg.state_dim + cfg.action_dim
    q1 = Flux.Chain(
        Flux.Dense(st_ac_dim => 128, Flux.relu; init = init(rng)),
        Flux.Dense(128 => 128, Flux.relu; init = init(rng)),
        Flux.Dense(128 => 1; init = init(rng))
    )
    q2 = Flux.Chain(
        Flux.Dense(st_ac_dim => 128, Flux.relu; init = init(rng)),
        Flux.Dense(128 => 128, Flux.relu; init = init(rng)),
        Flux.Dense(128 => 1; init = init(rng))
    )
    ActorCritic(actor, DoubleQ(q1, q2))
end
```

행동자는 상태를 입력으로 받아서 정책 분포의 평균 및 로그 표준편차를 출력한다. 따라서 출력의 차원도 행동 차원 * 2가 된다. 비평자는 상태와 행동을 입력받아서 행동 가치를 출력하는 Q신경망 두 개로 이루어진 DoubleQ 타입이다.

행동자에서 행동을 추출할 때 엔트로피항의 계산을 위해 행동의 로그 확률도 함께 계산해야 하므로 다음과 같이 행동자의 정방향 함수를 작성한다.

```
function sac_actor_forward(actor, state, cfg, sac, rng,
    train_mode=true, with_logp=true)
    actor_out = actor(state)
    mu = actor_out[1:cfg.action_dim, :]
    logstd = actor_out[cfg.action_dim+1:end, :]
    std = clamp.(exp.(logstd), sac.min_std, sac.max_std)
    actions = mu
    if train_mode
        actions = actions .+ randn(rng, Float32, size(mu)) .* std
    end
```

```
        logp = 0.f0
        if with_logp
            logp = Dist.normlogpdf.(mu, std, actions)
            correction = 2.f0 .* (log(2.f0) .- actions .- Flux.softplus(-2.f0 .* actions))
            logp = logp .- sum(correction; dims=1)
        end
        actions = tanh.(actions) .* cfg.action_limit
        actions, logp
    end
```

인수로 받은 행동자는 상태를 입력받아서 행동의 평균과 로그 표준편차를 출력한다. 출력의 앞 절반은 행동 차원별 평균, 뒤 절반은 행동 차원별 로그 표준편차이다. 표준편차는 설정값의 표준편차 범위에 따라 클리핑한다. 학습 모드에서는 이 표준편차를 따르는 정규분포 노이즈를 더해준다. 노이즈가 더해진 행동의 로그 확률은 normlogpdf 함수로 계산한다. 행동값을 반환할 때는 정규분포를 따르는 행동을 탄젠트 함수에 통과시켜 행동 공간 안으로 들어오게 할 예정이기 때문에 로그 확률도 이를 감안하여 조정을 한다.[8] 최종적으로 탄젠트 함수를 통과한 행동값과 로그 확률을 반환한다.

행동 선택 함수 get_action은 다음과 같다. 앞에서 작성한 행동자의 정방향 함수 sac_actor_forward에 현재 네트워크의 행동자와 상태를 넘겨서 행동을 얻는다.

```
function get_action(model, state, train_mode, sac::Sac)
    actions, _ = sac_actor_forward(model.main.actor,
        state, model.cfg, sac, model.rng, train_mode, false)
    actions
end
```

다음은 비평자용 손실 함수를 반환하는 함수이다.

```
function get_critic_loss_fn(model, batch, sac::Sac)
    next_actions, logp_a2 = sac_actor_forward(model.main.actor,
        batch.sta2, model.cfg, sac, model.rng)

    q1_targ = model.target.critic.q1(vcat(batch.sta2, next_actions))
    q2_targ = model.target.critic.q2(vcat(batch.sta2, next_actions))
```

---

8 로그확률을 조정하는 수식은 SAC 논문(https://arxiv.org/abs/1801.01290)의 Appendix C 및 OpenAI Spinning Up의 SAC 구현을 참고하였다.

```
        q_targ = min.(q1_targ, q2_targ)

        next_q_values = q_targ .- sac.alpha.curr .* logp_a2
        next_q_values[batch.done] .= 0.f0
        targetQ = batch.rew .+ model.cfg.gamma .* next_q_values

        critic -> begin
            q1 = critic.q1(vcat(batch.sta, batch.act))
            q2 = critic.q2(vcat(batch.sta, batch.act))
            Flux.Losses.mse(q1, targetQ) + Flux.Losses.mse(q2, targetQ)
        end
    end
```

먼저 sac_actor_forward 함수에 메인 네트워크의 행동자와 다음 스텝의 상태를 넘겨서 다음 스텝의 행동과 이 행동들의 로그 확률을 얻는다. Q가치의 과대추정 문제를 완화하기 위해, 다음 스텝의 Q값으로 타깃 네트워크의 두 Q신경망의 다음 상태 및 행동에 대한 출력값 중 작은 값을 취한다. 여기에 엔트로피 계수를 곱한 행동 로그 확률을 빼주면 엔트로피를 고려한 다음 상태 행동 가치 next_q_values가 된다. 이 값을 할인하고 보상을 더해주면 타깃 Q값이 된다. 타깃 Q값의 계산 과정은 학습 대상이 아니라서 손실 함수 본문 밖에서 계산했다.

메인 네트워크의 비평자를 인수로 받는 손실 함수는 타깃 Q값에 대한 두 Q신경망의 평균제곱오차를 더한 값을 손실로 반환한다. DDPG의 비평자 손실 함수에서 행동자 출력값으로 타깃 Q를 계산하여 비평자를 학습하는 과정과 유사하지만 현재 정책(메인 네트워크의 행동자)으로 행동을 생성하고 엔트로피를 계산하는 점과 두 개의 Q신경망을 학습하는 차이가 있다.

행동자용 손실 함수를 반환하는 함수는 다음과 같다.

```
function get_actor_loss_fn(model, batch, sac::Sac)
    sta = batch.sta
    cfg = model.cfg
    actor -> begin
        actions, logp = sac_actor_forward(actor, sta, cfg, sac, model.rng)
        q1 = model.main.critic.q1(vcat(sta, actions))
        q2 = model.main.critic.q2(vcat(sta, actions))
        q = min.(q1, q2)
        -SB.mean(q .- sac.alpha.curr .* logp)
    end
end
```

행동자용 손실 함수는 인수로 받은 메인 네트워크의 행동자를 sac_actor_forward 함수에 넘겨서 행동과 로그 확률을 얻는다. 이 행동에 대한 행동 가치를 두 개의 Q함수의 값 중 작은 값으로 계산하고, 여기에 엔트로피를 더한 값(로그 확률을 뺀 값)을 최대화한다. 이 역시 행동 가치를 최대화하는 행동을 학습하는 DDPG와 유사하지만 두 개의 Q함수 및 엔트로피 항이 차이가 있다.

SAC의 비평자 손실 함수에선 sac_actor_forward 호출 과정이 자동 미분 대상이 아니라서 손실 함수 본문 밖에 위치했지만, 행동자용 손실 함수에선 sac_actor_forward에 넘기는 행동자 자체가 학습 대상이고 sac_actor_forward 함수도 자동 미분을 해야 하므로 손실 함수 본문 안에 위치한다.

카트폴 결과

SAC의 카트폴 환경에서의 학습 결과는 다음과 같다.

```
julia> train_rew, test_rew = main(200000, QlearnCfg(), Sac());
julia> plot_results(train_rew, test_rew, "SAC - Total rewards per episode")
```

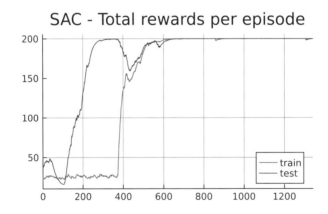

DQN이나 DDPG보다 훨씬 더 빠르고 안정적으로 학습하는 모습을 보인다. 테스트 모드의 총 보상은 약 300에피소드 만에 최대 에피소드 길이인 200에 다다랐고 성능 붕괴도 딱히 보이지 않는다.

21

정책 기반 알고리즘

순수한 정책 기반 알고리즘으로는 REINFORCE 알고리즘이 있다. 본 절에서는 정책 기반 알고리즘에 가치 기반 알고리즘을 더한 A2C 및 PPO를 구현해본다. A2C는 REINFORCE를 확장했고, PPO는 A2C를 확장했기 때문에 이 알고리즘들의 전체적인 틀은 큰 차이가 없고 하나의 로직으로 작성하는 데 무리가 없다.

먼저 정책 기반 알고리즘의 이론적인 배경인 정책 경사에 대해 간단히 살펴본 후, A2C와 PPO를 구현해보겠다.

21.1 기본 개념

정책 경사

정책 기반 알고리즘은 이득에 대한 기댓값을 최대로 하는 정책을 학습한다. 20.1절에서 다룬 것처럼 정책 π의 기대이득은 $J(\pi) = E_{\tau \sim \pi}[R(\tau)]$이다(식 5.2). 파라미터 θ를 갖는 정책 π_θ에 대해, 정책 기반 알고리즘은 다음과 같은 경사 상승법으로 기대이득 $J(\pi)$를 최대화할 수 있다.

$$\theta_{k+1} = \theta_k + \alpha \nabla_\theta J(\pi_\theta)|_{\theta_k}$$

[식 5.21]

이 수식에서 $\nabla_\theta J(\pi_\theta)$를 **정책 경사**policy gradient라고 하며, 다음과 같은 수식을 유도할 수 있다.[1]

$$\nabla_\theta J(\pi_\theta) = E_{\tau \sim \pi}[\sum_{t=0}^{T} \nabla_\theta \log \pi_\theta(a_t|s_t)R(\tau)]$$ [식 5.22]

이 식에 따르면 정책 경사 방향으로 한 스텝 이동 시, 개별 행동 a_t가 발생할 로그 확률은 이득 $R(\tau)$에 비례해서 올라간다. 특정 시점 t에서의 행동의 확률에 그 시점 이전에 얻은 보상이 영향을 끼치는 것은 합리적이지 않으므로 다음과 같이 $R(\tau)$ 대신 $R_t(\tau)$로 바꾸고 식을 다시 써보자.

$$R_t(\tau) = \sum_{t'=t}^{T} \gamma^{t'-t} r_{t'}$$ [식 5.23]

$$\nabla_\theta J(\pi_\theta) = E_{\tau \sim \pi}[\sum_{t=0}^{T} \nabla_\theta \log \pi_\theta(a_t|s_t)R_t(\tau)]$$ [식 5.24]

경사 기울기는 정책 π를 따르는 궤적 τ의 타임 스텝별 행동 로그 확률의 경사에 그 시점 이후의 이득을 곱한 값의 합의 기댓값이다. 행동 a_t 이후의 이득 $R_t(\tau)$가 0보다 크면 상태 s_t에서의 행동 a_t의 로그 확률 $\log \pi_\theta(a_t|s_t)$는 올라가게 된다. 경사 기울기는 기댓값이므로 정책 π_θ를 따르는 궤적들을 샘플링하여 평균을 취하면 경사 기울기를 추정할 수 있다.

[식 5.24]의 이득 $R_t(\tau)$에서 행동에 영향을 받지 않는 적절한 기준값 $b(s_t)$를 빼주면 추정값의 분산을 줄일 수 있다.

$$\nabla_\theta J(\pi_\theta) = E_{\tau \sim \pi}[\sum_{t=0}^{T} \nabla_\theta \log \pi_\theta(a_t|s_t)(R_t(\tau) - b(s_t))]$$ [식 5.25]

기준값 $b(s_t)$는 **기준선**baseline이라고 하며, 주어진 상태 s_t에만 의존하고 행동에는 의존하지 않

---

1   이 수식 및 이후 수식들의 유도 과정은 《단단한 심층강화학습》(제이펍, 2022) 2장에 잘 설명되어 있다.

는 한 어떤 함수도 사용될 수 있다. 예를 들어 에피소드 종료 후, 그 궤적에서의 평균 이득 $\frac{1}{T}\sum_{t=0}^{T}R_t(\tau)$을 기준선으로 사용하면 궤적 내 모든 타임스텝에서의 이득이 양수이거나 음수이더라도 궤적 평균 이득보다 더 높은 이득을 받은 행동은 강화되고, 낮은 이득을 받은 행동은 억제될 것이다.

REINFORCE 알고리즘은 [식 5.24]를 사용하거나 [식 5.25]에서 기준선으로 에피소드 종료 이후에 계산된 궤적의 평균 이득이나 상태 가치 등을 이용한다. A2C나 PPO 알고리즘은 [식 5.25]에서 기준선으로 시간차 학습으로 학습된 상태 가치 함수를 이용한다.

GAE

이번 장에서 다룰 A2C나 PPO 알고리즘은 어드밴티지 $A^\pi(s,a)=Q^\pi(s,a)-V^\pi(s)$를 강화 신호로 사용하는 행동자-비평자 알고리즘이다. [식 5.24]의 $R_t(\tau)$ 대신 A_t^π가 들어가서, 해당 상태에서 얻을 수 있는 평균적인 가치보다 더 높은 가치를 주는 행동을 강화한다. Q_π는 n단계까지의 할인된 보상 및 $n+1$단계의 V_π의 할인된 값의 합으로 나타낼 수 있으므로 t 시점에서 n단계 이득을 이용한 어드밴티지는 다음과 같이 계산할 수 있다.

$$A_n^\pi(s_t,a_t)=\sum_{k=0}^{n}\gamma^k r_{t+k}+\gamma^{n+1}V^\pi(s_{t+n+1})-V^\pi(s_t) \qquad \text{[식 5.26]}$$

이때 $V^\pi(s_{t+n+1})$ 값은 t 시점에 학습된 비평자로 계산된다. n이 클수록 몬테카를로 시뮬레이션에 가까워져서 편차는 작지만 분산이 커진다.

특정 n단계 이득 대신 1단계 이득, 2단계 이득 등 여러 n단계 이득들에 대해 가중평균을 주어서 어드밴티지를 계산할 수도 있다. 이를 **일반화된 어드밴티지 추정**generalized advantage estimation, GAE이라고 한다. t 시점의 GAE는 다음과 같이 계산한다.[2]

$$A_{\text{GAE}}^\pi(s_t,a_t)=\sum_{k=0}^{\infty}(\gamma\lambda)^k\delta_{t+k}\delta_t=r_t+\gamma V^\pi(s_{t+1})-V^\pi(s_t) \qquad \text{[식 5.27]}$$

---

2 GAE 수식의 유도 과정은 《단단한 심층강화학습》 6장에 잘 설명되어 있다.

이 수식에서, λ가 클수록 V 함수 추정값보다 실제 받은 보상에 더 가중치를 주게 되므로 몬테카를로 방식에 가까워진다. 미래 보상에 대한 할인율인 γ 는 강화학습 알고리즘과 상관없이 주어진 문제에 맞게 설정해야 하는 반면, λ는 부트스트랩 방식과 몬테카를로 방식 사이의 균형을 정하는 하이퍼파라미터로, 다양한 값을 시도해볼 수 있다.

21.2 A2C

A2Cadvantage actor-critic는 어드밴티지 A^π를 이용하여 다음 식의 정책 경사를 계산하는 알고리즘이다. 앞에서 다룬 GAE를 어드밴티지 추정값으로 하여 정책 경사를 계산하고 직접 정책을 최적화한다.

$$\nabla_\theta J(\pi_\theta) = E_{\tau \sim \pi_\theta}\Big[\sum_{t=0}^{T} \nabla_\theta \log \pi_\theta(a_t|s_t) A^{\pi_\theta}(s_t, a_t)\Big]$$ [식 5.28]

앞 장에서 가치 기반 알고리즘들을 구현할 때, 전체적인 틀은 하나로 하고 개별 알고리즘 코드는 멀티 메서드로 구현한 것처럼 이번 장의 정책 기반 알고리즘들도 전체적인 틀은 하나만 작성하고 알고리즘별 코드는 멀티 메서드로 구현하겠다.

정책 기반 코드를 작성하기 위해 필요한 패키지들은 다음과 같다.

```
import Base.Iterators as It
import StatsBase as SB
import ReinforcementLearning as RL
import ProgressMeter as PM
import Distributions as Dist
import IntervalSets as IS
using Random: MersenneTwister
import Flux, Zygote, Functors
import Optimisers as Opt
import Plots
```

롤아웃 버퍼

롤아웃rollout은 현재 상태에서 정책을 시행하여 환경과 상호작용하는 것을 말한다. 앞 장의 경험 재현 버퍼는 `ReplayBuffer`로 타입명을 줬지만 이번 장의 버퍼는 경험 재현이 없으므로

RolloutBuffer로 타입명을 준다. 먼저 버퍼에 담을 경험을 정의한다.

```
mutable struct SARVP{A}
    const sta::Vector{Float32}      # state (상태)
    const act::A                    # action (행동)
    const rew::Float32              # reward (보상)
    const done::Bool                # done (에피소드 종료 여부)
    const val::Float32              # state_value (V, 상태 가치)
    const logp::Float32             # log prob of action (P, 행동 로그확률)
    ret::Float32                    # return (이득)
    adv::Float32                    # advantage (어드밴티지)
end
```

SARVP 타입명은 상태(S), 행동(A), 보상(R), 상태 가치(V), 행동의 로그 확률(P) 필드들을 의미한다. 여기에 에피소드 종료 여부 done과 이득의 ret, 어드밴티지의 adv 필드를 추가로 가진다. 행동 필드 act의 타입은 행동 공간의 연속성 여부에 따라 다르므로 타입 매개변수로 정의한다. 상태 가치와 행동 확률은 경험 데이터가 생성되는 시점에 그때의 상태 가치 함수와 정책 함수로 계산된다. 반면, 이득과 어드밴티지는 이 경험이 속한 에피소드가 종료되거나 버퍼가 다 찬 시점에 계산되기 때문에 변경 가능해야 하므로 앞에 const 키워드가 없다.

앞 장의 재현 버퍼에 비해 추가적인 필드를 가지고 있는데, 이 중 상태 가치는 GAE를 계산할 때 사용되고, 이득은 상태 가치 함수를 학습할 때 사용된다. 행동의 로그 확률은 PPO의 목적 함수 object function에 사용된다.

롤아웃 버퍼는 다음과 같다.

```
mutable struct RolloutBuffer{A}
    const buffer::Vector{SARVP{A}}
    const size::Int64
    ptr::Int64
    curr_rew_sum::Float32   # 현재 에피소드 누적 보상
    RolloutBuffer(::Type{A}, size) where A = begin
        buffer = Vector{SARVP{A}}(undef, size)
        new{A}(buffer, size, 0, 0.f0)
    end
end
```

경험을 담을 벡터인 buffer, 버퍼 크기 size, 버퍼에 경험을 저장할 위치 ptr 필드 및 현재 에피소

드의 누적 보상을 담고 있는 `curr_rew_sum` 필드가 있다. `curr_rew_sum` 값은 에피소드별 총 보상을 쉽게 계산하기 위한 값이다. 앞 장의 경험 재현 버퍼는 순환 버퍼였지만, 이번 장의 롤아웃 버퍼는 순환 버퍼가 아니라서 버퍼가 다 차면 더 이상 경험을 저장하지 못한다. 활성 정책용 버퍼이므로 수집된 경험들로 한번 정책을 업데이트하고 나면 버퍼를 비우는 것을 전제하기 때문이다. 버퍼의 길이는 현재 포인터의 위치이다.

```
Base.length(b::RolloutBuffer) = b.ptr
```

버퍼를 비우기 위한 Base.empty! 함수도 재정의한다.

```
function Base.empty!(b::RolloutBuffer)
    reset_curr_rew_sum_if_last_done!(b)
    b.ptr = 0
end
```

버퍼를 비울 때, 기존 버퍼의 마지막 에피소드가 완료되었으면 `curr_rew_sum` 필드의 리셋이 필요하다. 이를 담당하는 함수는 다음과 같다.

```
reset_curr_rew_sum_if_last_done!(b::RolloutBuffer) =
    b.ptr > 0 && b.buffer[b.ptr].done && (b.curr_rew_sum = 0)
```

경험을 추가하는 Base.push! 함수는 다음과 같다.

```
function Base.push!(b::RolloutBuffer{A}, sta, act, rew, done, val, logp) where A
    @assert b.ptr < length(b.buffer)
    reset_curr_rew_sum_if_last_done!(b)

    b.ptr += 1
    isa(act, AbstractArray) && (act = vec(act))
    b.buffer[b.ptr] = SARVP(sta, A(act), rew, done, val, logp, 0.f0, 0.f0)

    b.curr_rew_sum += rew
end
```

첫 줄의 @assert를 이용하여 버퍼가 다 차면 AssertError를 던진다. 버퍼를 비울 때와 마찬가지로 경험을 추가할 때도 reset_curr_rew_sum_if_last_done!을 호출하여 기존 에피소드가 종료되었으면 누적 보상값을 리셋한다. 추상 배열 타입의 행동은 벡터로 바꾼다. 경험을 추가하고 누적 보상값에 보상을 더해준다.

다음은 편의를 위해 롤아웃 버퍼를 반복 가능 객체로 만든다. Base.iterate 함수는 파이썬의 __iter__와 __next__ 메서드처럼 반복 가능한 객체를 만들어준다.

```
Base.iterate(b::RolloutBuffer, state = 1) =
    state > b.ptr ? nothing : (b.buffer[state], state + 1)
```

Base.iterate 함수는 더 이상 반환할 다음 원소가 없을 때는 nothing을 반환하고 그렇지 않으면 (다음 원소, 반복 상태)를 반환한다. 반복 상태 state 객체는 임의의 타입을 줄 수 있지만 여기서는 정수 타입으로 1부터 시작하여 반복한 횟수를 나타내게 했다.

이득 및 GAE 계산

이득과 어드밴티지는 에피소드가 종료되거나 버퍼가 다 차면 계산한다고 했다. 다음은 이를 담당하는 함수이다.

```
function set_last_epi_ret_adv!(b, last_val, gamma, gae_lambda)
    @assert b.ptr > 0
    next_ret = next_val = last_val
    next_adv = 0.f0
    for i in b.ptr:-1:1
        x = b.buffer[i]
        x.ret = x.rew + gamma * next_ret
        delta = x.rew + gamma * next_val - x.val
        x.adv = delta + gamma * gae_lambda * next_adv
        i > 1 && b.buffer[i - 1].done && break
        next_ret = x.ret
        next_val = x.val
        next_adv = x.adv
    end
end
```

위 함수는 롤아웃 버퍼 b와 마지막 경험 후의 상태의 가치인 last_val, 할인율 gamma와 GAE 계수 gae_lambda를 받는다. 에피소드가 종료되어서 이 함수가 호출되는 경우엔 last_val은 0이고, 버퍼가 다 차서 이 함수가 호출되는 경우엔 last_val은 마지막 경험 후 바뀐 상태의 상태 가치 함수의 값이다. 즉 에피소드가 종료되지 않은 경우엔 상태 가치 함수를 이용한 부트스트래핑으로 마지막 경험 다음 시점의 이득이 추정된다.

버퍼의 마지막부터 역으로 순회하면서 할인된 누적 보상으로 이득 ret를 계산한다. 변수 delta는 [식 5.27]의 δ_t이고, 어드밴티지 adv는 이 delta를 $\gamma \times \lambda$로 할인한 누적값으로 계산한다. 현재 에피소드의 시작점에 도달하면 이득 및 어드밴티지 계산을 중지한다(에피소드 종료 시마다 이 함수가 호출되므로 버퍼의 마지막 에피소드에 대해서만 이득과 어드밴티지를 계산하면 된다).

버퍼에 수집한 경험과 이득, 어드밴티지를 신경망에 넣어줄 배치 데이터로 만드는 함수는 다음과 같다.

```
function get_batch(b::RolloutBuffer{A}, norm_adv) where A
    sta = hcat(map(x -> x.sta, b)...)
    act = map(x -> x.act, b)
    act = A <: Vector ? hcat(act...) : act'
    rew = map(x -> x.rew, b)'
    done = map(x -> x.done, b)'
    val = map(x -> x.val, b)'
    logp = map(x -> x.logp, b)'
    ret = map(x -> x.ret, b)'
    adv = map(x -> x.adv, b)'
    if norm_adv
        adv_m, adv_s = SB.mean_and_std(adv)
        adv = (adv .- adv_m) ./ (adv_s + 0.000001f0)
    end
    (;sta, act, rew, done, val, logp, ret, adv)
end
```

롤아웃 버퍼를 반복 가능 객체로 만들었기 때문에 map 함수로 상태나 행동 등을 바로 추출할 수 있다. 상태 변수 sta는 원소 타입이 벡터이므로 hcat으로 (특성 차원, 배치 차원) 형상의 행렬로 만든다. 행동 변수 act도 원소 타입이 벡터이면 마찬가지로 행렬로 만들어주고, 그렇지 않으면 다른 스칼라 원소의 변수들처럼 행벡터로 만들어준다. 어드밴티지는 필요 시 평균과 표준편차로 정규화한다.

하이퍼파라미터

A2C에 적용할 하이퍼파라미터를 다음과 같이 정의한다. PPO에도 공통으로 사용할 것이다.

```
Base.@kwdef mutable struct PolGradCfg
    n_steps::Int64 = 30
    pi_lr::Float32 = 0.0001
    v_lr::Float32 = 0.001

    gamma::Float32 = 0.99
    gae_lambda::Float32 = 0.95
    norm_adv::Bool = false

    v_iter::Float32 = 10
    ent_coef::Float32 = 0
    max_grad_norm::Float32 = 1

    state_dim::Int64 = 0
    action_dim::Int64 = 0

    conti_action::Bool = false
    # 연속 행동 공간용
    action_limit::Float32 = 1.0
    min_std::Float32 = 0.0f0
    max_std::Float32 = 1.0f0
    # 이산 행동 공간용
    action_space::Base.OneTo = Base.OneTo(1)
end
```

n_steps는 몇 번의 스텝마다 모델을 학습할지를 정하는 학습 간격이면서, 해당 스텝 동안의 경험만 학습에 쓰이므로 배치 크기이기도 하다. pi_lr은 정책 π를 학습하는 행동자의 학습률이고 v_lr은 상태 가치 함수 V를 학습하는 비평자의 학습률이다. 상태 가치 함수는, 정책 함수나 앞 장의 행동 가치 함수에 비해 학습이 용이하므로 학습률을 더 크게 잡았다.

gamma는 미래 보상의 할인율이고 gae_lambda는 GAE 계산 시 적용되는 할인율 λ이다. norm_adv는 어드밴티지를 평균과 표준편차로 정규화할지 여부를 나타낸다.

v_iter는 상태 가치 함수를 학습할 때 경사 하강을 몇 번 시행할지를 정한다. ent_coef는 행동자의 손실값 계산 시 엔트로피에 대한 가중치를 정한다. 이 값이 클수록 탐험을 더 적극적으로 한다. max_grad_norm은 경사 하강 시 급격한 변화를 막기 위한 기울기 크기의 제약이다.

state_dim, action_dim, conti_action 등의 나머지 설정값들은 앞 장의 가치 기반 모델들에서도 동일하게 다뤘으므로 설명은 생략한다.

이상은 A2C와 PPO에 공통으로 적용되는 설정값들이다. A2C에만 적용되는 설정값은 따로 없기 때문에 A2C 알고리즘용 타입은 다음과 같이 필드 없이 정의한다.

```
struct A2c end
```

모델 정의

모델에 쓰일 행동자-비평자 타입은 가치 기반 알고리즘 절에서 정의한 타입과 동일하다.

```
mutable struct ActorCritic{A,C}
    actor::A
    critic::C   # V
end
```

단, 앞 장에서는 타깃 네트워크의 업데이트를 위해 ActorCritic 타입을 함자로 만들었지만, 정책 기반에서는 타깃 네트워크가 없기 때문에 @functor 매크로를 적용하지 않는다.

행동자와 비평자를 각각 학습하므로 각각의 손실 함수 및 옵티마이저를 정의한다. A2C, PPO서 사용할 정책 경사 모델은 다음과 같다.

```
mutable struct PolGradModel{A,C,PO,VO,Algo}
    net::ActorCritic{A,C}
    pi_opt::PO
    v_opt::VO
    cfg::PolGradCfg
    algo::Algo
    rng::MersenneTwister
end
```

모델은 행동자-비평자 타입의 네트워크 net 필드와 행동자를 업데이트하는 옵티마이저 pi_opt, 비평자를 업데이트하는 옵티마이저 v_opt 필드를 가진다. 공통의 하이퍼파라미터 설정값은 cfg라는 필드로 가지고 있고, 각 알고리즘별 설정값은 algo 필드로 가진다. 마지막의 rng 필드는 난수 생성 객체이다.

A2C와 PPO는 동일한 네트워크 구조를 사용할 수 있으므로, 앞 장의 get_network와 같은 알고리즘별 다중 메서드를 정의하지 않고 다음과 같이 PolGradModel의 생성자 안에서 바로 네트워크를 정의한다.

```
init(rng) = Flux.glorot_uniform(rng)

function PolGradModel(cfg, algo, rng)
    act_out_dim = cfg.action_dim * (cfg.conti_action ? 2 : 1)
    actor = Flux.Chain(
        Flux.Dense(cfg.state_dim => 256, Flux.relu; init = init(rng)),
        Flux.Dense(256 => act_out_dim; init = init(rng))
    )
    critic = Flux.Chain(
        Flux.Dense(cfg.state_dim => 256, Flux.relu; init = init(rng)),
        Flux.Dense(256 => 1; init = init(rng)),
    )
    net = ActorCritic(actor, critic)
    pi_opt = Opt.setup(Opt.Adam(cfg.pi_lr), net.actor)
    v_opt = Opt.setup(Opt.Adam(cfg.v_lr), net.critic)
    PolGradModel(net, pi_opt, v_opt, cfg, algo, rng)
end
```

모델 생성자는 공통 설정값 cfg와 알고리즘별 설정값 algo, 난수 생성기 rng를 받는다. 행동자의 출력 차원은 연속 행동 공간인 경우 평균과 로그 표준편차를 출력하기 위해 행동 차원의 두 배가 되고 이산 행동 공간이면 행동 차원이 그대로 출력 차원이 된다. 행동자와 비평자 모두 입력 차원은 상태 벡터 차원과 같고, 비평자의 출력 차원은 스칼라인 상태 가치를 출력하므로 1이다. 행동자와 비평자의 각 옵티마이저도 정의한 후 모델을 생성한다.

입력 네트워크 공유

행동자와 비평자 모두 상태 벡터를 입력으로 받기 때문에 입력 부분의 네트워크는 공유하고 출력만 각각 다르게 구성할 수 있다. 네트워크 일부를 공유하면 파라미터 개수도 줄어들고 서로 학습된 중간 표현을 공유할 수 있는 장점이 있지만, 정책 경사와 가치 함수 경사 사이에 스케일이 많이 다르면 학습이 불안정해질 수 있다. 이 책에서는 공유 없이 각각 학습하는 것을 전제로 하지만, 입력 쪽 네트워크를 공유하려면 행동자-비평자 타입을 다음과 같이 정의하면 된다.

```
struct SharedActorCritic{S,A,C}
    share::S
    actor::A
    critic::C
end
Functors.@functor SharedActorCritic
function (a::SharedActorCritic)(sta)
    x = a.share(sta)
    a.actor(x), a.critic(x)
end
```

파라미터 공유 시 행동자와 비평자는 함께 학습해야 하므로 하나의 손실 함수에서 행동자와 비평자의 손실을 적절한 비율로 합하고 옵티마이저도 하나만 이용하여 SharedActorCritic 객체 자체를 한 번에 업데이트하면 된다. 이 경우, Optimisers.update 함수를 적용하기 위해 SharedActorCritic 타입을 함자로 정의한다.

전체 실행 함수

지금까지 작성한 롤아웃 버퍼, 하이퍼파라미터, 모델을 바탕으로 전체 실행 함수를 작성해보자.

```
function run(model, env, buffer, tot_steps)
    train_rewards, test_rewards = Float32[], Float32[]
    gamma, gae_lambda = model.cfg.gamma, model.cfg.gae_lambda
    RL.reset!(env)
    cum_steps = 0
    p = PM.Progress(tot_steps)
    while cum_steps < tot_steps
        steps = 0
        while steps < model.cfg.n_steps
            n = model.cfg.n_steps - steps
            steps += collect_rollouts(model, env, buffer, n)
            if RL.is_terminated(env)
                set_last_epi_ret_adv!(buffer, 0.f0, gamma, gae_lambda)
                push!(train_rewards, buffer.curr_rew_sum)
                push!(test_rewards, run_test_mode(model, env))
                RL.reset!(env)
            end
        end
        cum_steps += steps
        PM.update!(p, cum_steps)
        if !RL.is_terminated(env)
            last_val = model.net.critic(RL.state(env))[1]
            set_last_epi_ret_adv!(buffer, last_val, gamma, gae_lambda)
        end
        train(model, buffer)
        empty!(buffer)
    end
    train_rewards, test_rewards
end
```

run 함수는 모델과 환경, 롤아웃 버퍼, 총 스텝 수를 인수로 받는다. 누적 스텝 수가 총 스텝 수가 될 때까지 collect_rollouts 함수로 현재 정책 하의 경험을 설정값 n_steps만큼 모으고, 모인 경험으로 train 함수에서 학습을 한다.

collect_rollouts 함수는 목표하는 경험 갯수를 다 모으거나, 그 전에 에피소드가 종료되면 리턴된다. 에피소드 종료로 리턴된 경우, set_last_epi_ret_adv! 함수로 궤적의 타임 스텝별 이득 및 어드밴티지를 계산하고, 에피소드의 총 보상 및 테스트 모드에서의 에피소드 총 보상을 저장한다. 환경 리셋 후 목표 개수를 모을 때까지 반복한다.

n_steps만큼 경험을 모아서 버퍼가 다 차면 train 함수로 학습을 하는데, 그 전에 현재 에피소드가 종료되지 않았으면 다시 set_last_epi_ret_adv! 함수로 현 궤적의 시점별 이득 및 어드밴티지를 업데이트한다. 이때는 부트스트래핑이 필요하므로 비평자로 현재(마지막 경험 다음 시점)의 상태 가치를 계산해서 넘겨준다. 학습 후에는 정책 함수가 바뀌므로 기존 정책에서 생성된 버퍼 데이터는 비워준다.

중간중간에 나오는 PM.update! 함수는 진행 상태를 보여주는 막대를 업데이트하는 함수이다.

경험을 모으는 collect_rollouts 함수는 다음과 같다.

```
function collect_rollouts(model, env, buffer, n)
    steps = 0
    for _ in 1:n
        steps += 1
        state = copy(RL.state(env))
        action, value, log_prob = get_action_v_logp(model, state)
        action_ = length(action) == 1 ? action[1] : action
        env(action_)
        done = RL.is_terminated(env)
        push!(buffer, state, action, RL.reward(env), done, value, log_prob)
        done && break
    end
    steps
end
```

위 함수는 모아야 할 경험 개수 n만큼 반복하면서 get_action_v_logp 함수로 주어진 정책을 따르는 행동과 상태 가치, 행동의 로그 확률을 뽑고 이 행동으로 환경과 상호작용을 한 후, 보상과 종료 여부까지를 버퍼에 저장한다. 에피소드가 종료되는 경우 경험 수집을 중단한다.

테스트 모드의 에피소드 총 보상을 계산하기 위한 함수는 다음과 같다.

```
function run_test_mode(model, env)
    RL.reset!(env)
```

```
    rew_sum = 0.f0
    while true
        action = get_action_v_logp(model, RL.state(env), false)[1]
        action = length(action) == 1 ? action[1] : action
        env(action)
        rew_sum += RL.reward(env)
        RL.is_terminated(env) && break
    end
    rew_sum
end
```

앞 장의 run_test_mode 함수와 동일하고 단지 get_action 함수 대신 get_action_v_logp를 사용하는 차이가 있다. 곧이어 살펴볼 get_action_v_logp 함수의 세 번째 인수는 학습 모드 여부로서, 여기에 false를 넘겨서 가장 높은 확률의 행동을 취하게 한다.

행동 선택 함수

모델과 상태를 입력받아서 행동 및 상태 가치, 행동의 로그 확률을 반환하는 get_action_v_logp 함수는 다음과 같다.

```
function get_action_v_logp(model, state, train_mode = true)
    @assert ndims(state) == 1
    cfg, actor = model.cfg, model.net.actor
    actions, log_probs, _ = cfg.conti_action ?
        get_conti_action_logp(actor, state, cfg, model.rng, train_mode) :
        get_discrete_action_logp(actor, state, cfg, model.rng, train_mode)
    action = cfg.conti_action ? actions[:, 1] : actions[1, 1]
    !train_mode && return action, nothing, nothing
    state_values = model.net.critic(state)
    action, state_values[1], log_probs[1]
end
```

이 함수는 행동 공간의 연속성 여부에 따라서 get_conti_action_logp나 get_discrete_action_logp 함수로 행동과 행동 로그 확률을 구하고, 여기에 상태 가치도 계산하여 함께 반환한다. 만약 학습 모드가 아니면 행동 확률이나 상태 가치는 필요 없으므로 행동만 반환한다. 함수 본문 첫 줄에서 ndims(state) == 1을 체크한 이유는, 이 함수는 배치 학습 시 호출되는 것이 아니라 경험 수집 과정이나 테스트 모드에서만 호출되기 때문에 편의상 상태 가치 등의 결괏값을 스칼라로 만들어주기 위해서이다.

이 함수 내부에서 호출되는 get_conti_action_logp 함수는 다음과 같다.

```
function get_conti_action_logp(actor, state, cfg,
    rngOrAct::Union{AbstractArray, MersenneTwister}, train_mode = true)
    actor_out = actor(state)
    mu = actor_out[1:cfg.action_dim, :]   # 벡터면 행렬로
    logstd = actor_out[cfg.action_dim+1:end, :]
    std = clamp.(exp.(logstd), cfg.min_std, cfg.max_std)
    if isa(rngOrAct, AbstractArray)       # 행동이 주어지면
        actions = rngOrAct
    else
        actions = mu
        if train_mode
            actions = actions .+ randn(rngOrAct, Float32, size(mu)) .* std
        end
        limit = cfg.action_limit
        actions = map(v -> clamp(v, -limit, limit), actions)
    end
    log_probs = Float32[]
    if train_mode
        log_probs = sum(Dist.normlogpdf.(mu, std, actions); dims=1)
    end
    actions, log_probs, logstd
end
```

이 함수는 행동자 신경망과 상태, 설정값, rngOrAct, 학습 모드 여부를 입력받아서 행동 및 행동의 로그 확률, 정책 분포의 로그 표준편차를 반환한다. rngOrAct 인수는 추상 배열이나 난수 생성기 타입 중 하나인데, 추상 배열이면 인수는 호출부에서 넘겨준 행동값이고, 이 경우 이 행동들에 대한 로그 확률을 계산한다. 인수가 난수 생성기이면 이를 이용하여 행동을 생성하고 생성한 행동의 로그 확률을 계산한다. 이렇게 함수를 작성한 이유는, 경험 수집 시에는 난수 생성기를 넘겨서 다음 행동 및 행동의 로그 확률을 얻어야 하고, 학습 시에는 배치 데이터의 행동들을 넘겨서 해당 행동의 로그 확률을 얻어야 하기 때문이다.

행동자 신경망 actor의 출력은 앞 절반은 정책 분포의 평균이고 뒤 절반은 정책 분포의 로그 표준편차이다. 표준편차는 음수일 수 없지만 로그 표준편차는 -∞ ~ ∞의 범위를 가지므로 신경망이 학습하기 적당하다. 이 로그 표준편차는 학습 시 정책의 엔트로피를 계산하는 데에도 사용된다.

표준편차는 설정값의 범위를 넘지 않게 클리핑해준다. 행동을 생성하는 경우, 평균이 행동이 되고 학습 모드면 여기에 표준편차로 스케일된 정규분포 난수를 더해준다. 행동 역시 행동 범위를 넘지

않게 클리핑한다.

학습 모드 시에는 normlogpdf 함수를 이용하여 행동의 로그 확률을 계산한다.

이 함수에 대응되는 이산 행동 공간용 함수는 다음과 같다.

```
function get_discrete_action_logp(actor, state, cfg,
    rngOrAct::Union{AbstractArray, MersenneTwister}, train_mode = true)
    actor_out = actor(state)
    action_probs = Flux.softmax(actor_out)[:,:]  # 벡터면 행렬로
    if isa(rngOrAct, AbstractArray)               # 행동이 주어지면
        actions = rngOrAct
    else
        as = collect(cfg.action_space)
        weis = SB.Weights.(eachcol(action_probs))
        if train_mode
            as = collect(cfg.action_space)
            actions = [SB.sample(rngOrAct, as, w) for w in weis]
        else
            actions = [findmax(w)[2] for w in weis]
        end
    end
    log_probs = Float32[]
    if train_mode
        act_idx = CartesianIndex.(actions', 1:length(actions))
        log_probs = log.(action_probs[act_idx])'
    end
    actions, log_probs, action_probs
end
```

함수의 인수는 앞서의 get_conti_action_logp 함수와 동일하다. 행동자 신경망이 출력한 로짓값은 소프트맥스를 거쳐서 이산확률분포(action_probs)로 바뀐다. 행동을 생성해야 하는 경우, 학습 모드면 행동별 확률을 가중치로 하여 행동을 샘플링하고, 테스트 모드면 확률이 가장 큰 행동을 선택한다.

선택된 행동들의 로그 확률은 CartesianIndex로 인덱스 객체를 만들어서 이산확률분포에서 해당 행동의 확률을 얻고 로그를 취한다. 함수는 리턴 시 행동 및 행동의 로그 확률과 함께 이산확률분포를 반환하는데, 확률분포는 정책의 엔트로피 계산에 쓰인다.

모델 훈련 함수

버퍼에 쌓인 경험들로 행동자와 비평자를 학습하는 함수는 다음과 같다.

```
function train(model, buffer)
    cfg, algo, net = model.cfg, model.algo, model.net
    batch = get_batch(buffer, cfg)
    pi_iter = hasproperty(algo, :iter) ? algo.iter : 1
    for _ in 1:pi_iter
        actor_loss_fn = get_actor_loss_fn(batch, cfg, algo)
        grad = Zygote.gradient(actor_loss_fn, net.actor)
        grad = clip_grad_norm(grad[1], cfg.max_grad_norm)
        model.pi_opt, net.actor = Opt.update(model.pi_opt, net.actor, grad)
        pi_iter > 1 && algo.curr_kl > 1.5 * algo.max_kl && break
    end
    for _ in 1:cfg.v_iter
        critic_loss_fn = get_critic_loss_fn(batch)
        grad = Zygote.gradient(critic_loss_fn, net.critic)
        grad = clip_grad_norm(grad[1], cfg.max_grad_norm)
        model.v_opt, net.critic = Opt.update(model.v_opt, net.critic, grad)
    end
end
```

먼저 get_batch 함수로 이득과 어드밴티지까지 포함한 배치 데이터를 만든다.

A2C의 경우, 정책 경사 상승 (행동자 손실 함수의 경사 하강)은 한 번만 시행한다. 이는 [식 5.28]에서 봤듯 $J(\pi_\theta)$의 기울기는 정책 π_θ를 따라서 생성된 궤적의 어드밴티지를 이용해야 하기 때문이다. 한번 정책을 업데이트하면 기존 배치 데이터는 더 이상 정책 경사 계산에 사용될 수 없다.

PPO의 경우는 학습 시 급격한 정책의 변화를 막는 제약이 있고, 반복 학습 과정에서 배치 데이터를 생성했던 원래 정책과 현재 정책 간의 쿨백-라이블러 발산Kullback-Leibler divergence이 설정값을 넘으면 조기 종료하는 방식으로 한 번 이상의 정책 업데이트를 시행한다. 관련 내용은 다음 절에서 다시 살펴본다.

비평자의 상태 가치 함수 학습은 목표값인 이득과의 오차를 최소화하는 과정이고, 이득은 상태 가치 함수의 파라미터와는 독립적인 데이터이므로 여러 차례 경사 하강이 가능하다.

get_actor_loss_fn과 get_critic_loss_fn은 앞 장 가치 기반 코드에서와 같이 각각 행동자 손실 함수와 비평자 손실 함수를 반환하는 고차 함수이다. 급격한 경사 하강을 막기 위한 clip_ grad_norm 함수 역시 앞 장에서 정의한 동명의 함수와 동일하다.

손실 함수 반환 함수

앞 장에서는 get_actor_loss_fn과 get_critic_loss_fn을 알고리즘별 다중 메서드로 구현했지만, A2C와 PPO는 정책 경사를 구하려는 목적 함수만 다르기 때문에 해당 코드만 다중 메서드로 구현한다.

행동자 손실 함수를 반환하는 get_actor_loss_fn 함수는 다음과 같다.

```
function get_actor_loss_fn(batch, cfg, algo)
    actor -> begin
        if cfg.conti_action
            _, sltd_logp, logstd =
                get_conti_action_logp(actor, batch.sta, cfg, batch.act)
        else
            _, sltd_logp, action_probs =
                get_discrete_action_logp(actor, batch.sta, cfg, batch.act)
        end

        actor_loss = -get_policy_objective(batch, sltd_logp, algo)

        if cfg.conti_action
            entropy = (log(2.f0π) + 1) / 2 + SB.mean(logstd)
        else
            n = size(action_probs, 2)
            entropy = -sum(action_probs .* log.(action_probs)) / n
        end

        actor_loss - entropy * cfg.ent_coef
    end
end
```

이 함수가 반환하는 손실 함수는 행동자를 입력으로 받아서, 이 행동자 정책 함수 상에서의 행동 로그 확률과 엔트로피 계산에 필요한 정보를 먼저 구한다. 이 값은 앞에서 다룬 get_conti_action_logp나 get_discrete_action_logp 함수에 행동자, 배치 상태, 배치 행동을 넘겨서 받아 온다. A2C와 같이 경사 하강을 한 번만 하는 경우에는 손실 함수에서 인수로 받은 행동자와 경험 수집 시에 사용된 행동자의 파라미터가 동일하기 때문에, 이 코드의 sltd_logp 값은 batch.logp 값과 같다. 하지만 행동자 파라미터에 대해 자동 미분을 하기 위해서 손실 함수 안에서 sltd_logp

를 다시 계산해야 한다.[3]

그다음 정책 최적화의 목적 함수인 `get_policy_objective`로 각 알고리즘별로 정의된 목적 함수의 값을 구하고 그 결과에 음의 부호를 붙여서 1차적인 행동자 손실을 구한다. 여기에 정책 분포의 엔트로피를 설정값 계수를 곱해서 빼주면 최종적인 행동자 손실이 된다. 연속 행동 공간의 엔트로피는 정규분포의 엔트로피이고 이산 행동 공간의 엔트로피는 이산확률분포의 엔트로피이다.

A2C용 `get_policy_objective` 함수는 다음과 같다.

```
get_policy_objective(batch, sltd_logp, ::A2c) =
    SB.mean(sltd_logp .* batch.adv)
```

`sltd_logp`는 [식 5.28]의 $\log \pi_\theta(a_t|s_t)$에 해당하고, `batch.adv`는 $A^{\pi_\theta}(s_t, a_t)$에 해당한다. `batch.adv`는 GAE로 계산한 값이므로 GAE가 높은 행동의 로그 확률을 올려주도록 정책이 학습된다.

비평자용 손실 함수를 반환하는 함수는 다음과 같다.

```
function get_critic_loss_fn(batch)
    critic -> begin
        state_values = critic(batch.sta)
        Flux.Losses.mse(state_values, batch.ret)
    end
end
```

A2C, PPO 모두 비평자는 상태 가치 함수 V^π를 학습한다. $V^\pi(s) = E_{\tau \sim \pi}[R(\tau) \mid s_0 = s]$이므로 배치 데이터의 이득을 타깃으로 하여 평균제곱오차를 최소화하면 된다.

카트폴 결과

마지막으로 카트폴 환경 및 모델, 재현 버퍼를 만들어서 학습을 실행하는 함수를 작성한다.

```
function main(tot_steps, cfg, algo)
    rng = MersenneTwister(1)
    env = RL.CartPoleEnv(;T=Float32, continuous=cfg.conti_action, rng=rng)
    cfg.state_dim = length(RL.state_space(env))
```

3　`batch.logp` 데이터는 A2C에서는 사용되지 않고, PPO에서만 사용된다.

```
    AS = RL.action_space(env)
    if cfg.conti_action
        cfg.action_dim = isa(AS, IS.Interval) ? 1 : length(AS)
        # 행동 공간이 0을 중심으로 대칭, 모든 차원 행동 범위 동일 가정
        cfg.action_limit = isa(AS, IS.Interval) ? AS.right : AS[1].right
    else
        cfg.action_dim = length(AS)
        cfg.action_space = AS
    end
    model = PolGradModel(cfg, algo, rng)
    actionTy = cfg.conti_action ? Vector{Float32} : Int64
    buffer = RolloutBuffer(actionTy, cfg.n_steps + 1)
    run(model, env, buffer, tot_steps)
end
```

사용자가 지정한 conti_action 값에 따라 카트폴 환경의 연속 행동 공간 여부를 설정한다. 카트폴 환경의 상태 공간과 행동 공간 정보를 설정값 객체 cfg에 할당해주는 과정은 앞 장 가치 기반 코드에서와 동일하다. PolGradModel과 롤아웃 버퍼까지 생성한 후 run 함수로 모델을 학습한다.

총 20만 스텝으로 A2C를 학습한 결과는 다음과 같다. plot_results 함수도 앞 장에서 작성한 동명의 함수와 동일하다.

```
julia> train_rew, test_rew = main(200000, PolGradCfg(), A2c());
julia> plot_results(train_rew, test_rew, "A2C - default setting")
```

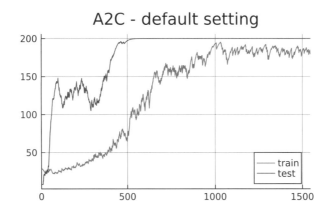

에피소드별 총 보상 차트로, 테스트 기준으로 500에피소드부터는 안정적으로 최대 에피소드 길이인 200을 유지하는 것을 볼 수 있다. 이 차트는 PolGradCfg의 기본값을 이용한 결과이고, 몇 가

지 설정값을 바꿔보겠다.

먼저 n_steps를 기본 설정값인 30에서 다른 값으로 바꿔봤다.

```
julia> ps = [];
julia> for n_steps in [10, 100]
           tr, te = main(200000, PolGradCfg(;n_steps=n_steps), A2c());
           push!(ps, plot_results(tr, te, "n_steps = $n_steps"))
       end;
julia> Plots.plot(ps...)
```

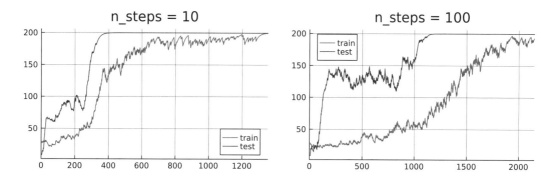

n_steps가 작을수록 배치 사이즈는 작아지지만 더 자주 학습하므로 더 빨리 200에 도달했다.

다음은 어드밴티지를 정규화(표준화)했을 때, 그리고 이산 행동 공간 대신 연속 행동 공간을 사용
하게 했을 때 결과이다.

```
julia> tr1, te1 = main(200000, PolGradCfg(;norm_adv=true), A2c());
julia> p1 = plot_results(tr1, te1, "norm_adv = true");
julia> tr2, te2 = main(200000, PolGradCfg(;conti_action=true), A2c());
julia> p2 = plot_results(tr2, te2, "conti_action = true");
julia> Plots.plot(p1, p2)
```

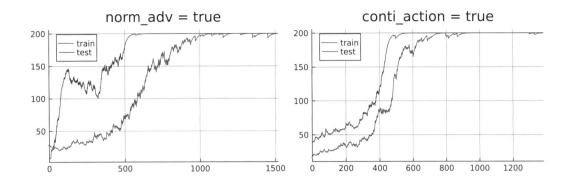

좌측의 어드밴티지를 정규화한 결과는 디폴트 세팅 결과에 비해 테스트 모드의 총 보상은 큰 차이가 없으나 훈련 모드의 총 보상이 1,000에피소드 정도부터 200에 도달했다.

우측의 연속 행동 공간의 결과는 테스트 모드의 총 보상이 좀 더 부드럽게 올라가고 훈련 모드 역시 좀 더 빠르게 200을 달성했다.

21.3 PPO

PPO(근위 정책 최적화)proximal policy optimization는 정책을 업데이트할 때 기존 정책에서 너무 크게 변하지 않도록 제약을 줘서 안정적인 학습을 하게 하는 기법이다. A2C를 다루며 언급한 바와 같이, A2C와 PPO는 최대화하려는 정책의 목적 함수만 차이가 있다.

A2C의 목적 함수를 다시 쓰면 다음과 같다.

$$J^{\text{A2C}}(\theta) = E_{\tau \sim \pi_\theta}\Big[\sum_{t \geq 0} \log \pi_\theta(a_t|s_t) A^{\pi_\theta}(s_t, a_t)\Big]$$

[식 5.29]

이 목적 함수를 최대화하는 것은 양의 어드밴티지가 있는 행동의 로그 확률을 올린다는 뜻이다.

한편, 다음과 같이 '보수적 정책 반복'이라는 의미의 **CPI**conservative policy iteration 목적 함수도 있다.

$$J^{\mathrm{CPI}}(\theta) = E_{\tau \sim \pi_{\theta_{\mathrm{old}}}}[\sum_{t \geq 0} r_t(\theta) A^{\pi_{\theta_{\mathrm{old}}}}(s_t, a_t)]$$

[식 5.30]

$$r_t(\theta) = \frac{\pi_\theta(a_t | s_t)}{\pi_{\theta_{\mathrm{old}}}(a_t | s_t)}$$

이 목적 함수에서 $r_t(\theta)$는 행동 a_t의 기존 정책 $\pi_{\theta_{\mathrm{old}}}$에서의 확률 대비 신규 정책 π_θ에서의 확률의 비율이다. 이 비율에 기존 정책의 어드밴티지를 곱한 기댓값을 최대화하므로 양의 어드밴티지가 있는 행동에 대해 기존 정책에서의 확률보다 상대적으로 더 높은 확률을 주는 방향으로 신규 정책을 학습할 것이다. 기존 어드밴티지의 신규 정책에서의 기댓값 $J^{\mathrm{CPI}}(\theta) = E_{\tau \sim \pi_\theta}[\sum_{t \geq 0} A^{\pi_{\theta_{\mathrm{old}}}}(s_t, a_t)]$을 구하려 할 때, 아직 알 수 없는 신규 정책 대신 기존 정책의 궤적에서 중요도 표본추출(주표집)importance sampling을 하는 것이라고 볼 수도 있다.

PPO는 이 CPI 목적 함수에서 신규 정책이 기존 정책으로부터 일정 이상 변하지 않도록 다음과 같이 클리핑한다.[4]

$$J^{\mathrm{PPO}}(\theta) = E_{\tau \sim \pi_{\theta_{\mathrm{old}}}}[\sum_{t \geq 0} \min(r_t(\theta) A^{\pi_{\theta_{\mathrm{old}}}}(s_t, a_t), \mathrm{clip}(r_t(\theta), 1-\epsilon, 1+\epsilon) A^{\pi_{\theta_{\mathrm{old}}}}(s_t, a_t))]$$

[식 5.31]

어드밴티지가 양인 경우, 해당 행동 확률의 비율 $r_t(\theta)$가 $1 + \varepsilon$을 넘지 않게 학습되고, 어드밴티지가 음인 경우 $r_t(\theta)$가 $1 - \varepsilon$보다는 떨어지지 않게 θ가 학습된다.

A2C의 목적 함수에서는 샘플인 $A^{\pi_\theta}(s_t, a_t)$가 학습하려는 파라미터 θ에 의존하므로 한번 경사 상승으로 θ가 바뀌면 샘플 데이터는 더 이상 사용이 불가하다. 반면, PPO의 목적 함수에서는 샘플 $A^{\pi_{\theta_{\mathrm{old}}}}(s_t, a_t)$가 θ에 의존하지 않으므로 여러 번 경사 상승이 가능하여 샘플을 좀 더 효율적으로 사용할 수 있다. 단, 한 번 이상 경사 상승으로 한 차례 훈련을 마치고 나면 θ_{old}가 업데이트된 θ로 갱신되므로 기존 샘플을 다음 훈련에는 쓸 수 없다.

4　PPO는 KL 페널티를 이용하는 방법과 클리핑 방식이 있는데 여기선 클리핑 방식만 다룬다.

코드 구현

앞 절의 A2C에서 작성한 코드들에 PPO용 타입 및 목적 함수만 추가하면 된다.

```
Base.@kwdef mutable struct Ppo
    clip::Float32 = 0.1
    iter::Int64 = 10
    max_kl::Float32 = 0.01
    curr_kl::Float32 = 0
end
```

clip 필드는 [식 5.31]의 ε에 해당한다. iter 필드는 학습 시 최대 경사 상승 횟수이고 max_kl은 π_θ가 $\pi_{\theta_{old}}$로부터 너무 멀어질 경우 경사 상승 반복을 조기 종료하기 위해 정한 최대 쿨백-라이블러 발산값이다. curr_kl은 학습 과정에서 계산된 쿨백-라이블러 발산값을 저장하는 필드이다.

다음은 PPO의 정책 목적 함수이다.

```
function get_policy_objective(batch, sltd_logp, ppo::Ppo)
    ppo.curr_kl = SB.mean(batch.logp .- sltd_logp)
    ratio = exp.(sltd_logp .- batch.logp)  # batch.logp is logp_old
    clip_ratio = clamp.(ratio, 1.f0 - ppo.clip, 1.f0 + ppo.clip)
    clip_adv = clip_ratio .* batch.adv
    SB.mean(min.(ratio .* batch.adv, clip_adv))
end
```

이 목적 함수는 $\pi_{\theta_{old}}$에서 생성된 배치 데이터와 π_θ로 계산된 배치 행동들의 로그 확률 sltd_logp, 그리고 Ppo 설정 객체를 인수로 받는다.

본문 첫 줄은 $\pi_{\theta_{old}}$와 π_θ와의 쿨백 라이블러 발산값이다. -batch.logp의 평균은 $\pi_{\theta_{old}}$의 엔트로피 추정값이고, -sltd_logp의 평균은 $\pi_{\theta_{old}}$를 따르는 궤적 샘플의 π_θ로 계산된 행동 로그 확률이므로 $\pi_{\theta_{old}}$와 π_θ의 교차 엔트로피이다. 쿨백 라이블러 발산값은 두 분포의 교차 엔트로피에서 기준이 되는 분포의 엔트로피를 빼면 되므로 이렇게 계산한다. 이 발산값은 손실 계산에는 쓰이지 않기 때문에 ppo 객체의 curr_kl 필드에 임시로 저장하여 경사 하강 반복 시 참조될 수 있게 한다.

두 번째 줄의 ratio는 확률 비율 $r_t(\theta)$ 값이다. 이 비율을 클리핑해서 어드밴티지를 곱한 clip_adv와 클리핑하지 않고 어드밴티지를 곱한 값 중 작은 값의 평균이 PPO의 목적 함수의 값이 된다.

카트폴 결과

PPO의 카트폴 결과는 다음과 같다.

```
julia> train_rew, test_rew = main(200000, PolGradCfg(), Ppo());
julia> plot_results(train_rew, test_rew, "PPO - default setting")
```

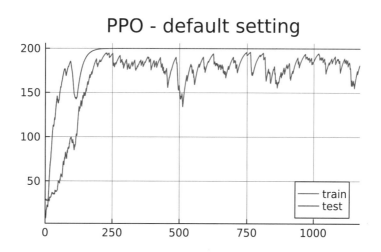

A2C의 디폴트 세팅과 비교했을 때 더 빠른 학습 결과를 보인다.

A2C의 케이스와 같이 몇 가지 설정을 바꿔봤다. 먼저 n_steps을 기본 설정값 30에서 다른 값으로 바꿔본 결과이다. 실행 코드는 A2C의 해당 코드에서 A2c() 대신 Ppo() 객체를 인수로 넘기면 된다.

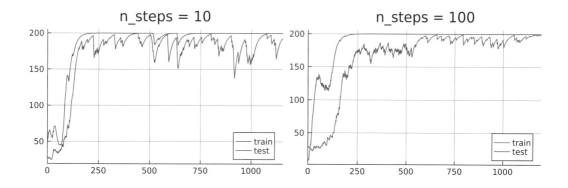

n_steps가 커지면 학습이 느려지기는 하나 A2C에 비해 덜 민감한 모습을 보인다.

어드밴티지를 정규화한 결과와 연속 행동 공간에서의 결과는 다음과 같다. 이 코드 역시 앞 절의
A2C 테스트 코드에서 `A2c()` 인수만 `Ppo()`로 바꾸면 된다.

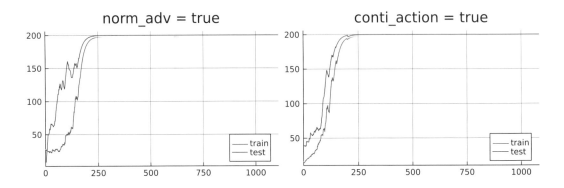

두 경우 모두 기본 세팅에 비해 부드럽게 학습이 이루어지고 있고, 200에피소드 이후부터는 총
보상이 200을 유지하는 것을 볼 수 있다.

21.4 가치 기반과 정책 기반 알고리즘 비교

20장과 **21장**에서 구현한 가치 기반과 정책 기반 알고리즘을 표로 정리하면 다음과 같다.

구분	가치 기반	정책 기반
구현 알고리즘	DQN, DDPG, SAC	A2C, PPO
활성 vs 비활성	비활성 정책[5]	활성 정책
경험 재현	재현함	재현 없음
경험 저장 필드	상태, 행동, 보상, 다음 상태	상태, 행동, 보상 및 정책 학습에 필요한 행동의 로그 확률, 상태 가치
학습 주기/배치 크기	k스텝마다 경험 재현 버퍼에서 n개 경험을 추출해서 학습	k스텝 동안 모은 k개 경험, 혹은 에피소드 종료 후 그 궤적만으로 학습

---

5 모든 가치 기반 알고리즘이 비활성 정책이라는 것이 아니라, 이 책에서 가치 기반으로 구현한 세 알고리즘은 모두 비활성 정책이라
는 뜻이다. 살사는 가치 기반 알고리즘이지만 활성 정책이다. A2C, PPO가 활성 정책이라는 것도 마찬가지 뜻이다.

학습 시 경사 하강 횟수	행동자, 비평자 모두 임의의 횟수로 경사 하강 가능	비평자는 임의의 횟수로 경사 하강 가능하지만 행동자는 한 번 혹은 주어진 제약 아래 일부 횟수만 가능[6]
탐험/활용 균형	학습이 진행되면서 탐험/활용을 조정하기 위해 decay_exploration! 함수를 이용	정책 자체가 확률적이고 학습이 진행되면서 무작위성이 줄어들어 탐험/활용 균형이 조정됨. 탐험에 더 가중치를 주려면 엔트로피 계수로 조정
비평자	최적 행동 가치 학습(Q^*)	활성 정책 상태 가치 학습(V^π)
타깃 네트워크	목표 Q값 계산에 타깃 네트워크 이용	활성 정책이라 타깃 네트워크 필요 없음[7]
알고리즘별 다중 디스패치 대상 함수	get_network() get_action() get_critic_loss_fn() get_actor_loss_fn()	get_policy_objective() (A2C, PPO의 네트워크 구조, 행동 선택 방식, 비평자 학습 방식 등은 동일)
행동 공간 연속 여부	DQN은 이산, DDPG와 SAC는 연속공간에서 작동하여 알고리즘별로 행동 공간 연속 여부가 결정됨	A2C, PPO 모두 이산 및 연속 행동 공간에서 모두 작동하므로 사용자가 행동 공간의 연속 여부 지정

---

6   행동자 학습 시의 경사 하강 제약은 **21.2절**의 모델 훈련 함수에서 다루었다. 행동자와 비평자가 네트워크를 공유하면 학습이 함께 이루어져야 하므로 비평자도 행동자의 제약을 따른다.

7   부트스트래핑(시간차 학습), 함수 근사, 비활성 정책, 이 세 가지가 만날 때 학습이 불안정해지기 쉽다. 이를 'deadly triad'라고 한다(https://arxiv.org/abs/1812.02648). **20장**에서 다룬 DQN, DDPG, SAC는 모두 이 세 조건을 만족하므로 타깃 네트워크를 사용한 반면, **21장**의 A2C, PPO는 활성 정책이고, 현재 상태 가치 함수를 이용한 부트스트래핑도 한 스텝 후의 값이 아니라 n_steps 후의 상태 가치 계산에 쓰이므로 부트스트래핑에 의한 영향도 크게 줄어든다.

맺음말 _____

대학생 때는 SAS나 매트랩, R 등으로 수업 과제나 파트타임 업무를 많이 수행했다. 컴퓨팅이 많이 필요한 시뮬레이션 등을 할 때는 핵심 로직을 C DLL로 작성하여 R에서 호출하거나, 자바 클래스로 만들어 매트랩에서 호출하는 식으로 성능을 개선하려고 했었다.

그러다가 2005년경 파이썬을 알게 되었다. 2.5 버전부터 본격적으로 사용하면서 다른 툴들에 대한 관심은 다 없어졌고 데이터 분석 업무에는 파이썬만 주야장천 사용하게 되었다. 매트랩, R 못지 않게 편리하면서도, 범용 언어로서 웬만한 업무 처리를 다 할 수 있었기 때문이다. 그러다 줄리아 언어의 존재도 알게 되었지만, 매트랩이나 R과 비슷한 툴 정도로만 생각하고 크게 관심을 두지 않았다.

파이썬을 쓰면서도 실행 성능 개선을 위한 노력은 필요했다. 벡터화가 가능한 코드는 넘파이를 쓰면 충분했지만, 그렇지 않은 코드들은 Pyrex나 Cython 등으로 컴파일하거나, 자바로 작성하여 Jython에서 로딩하거나 닷넷 언어로 작성하여 IronPython에서 로딩하는 식으로 말이다. 특히 프로덕션 환경이 C#으로 작성된 경우가 많았기 때문에, 한때 IronPython을 CPython만큼 자주 사용했었다.

그 뒤 회사를 옮기고 시스템 구축에 집중하면서 데이터 분석 업무와 멀어졌다가, 몇 년 전부터 딥러닝으로 회사 시스템을 개선하는 작업을 시도하면서 다시 파이썬을 손에 잡게 되었다. 파이토치 등은 너무 훌륭했지만 여전히 벡터화가 어려운 부분이 병목이 되었고, 다양한 시도를 해보다가 예전에 들어본 줄리아라는 언어가 떠올랐다.

줄리아 생태계를 살펴보니 진행 중이던 딥러닝 프로젝트를 포팅하는 데 문제가 없을 것으로 보였고, 실제 포팅 결과도 너무 만족스러웠다. 병목이 해결되었을 뿐 아니라 작업 과정이 수월했고 우아함까지 느껴졌기 때문이다. 특히, 줄리아에서 사용하는 거의 모든 라이브러리가 줄리아로 작성되어 있다 보니, 굳이 문서 검색 없이 에디터에서 쉽게 소스 코드들을 확인해가며 작업할 수 있다는 점이 제일 맘에 들었다.

줄리아로 작업할 때 느꼈던 즐거움을 공유하고 싶었고, 마침 우리나라에 줄리아 관련 책이 거의 없기도 해서, 책을 써야겠다는 생각이 들었다. 당시 책장에 꽂혀 있던 강화학습 도서를 낸 출판사인 제이펍에 집필 제안을 보냈고, 출판사에서 흔쾌히 제안을 받아주셔서 원고를 쓰게 되었다. 생각보다 일정은 빡빡했지만 가족과 동료들의 격려와 도움 덕에 무사히 탈고했다.

책을 쓰는 과정에서 많은 도움을 주신 분들에게 감사 인사를 남기고 싶다.

먼저, 난생 처음 책을 쓰겠다고 했을 때, 허락을 해주신 와이프에게 제일 감사하다. 얼마나 많은 평일 저녁 및 주말 시간이 희생되어야 할지는 책 쓰기 전에는 서로 알지 못했다. 항상 아빠 책 진도를 확인하며 칭찬해주던 아이들에게도 미안하고 고맙다.

업무 시간에 원고를 작성하고 있어도 눈치 안 주고 팀장 업무를 커버해주신 우리 팀원들 덕분에 일정에 맞춰 책이 나올 수 있었다. 원고를 차근차근 읽어주면서 많은 의견과 격려를 주신 것에도 너무 감사하다. 자율적인 업무 환경을 보장해주시고 항상 전산팀을 믿어주시는 사장님, 부사장님, 존경합니다.

소중한 시간을 할애해서 초고에 대해 귀중한 의견을 많이 주신 메타의 민장이 형과 네이버의 희탁 형님에게도 감사하고, 귀찮았을 부탁을 드린 것이 죄송하다. 열심히 교정을 봐주시고 책을 완성시켜주신 제이펍의 이상복 팀장님께도 정말 감사하다. 엄마, 아빠, 고맙습니다!

김태훈